韦伯与马克思
以及黑格尔与哲学的扬弃

KARL LÖWITH

[德]卡尔·洛维特——著

刘心舟——译

 南京大学出版社

Original German language edition: *Karl Löwith: Sämtliche Schriften.*
Band 5: Hegel und die Aufhebung der Philosophie—Max Weber (ISBN 978-3-476-00508-3)
published by J.B. Metzler'sche Verlagsbuchhandlung und Carl Ernst Poeschel Verlag GmbH Stuttgart, Germany. Copyright © 1990
Simplified Chinese edition copyright © 2019 Shanghai Sanhui Culture and Press Ltd.
Published by Nanjing University Press
All rights reserved.
版权登记号：图字10-2019-365号

图书在版编目（CIP）数据

韦伯与马克思以及黑格尔与哲学的扬弃 /（德）卡尔·洛维特著；刘心舟译. -- 南京：南京大学出版社，2019.9（2021.11重印）
ISBN 978-7-305-22228-3

Ⅰ.①韦… Ⅱ.①卡… ②刘… Ⅲ.①哲学家－思想评论－西方国家 Ⅳ.①B5

中国版本图书馆CIP数据核字(2019)第099922号

出版发行　南京大学出版社
社　　址　南京市汉口路22号　邮　编　210093
出 版 人　金鑫荣

书　　名　韦伯与马克思以及黑格尔与哲学的扬弃
著　　者　[德] 卡尔·洛维特
译　　者　刘心舟
策 划 人　严搏非
责任编辑　陈蕴敏
特约编辑　田　奥　黄　洁

印　　刷　山东临沂新华印刷物流集团有限责任公司
开　　本　880×1240 1/32　印张 16.125　字数 398千
版　　次　2019年9月第1版　2021年11月第3次印刷
ISBN 978-7-305-22228-3
定　　价　88.00元

网址：http://www.njupco.com
官方微博：http://weibo.com/njupco
官方微信号：njupress
销售咨询热线：（025）83594756

版权所有，侵权必究
凡购买南大版图书，如有印装质量问题，请与所购图书销售部门联系调换

目录

第一部分

一 马克斯·韦伯与卡尔·马克思 / 003

二 马克斯·韦伯和他的后继者 / 098

三 马克斯·韦伯的科学观 / 110

第二部分

四 L. 费尔巴哈与德国古典哲学的终结 / 143

五 黑格尔与黑格尔主义 / 171

六 作为哲学问题的理论与实践 / 192

七 对赫伯特·马尔库塞的《理性与革命》的两篇评论 / 209

八 马克思早期文本中的自我异化问题 / 219

九 路德维希·费尔巴哈 / 247

十 黑格尔对基督教的扬弃 / 272

十一 黑格尔是如何走向《精神现象学》的 / 327

十二 卢梭、黑格尔和马克思论人权和公民权 / 335

十三 黑格尔、马克思和费尔巴哈的中介与直接性 / 347

十四 黑格尔的教育概念 / 384

十五 黑格尔的复兴？ / 404

十六 哲学的世界历史？ / 415

十七 黑格尔的现实性和非现实性 / 448

附录 / 500

译后记 / 509

第一部分

一

马克斯·韦伯与卡尔·马克思

1932 年

导言

1. 问题的提出

就像我们的现实社会一样，关于这一社会的科学也不是只有一种，而是有两种：市民社会的社会学和马克思主义的社会学。这两种研究倾向的最具意义的代表人物分别是马克斯·韦伯和卡尔·马克思。但他们两人的研究领域是同一个：现代经济和社会的"资本主义"形式。这一共同的问题在对社会学的新的研究中，正显得越来越重要。[1] 但这一问题之所以是此领域中基础性的问题，并不是因为它包含了经济和社会中的一个特殊的和必须得到特别对待的总问题，而是因为，它涉

---

1 参见 K. 曼海姆（K. Mannheim），《意识形态和乌托邦》（*Ideologie und Utopie*），1929 年；S. 朗茨胡特（S. Landshut），《社会学批判》（*Kritik der Soziologie*），1929 年；H. 弗雷耶（H. Freyer），《作为现实性科学的社会学》（*Soziologie als Wirklichkeitswissenschaft*），1930 年；E. 勒瓦尔特（E. Lewalter），《知识社会学和马克思主义》（*Wissenssoziologie und Marxismus*），载于《社会科学与社会政策文献》，1930 年，64/1 和《社会学中的道德》（*Die Moral der Soziologie*），载于《科学和青年教育新年鉴》，1931 年，第五册。

及了当下在其整个人性中的人,而这一点对于社会问题和经济问题来说都是基础性的。正是因为人的目标就是人本身,而市民-资本主义的社会和经济秩序都是建立在此之上的,所以"资本主义"本身的基本意义也就得以被把握,并且成了一个社会哲学问题的对象。但是,如果对人来说,如果他的人性的形式必定体现为他的社会和经济上的生活关系,那么对于资本主义的"经济和社会"以及对于资本主义的"生产过程"所做的或多或少主题式的特殊的分析,就会从以下特定的视角出发:把以这种方式而非别的方式不断经济化的人当作问题的主线;并且这种分析作为一种对人的经济和社会的批判式的分析,它同时也是对和事实不同的关于人的"理念"所进行的批判。如果想要理解韦伯和马克思的"社会学"研究中原则性的和根本的意义,那么我们就必须像回到最后的机制那样回到对这种理念的探究。"所谓彻底,就是抓住事物的根本。但人的根本就是人本身。"(马克思,《黑格尔法哲学批判导言》[2])因此,马克思和韦伯一样都将对人的根本此岸的看法作为前提。"有人想在天国的幻想的现实性中寻找一种超人的存在物,而他找到的却只是自己本身的反映,于是他再也不想在他正在寻找和应当寻找自己的真正现实性的地方,只去寻找自身的假象,寻找非人了。(马克思,引文出处同上[3])"因此我们接下来将会这样处理:通过对韦伯和马克思的基本研究动机的比较性的分析,得出他们对于作为经济和社会之基础的人的理念之看法的共同点和区别。这种比较并不会走向什么平衡;因为只要生命是此岸地"建立在自身之上并且只能通过自身被理解",那么"对待生活的各种可能的终极态度,是互不相容

---

[2] 译文沿用《马克思恩格斯全集》,第二版(后同),第一卷,第460页。——译者注
[3] 译文沿用《马克思恩格斯全集》第一卷,第452页。——译者注

的，因此它们之间的斗争，也是不会有结论的"（韦伯，《以学术为业》[4]）。应当并且可以加以比较的是：从共同的地方出发，使差异得以被意识到。

这样一种比较有三个前提。首先，比较本身建立在这样一个前提下：马克思和韦伯两人，就他们的人格和成就来说，从根本上是"可以比较的"，对他们的理解是互相促进的。第二，将一个东西和另一个东西加以比较的前提是一种可比较性，也就是说，从某个特定的方面看来，它们是一回事，但同时又有所不同。第三，对我们来说，能对他们加以比较的前提在于，他们的研究所得出的东西必须有一种可供比较的差异，也就是说，根据他们对人的理念，无论是对马克思还是对韦伯来说，他们的研究都不存在一种有意识的和明确的预先设定的意图，尽管如此，这种理念却是他们的原初动机。马克思和韦伯在科学探究中所强调的主题是"资本主义"；而他们的研究的动力却是对当代人类世界中的人类命运的追问，而对当代人类世界来说，"资本主义"是对它的总问题的鲜明表达。关于资本主义的问题已经包括了关于我们当代的人类世界的问题，并暗示着它暗含着这样一个特定的理念，即在这个资本主义的世界中，将人塑造为"人"的东西就是在这个世界中创造出它自己的人性的东西。马克思和韦伯的研究动机是以这样一种认识为前提的，但这并不意味着这种动机必须本来就是对他们本人而言的引导性的倾向，毋宁说，这是他们的提问方式的一贯的现实的背景。因此，比方说《共产党宣言》的明显的倾向是一种实践-政治的东西，而韦伯的宗教社会学研究则具有一种理论-历史的倾向。但这并不排除，这种历史的"研究"之背景性的和原初的动机就像《宣言》一样，都是对我们今天的人类存在方式的同一种基本追问。因此，比方

---

[4] 译文沿用《学术与政治》，马克斯·韦伯著，冯克利译，生活·读书·新知三联书店，1998年，第45页。——译者注

说，马克思的《宣言》对"市民"有着非常反叛的批判，这和韦伯在一开始的宗教社会学研究中同样"批判的"分析是一致的，他们都着眼于同一种"市民的"人，尽管他们所做出的判断截然不同；也就是说，他们两人的批判都涉及处于我们的历史规定性中的我们自己。因此我们的前提是，这种比较的观点并不是一种任意的东西，而是事实上处于核心地位的，因为我们在讨论马克思和韦伯关于这一主题的不同文章时，都必须重申这一问题——也即，比方说马克思发表在《莱茵报》上的第一批文章不该被理解为和《资本论》有什么根本的不同，韦伯关于罗谢（Roscher）和肯尼士（Knies）的"科学理论"那些文章也不该被理解为和他的《宗教社会学》有什么根本的不同。但只要这种人类学的根本动机还不那么显而易见，而只有在价值中立的"科学性"倾向的情况下，在另一种革命的"实践"的情况下，我们才能发现这种人类学动机，那么马克思和韦伯的作品中所强调和阐发的东西从根本上说就是可比较的，并且这些被挑选出来的比较的效果需要论证。

II. 韦伯和马克思的普遍特征

我们所讨论的第一个话题涉及韦伯和马克思之间进行比较的可能性，而这需要一个基础。他们的论述形式和他们的讨论所涉及的现实性的范围从表面上看有着巨大的差异，而比较所需的共同基础和这种表面的差异是矛盾的。马克思通过《资本论》和《共产党宣言》讨论了一种国际意义上的历史的力量，于是，马克思一个人的思想就变成了一种马克思主义；而韦伯的那些关于社会学、社会政治学、经济史和国民经济的理论著作就像他关于现实政治的文章一样，在它们的任何一个领域内——即各个专门的科学和当时的政治的领域——都从来没有产生什么大的影响。因此在韦伯那里有一个特征：他在任何一个方面都没有被变成"学派"[5]。马克思的文章给予了当代人中的一整个阶级以一种人类历史的任务，并且通过列宁产生了具有世界历史意义的效果；而马克斯·韦伯似乎在他死后没多久就成了一个早已过时的政治和科学的"自由主义"[6]的代表人物，一个与那已经走向终点的市民性的时代相矛盾的代表人物，一个"当一个时代再次凝聚起它一度想要终结的价值时，就会再次出现的人物"[7]。

尽管韦伯显然没有那么大的影响力，但他一生中的工作和他的生存的确对我们的整个时代有着广泛的把握。同样的，马克思也对大量的科学材料进行了加工，并且对重大的政治时事有着高度的关注。他们都掌握了达到煽动性效果的写作能力，同时，他们的作品也都相当晦涩难懂，他们的思路经常都显得是在沙子上滑行，堆满了各种材料和评论。和韦伯那种散漫而又无情的彻底性相比，与他同时代的人和人的理论都显得平庸；马克思也可谓捅了"神圣家族"的马蜂窝的人。他们在科学上的缜密和在性格上的激进处处表现为对一些看似细小的东西的关注，他们每每把短小的文章集合为一些未完成的书，于是人们不禁问：这样一种激愤态度的根本要害究竟何在？他们在对待日常事务或学术工作时，对待对一本书的批判或对待德国的未来时——对待和莱茵地区书报审查官、"地方长官大人"甚至是拉萨勒、巴枯宁的争论时，对待国际无产阶级的命运时，是否都采取着同样激愤的态

5　参见 P. 赫尼希斯海姆（P. Honigsheim），《海德堡的马克斯·韦伯圈子》（*Der Max-Weber-Kreis in Heidelberg*），载于《科隆社会学季刊》V（*Kölner Vierteljahrshefte f. Soziologie V*），3，1956 年。

6　参见 P. 赫尼希斯海姆，《马克斯·韦伯的精神史地位》（*Max Webers geistesgeschichtliche Stellung*），载于《政治经济学家》（*Volkswirte*），29. Jhg., 13/16；与此相反的观点参见 H. 弗雷耶，出处同上，S.156。

7　引自玛丽恩·韦伯（Marianne Weber）的《马克斯·韦伯传》开篇处的诗。

度？显然，他们都是在关注一种"整体"的东西，因此可说是总是在关注同一件事——在韦伯那里，这件事是对人类最后的"尊严"的拯救，在马克思那里则关乎无产阶级的命运；但总之他们所关心的都是某种人类的"解放"问题。他们的批判态度中的激情和科学研究的动机，都来自他们各自所面对的现实性[8]。马克思在他的博士论文的最后提到了"反抗所有天上的和地上的诸神"的普罗米修斯，而这种自我负责的态度也是韦伯对圣乔治（St. George）圈子的宗教倾向采取批判态度的根源——但他们两人的"无神论"又有着根本的不同。归根结底，在他们的科学工作中最为明确的东西，来作为一种彻底超验性的动力的科学本身；不仅仅在马克思想要进军政治领域时是这样，而且在韦伯从政治转向科学时也是如此。韦伯的科学研究的一个特殊的主题是"预言"的内在意义；而《共产党宣言》想要通过单纯的"科学的"洞见做出预言，以此和其他所有"乌托邦"社会主义相区别；韦伯靠着从单纯"科学的"洞见出发，尤其还借助于对古代犹太预言的分析而阐释自己的思想[9]，对他来说，这些预言是一种"预言性的文本"，而不只是意味着"首先是一种科学的成果"[10]。他们本人的历史研究的根本动力都是他们时代的"现实性"中的直接事件，其方向都是为了争取产生政治影响的机会。在他们两人那里，那些"新闻业的"、"律师业的"和"煽动性的"能力都和"预言家"的克里斯玛联系在一起，韦伯将

---

8 韦伯在关于科学和政治作为职业的文章中不断地提到激情和现实性之间的内在联系［《韦伯方法论文集》, S.530 和 533；《韦伯政治著作集》(*Ges. Polit. Schr.*), S.404 和 435］。黑格尔也在《历史哲学导论》中对这种联系加以阐述。

9 参见 Ch. 斯特丁（Ch. Steding）的马堡博士论文（1931 年），《马克斯·韦伯的政治和科学》（"Politik und Wissenschaft bei Max Weber"），其中尤其是对韦伯通过对旧犹太预言的解释而进行的历史的自我揭示做出了极具说服力的阐述（参见《宗教社会学》III, S.319ff.）。

10 参见《社会和社会政治论文集》(*Ges. Aufätze z. Soziol. u. Sozialpol.*), S.504ff.。

一 马克斯·韦伯与卡尔·马克思

这种克里斯玛描述为此岸的职业政治家所特有的属性。但对韦伯来说"科学"和"政治"是彼此分裂的——因为他从根本上超越了这两者，即超越了作为专业学科的科学和作为党派政治的政治，尽管他在这两者中都是采取"职业人员"的立场——而在马克思看来，"科学社会主义"却是一种理论的实践和一种实践的理论的统一[11]。在对这两者的分裂和同一的思考中，韦伯和马克思一样都想把握理论的态度和实践的态度之整体，正因如此，他们两人都不仅仅是单纯的理论家；尽管如此，他们却依然是"科学的"人。青年马克思是这样说他自己的："至于掌握着我们的意识、支配着我们的信仰的那种思想（理性把我们的良心牢附在它的身上）则是一种不撕裂自己的心就不能从其中挣脱出来的枷锁；同时也是一种魔鬼，人们只有先服从它才能战胜它。"[12]——如果韦伯要谈论他自己，多半也会说，他追随他自己的"魔鬼"。作为科学的人，他们对自己的良心理解得十分准确，人们可以在一种不常见也不普通的意义上称他们为"哲学家"，尽管他们并不是怀着什么对"智慧"的爱。他们都是一种特殊意义上的哲学家——他们自己并非特意想要成为这样的人——因此，要求他们符合某种学术的哲学，如"逻辑学"和"认识论"，总之，要求他们符合任何"哲学专业"，都是一种苛求。

> 我们当中有很多人认为，韦伯是个哲学家。……如果他是哲学家，那么他可能就是我们这个时代中唯一的哲学家，而且他和我们现在所谓的哲学家不大一样。……以时间为例，时间迁移

---

11 关于这一点参见 J. 鲁普尔（J. Luppol），《列宁和哲学》（*Lenin und die Philosophie*），S.8ff.，载于《马克思主义者》（*Marxist*），Bibl. 15.

12 译文沿用《马克思恩格斯全集》第一卷，第134页。——译者注

以及不确定的特性就影响了韦伯的性格,时间的压力造就了一个光灿无比的坚毅生命。他活出了时间的意义:他实在是时间的化身。……韦伯是一位存在主义哲学家,一般人很可能终其一生去了解自己的命运,他的宽广灵魂却照耀着整个时代的命运。[13]

和这里关于韦伯的说法相似的,是青年马克思的一个同时代人关于他的说法:

> 虽然我也在同一个领域工作,但是,这个现象给我留下了动人的印象。总之,你将准备认识一位伟大的、也许是唯一现在还活着的真正的哲学家。不久,他将公开露面(不论在著作中,还是在讲台上),那时,他将引起德国的注意。……我一直希望能有这样一个人当自己的哲学教师。现在我才感觉到,我在真正的哲学方面是一个多么无能的人。[14]

他们两人的社会学都不囿于任何学科专业的原则,因此,人们把他们对社会学的追问的那种原初的广泛性歪曲为一种超越专门的社会学界限的"社会学主义",这样做是非常荒唐的;因为事实上他们都从黑格尔关于客观精神的哲学中走出来,进入了一种关于人类社会的分析中。也就是说,《资本论》无非是一种对市民的"政治经济学"的批

---

[13] 引自 K.雅斯贝尔斯关于马克斯·韦伯的纪念谈话。(译文沿用《论韦伯》,卡尔·雅思培著,约翰·卓曼尼斯编,鲁燕萍译,顾忠华校阅,桂冠图书股份有限公司,1992年,第1—6页。——译者注)

[14] 引自 M.赫斯(M. Hess)在1841年的一封信,《马克思恩格斯全集》I, 1/2 S.260ff.[译文沿用《人间的普罗米修斯》("回忆马克思恩格斯"之三),中共中央编译局编译,人民出版社,1983年,第40页。——译者注]

判;韦伯的社会学也是一种对专业学科的批判。

> 但社会学没有专属的研究主题,因为所有社会学牵涉到的问题,都被其他真正的专业科学家研究过了。社会学和哲学一样,是一门牵涉甚广的专业知识,她不但受惠于所有相关的学科,这些学科也因为社会学而变得更丰富,因为它们都以人为研究对象。"这门社会学"也将自我认知的意义扩大,为现代社会接受自我认知的一种科学形式。……韦伯承认马克思的历史唯物论是将资本主义的自我认识当作一种科学发现的第一步。[15]

因此他们两人都是一种杰出意义上的"社会学家",也即哲学的社会学家,但这并不是因为他们建立了某种特殊的"社会哲学";事实上,就他们原初的研究动机而言,他们看到了我们人类此在的实践问题,并依此出发对当代的生活方式之整体提出了质疑,而整个质疑的总标题就是:"资本主义"。他们都——马克思是直接地而韦伯是间接地——以市民-资本主义为红线,对生活在市民社会中的当代人做出了一种批判的分析;他们的分析是基于这样一种经验,即"经济"已经变成了人的"命运"。韦伯根据他对西方文化的普遍发展的洞察说道,"和我们现代生活的最具命运的力量共生的,是资本主义"(《宗教社会学》I, S.4);马克思也在《德意志意识形态》中问道,"或者贸易——它终究不过是不同个人和不同国家的产品交换,——怎么能够……统治全世界呢?……这种关系就像古典古代的命运之神一样,遨游于寰球之上,用看不见的手……把一些王国创造出来,又把它们毁掉,使一些民族产生,又

---

[15] K.雅斯贝尔斯,同上。(译文沿用《论韦伯》,卡尔·雅思培著,约翰·卓曼尼斯编,鲁燕萍译,顾忠华校阅,桂冠图书股份有限公司,1992年,第3—4页。——译者注)

使它们衰亡"[16]。马克思当然是这样回答这个问题的：他指出了这样一条道路，人们应当"重新支配他们互相交往的形式"——这是马克思提出的"疗法"；韦伯则只是提出了一种"诊断"，而反对提出"疗法"的行为[17]。他们对资本主义的解释就体现了他们的这种差异，也就是说，对韦伯来说，资本主义本身是一种中性的东西，但他对它的价值评判采取了一种双重的立场，即韦伯将它分析为一种普遍的同时又不可避免的"理性化过程"；而马克思则相反，他的看法完全是消极的，即资本主义是一种普遍的然而必须加以革命的"自我异化"。从原则的意义上将资本主义把握为一种特殊的理性化过程或自我异化，也是现代科学的特征；现代科学也是具体学科"企业"的承载者和这种普遍命运的代表。"科学的进步是理智化过程的一部分，当然也是它最重要的一部分，这一过程我们已经历了数千年之久，而如今对这一过程一般都会给以十分消极的评判。"[18]（韦伯，《韦伯方法论文集》S.535）同样，马克思也这样答复对政治经济学的批判，政治经济学将一种"对互相联系的野蛮撕裂"加诸自身："好象这种割裂不是从现实中进到教科书中去的，而相反地是从教科书进到现实中去的，好像这里的问题是要把概念作辩证的平衡，而不是解释现实的关系！"[19]（《政治经济学批判导言》，1930，S.XXIff.）但这是因为——和撕裂了的现实性相一致——对专门学科起统治作用的是精神，这种精神使得我们关于真理、客观性和科学性的概念成了一种标准化的东西，因此马克思和韦伯对当代的批判

---

16 拉萨勒也和马克思一样，将市场的法则描述为"市民世界中的冰冷的古代命运之神"。（译文沿用韦伯，《学术与政治》，第117页。——译者注）

17 参见E.伍尔夫（E. Wolf），《马克斯·韦伯的伦理学批判主义和形而上学问题》（*Max Webers ethischer Kritizismus und das Problem der Metaphysik*），载于《逻各斯杂志》XIX，3。

18 译文沿用韦伯，《学术与政治》，第40页。——译者注

19 译文沿用《马克思恩格斯全集》第四十六卷，第27页。——译者注

的动机也只能是针对专门科学这一表象，才让他们本身的科学的阐释起作用。

韦伯以"理性化过程"为红线，对市民－资本主义所做的阐释

1.马克斯·韦伯原初的研究动机

> 真理，身处魔法的骚乱
> 你们修习之，为了新的信念
> 用于交换，或用于撕裂……
> 真理，不是在烂枕上停驻
> 不是拾人牙慧的反刍……
> 真理，是那纯知，又是心向往之，
> 是脖子上艰苦沉重的负持
> 是坠落的众神，和那完整
> 那破漏的苍穹的完整，一如地狱下沉，
> 因此，你骗过千百道门，
> 这先驱者，没有欺骗，向哪里向前。
>
> F. 贡多尔夫（F. Gundolf）

韦伯的钻研所发生于的那个特殊的"值得知道的"领域，从根本上说是具有唯一性的。在这一领域中，一种专门学科的研究是在他的方法论探讨和各种各样分散的讨论中进行的，这种研究并不是这种或那种特殊的东西，也不是"在它的普遍文化意义中的"资本主义现

象,而是:"我们所想经营的社会科学,乃是一种实在科学。我们想要对我们被置入其中的生活之围绕着我们的实在,就其独特性加以理解——一方面就此[生活实在][20](Wirklichkeit des Lebens)今日的型态而理解其个别的现象之间的关联和文化意义,另一方面则理解其历史上何以[变成现在这个样子而不是另一个样子](So-und-nicht-anders-Gewordensein)的种种理由。"(《韦伯方法论文集》S.170)[21]那种历史学的研究无法看到,意义究竟是如它一贯的那样[兰克(Ranke)]还是必须根据历史的必然性来理解;相反我们必须搞清楚,我们今天究竟是怎样,我们曾经是怎样,以及属于我们的当代历史(这种当代历史本身只是"通向人类的命运途中的一个片段")首先是"资本主义"[22]。在韦伯那里,这种对我们所面临的和规定了我们自身的现实性本身的"意义"的认识,以及这种社会-历史的自我认识,显然不同于对最后的"因素"和普遍"法则"的探寻。"某一文化现象的型态的意义和此一意义的理由,却是无法由任何再怎么完备的[法则概念的系

---

20 关于[ ]符号的说明:本文引自《韦伯方法论文集》中的引文,在此大都沿用张旺山先生的译本。张先生的译本中大量使用[ ]这一标点符号,将一个完整的词语单位框起来,以避免句子中太多"的"造成的指代不明确所引起的误解。我深感这种方法对译文的精确性和清晰性大有好处,因此在沿用张先生的译文时一律保留了这一符号。可惜我知道这一方法时,本书的大部分译稿已经完成,要全部重新修改并加上这一辅助符号,工作量实在太大,因此只能放弃。甚为遗憾,也许可待以后的翻译工作中再采用这一方法。——译者注

21 朗茨胡特(Landshut)在他的《社会学批判》(Kritik der Soziologie)中认为,从这句话中可以直接推出,它包含了一种关于"现实性"的理论上的规定,这种看法是不对的。如果我们对韦伯的"概念群"实际上的不恰当没有理解,那么我们——和朗茨胡特不同——就会认为,问题的关键不在于从它对现实性的理论划分和把握的角度对韦伯的"问题的开端"加以衡量(虽然在韦伯那里现实性是首要的东西),而会不顾韦伯的方法论的问题意识和概念性,将韦伯和马克思对资本主义的观点的根本不同,当作他讨论资本主义时的主要观点的前提,而忽视了韦伯的观点所具有的独立特征。(译文沿用《韦伯方法论文集》,马克斯·韦伯著,张旺山译注,联经出版事业股份有限公司,2013年,第196页。——译者注)

22 参见弗雷耶,同上,S.156ff。

统](System von Gesetzesbegriffen)去取得、奠定、或使之变得可以理解的，因为这种意义与理由预设了［文化现象之关联到种种价值观念］这种关联。经验性的实在对我们而言之所以是'文化'，乃是因为、并且只是因为我们将它和种种价值观念关联了起来，换言之，'文化'的范围包括了实在中的那些经由该关联而对我们而言变得富有意义的组成部分，并且也只包含这些部分。"[23]（《韦伯方法论文集》，S.175）因此，这种人的现实性绝不能被理解为"无前提的"。"如果有人真的认真地尝试追求对实在之'无预设的'知识，则唯一可能的结果势必是得到许多关于无数个别的知觉之一团混乱的'存在判断'（Existenzialurteilen）。"[24]（《韦伯方法论文集》，S.177）这一过程，作为一种对"社会经济"进行认识的能力，并不依赖于它作为那种"客观的"东西，而是通过我们的认识兴趣而产生的，它来自特殊的文化意义（的过程）（《韦伯方法论文集》，S.161）。正由于它对于我们人类具有意义，因此它本身才具有意义，尽管它对于作为个别人的我们并不是必然的。然而，什么对我们而言是有意义的，"当然是无法透过任何对［经验上给定的东西］之'无预设的'研究去得知的，而是：确定［什么对我们而言是富有意义的］乃是某个东西之所以成为研究的对象的前提"[25]（《韦伯方法论文集》，S.175，76）。它的前提是，有某种东西从根本上说就是值得去认识的和成问题的，比方说这样一个关于意义的"事实"："资本主义"。

而这种对我们来说在各种不同的可能的角度下具有意义和"值得认识"的人的现实性，就其是这样-而不是-那样的-现状（So-und-nicht-anders-Geworden-sein）而言，也包括了科学本身之有意义的因素。并且

23　译文沿用《韦伯方法论文集》，第 201 页。——译者注
24　译文沿用《韦伯方法论文集》，第 203 页。——译者注
25　译文沿用《韦伯方法论文集》，第 201 页。——译者注

只是因为韦伯将他的科学的认识倾向和我们共同的现代生活之历史特征和问题联系在一起,因此它和其他那些对自己毫无反思的、纯属专业学科的认识兴趣相区别,也和大部分马克思主义者那种单纯而无知的对科学的信仰相区别[26]。韦伯根据专业学科式的理性化的科学的"意义",对我们的科学的特征进行了追问。[27] 这种以专业的方式进行的,因而已经变得"实证的"科学,本身就进入了"资本主义"的"精神"和非精神之中[28]。至于这样一种科学究竟有没有一种"意义",以及它具有怎样的意义,则是无法从它本身中——科学地——得以奠基的,尤其是它既不是通向"上帝"的道路,也不是通向"真正的存在"的道路,并且它也从来就不是通向个人的"幸福"的道路。从根本上说,韦伯对科学的价值的"方法论的"追问也是尼采通过追问"真理"的意义和价值而对哲学所提出的质疑——因为"如果我们的此在之意义没有在我们对真理的意志中作为一个问题而被我们意识到,那么这种意义又有什么意义呢?"。作为"对科学的真理之价值的信仰"是"特定的文化的产物"这一状况的出路,韦伯也确立了对科学的判断中所谓价值中立的要求。这种要求并非意味着要回到纯粹的科学性,它更多的属于关于科学决断的外在于科学的标准。这种学说所要求的并非取消那些提供标准的"价值理念"和兴趣,而是取消对这种理念和兴趣的固化,以此作为和它们保持一个可能的距离的基础。科学和信仰

---

26 K. 柯尔施(K. Korsch)的《马克思主义和哲学》(*Marxismus und Philosophie*,尤其是 S.102ff.)和 G. 卢卡奇的《历史与阶级意识》(尤其是 S.115ff. 和 198ff.)则是这一惯例的例外。

27 关于这一点首先参见《以学术为业》,《韦伯方法论文集》,尤其是 S.527, 535ff. 和 551;更多的参见《社会主义》(《社会和社会政治论文集》,S.498),《宗教社会学》I, 前言 S.3 和《韦伯方法论文集》,S.60ff. 和 213。

28 参见 P. 赫尼希斯海姆的《作为社会学家的马克斯·韦伯》(*Max Weber als Soziologe*),载于《科隆社会学季刊》I, 1, 1921, S.38ff.。

之间的界线"就像头发丝一样细"(《韦伯方法论文集》,S.212),从根本上说科学的判断和价值的决断是无法截然分开的,相反,它们之间的关系只是一种两个非常相似的东西间的微妙区别。而能够并且应当作为科学的"客观性"之目标而发生的,并不是在幻觉中对"主观性"加以贬低,而是将那些用科学无法证明却和科学相关的东西加以有意识且有意义的揭露,并将这种揭露纳入考虑。这种所谓的客观性——当韦伯对那些"所谓"加上引号时,他所说的就根本不是这个词字面上的意思了——"都基于,并且只基于一点,那就是:给定的实在将根据某些范畴而被加以安排,这些范畴在某种特殊的意义下乃是主观的,亦即陈述了我们的知识之预设,并且受到那种[唯有经验知识才能给予我们的真理]之价值的预设所约束"[29](《韦伯方法论文集》S.213)[30]。因此韦伯反对作为一种科学的"社会主义"的马克思主义,并不是因为这种马克思主义从根本上承担了那些从科学上无法证明的理念和理想,而是因为它从主体性的"客观的"、普遍的作用出发,给出了作为基本前提的主体性,并且将这两者混合在一起,使它们受到科学的"约束",即使它们统一在它自己的价值判断和前判断中。"前面的论述所针对的,乃是这种混淆,而不是反对[挺身主张自己的理想]。[无信念性]与[科学上的'客观性']并无任何内在的亲和性。"[31](《韦伯方法论文集》,S.157)因此,在韦伯看来,马克思主义并不是太缺乏对科学的信仰,相反,它更缺乏的是让人关注到科学的客观性的可疑之处,从而产生的那种"科学的中立性"。但是,标准和理想在科

---

29 译文沿用《韦伯方法论文集》,第 240 页。——译者注
30 关于"价值中立"这一命题的意义,参见 P. 赫尼希斯海姆,同上,S.35ff.,H. 弗雷耶,同上,S.208ff. 和 S. 朗茨胡特,《马克斯·韦伯的精神史意义》(*Max Webers geistesgeschichtliche Bedeutung*),载于《科学和青年教育新年鉴》(*Neue Jahrb. f. Wiss. u. Jugendbildg*),1931 年,第六卷。
31 译文沿用《韦伯方法论文集》,第 183 页。——译者注

学上的结合并不是一种可以阐释清楚的东西,并且也根本不存在对实践的"药方"——从这一原则出发,韦伯完全没有得出"因为种种价值判断终究都是以某些理想为基础的、因而都是具有'主观的'根源的,因此我们无法对它们进行任何科学上的讨论。……批判不会在价值判断面前却步。问题毋宁是:[对理想与价值判断进行科学上的批判]意味着什么、又有何目的?"[32](《韦伯方法论文集》,S.149)因此韦伯最后没有得出:科学的批判(例如罗谢和肯尼士)和自我反思会向知性揭示出"理念"本身,对于这种理念来说"它们所面临的争论和斗争,部分地是现实的,部分地是想象的"。理念和理想对科学研究本身起着引导作用,从根本上讲也是科学研究的"最终目标",韦伯将对这种理念和理想的发现描述为社会哲学(《韦伯方法论文集》,S.151)。科学的自我反思最后所能够依赖的东西是"最后的标准,这种标准在具体的价值判断中展现自身,并使自己被意识到",因此它展开了一种关于自身的清晰的讨论和解释。这种科学的反省摆脱了专业学科的那种无知的实证性,但是它意味着的不是人们"应该"而是人们能够以一种有条理的方式从给定的中介中推出预先设定的目标;并且它首先是让我们知道,人究竟"意愿"什么目标。——但是因此我们就始终预先设定了我们最后的价值标准有一种"客观的"无效性,并且也缺乏一种普遍联系的"标准",但这种缺乏不属于科学本身的普遍本质,相反,这种缺乏是与特定文化时代的特征相一致的,这个文化时代的命运就是,"已经从知识树上"吃过果子了,已经认识到对于世界上发生的事我们"必须能够自己为之创造""意义"。"只有某种……的乐观的折衷主义(optimistischer Synkretismus),才能或者在伦理上漠视这种情

---

[32] 译文沿用《韦伯方法论文集》,第174页。——译者注

势之迫人的严峻,或者在实践上避开这种情势的种种后果。"³³(《韦伯方法论文集》,S.154)然而如果依然有大型的宗教组织和"预言家"的话,那么就依然会有普遍有效的"价值"。但由于这些东西都"不在那儿",因此就只有许许多多互相平等的"诸神""诸理想""诸价值""诸世界观"之间的战争。³⁴ 狄尔泰试图在同一个"所有深刻的信念之间的无政府主义"中和在对"形而上学的讲台哲学"的放弃中,从"历史的意识"本身中发展出普遍的有效性;而韦伯却不仅仅是"放弃"了上述东西,他还认为,"一旦再一次……证明了达成客观有效的价值判断的不可能性,就松了一口气"(赫尼希斯海姆,同上,S.39)——也就是说,他是为了关于"人类"的"自由"的理念而松一口气。那么,正是因为对那未曾言明但最具决定性的人类生存方式这一前提的科学研究——因为作为一个人,是作为一个专业的人的前提——韦伯达到了那个不再是专业社会学的,而是社会哲学的任务:在科学的个别研究中,将给出标准的那些价值理念分别以坚决和明确的方式"演绎"出来。这样一种探索,在专业科学家看来必定是一些不会产生任何成果的事,因为对他们来说——就像韦伯偶然地强调的那样 ³⁵——"不生产出任何东西",也就是说它对于实证的科学进步来说什么也不是,它更多的是回

---

33 译文沿用《韦伯方法论文集》,第 180 页。——译者注
34 韦伯的社会学通过他特有的提问方式和对现代社会学起源的追溯(从黑格尔经过施泰因直到马克思),而将这一市民-资本主义"社会"的显著前提和之前那种具有普遍性的生活之秩序区分开来。关于这一点参见 E. 费希纳(E. Fechner),《W. 松巴特和 M. 韦伯的资本主义精神概念,以及社会学中的基本范畴共同体和社会》(*Der Begriff des kapitalistischen Geistes bei W. Sombart und M. Weber und die soziologischen Grundkategorien Gemeinschaft und Gesellschaft*),载于《世界经济文库》(Weltwirtsch. Archiv),1929 年,10 月。韦伯在关于西方资本主义的第一次探索即《股票市场》(*Die Börse*)中就注意到,股票市场是一个已经瓦解为"社会"的"共同体"的代表。参见韦伯在《经济和社会》I, c, I, §9 中反对滕尼斯(Tönnies)所做的界定;亦参阅我们关于 H. 格拉伯(H. Grab)对韦伯的批判的附释 43。
35 《韦伯方法论文集》,S.265 注释 1 和 S.46 注释 2。

到一种哲学上的理解，即对于科学的客观性和认识所可能具有的"意义"的哲学理解。这种反思的原初动机并不是对一种空转的"方法论"的担忧，而是这种向着科学的客观性之意义的回溯，从它的方面来说是源自一种完全确定的信念——这种信念恰恰是对于科学研究的传统价值理念的不相信。这种传统价值理念的最为普遍的特征是对一种无条件的客观性的要求，即相信一种客观的标准并相信它们具有科学的基础。而韦伯正是想要通过科学这一中介和这种科学的"中立性"进行彻底的斗争。"科学的"就是这种中立性本身的意思，马克思就是在这一意义上讨论作为一种"批判的"态度的"科学"态度，并认为这两者都是真正"属人的"。这种科学的中立性也正是与每个人自己的前判断相对立的，韦伯称它为理论的伦理。但对韦伯来说，配得上真正的人的行为来自那些不"在那儿"的东西，从那些东西中才能产生出积极的结果。但因此，他对于科学研究的那些"最不被看好的"以及起引导作用的价值理念的细致揭示，其目的不仅仅在于证明它们从根本上说是现成在手的和具有意义的前提，并将科学建立在它之上；他的目的还在于，将这些太过确定的意义进行内容上的"祛魅"。他那些关于科学理论的论文的真正目标是对"幻觉"的激进解构。他关于罗谢和肯尼士的两篇具有代表性的论文就意味着对于完全确定的前判断和价值判断的一种方法论上的解构，也就是说，是对那些填满了"科学的中立性"的内容的解构，韦伯认为，它们是和人类历史的事实相矛盾的，也就是说，"今天"是一种"宗教上的日常"（religiöser Alltag），科学，用尼采的话来说，是"科学的无神论"。出于对这一特殊地位的意识，"一千年来，人们都以一种表面上的或幻想出来的排他的态度对待基督教伦理中的巨大激情，于是，人们就变得盲目"，韦伯的"方法论的"探讨就是从这一最后的终结中诞生出来的。这些探讨从这种洞见中引出了一种内在的后果，这种后果不仅仅表现在现代科学和文化的可疑之中，还表现在我们整个当代生活的方向中。韦伯对他的方法论探讨的原则性动机有充分的意识，就好像马克思也对他关于黑格尔的《法哲学》的专门批判的根本意义和这种批判的"方法"有充分的意识。——韦伯以预先防止这样一种可能的误解结束了《社会科学和社会政策的认识之客观性》这篇论文，即无论这种方法论的和概念式的探讨自在地具有哪一种意义，他对"材料堆积"的拒斥都不会减少，因为这种单纯的材料堆积对于"新思想的自由"是完全麻木无视的，并且韦伯最终以如下说法为这种貌似不会产生任何成果的探讨的必要性进行了奠基：

> 在一个专业化的时代里，所有文化科学的研究工作在透过某些特定的提问而设定了某一个特定的材料、并为自己创造了其方法上的原则之后，便会将对这材料的处理当作是目的本身，而不再随时有意识地借由最终的价值观念去控制个别事实的知识价值，甚至根本就不再意识到这些事实是定泊在这些价值观念上的。而这也是好事一桩。然而，色彩总有一天改变了：那些未经反省而被运用着的观点的意义将会变得不确定，道路迷失在晨昏中。伟大的文化问题之光再度绽放。于是，科学亦将准备去改变其立足点及其概念机器，并由思想的高度将眼光投向事变之流。[36]（《韦伯方法论文集》，S.214）

传统的立场与视角已变得不再确定，和这一过程相伴随的，是科学的方法和概念系也一同改变了。对他来说，尽管单纯的方法论探讨并不涉及和解决具体的问题，因此自在自为地是一种没有成效的事，

---

36 译文沿用《韦伯方法论文集》，第241页。——译者注

但在具体的和人类历史的处境中，这种探讨是不可避免的和相当重要的，也就是说：

> 由于人们观察某一材料、使之成为陈述的对象的那些"观点"发生了重大的转变，以至于产生了一种想法，认为这些新的"观点"势必也要求我们对向来的"经营"在其中运转的那些逻辑形式（logische Formen）进行某种修正，从而对自己的研究工作的"本质"产生了不确定感。目前的历史学无疑就处于这种情况之中。[37]（《韦伯方法论文集》，S.218）

韦伯在关于罗谢和肯尼士的论文中，将这种对科学判断的那种已经失去了根基的最终标准的强调和祛魅贯彻到底。韦伯在罗谢的工作中指出了一种值得注意的矛盾，并将这种矛盾追溯到"概念和现实性"之间的不清晰的关系；但这也意味着追溯到了最后的问题，即追溯到了进行着认识的人，和我们当前世界的现实状况之间的不清晰的关系。在罗谢对历史事件的分析中，存在着一种未经清晰阐述的"背景"，并且罗谢根本就不想把它说清楚，尽管在他那里，正是这一剩余之物建立起了整体中的联系。罗谢时而将这一具有普遍影响的背景称为现代生物学的"生命力量"，时而又称它为"上帝的思想"和"超越人类的决定"。这样一种没有规定的规定中所体现的对天命的信仰，是罗谢的逻辑论证[38]中"流溢说式的"特征[39]；虽然罗谢在论述中小心地避免了对

37　译文沿用《韦伯方法论文集》，第 246 页。——译者注
38　在韦伯那里，这一说法大概来自拉斯克（Lask）对黑格尔的逻辑学的特征描述。
39　张旺山先生的译本将"emanatistisch"翻译为"流出说式的"，考虑到在大陆学界"流溢说"这种译法已成习惯，因而沿用。但两者实为同一个词。——译者注

上帝的秩序的直接援引。尽管他没有像黑格尔那样从"理念"中推导出现实性，但他也没有把对现实性的认识归结为某种人的和"经验的"可证明性。他认为，在经济生活中，一种"更高的"神性冲动应当限制尘世的自私自利，并且这一前提也以一种决定性的方式影响了他的"国家经济学"的逻辑结构，韦伯格外将这一点提出来加以讨论。因此罗谢的方法就有一种矛盾的、不连贯的形态[40]，这恰恰和他"温和、折衷的"性格相符合。但这种形态绝不是对"清晰的和连贯地一以贯之的"理念的表达。这种方法是如此的矛盾，它根本就是一种"科学的和中立的"研究与一种"宗教的立场"的合一。

> 罗谢相对于黑格尔，与其说是构成了一种对立，不如说是构成了一种退化：在他身上，黑格尔式的形上学与思辨（Spekulation）对历史的支配都消失不见了，这种思辨之精彩的形上学建构，被一种相当原始形式的纯宗教性的信仰所取代了。然而我们在这里也观察到了：与此同时却也发生了一种痊愈的过程、甚至可以说是一种在科学的研究工作之公正性、或（如人们现在笨拙地称说的）"无预设性"上的进步。[41]（《韦伯方法论文集》，S.41）

在这里非常清楚的是，韦伯对"科学的中立性"（《韦伯方法论文集》，S.56，63，155，157）的要求并不意味着这种中立性只涉及"逻辑的"矛盾和不清晰性（根据韦伯自己的措辞，似乎经常显得是这样的），而是意味着科学的和逻辑的进程就其本身来说是如此这般才具有

---

40 我们在这里已经注意到，对韦伯来说，"连贯"作为任何一种"负责任的"看法的表达，具有怎样决定性的意义；参见接下来的注释III。

41 译文沿用《韦伯方法论文集》，第49页。——译者注

清晰性和中立性的"价值"的,即一种单纯此岸的——这和罗谢那种宗教的历史意义正相反——表达,是一种以"日常"为方向的生活方式。正是这种超验的理念之不受拘束的中立性,彰显出了韦伯的"经验的"方法(《韦伯方法论文集》,S.39)。

韦伯在讨论肯尼士时也像讨论罗谢时一样清晰:

> 他的"自由"概念是建立在什么样的一种原则上、哲学上的基础之上的,而这一点对其在经济科学之逻辑与方法中的效力范围,又会有什么样的后果。——我们立刻就看到:肯尼士也完全被那在历史上已经转变了的"有机的"自然法学说给迷住了,这种自然法学说在德国主要是受到历史法学派的影响,并渗透进探讨[人类的文化劳动](menschliche Kulturarbeit)的所有领域中了。[42](《韦伯方法论文集》,S.138)

之后韦伯是从这样一个问题开始的,即肯尼士的自由概念是和怎样一种人格性的概念一起出现的。结果似乎是一种高度抽象的东西,但对判断的具体性来说,肯尼士是将人格当作一种个别的"实体"而设定为前提。在他看来,人格之形式上的统一的基础是一种有机-自然的统一性,而这又反过来意味着客观现成的无矛盾性。与之相随的是一种关于"伦理的"事物的特定的前概念,尽管——就像韦伯注意到的那样——整个文化的力量(例如新教),导致了一种人的类型,这种类型恰恰解释了那种"充满矛盾的"伦理特征。和罗谢一样,肯尼士也处处遇到了一种"黑暗的背景"、一种作为社会事件及其意义的原则

---

[42] 译文沿用《韦伯方法论文集》,第154页。——译者注

中的最后动因的那种统一的生命力量形式。个人和民族在"浪漫主义的精神中",被实体性-形而上学地设定为前提;"此一实体性格在这里也完全在浪漫主义的精神下,被转用到'民族灵魂'(Volksseele)上去了,——这是罗谢对于[无论是个人或民族的'灵魂',都是直接出于上帝之手]的信仰的一种形上学的淡化"[43](《韦伯方法论文集》,S.143)。肯尼士依然处于对黑格尔的历史形而上学的模仿的影响下,只不过是将它歪曲成人类学的生物学式的东西。如果我们看到了他的基本概念中的"流溢说式的"特征,就能够把握他的这种传统的观点。在他那里真正的集合名词和种概念似乎是交织在一起的,而且他也没能清楚地界定"概念和现实性"与科学的中立性之间的关系[44]。但他之所以"没能",其根本原因并不是某种单纯"科学上的"错误概念,不是由于缺乏"逻辑的"洞察力,而是由于这种流溢的"逻辑"本身只是普遍-形

---

[43] 译文沿用《韦伯方法论文集》,第160页。——译者注

[44] 韦伯为了以概念的方式贯彻这一关系,创造了一种"理念型的"结构,其哲学上的基本特征在于,它既解放了现实性,又建立了现实性。朗茨胡特(同上,S.38ff.)在这一结构的人为性中看到了一种堕落,也就是说,韦伯自己的研究目标是在现实性本身的意义中对现实性进行认识,是一种"价值观点和现实性之间的不连贯性",但这一目标堕落为一种从根本上错误的"人和世界之间的分裂"的基本立场。但朗茨胡特所没有看到的是,人作为一种本体论的"此在"是一种"在-世界-中-存在"(海德格尔),但这一点并没有说出任何这种本体论的统一性在人类学上的确定表现形式。但对韦伯和马克思来说,现代的"在-世界-中-存在"的历史特征是通过"理性化"和"自我异化"表现出来的。从这种理性化和异化中,就产生了人和世界的"分裂",而这也和所有新时代的概念构造中或多或少的"结构"特征相符合,也即它们的处理方式都是"技术性的东西"。在卢卡奇看来,这种"二元论"具有一种社会历史的动机,它也是全部新时代的哲学及其"二律背反"之二元的概念世界的根本基础(参见卢卡奇,同上,S.122ff.)。勒瓦特(《社会科学与社会政策文献》)对卢卡奇关于马克思的"唯逻辑论的"解释的批判,其实误解了这种解释的积极意义,这种意义在于,作为马克思的后继者,卢卡奇依然是通过社会历史的阐释,从而在其本身的规定性中揭示那些哲学上的抽象范畴的(参见马克思,《政治经济学批判》,1930年,XXXIXff.),并且由此才确定了一种理论的变革的可能性——从根本上说,这种理论的变革和整个人类-社会生存方式的革命是同步的。——关于理念类型的概念请参见舍尔廷在《社会科学与社会政策文献》中的论文,Bd.49,1922年。

而上学的或者本体论的前提所产生的后果，这一前提的基础则在于，如狄尔泰所描述的，人们在面对现实性时所采取的形而上学态度的一种残余[45]。而韦伯事实上所阐明的不是纯粹科学本身的不清晰性，他只是指出肯尼士在科学上是不清晰的，这完全是因为他还没有彻底地转向此岸。韦伯对罗谢和肯尼士的流溢式的概念的彻底抛弃所带来的改变，同样也并不是逻辑上的"概念群"，而是改变了关于"现实性"本身的根本的方法，以及改变了相应的那些给出标准的概念。和彻底此岸的以及已经变得"客观上"没有意义的现实性相伴的，是那些从中流溢出来的概念性也转变成了一种理念型的"结构"，并且所有对于社会"形态"的"实体性的"界定也都消失了。韦伯的方法论基本概念，以及他的科学性的整个方式之结构的和"唯名论的"特征，并非来自关于科学的直接研究——它也不是对现成的"现象"的驳斥（因为唯有通过某一种"逻各斯"，才能够谈论某种现象，这一点是一个前提）——相反，它是对人的现实性的某种完全确定的设想的表达。这种理念型的"结构"回到了一种特殊的"没有幻觉的"人这一地基，这样的人已经清醒地意识到，他们所面临的世界已经在客观上失去了意义并且已经被祛魅，因此这一世界变得格外"现实主义"；人们从这个世界中撤回到自身，并被迫将对象性的意义和意义之间的联系，以及和现实性的关系本身，从根本上设定为"他的"东西，并且必须自己在实践上和理论上"创造出"意义。因此，民族、国家和个人就不再能被视为一种具有深刻的背景的统一的实体——但这并不是因为这些东西根本就是不科学的，而是因为这样一种把握方式是被局限在超验的前判断和理念当中的，而且这样一些前判断在我们生活于其中的

---

[45] 狄尔泰，《精神科学引论》W.I.S.351ff.。

这个世界里，已经不再有效了。因此，韦伯关于国家的存在的典型界定是从"机会"（Chance）出发的，也就是说，"特定的社会行为的方式"只能从"机会"出发得到理解——但也能从中得到充分的理解！——并且"机会"作为一种典范，实际上是一种完全确定的国家的"事实"之基础，也就是说，是我们生活于其中的现代国家的基础[46]，因为它本身就是一种理性化的"机构"的形式，是一种"企业"——用黑格尔的话说，是市民社会的"理智国家"；用马克思的话来说，是超越作为单个私人的个别人的"抽象的普遍性"。韦伯［和斯潘（Spann）相反］[47]，他强调"个别的"和"理性的"定义的单纯"方法论"意义，并且对这种界定中的内容特征和它的价值相关性一起加以否定[48]。韦伯的观点更多的是与罗谢和肯尼士所指出的相反：最终的世界观"前提"一直延伸到了"逻辑的"结构中。但韦伯对所谓社会的"形态"的"个人主义的"界定在于，在今天，就还只有"个人"才是真正现实的和就生存而言合理的，这种"个人"是指只建立在自身之上的单个的人，他们的祛魅（这种祛魅通过理性化过程进行）带来了一种人和形式的"客观性"，在此之后，就不会再有任何独立的意义了。如果情况与此相

---

46 参见韦伯对国家之特征的描述，《政治论文集》，S.139ff.。
47 参见韦伯，《经济和社会》I, S.8ff. 和斯潘，《社会理论》（Ges.lehre），S.317ff.。
48 弗雷耶（同上，S.177）说，韦伯的"方法论的个人主义"经常违背他的意愿"转变为"一种"内容的"个人主义，因此我们就需要问，这是否是因为这种转变本身并不是从实际上给出标准的关系的理论转向中生发出来的。弗雷耶自己要求一种概念的构造，这种构造既主张客观的形式，也主张社会现象中人的活力。但这种"两面性"也无法摆脱这一问题，即，我们社会的以及社会学的总问题中实践上的重点究竟何在？当时正是在弗雷耶本人的洞见之后，社会学才得到了社会历史上的根基。事实上，弗雷耶将社会的现实性和"客观精神"的形态之间的区别，设定为人——也就是现代人——在社会"秩序"中的不受限制的限制性的前提。关于这一点参见 H. J. 格拉伯，《马克斯·韦伯的社会学中的合理性概念》（*Der Begriff des Rationalen in der Soziologie Max Webers*），1927年，S.23。格拉伯认为，韦伯的社会学上的"个人主义"无非是将事实中的一个特定的"领域"加以单纯的"绝对化"，将它变为事实本身，格拉伯斯的这种理解，其实误解了韦伯的社会学上的"个人主义"的哲学意义。

反,国家只是一种"公共的东西"并且人本身只是一个城市中和国家中的市民,而非首先是一个对自己负责的私人,那么国家本身也就是实体性的和"普遍的",而非只是根据它的"生存"的机会才得以解释的东西。在这里,韦伯的科学中立性也表现为,科学不再被约束在超验的前判断之中。为马克思主义所共有的那种对客观的"发展"和"进步"的信念(《韦伯方法论文集》,S.203ff.)也属于这一宽泛意义上的超越了祛魅的世界中的前判断的"超验的"和理智的日常生活。他认为,"唯有当人们产生了一种想要赋予人类命运的那种宗教上被掏空了的进程以某种此岸的、却又不失为客观的'意义'(Sinn)的需要时"[49](《韦伯方法论文集》,S.33,注释 2;楷体字为我们自己所加;参见 S.56 和 61ff.),"进步"的思想才是必要的。但在韦伯看来这种不连贯性是相较于此岸而言的。在它的"光照"之下就只有"现实性",对这一变得理智的世界的解释的主线是理性化的过程,世界通过这一过程使自己祛魅化和理智化。但韦伯对理性化的历史因素加以判断的标准是它表面上的对立面,即那一自我建立和自我负责的个体的自由[50],以及和现代生活中通过理性化发展起来的"秩序""机关""企业""组织"和"机构"相比,具有优势的"人类英雄"的自由。通过对"理性化"的原初的和广泛的意义所做的分析,这一结论是更容易得出的,并且与它相对的概念会将我们引向马克思对同一个现象的分析,他的分析的主要线索则是"自我异化"。

---

[49] 译文沿用《韦伯方法论文集》,第 40 页。——译者注

[50] 关于个人的自由只是"表面上"与理性化相对立,这并不是指,理性化的普遍结果就并不是个人的非自由(关于这一点参见《政治著作集》,S.141);其实问题在于,对韦伯来说,理性化究竟具有哪种"价值"。

Ⅱ."理性化"作为对现代世界的具有问题意识的表达

> 我们这个时代,因为它所独有的理性化和理智化,最主要的是因为世界已被除魅,它的命运便是,那些终极的、最高贵的价值,已从公共生活中销声匿迹。[51](《以学术为业》)

韦伯的探索的原初的和整个的问题,就是我们周遭的现实性的根本特征,我们就是被置于这样的现实性之中的。他的"科学"研究的最后动机则是趋向于此岸的倾向。而韦伯将我们的现实性本身的总问题归结到"合理性"这一标题下。韦伯试着将我们整个生活的理性化过程解释清楚;但这是因为,恰恰是从这个理性化过程中产生出来的合理性是某种特别"非理性的"和无法理解的东西。比方说,挣钱作为一种确定的生活方式的目的是合理的和能够理解的,但相反,将挣钱加以某种特殊的合理化,把它变成对挣钱本身的意志——"被认为是纯粹的目标本身"——这就是极为不合理的。韦伯在答复来自布伦塔诺的一个批判时将这一点说得很清楚了:任何一种极端的理性化过程都带着命运的必然性而同时创造出一些不合理的东西,这一点是一个基本的和决定性的事实(《宗教社会学》I,S.35,注释I)。这里涉及的事——韦伯在那篇文中说——"事实上"是一种由理性化"而导致的不合理性的生活方式"。正因如此——而不是"自在地"——理性化才是一种特殊的值得一探究竟的和成问题的现象,而不是别的什么

---

51 译文沿用《学术与政治》,第48页。——译者注

东西。

韦伯在《宗教社会学》I的"引言"中阐释了理性化过程这一事实那普遍的和基础的、世界历史的和人类学的意义。理性化这一现象"不仅是宗教社会学和科学理论的指导线索,而且是它们的整个体系的基础"(弗雷耶,同上,S.157),并且它也是韦伯关于政治的论文的基础;对韦伯来说,理性化从根本上意味着西方生活方式的基本特征以及我们的整个"命运"——尽管我们对于这同一个命运可以有不同的对待方式,例如韦伯和马克思的方式就不同,与之相应的,对这个命运也可以有不同的解释方式:韦伯采取了宗教-社会学的解释,马克思采取的是社会-经济学的解释。而宗教社会学的尝试最终也无非是对理性主义的社会学本身的一种贡献(《宗教社会学》I,S.537)[52]。韦伯的社会宗教学分析的特征,和马克思的"经济学"分析之间明显的不同和假想中的对立就在于,韦伯并非将资本主义看作社会"生产关系"、社会生产工具和社会生产力的某种已然独立的力量,并从中出发对其他的一切都加以意识形态的理

---

[52] 迄今为止,唯一一个试图在其原初的意义联系中以及在和马克思的关系中对韦伯的"合理性"概念加以阐明的尝试,是由朗茨胡特做出的(同上,S.54ff.,77ff.)。朗茨胡特想要证明,理性与非理性之间的区别在一种作为特殊的"理性的"行为的经济行为中被改写了。这种根本性区别的原初地基,最终是"资本主义"。资本主义才是"原始的东西",韦伯的合理性概念就是从中产生的,因此它也为韦伯和马克思所讨论的话题提供了某种"同一"。只不过马克思从资本主义出发将资本主义的生产过程作为对市民社会的"解剖"加以分析;而韦伯对同一现象的宗教社会学的阐释则走向了对马克思主义的解释的批判。但朗茨胡特并没有追问这一方向性区别的原因;他反而试图证明,韦伯其实是接过了马克思所指出的问题的开端和对现实性的结构划分(根据各种"因素"进行划分),只不过韦伯没有像马克思那样产生通过改变世界而解放人类的实践倾向。朗茨胡特对这一问题的解释——对我们的研究也是一样——非常具有启发性;并且这些解释触及了社会学的提问方式的核心,它非常接近韦伯本人所特有的研究动机,同时也非常接近马克思的解释中的引导性的倾向。朗茨胡特在回顾他对韦伯的解释时说,他意识到了,"自己与经济学理论的联系绝不相近,因为问题的起源从一开始就无法在经济学理论中找到"。但同时朗茨胡特对韦伯的分析也从一开始就是一种误解,因为他误解了韦伯那非常清晰的提问方式,因为马克思已经从实践上对之进行了明确的界定,同时,韦伯的社会学之缺乏类似的"结构"其实有着一种积极的意义,而朗茨胡特也没有看到这种意义(参见接下来的第Ⅲ段和段落C)。

解,相反,在韦伯看来资本主义之所以能够成为人类生活中的"最具命运感"的力量,只是由于资本主义本身就是在"理性化的生活方式"的道路上发展出来的。因此我们就应该将"合理性"当作理解的主线,这并非因为它是某物的合理性,是某一特定领域的合理性(这一领域作为一种"给出标准的领域"而蔓延到其他领域),而是因为,韦伯所说的合理性尽管是一种专门科学的行为(以一种对特定的"因素"进行因果关系的归因的方式进行),是作为一种可受到更大范围的归因的原初的整体而被把握的,亦即是作为一种从各个方面受到规定和约束的整体,但它又是一种特有的"生活行动"和"生活方式",是一种西方的"伦理"。这一具有导向性的伦理(《宗教社会学》I, S.239)既体现在市民-资本主义的"精神"中,也体现在市民-新教的精神中(《宗教社会学》I, S.30ff., 34)。宗教和经济都在这一给出方向的整体之中,在它们那宗教的和经济的生命力中塑造着自身,并反过来具体地和回溯性地铸造了这一整体。在这一意义上,经济并非某种特定的信仰的直接后果,信仰也并非某种"实质性的"经济的"流溢式的"后果;相反,它们两者都在一个普遍的生活之合理性的地基上,"合理地"分别塑造它们自身。与此相反,资本主义本身在其优先的经济的意义中,很少是作为合理性的独立的来源而被讨论,更多的是——原初地是被宗教上的动机推动——生活方式的合理性也在经济学的意义上将资本主义强化为一种统治性的生命力量。与此相反,哪里缺乏"实践-理性的生活方式的特定形态的"倾向,"在那里一种经济上的合理性的生活方式之发展,也就会遇到它内部的严重反对"。但在过去[53]——在一种"我们今天几乎不能再理解的尺度上"——宗教的力量以及在信仰中与这种力量固定在一起的"伦理的责任概念"是属于生活方式中的构成性因素的,并且韦

---

53 与此相反,参见马克思对巴斯夏的评论,《资本论》I6, S.48。

伯据此对新教"伦理"和资本主义"精神"之间的内在联系进行追问。两者的这种内部的"亲和力"是一种经济的态度和信仰的态度之间的亲和力，它们两者都建立在一种普遍的"精神"或风俗（Ethos）上，而这种精神或风俗在社会上的杰出承载者就是西方国家中的市民。

这种"合理性"的普遍精神也同样统治了艺术[54]和科学，如权利科学、国家科学、社会科学等，还统治了现代人类社会中的经济生活。这种对生活的普遍合理化过程所引起的，是一种在所有方面都具依赖性的系统、一个由"服从"所组成的"钢铁般坚硬的笼子"、一种人类的普遍"机械化"、一种在任何一个给出标准的"企业"中都无可避免的从属和秩序——"企业"既可能是经济上的企业，或者也可能是科学上的企业——并且"尽管如此"（韦伯同样用这样一个"尽管如此"结束他的《以学术为业》的演讲），对韦伯来说，这种合理性恰恰又是自由之地。这种首先只是作为一个论题而被设定起来的合理性和自由之间的联系，其实该将它理解为比从韦伯的理论探索中引导出来的更为直接，因为韦伯将它从现代生活中所有合理化的设置、秩序、组织和机构中的实践行为中抽取出来，视之为一种内在的冲动：他和合理化所要求的形而上学式的现实做斗争，他将这种联系当作通向目标的手段加以使用。

韦伯在《肯尼士与［非理性］问题》这篇文章中，将所谓的自由意志问题放在历史的研究中加以讨论：

> 人们认为个人的行动之"不可计算性"乃是"自由"的结果，由于相对于自然事变的"机械的"因果性而言，行动着的

---

54 参见《音乐的理性和社会基础》（*Die rationalen und soziologischen Grundlagen der Musik*），载于《经济和社会》（*Wirtsch. u. Ges.*）II, S. 818ff.。

人格具有一种"创造性",因此他或直接或隐晦地宣称,这种"创造性"就是人乃至于历史所特有的尊严。[55](《韦伯方法论文集》,S.46)

韦伯在对这一段的注释中讽刺了特莱契克(Treischke)和迈乃克(Meinecke)在一种所谓的非理性的"剩余"和一种自由人格的内在"胜地"和"秘密"面前的"虔诚"[56]。韦伯在下一个讨论中(《韦伯方法论文集》,S.64)想要指出的,并不是个人的不自由,而是个人那"平庸琐碎"的而又不断地被遗忘或被掩盖的"自明性"。这种被归结为人的优越性"有创造力的"自由,并不是人的某种客观现成的东西和能够轻易辨认出来的标志,而是某种只能在"价值判断"也即一种特定的价值评估的基础上,从根本上说是只能在将主体性设定为一种"自在地"没有意义的事实情况的基础上,才能被看到的东西。但这种不可计算性以及由此产生的非理性极少自在地是人的自由行动的标准(这种不可计算性和自然进程中的可计算性相对立),因为可计算性更多的是像天气预报那样,可能是不确定的东西,而不是人类行为中可预测的东西。

---

55 译文沿用《韦伯方法论文集》,第55页,略有改动。——译者注
56 J. 瓦赫(J. Wach)也在他对韦伯的宗教社会学的阐释中(《宗教社会学》的引言,1931年,S.79ff.)注意到,韦伯的这一立场可算是他的"特征",但他没有说清楚这一点究竟在多大程度上成立。瓦赫感到很遗憾,韦伯不再"被赐予力量",以便为不可估量的"重要历史表演,给出宗教社会学任务范围内的基本范畴中那严格划分的体系性的发展"。但他完全没有自问,韦伯对于社会学和理性化的宗教社会学研究究竟是否可以按照一种具有严格的范围的"任务范围"和特殊"对象"的"宗教社会学"之特殊规则的标准加以评判。事实上,是瓦赫而非韦伯,通过与"邻近的"提问方式进行明确的区分和占领,而将"宗教哲学的议题,加以无论如何都无可争议的形式化的"确立[与之相反的观点参见弗雷法(Frever),同上,S.146ff.]。

> 每一项军事命令、每一项刑事法律，乃至我们在与他人交往时所做出来的每一个表达，都"计算"到了在它所诉诸的那些人的"心灵"中会出现某些特定的影响，——固然无法计算到在每个方面、每次都很准的一种绝对的明确性（Eindeutigkeit），但却计算到了对该命令、法律或具体的表达所想要达到的那些目的而言足够的某种明确性。[57]（《韦伯方法论文集》，S.64）

事实上，人的行为越是不可计算，它就越不属于自由的行为，也就是说，人就越少地将自己主动的和被动的行为掌握在自己手中，越少自由。

> 行动者的"决定"下得越"自由"，亦即：越是根据"自己的"、不受"外在的"强制或无法抗拒的"情绪"左右的"衡量"，则在［其他条件不变］（ceteris paribus）的情况下，动机就越完全无余地归入"目的"与"手段"这二个范畴之下，对该动机之理性的分析也因而能够越完备。……而是："行动"越是（在这里所说的意义下）"自由"，亦即越少带有"自然发生的事变"的性格，则最终下属的这种"人格"概念也将越产生效力：这种［人格］概念在人格与某些特定的最终"价值"和［人生的—"意义"］（Lebens-"Bedeutungen"）的内在关系之恒定性（Konstanz）中，找到了人格的"本质"：这些价值与意义将在其作为中形成为种种目的，并以此方式转化成［在目的论上理性的行动］（teleologisch-rationales Handeln），而那种浪漫主义式的自

---

[57] 译文沿用《韦伯方法论文集》，第73页。——译者注

一 马克斯·韦伯与卡尔·马克思

然主义的["人格"思想]（"Persönlichkeits" gedankens）的说法，也将越见消失，——这种说法反过来在个人生命的那种模糊的、未经区分的、生长性的"基底"中，亦即在那"人"（Person）事实上完全跟动物一样都有……无限多的心理—物理条件之相纠缠而生的"非理性"中，去寻找人格所固有的神圣物。因为，这种浪漫正是在特莱契克（Treitschke）偶尔会、而其他许多人常常会谈到的一种意义下，存在于"人格之谜"背后的东西，并且这种浪漫有时甚至还会将"意志自由"凭空捏造进那些自然发生的领域中。后面这种做法的荒谬，我们在直接的体验中就可以了然于胸了：我们"感受到"，我们恰恰是也受到我们行动的那些"非理性的"元素，要么（有时候）简直被逼得"身不由己"（nezessitiert），要么就是在某种对我们的"意愿"（Wollen）而言并非"内在"的方式所共同决定了。[58]（《韦伯方法论文集》，S.132/33；参见 S.69 和 137）

在他对迈耶（Meyer）的解释中，说得更为明白：

> 认为［意愿之某种（无论怎样理解的）"自由"跟行动之"非理性"乃是同一的］……错误，实在是显而易见的。特别的"不可计算性"——跟那些"盲目的自然暴力"同样大（但不会更大）——乃是：疯子的特权。反之，我们相反地恰恰在那些我们自觉自己是理性地（rational）、亦即：在没有生理与心理的强制……的情况下做出来的行为，在那些我们对一个清楚意识到的"目的"

---

[58] 译文沿用《韦伯方法论文集》，第 148—149 页。——译者注

透过其（根据我们的知识……）最适当的"手段"加以追求的行为中，伴随着最高程度的经验上的"自由感"。[59]（《韦伯方法论文集》，S.226）

因此，合理性是和行动的自由一起出现的，它是一种作为"目的论的"合理性[60]的自由：是一种在对适当的手段的自由斟酌中，根据最终的价值或生命的"意义"所预先规定的目的。这种目的理性的行为将自己的"人格"塑造为一种向着最终的价值进行的持续不断的人类行为。作为自由的个人行为，它意味着以目的为导向，也就是说，是对某种给定的手段是否能够达到预设的目标所进行的理性测量，并由此而进行连贯的或"为了某种结果的"行为。给定的手段规定了机会和结果，在对这一手段的算计斟酌中，向着目标而进行的行为用合理性过程证明了，自己就是行为的自由。人越是能够自由地为了某物（一个目的）而斟酌和计算其必须的行为（手段），他就越能合乎目的理性地和相应的更容易理解地处理这一行为——而自由的行为和整个确定的、以目的为导向的手段（以及，当人们想要放弃某个目的时也会采取错误的手段！）之间的结合也就越紧密。

恰恰是那在经验上"自由的"、亦即根据种种衡量而行动的人，在目的论上是受到……达到其目的之不相同且可以认识的手段所约束的。对处于竞争斗争中的工厂主或对股票经纪人而言，那种对其"自由意志"的信仰，对他的帮助实在是少之又少。他必须

---

59 译文沿用《韦伯方法论文集》，第255页。——译者注
60 同样参见《宗教社会学》I，S.537，在这篇文章中，合理性同样也被把握为一种理论上的或实践上的行为之目的论"结果"的合理性。

在［经济上被淘汰］和［遵守某些极为特定的经济行为的准则］之间有所选择。如果他明知道会造成损害却不遵守这些准则，则在说明这件事情时，我们将……有可能恰恰也将下述假设纳入考量：他当时缺乏"意志自由"。恰恰是理论性的国民经济学的那些"法则"，必然预先设定了……"自由意志"（无论是在这个词语之哪一个在经验的地基上可能的意义下）的存在。[61]（《韦伯方法论文集》，S.133）

这种自由，也即将它的最终目的和任何一种给定的手段绑定在一起的自由，所表明的恰好正是人的行为的责任性。而在这种对手段的认识中——并且只是对手段，而非目的——产生了理性的"科学"（《韦伯方法论文集》，S.150 和 549）。这种理性的科学使得我们的目的性的——理论的或者也包括实践的——行为之内在的"结果和由此而来的（！）真诚性"得以可能。在与自己所设定的目的的关系中对给定的手段加以理性的斟酌，以及在考虑到目的之贯彻的机会和结果后而对目的本身加以斟酌，就构成了自由的理性行为的责任性。手段和目的之间的伦理"张力"（也就是说对某种"善的"目的之达成可以依赖某种可疑的手段）使得责任的合理性本身变成了一种特定的伦理。韦伯将"信念伦理"（Gesinnungsethik）描述为一种对于"后果"无所谓的"非理性的"行为的伦理（和目的理性的行为相比，它是以"价值理性"为导向的），与这种信念伦理不同，责任伦理始终是在给定的手段的基础上对机会和行为的结果加以计算（《韦伯政治著作集》，S.442ff. 和 447ff.）。它是一种"相对的"，而非"绝对的"伦理，因为它涉及了对贯彻目的的机会和后

61　译文沿用《韦伯方法论文集》，第 149—150 页。——译者注

果进行一种中介性的认识，并依此对手段加以斟酌。和人们选择服从责任伦理相一致，人们同样也选择一种作为"通向-目的-之手段的-合理性"（Mittel-zum-Zweck-Rationalität）的合理性[62]。理论上的统筹与体系中的那些目的理性的、价值理性的、情绪的和传统的行为，只是表面上有矛盾（《经济和社会》II, S.11ff.）[63]。韦伯将"目的理性"的样态（Schema）列于明显的优势地位，其根本的和首要的原因并不在于它使得一种人的行为的结构上的可理解性达到了最大化，而在于目的-理性的行为本身的那种特殊的责任性本身。但通过这种方式，合理性的根基就在于一种责任的伦理，而这一点又反证了韦伯关于"人"的理念（参见第 III 段）。

至于那种在合理化的过程中产生出来的特有的不合理性，以及对它进行探索的根本动机，韦伯则始终将它理解成是产生于作为手段和目的的关系之基础的合理性和自由的概念之中的，也即产生于这一概念的颠倒。一开始只是单纯手段的东西——是实现另一个具有价值的目的的手段——自己却变成了目的或者自身的目的，于是本来是手段的东西就独立为一种目的性的东西，并且也就因此失去了它原初的"意义"或目的，即失去原初的那种以人和人的需要为导向的目的合理性。这一颠倒指出了，整个现代文化及其各种设置、机构和企业都是那么的"理性化"，以至它变成了一个人们将自己安置于其中的、被其包围和规定的"铁笼"。而这种设置是从人的行为中原初性地跳出来（entspringen）的，人必须根据它来安排自己的行为和进行行动，

---

[62] 参见 E. 沃格林，《马克斯·韦伯》，载于《德意志文学和精神史季刊》（Deutsche Viertelj. schr. f. Lit.wiss. u. Geist.gesch.），1925 年，第二卷，S.180ff.

[63] 参见 H. J. 格拉伯，同上，S.33，朗茨胡特，同上，S.46ff. 以及 A. 瓦尔特（A. Walther），《社会学年鉴》（Jahrb. f. Soz.）1926 年，S.62ff. 事实上在这种理论上的并列中，还能看出一种目的合理性的下降趋势。

一　马克斯·韦伯与卡尔·马克思

这对它来说就是字面意义的跳-出（ent-sprungen）。——就这方面而言，理性化过程本身变成了一种非理性的东西，这就是我们的文化的根本问题；韦伯和马克思都关注着这同一个问题，但他们对它的判断非常不同，关于这一点，韦伯自己就有提及。他在1918年关于"社会主义"的演讲（《社会科学与社会政策文献》，S.502）中说道，在对当时的政治状况的分析中，《共产党宣言》是一个非常值得赞赏的成就，也就是说——根据对劳动者（即"精神的"存在者）和生产资料之间的所谓"分离"的阐明——可以这样总结道："所有的问题就在于，就好像社会主义所说的'物对人的统治'一样，我们也应该说：问题就在于手段对目的（满足需求）的控制"（强调为我们所加）。但这一悖论性的颠倒所最为强烈地表现出的——如席美尔所说的，这种"文化的悲剧"[64]——自然是：它在自己所面临的任何一种行为前进行计算，而这种行为是根据他自己的目的挑选的特殊的理性行为，即经济-理性的行为。而在这里最引人注目的则是，一种纯粹按照目的理性安排的行为，在它的理性化过程中，如何以及为何带着某种命运般的必然性，走向了它的反面；并且这种失去意义的"不合理性"是如何以及为何引起了独立的和专制的"关系"的，这种关系又反过来统治了人的行为。这种对生活关系的全面组织，反而从它自身中产生出了各种机构组织的不合理的专制。马克思的整个理论的和实践的工作都是围绕着对这一普遍的事实的澄清和解构进行的，而这也是韦伯对他的理解。关于这一颠倒的经济学-马克思主义的公式是，W-G-W：G-W-G。但对马克思来说，这一经济上的倒错也意味着一种普遍的颠倒在经济学

---

[64] 席美尔将这种历史性的颠倒扩大为一种绝对的哲学原则，并且将生命中的"转变"从我们的"文化"中的悲剧变成了一种"理念"、一种内在固有的"生命的超验性"；关于这一点参见卢卡奇，同上，S.106 和 172。

上表现的形式,它的基础则在于:"物"对"人"的统治,以及生产出来的产品(任何形式的产品)对生产者的统治。这种统治在人身上的直接表达就是人本身的物化和专业化,人被根据他对物的工作而区分开,变成了"特殊的"职业-人,韦伯也将这种职业-人——它的出现是和专业化的企业(包括任何形式的"企业")的出现同步的——把握为一种理性化了的时代中的人的典型,并且从双重意义上对之加以肯定。

韦伯的政治科学中的二律背反主要在于,正是作为现代社会组织的理性化企业的特征的那种不可避免的秩序和安排,才是可能的自我存在赖以生存的场所,并且这一"从属性"的铁笼就是任何一种"运动的自由"之唯一的活动空间,韦伯认为,人和政治家都是围绕着这种运动的自由活动的。他不承认当今对所有实体性的固有价值的安排,但这种安排作为某种自由选择的目标而被给定的手段受到了肯定。另一方面,正是对我们的最终目标-价值设置和对我们的价值判断之主体性的洞见,担保了科学思想和政治行为中的客观性和事实性。因此韦伯对于一种持续的反对和为独立的个体辩护所采取的态度,就产生于并且针对着政治和经济世界中越来越多的依赖性。韦伯在科学理论和实践行为中严格贯彻着事物(Sache)和人之间的区别、客观认识和主观价值之间的区别、职员和领导之间的区别、责任伦理和信念伦理之间的区别——它们都符合自由和理性化之间唯一的和基本的冲突。

将理性化过程中的非理性(《宗教社会学》I, S.35ff., 54, 62)如其本身那样表达出来所根据的那种含糊的标准,在马克思和韦伯那里都是一个前提,也即,原初的和从根本上独立的目的以及全体人类所设置的东西的最终目标都不是这些设置本身,而是人,一切为了"人的"目的而采取的其他"手段",最终都是为了人服务的。比方说,原初的"宗教的"东西是"非理性的",也就是说,为人的特定的需求所激起的社会中的市民阶层的经济信念(Wirtschaftsgesinnung),并不是通过将其中的宗教内容去除掉并将自己变成一种世俗的经济学,并将一种原本为了宗教的目的服务的中介性手段变成为另一种世俗的目的服务而实现的;相反,这种改变是因为科学的形式已经如此独立了,以至它尽管有各种外在的合理性,却绝不再是什么与人本身的需求之间的显而易见的关系。生命的关系已经成为一种独立的对事物的态度,并取得了相较于其他一切东西的优势和专制,这种关系就其本身而言——也就是"非理性的"——是处于这样一个前提之下的:"理性的东西"就是人的独立和自主——我们可以说,马克思是在他的社会存在的视野下对这种独立自主的可能性加以肯定的,或者像韦伯那样,是根据他的自我负责的个人而对这种可能性加以衡量。韦伯对人的人性进行阐释的视角(对非理性的衡量就是在这一视角下进行的)并不是尘世的"幸福",这一视角间接地来自:韦伯一再地试图指出,例如挣钱,如果单纯作为本身就是目的,那么它对于个人的"幸福"和"有用"来说就是完全非理性的事情——但这完全不是说,它对于"没有偏见的感受"来说,是对"如我们所说的自然的事物关系"的彻底"没有意义的"颠倒,并且就它自己的角度来看也是根本没有意义的!这里的"我们"指的是一个"人",因为很明显,韦伯对清教徒有他自己的同情之感,对清教徒来说,他们都在职业的工作和"事业"上进行着永不停息的活动,将它视为"对生活来说不可或缺的"东西,并且这种职业——韦伯说——事实上是唯一明确的动机,并且它同时也将生活方式中"从个人幸福的立场看来"非常不理性的东西表现出来了[65]。另一方面，同样很明显的是，韦伯自己的伦理取向也不再是一个具有信仰的清教徒，而是一个彻底世俗化了的但同时又不能满足于放弃事物"意义"和对事情的"解释"的人。如果职业义务的思想还显然处在韦伯所说"日常生活的要求"的背景中，如果从现在起，这一"理性化了的"世界的代表不过是作为曾经的宗教信仰内容之"幽灵"而徘徊在我们的生活中，并且没有人知道，"将来会是谁在这铁笼里生活"[66]，那么我们就必须问，如果韦伯既没有像马克思那样从幸福这一立场出发，将理性化过程视为"非人性的"而加以否定，也没有将它视为进步的一个阶段而加以肯定，那么，韦伯自己究竟是如何看待普遍的理性化过程中的非理性因素的！？这种非理性的因素，在人的方面就表现为一种职业-和专业人（Berufs-und Fachmenschentum）。为什么韦伯没有像马克思那样，与人的"自我异化"做斗争呢？为什么他没有像马克思那样，将"同一个"现象描述为一种自我异化的"堕落的唯物主义"（verworfenen Materialismus），而是带着科学的中立态度描述这一现象根据一种双重意义的"合理性"概念所可能具有的价值（它具有双重意义，是因为韦伯将现代世界的特殊成就以及这些成就所带来的全部问题都表述出来了）？对于这一命运般的理性化过程，韦伯是在同时表示赞同和拒斥吗？[67]因为，他付出全部热情，究竟针对现代

---

65 参见 P. 赫尼希斯海姆，同上书（《政治经济学家》）中关于韦伯的思想特征中的"科学的人在本质上的不幸"的说法。

66 "没有人知道，将来会是谁主宰这个牢笼？在这惊人发展的终点，是否会有全新的先知出现？旧有的思维与理想是否会强劲地复活？或者！要是两者皆非，那么是否会是以一种病态的自尊自大来粉饰的、机械化的石化现象？果真如此，对此一文化发展之'最终极的人物'而言，下面的这句话可能就是真理：'无灵魂的专家，无心的享乐人，这空无者竟自负已登上人类前所未达的境界。'"（《宗教社会学》I，S.204.）。（译文沿用《新教伦理与资本主义精神》，康乐、简惠美译，广西师范大学出版社，2007年，第188页。——译者注）

67 参见弗雷耶，同上书，S.157/58，作者在此虽然指出了韦伯对理性化过程的价值判断的双重性，却并没有进一步加以阐明。

生活的整个政治的、社会的经济的和科学的机制中那有计划地加以计算的"秩序""确定性"和"专业性"提出了怎样的问题？并且，和《宗教社会学》的第一句话相反，他在最后一次演讲（《以学术为业》）中坦白说自己是"时代的产儿"，是"专业人士"和职业科学家[68]，他意识到了自己是将自身置入这个世界中的，并且他简直就是在为那个理智的理性化过程的魔鬼以及"恶之花"的魔鬼辩护，这种自我认知又意味着什么？或者，他在引用《恶之花》时，也是在以寓言的方式将他自己对于我们的非理性的合理性、对这个世界的非理性的合理性的立场揭示出来[69]？"我们今天是这样看待事情的：任何东西，如果它可能是神圣的，那么这不只是因为，尽管它并不是美的；而是，它之所以可能神圣，正是因为它不是美的，并且仅仅当它不美时它才神圣"，韦伯所指的是《圣经》中的证明——以及尼采。并且，一种"日常的智慧"应当是，"某种东西可以是真的，尽管它并不美、并不神圣，也并不善"；同时，韦伯又在另一种立场上将这一点描述为"世界的伦理上的非理性"，但这种非理性与绝对的"信念伦理者"（Gesinnungsethiker）并不一致。如果说善的东西只能从善的东西中产生，恶的东西也只能从恶的东西中产生，那么根本就不会有政治作为志业这一"问题"。——但如果这恶之"花"是"合理性"，那么它又意味着什么呢？事实上这里似乎就打开了一道裂缝，而穿过这道裂缝的是与"我们的被给定的现实性"之间的矛盾关系中的内在统一性，我们本身就是"被置入"这一给定的现实性的。这一矛盾中的统一是从合理性和自由的联系中

---

[68] 即使是在宗教社会学的判断中，韦伯也明显地依赖于"专业人士"而非什么哲学家（对他来说哲学家根本就算不上是专业人！）。

[69] 参见《以学术为业》（《韦伯方法论文集》,S.546）和《以政治为业》（《韦伯政治著作集》,S.442ff.）。

产生的[70]，只是这一点要在考虑到韦伯关于人的理念时才更清晰地建立起来。

　　这种处在基于合理性之一致性内部的自由，只有当它并非是合理

---

[70] H.J. 格拉伯在一个关于《马克斯·韦伯的社会学中的合理的概念》（*Begriff des Rationalen in der Soziologie Max Weber*）(1927年)的研究中试图回答这个问题：在韦伯那里合理性究竟构成了哪些价值。他也偶然地发现了负责任的个人之自由这一问题。但韦伯"已经在一定程度上"将历史的价值相对主义这一问题式"抛在了身后"，因为他从普遍-义务的共同性和价值这一错误中，得出了主体有义务决定最终的价值这一结论。"只有对于信念的激情才让我们认为，就像在马克斯·韦伯那里那样，所有的东西都在伟大的结论中与一个统一的世界图景相联系。从这种历史哲学出发我们就会理解，社会学只能是一种理解的科学，而不是要说出什么客观的联系；由此我们就理解了价值中立的科学的实质，以及现实和价值之间的区别"（S.42）。但在格拉伯那里，这种洞见并没贯彻韦伯的社会学。因为对克拉伯自己来说，"合理的"这一价值当然是一种"较低的""从属的"价值，它涉及的纯粹是有生命的和有用的东西的范围，是关于单纯的文明进程和与之相一致的机械论的自然科学中"技术的"智力之绝对化的产物。格拉伯坚持——韦伯在这一问题上的立场恰恰相反——舍勒所主张的各种价值之间具有明显的、客观的先后秩序的看法，因此他在韦伯的立场中只看到了对于"价值之颠覆"的认可，也就是说，是对"自然的"价值秩序的颠倒。他认为，这种颠倒是"对真正的价值秩序之可能性的（！）重建的对立面"，这种重建并不是"历史地屈服于"实际存在的时代精神，而是从一种关于文明之善的"真正价值"中产生出来的。"在今天究竟是否存在一个在我们的整个生活范围中重建价值秩序的可能性，或者它是否（……）只能依赖于社会学，对我们来说，以精神的方式回到关于一种自然的社会秩序的理念和回到一种超出我们的时代的理念，这一点都是没有问题的"（S.45/46）。但正是这里需要问的，因为不仅格拉伯的批判建立在这一点之上，而且他对韦伯的阐释也以对这个问题的理解为基础；并且，没有了这个问题中的坚定性，韦伯的立场就不会存在了，而只会存在他的批判者的那种"历史性的"事件和一种"与世界相隔绝"的立场，而且这种立场并不与卡勒（Kahler）对韦伯关于"旧的"科学的批判相一致。"合理的"科学之理念已经过时了，韦伯对这一理念的理解，并不是尼采哲学中关于"科学的无神论"的哲学的意思；所谓"科学的无神论"在《权力意志》中被称为"欧洲虚无主义"，我们很容易看透，它是一种对此在的客观的价值阐释。在尼采之后，我们"简直再也没有理由去相信一个'真'的世界"；我们更多的是发现了一些能够据此对迄今为止的世界赋予一种客观的意义和价值的范畴，然后用从这些范畴中出来，回到人本身；于是这个世界就显得是"无价值的"，但这只是因为，人们还没有使这些范畴失去价值（尼采，《权力意志》I, c.1）。尼采为我们迄今为止的价值中的问题划定了基本的讨论层次，在此基础上，我们也就能够理解韦伯对价值的阐释了。所谓"出路""矛盾"和"冲突"并不在韦伯那里，而是在舍勒那里，格拉伯的思想其实是建立在舍勒的物质价值伦理之上的，并且通过这种价值伦理，他将"价值"的现象作为一种能够觉察的"原初现象"（Urphänomen）——而加以"思考"（S.12）。由于倾向于舍勒的观点，格拉伯那富有教益的分析就被局限在某种并非最终的东西上，因此他就无法达成他的目标：韦伯试图追溯价值的"最终的哲学基础"，而格拉伯无法将这一论题真正贯彻下去。

化的世界中的自由,而是作为那个"铁笼"之中的自由时,它才能够存在;并且这个铁笼并非直接"以压倒性的强制力,决定着出生在此一机制中的每一个人(不只是直接从事经济营利活动的人)的生活方式——而且恐怕直到最后一车的化石原料燃尽为止,都还是如此"。[71](《宗教社会学》S.203)。但这种"世界内部的"自由,究竟在何种意义上是建立在我们的世界的合理性特征之上的?

III. 合理性,作为处于普遍从属性中的个人之自由的自我负责的条件

> 所有历史经验都证明了一条真理:可能之事皆不可得,除非你执著地寻觅这个世界上的不可能之事。但只有领袖才能做这样的事,他不但应是领袖,还得是十分平常朴素的意义上的英雄。[72](《以学术为业》)

对韦伯本人来说,合理性的积极意义从表面上看恰好是它的反面这一点,并不是从——就其目的而言——对宗教社会学所做的单纯"历史的"研究中推出的(在这里韦伯直接根据第39条注释中所引用的预言性的句子中断了这种关联),而是从他的政治著作中,尤其是从《议会与政府》的第 II 段[73]和从一次论辩性的讲话[74]中得出的。这两篇文章都在与官僚化和国有化的政治形式中的合理化做斗争。韦伯由此得出,世界战争意味着在普遍的理性化过程中,也就是说,在人类的所有进行

---

71 译文沿用《新教伦理与资本主义精神》,康乐、简惠美译,广西师范大学出版社,2007 年,第 187 页。——译者注

72 译文沿用《学术与政治》,第 117 页,略有改动。——译者注

73 《韦伯政治著作集》,S.126ff.。

74 《社会和社会政治论文集》,S.412ff.。

理性计算、劳动分工、专业的官僚化组织的统治机构的理性化过程中，再往前跨出一步。这一过程同样也涉及军队、国家以及工厂、科学技术学校和高校中的生活方式。各种形式的专业检查越来越成为一种安全的部门设置的前提。"众所周知，大学、工商学院、职业学校、军事学院以及所有可以想象到的各种专门学校，由于关心学生数量的不断增长以及学生对俸禄的渴望而产生了真正的'时代要求'……在政府机构内外都是如此。"[75] 这一冷冰冰的官僚制专业划分的事实也隐藏在"未来的社会主义"当中[76]。但即使他努力寻找这一现象的反面，最后他也只是加强了官僚制的力量，当前的时代和可预见的未来都打上了官僚制的烙印。

> 理论上也许可以设想逐步消灭私人资本主义——尽管这肯定不是某些并不了解私人资本主义的文人所想象的那么无足轻重，而且肯定不是这次世界大战的结果。不过，假设某个时候做到了这一步，那么实际结果将是什么？现代工业劳动的钢铁外壳被砸开？不！那将意味着实现了国家所有或某种"公有经济"形式的经营管理也变成了官僚化的管理。[77]（《韦伯政治著作集》，S.150ff.）

这种"活的机器"，尤其是通过"合理的专业特殊化与学校教育"而产生的机器，恰恰就是一种没有生命的、"流失的精神"（geronnener Geist）。

---

75 译文沿用《韦伯政治著作选》，韦伯著，拉斯曼、斯佩尔斯编，阎克文译，东方出版社，2009年，第128页。——译者注
76 参见《社会和社会政治论文集》，S.502ff. 和《韦伯政治著作集》，S.419f.，关于俄国的讨论。
77 译文沿用《韦伯政治著作选》，第129页。——译者注

一 马克斯·韦伯与卡尔·马克思

> 它和无生命的机器一起正在建构未来的农奴制之壳,人们也许无可奈何只能表示顺从……如果他们认为据以决定如何管理他们事务的终极性唯一价值就是良好的行政以及由官员供给他们的需求的话(即纯粹技术意义上的"良好"行政)。毕竟,在这方面,官僚制能比其他统治结构干得更好。[78](《韦伯政治著作选》S.151)

> 那时就会开始出现一种"有机的"东方—埃及式的社会结构,但与那种古代形式相比可能更像一部严格理性的机器。有谁想否认这种可能性正孕育着未来?……如果假定恰恰是这种可能性正在成为一种无可逃避的命运,那就没有谁还会嘲笑我们那些文人的如下忧虑了,即政治与社会发展可能带给我们太滥的"个人主义"、"民主"或者其他类似的东西,而且,如果不消除我们现在经济生产的"无政府状态"和我们议会中的"政党阴谋"以维护"社会秩序"及"有机结构"(而这就意味着维护在唯一真正无可逃避的权力——国家与经济中的官僚系统——监管下因社会无能为力而实现的和平主义),我们就不可能看到"真正的自由"。鉴于官僚化的推进已经不可阻挡这一基本事实,关于未来政治组织的形式,就只能提出以下这些问题了:(1)既然任何意义上的运动都有这种全能的官僚化趋势,那么如何才能尽力挽救"个人"自由的一切残余?[79](《韦伯政治著作选》S.152)

韦伯在八年前(1909 年)就已经在与理性化的辩护者的论战中做

---

78 译文沿用《韦伯政治著作选》,第 130 页。——译者注
79 译文沿用《韦伯政治著作选》,第 130—131 页。——译者注

出了几乎同样的表达,这场论战所涉及的是统治和政治领域中的合理化,尽管韦伯自己相信这一"人形机器"的进步过程是不可阻挡的。因此,人们所能够提出的问题就不是人们怎样才能在这一发展中做出改变(马克思)(因为人们根本不可能做到这一点),而是从这一发展中会"得出"什么。也就是说,在早期的探讨之后,他想探究:在这些给定的"中介"(Mitteln)后,从最终价值的立场出发,究竟想要和希望得出怎样的东西。因为"这种激情也是我们今天的学生"对官僚化进程"所发出的质疑"。

> 就好像我们必须变成拥有知识和一致的人,我们需要的是"秩序"并且不外乎秩序,如果这秩序稍有一点改变,我们就变得紧张和胆怯,如果它脱离了这秩序所特有的比例,我们就变得无助。这世界被认为是无非就是由这一种秩序的人组成的——我们从一开始就被这一过程紧紧抓住了,因此核心的问题就并不是我们要怎样继续和加快这一发展过程,而是我们将什么东西摆到了这一过程的对立面,以便将人性中的某种剩余的东西,使它脱离对灵魂的切分、脱离官僚化的生活理想的普遍统治。(《社会和社会政治论文集》,S.414,两处强调都是由我所加。)

这一争论以一个明显不道德的挑衅作为结束,它的内容更多的是——尤其在今天——"私人资本主义的扩张,连同一种单纯的生意-机构一起,使得贪污腐败变得很容易",而这一点,是"一种为高级道德和独裁所设定的德国官僚机构,因而是作为一种国家的导向"。

和这种官僚制的合理性进程的不可改变性相反,韦伯却只是追问道，面对这一压倒一切的普遍生活中的合理化倾向，究竟怎样才有可能在任何一种意义上，对任何一种剩余的"个人的行动自由"进行拯救！而这种行动的自由，也并不是韦伯真正"拯救了的"，而是他一贯奋斗的目标，或者说，是他所想要奋斗的。一个像雅各布·布克哈特那样的人，通过有意识地回溯到"私人的"领域和文化意义上的"古老的欧洲"[80]，而拯救了所谓个人行动的自由，诸如E. 哥坦（E. Gothein）[81]那样的学者也做出了一半的拯救；相反，韦伯将自己十分明显和自觉地置入这个世界当中，从而始终为这种自由而斗争，他只想在这个世界之中、在"自动的"行为之中反对这个世界并实现自由（《宗教社会学》，S.203）。但问题在于：如何，以及为了什么？为了能够回答这最后的问题，还需要对整个意义之整体进行一种整体性的概览，合理化现象正是在这一意义之整体中发生的。

合理化过程的最为普遍和强有力的结果就是韦伯在面对"科学"时所格外阐明的东西：一种根本性的对世界的祛魅（《韦伯方法论文集》，S.535）。在从前的时代中，人与世界的关系中泛泛地存在某种魔力，用"合理"的话来说，这种魔力是对任何一种形式的"客观"意义的信仰。而随着这种魔力的祛魅，就有了这样一种可能性——重新对我们的客观性之"意义"加以追问，而韦伯格外想要追问的就是科学的意义。由于人们已经将合理化过程贯彻到底，所有的客观性都失去了它的客观的意义，于是它似乎就要重新对它的主观性——为了对

---

[80] 参见布克哈特关于拒斥当代历史和政治的信，《给肖恩伯格兄弟的信》（*Brief a. d. Brüder Schauenburg*），S.68ff.。

[81] 在布克哈特、哥坦和韦伯那里，分别对哪些宗教的生活方式加以世俗化，是非常有特色的——在布克哈特那里是衰落了的古典时期的"隐士"；哥坦则用波提修的新柏拉图哲学安慰自己；而韦伯则借古代犹太先知进行自我阐释。

它的意义加以规定——加以审视和占有。对于人自身和世界的关系来说，这一被世界的祛魅所引发的对意义的追问意味着一种彻底的去除幻觉，即科学的"中立"。这种通过合理化过程而对人感到失望、对世界祛魅的积极的"机会"，是对日常生活的"冷静的"肯定和"要求"[82]。这种对日常生活的肯定同时也是对超验性的东西的否定，同时也是对"进步"的否定。于是，进步就仅仅意味着带着激情和弃绝在命运所预定的轨道上的一种继续。和那种超验性的信仰相比，这种对时代之命运的信仰和对在时代中进行行动的激情的信仰，是一种积极的无信仰。由于不存在对某物的信仰——这里的某物指的是超出了时代的命运和日常的需求范围的东西——也即不存在对某种客观现成的价值、意义和有效性的信仰，因此却产生了一种积极的东西，这种积极的东西就是作为一个只在自己面前、只对自我负责的个人，而成其为具有理性的责任的主体。这个韦伯将它放在引号中的个体性[83]的最具决定性的特征，是通过对两种具有根本性的不同的责任的形式而确立的。那些专门的公职人员——就像理性化的专业人士一样——并不是作为他这个人本身而负有责任的，而总是要考虑到他所供职的机构或作为从属于这个机构的"自己"，才承担责任。与此相反，真正"领导的"政治家和"领头的"企业家等人是"资本主义的英雄时代"中遗留下来的阶层，他们则是作为具有人性的个体，从而具有自己

---

[82] 关于这一点以及更进一步的讨论，参见 E. 费格林（E. Voegelin）、P. 赫尼希斯海姆和 S. 朗茨胡特，同上（注释 19）对马克斯·韦伯的整个性格特征的讨论；以及他和圣乔治的特殊关系：F. 沃尔特（F. Wolter）, St. George u. d. Bl. f. d. K., 1930 年, VI, c. 5, S.470ff.。

[83] 韦伯所说的个体性从单纯修辞上就已经一目了然了——他几乎无限制地使用引号。如果一个人将常用词放在了引号之内，那么它就意味着"所谓"，也就是说，是作为普遍的和被别人所意谓的东西，因而它的意思就是：在我这里只有一种保持距离和有所保留的意义上才具有字面的意思，或者直接说来，韦伯所意指的是这个词的另一种意义、它本身的意义。

的责任，因而不愿意作为一个官僚公职人员而负责（《政治著作集》，S.153ff. 和 S.415）。韦伯在这种合理化了的世界中所发现的基本态度其实也规定了他的"方法论"，这种态度是一种通过他自己而承担责任的个体所持有的东西，它是一种客观上并无具体内容的义务。个体作为"人"将自己置入这个充斥着从属性的世界，并将责任建立在自身之上。

但这一立场的前提是那个由"成文法"、机构、企业和确定性组成的世界，它们与上述立场是对立的。韦伯的立场是完全独立的，并且与他的对手有着本质的对立。在这个世界之中而与这个世界对立，并将自己的目标贯彻到底，并且，这一目标并不是由这个世界并且为了这个世界计算出来的，这才是韦伯所达到的那种"行动的自由"的积极意义。"与'机器'相伴的领导者民主（Führerdemokratie）"，是和那种没有领导者的民主（führerlosen Demokratie）相对立的，但它同时也与那种由于将自己从"机器"中抽了出来因而没什么东西可领导的领导权相对立——唯有前者才是对韦伯所说的处在矛盾中的原则运动而言的泾渭分明的政治模式。通过对矛盾之生产性的最终肯定，韦伯就彻底站到了马克思的对立面，马克思在这一点上丝毫不是一个黑格尔主义者，因为他想要从原则上扬弃市民社会中的"矛盾"，尽管他的扬弃不是像黑格尔那样，想在一个绝对组织起来的国家中保留市民社会，而是想通过一个彻底没有对立的社会彻底去除掉具有矛盾的市民社会。与此相反，在韦伯的整个态度中，在逆世界而动的自我负责的自由中所体现的、对一个理性化了的世界中的矛盾的不断克服，才是具有推动力的力量。

对这一基本矛盾的直接人性的表达，是人和专业人之间的矛盾。由此，合理性和自由的统一在个人所特有的职位（eigentümlichen

Stellung）[84]中得到了最为强有力的表达，在韦伯看来，人被规定为他自己所属的某种专业人（Fachmenschentum）。在这里，一种人所特有的矛盾之统一也符合他的职业兴趣中的统一和分歧。韦伯并没有将这种尴尬描述为一种整体性，而总是将它理解为对任何一种特定的圈子的从属性——人可以扮演这个或那个角色，作为这种或那种职业的人……"作为写作专著的经验科学家，作为站在讲台上的学术教师，作为政坛中的政党成员，作为最狭窄的圈子里的宗教人"[85]。但韦伯意义上的个体性正是在这种对生活圈子的区分中——对这种区分的理论表达就是"价值中立"——将自己体现在整体中的个别职业（Eigenart）之中。在这一点上，韦伯所考虑的问题也和马克思不同，他并不是想要寻找如何将合理化了的世界中的专业人（即那些专业人员）连同劳动分工一起加以扬弃的方法；相反，韦伯首先接受了人的人性已然无法避免地"被划分为小块"，在这种情况下，他依然想探寻如何才能够将个人的自我负责的自由作为一个整体加以保护。并且韦伯也大致肯定了马克思所说的那种自身异化的人性，因为对他来说，这种生存方式事实上并未提供一种最为极端"行动的自由"或使它成为可能，而是迫使人追求这种自由。恰恰是在这个由"无灵魂的专家、无心的享乐人"组成的专门化的和被

---

84 此处有一个重要的概念：Eigenschaft。在韦伯那里，这个词的意思类似于穆齐尔在《没有个性的人》（*Der Mann ohne Eigenschaft*）中所说的"个性"。只不过，它在穆齐尔和在韦伯那里的意思都和中文的"个性"不尽相同：中文的"个性"更倾向于表达个人所特有的性格特征等，而在韦伯和穆齐尔那里，Eigenschaft 中的 Eigen 指的并非一个人在性格上只属于他个人的特色，而是指他自己所从事的职业。他们都观察到，在现代，人为了在社会中生活，必须为自己选择一种职业，而这职业一旦选定，就成了这个人的安身立命之法和他自己的最为本质的规定。换句话说，在现代世界中，一个人完全依附于他的职业，因而职业身份比他作为"人本身"更为重要。由这个词派生出的 eigentümlich、Eigenart 等词，均取上述含义。然而在中文中似乎很难找到一个意义完全对应的词，因此我将酌情意译并标出原文。——译者注

85 P. 赫尼希斯海姆，《作为社会学家的马克斯·韦伯》，同上，S.32；在赫尼希斯海姆看来，只有在方济各会的唯名论那里才能找到类似的观点。

教化了的世界中，人们才带着否定性的激情力量，时而在这里，时而在那里，打破任何一种"从属性"的铁笼——这才是"行动的自由"的意义。就好像韦伯在政治的领域中将作为领袖的政治家和企业家作为他本身——他们都是"个人"——而将之设定为政治和商业在不可避免的官僚制内部得以发展的前提；对他来说，对人的个别性的拯救从根本上说也是发生在根深蒂固的"职业人性"内部的事情，并且这种拯救必须考虑到人已经变成了专业的人这一状况。人正是通过让自己屈服于这一命运，才与这一命运相对抗，但这种对立始终需以对抗（Gegenstellung）之前的屈服（Unterstellung）为前提。同样的，韦伯对任何一种个体性[86]本身——他将这种个体性称为"最后的人性中的英雄"——的辩护，与他从纯粹人性的角度出发而对经济生产中的所谓无政府状态的辩护是相一致的；因此，即使是在后一种情况下他也并不是一个无政府主义者，同样，即使在前一种情况下，他也不是一个通常意义上的个人主义者。他想要从"秩序与服从的人"的普遍统治中拯救"灵魂"，但这种"灵魂"又不是拉特瑙所说的"精神的机械"中的那种多愁善感的灵魂，而是处在人的不带感情的算计行为中的灵魂[87]。因此对他来说，个体性本身是作为一种人性的东西而出现的，它并不是某种超越于或外在于现代专业人实际生存方式的不可分的整体，而是当一个人完全将自己置入任何一种单独的角色之内时，一个"人"才成其为个人——这种角色可以是这样的或那样的，也是可大可小的[88]。根据这种形式的个体性，事实上韦伯承诺了一切，但又什么都没有承诺——这种个体性是被置入给定的情境中的，同时又是完全建立在自身之上的。关于人的理念集中在这种个

---

[86] 参见 P. 赫尼希斯海姆，《海德堡的马克斯·韦伯圈子》，同上，S.271ff.。
[87] 在哲学小说《没有个性的人》中，R. 穆齐尔将这一时代的问题以心理学的方式呈现出来。
[88] 参见 K. 雅斯贝斯（同上）所提出的韦伯的整个行为的"片段性"特征。

人主义中，但这种个人主义并没有能力打破普遍的从属性和依赖性的铁笼，也就是说，无法打破现代社会的束缚本身；但他作为生存于这一铁笼内的个人，又确实有可能打破他自己的束缚。韦伯有意识地放弃了"全面的人性"，他将人性局限于专业人士的专业劳动中——"在当今世界中这是全部有价值的行动的前提"——而这种放弃同时也设立了一种最高的要求，亦即，在这种"对灵魂的划分"中，出于自己的激情进行单独的行动。"如果一个人不能带着激情做某件事，那就没有什么对于作为人本身的人而言就具有价值的东西。"（《韦伯方法论文集》，S.531，楷体是我们自己加的。）有了这种个人之激情的"魔鬼"（我们也可以将它称为没有了神的人性之后的偶像）韦伯认为，这种激情体现在设定目标所凭借的无基础的根据（grundlosen Grund）中，在他对科学的和政治的客观性的追求中；他肯定这种激情，而将一种对客观上就具有价值的目标、机制和概念的信仰视为一种偶像崇拜和迷信而与之斗争。赫尼希斯海姆点评道，由此这种激情在韦伯那里表现为一种对所有机制的代表之无前提的价值要求进行解构的社会学方法。"社会学"也同样是为这种行动的自由服务的。韦伯通过这种方法所创造的，是一种"否定性的平台"，在这一平台上人性的英雄——"在一种非常朴素的字面意义上"——应当有所作为[89]。但对这种人性的智性的表达是韦伯将之描述为"朴素的智性的正直"的东西，并且，这种正直在于人们"为他自己的行动的最终意义"给出一种"解释"[90]。

这种人的自由的理念并不只在于和平均的个人主义的对立，黑格尔和马克思都曾与这种私人愿望中的市侩的自由做斗争；而是与那样一

---

89 P. 赫尼希斯海姆，《作为社会学家的马克斯·韦伯》，同上，S.41。
90 在哲学内部，这种科学的真理和尼采所说的将真理还原为"真诚性"的"智性解释"之间的联系，是"自由的"和"自知的"精神的"最后的美德"（参见 W. VII, S.182, 467ff., 480; III, S.308ff.）。

种"自由"的彻底对立，马克思就是在这一意义上想要对人进行"人的"解放的，并且对他来说这种自由是"最高的普遍性"。而马克思所持的自由的理念在韦伯看来却是一种乌托邦，并且韦伯所说的人的英雄更多的是对市民性的英雄时代的一个"死亡诅咒"，那种市民性的"贫乏的现实性"是"非英雄的"，并且只是它所处的伟大的时代的一个"幽灵"[91]。对韦伯来说属于"不可避免的命运"的东西，对马克思来说无非是人性的一种"史前时期"；而马克思认为真正的历史所开始的地方，在韦伯看来却是一种不负责任的"信念"之伦理开始的地方。他们的世界观和关于人的理念的区别也体现为，他们对现代市民-资本主义世界的解释也采取了不同的视角，而这种视角是某种提供标准的东西：在韦伯那里，阐释的视角是"合理性"；在马克思那里则是"自我异化"。

马克思以"自我异化"为红线，对市民-资本主义世界所做的阐释

1. 从黑格尔经过费尔巴哈到马克思的历史发展

对市民-资本主义的分析中格外特殊的"马克思主义的"红线，并不是"自我异化"的概念，而是这种思想中的"解剖学"特征、它的"骨骼"和"政治经济学"——是一种将经济的存在和意识辩证地结合在一起加以把握的表达。一开始，对市民社会进行解剖的说法无非是将对黑格尔意义上的"市民社会"的重视转移到了对"需要的体系"本身的重视；它将物质的生产关系描述为这个社会的骨

---

[91] 马克思，《路易·波拿巴的雾月十八》，由拉泽诺夫（Rjazanow）出版，S.21ff.。

骷。但同时这种洞见也已经和一个走得很远且很成问题的论点联系在一起了,即在物质生产关系本身的无根的和极端的意义上解释其他的一切,并且这一论点最终强化为庸俗马克思主义的论点,即认为纯粹进行意识形态解释的"上层建筑"应当是建立在所谓作为基础的"现实基础"之上的,就好像建立在一个独立的地基之上那样。这一不仅极为粗糙而且连基本意思都已扭曲变形了的阐释,已经变成了马克思主义的"形象",对马克思主义的大部分批判和辩护都是以这种庸俗化了的观点为对象的。因此韦伯也是这样看待它的,并将它当作一种教条-经济学的立场上的唯物主义而与之斗争。而人们没有去弄清楚,马克思本人,尤其是恩格斯,究竟在多大程度上助长了这种庸俗化的总结,因此事情就变成,根据马克思对哲学的自明的态度,总是首先会回到政治经济学批判。"我们可以用这句很简短的话总结马克思思想的发展道路:它首先是对宗教的哲学解释,然后是对宗教和哲学的政治解释,最后是对宗教、哲学、政治和其他所有意识形态的经济学批判。"[92] 但根据马克思自己的说法,对人类生活的所有表现形式的特殊的经济学阐释只不过是一种最后的结果,这一结果所"通向"的是他对黑格尔的《法哲学》的重新审视,是在黑格尔之后,"仅剩了一具尸体,它已将充满生命力的趋势抛到身后"所产生的"结果"。人们为"这一充满生命力的趋势"赋予了"对自我异化的扬弃"这一论题;后来,人们从青年马克思的著作中发现了这一论题,并使它变得十分显眼。为了强调这一点,人们尤其重视

---

92 K. 柯尔施,《马克思主义和哲学》, S.105, 注释67。尽管马克思在1861/1863年的《剩余价值理论》中说道:"人本身是他自己的物质生产的基础,也是他进行的其他各种生产的基础。因此,所有对人这个生产主体发生影响的情况,都会在或大或小的程度上改变人的各种职能和活动,从而也会改变人作为物质财富、商品的创造者所执行的各种职能和活动。"(译文沿用《马克思恩格斯全集》第二十六卷,第300页。——译者注)

一 马克斯·韦伯与卡尔·马克思

1841—1845年间的作品,这些作品也格外让我们想到韦伯关于合理化过程的视角。但这种对青年期和成熟期作品的划分并不意味着,我们可以将青年马克思从之后的作品中割裂出来,以便将某些作品视为"马克思主义的",将另一些视为"市民"哲学的。其实青年马克思的作品本就是并且始终是《资本论》的基础;并且1867年《资本论》的第一章本就是这个充满生命力的趋势的结果,从中我们依然可以看出1842年《莱茵报》上的论战文章的印记。

马克思所关注的基本问题同韦伯一样是环绕我们周围的现实性,我们被置入这种现实性之中,并且马克思对资本主义生产过程的批判性分析一开始所采取的形式就是以生产过程中人自身的异化为红线而对市民的世界进行批判。对于作为黑格尔主义者的马克思来说,市民-资本主义的世界代表了一种特殊的"非-理性的"现实性,并且它是作为人的世界的那种非人性,是一个对人来说颠倒的世界。就好像对韦伯来说,有必要去理解理性化过程的"魔鬼"并且有必要对这一过程的"道路做一次从头到尾"概览,以便"看到它的力量和它的界限";那么马克思也同样认为,有必要研究"这个世界的统治方式"。在马克思的博士论文的前言和他给胡格的一封信(1843年)中,他将自己描述为一个"观念论者",这个观念论者有种"粗鲁无礼"之处,即,他"想要将人真正变成人"[93]。因此接着需要指出的就是,马克思的思想发展之路的起点和终点都是作为人本身的具体的人,并且,他也相信他已经在无产阶级身上发现了一种"新的"人的可能性。他最后想要达到的是(并且始终

---

[93] 《马克思恩格斯全集》I / 1 S.564。[此后这第一卷的第一部分将被标注为 W. I 1,它在《马克思恩格斯全集》中被收录于《德意志意识形态》的部分;梅林所出版的马克思和恩格斯关于《德意志意识形态》的文献补充则被标注为评注(Nachlaß)](中文译文中也将沿用,并另外在译注中标出中文版的来源。——译者注)

都是)"对人的人性的解放"——"真正的人道主义"。这一基本倾向与卢梭的目标存在着历史的联系,这一点是不容忽视的。[94]

在同时代的德国哲学中,这种通向作为人本身的人的趋向表现为费尔巴哈从思辨的哲学转向哲学人类学的趋势。他认为,哲学所采取的最后形式是一种绝对哲学,那就是黑格尔关于绝对精神的哲学。费尔巴哈和马克思都从这种哲学中抽身而出,并批判地转向了关于人作为人本身的探究。在黑格尔关于绝对精神、客观精神和主观精神的哲学中,人本身并不扮演原则性的角色。黑格尔根据人的普遍"本质"而将他规定为"精神"(《哲学百科全书》,§377)。在黑格尔的《法哲学》中人是在这样的题目下登场的:他是尘世的"需要"的主体,而黑格尔将这一需要的体系把握为市民社会。因此黑格尔称之为"人"的东西,就无论如何都只是作为尘世的需要之主体的"资产者"。但无论是在黑格尔那里还是在马克思那里,被如此这般规定的人都没有实现人的真正的普遍性——他只不过是一种特殊性或特异的东西,在黑格尔那里,特殊的人处在与国家这一真正的普遍物的关系中(黑格尔认为国家是理性的一种具体表现形式);在马克思那里,特殊的人则处在与无阶级的、纯然人类的社会这一真正的普遍物的关系中。黑格尔在《法哲学》中做出了这样的区分:

> 在法中对象是人(Person),从道德的观点说是主体,在家庭中是家庭成员,在一般市民社会中是市民[即bourgeois(有产者)],而这里,从需要的观点说(参阅第123节附释)是具体的观念,

---

[94] 参见恩内斯特·塞利勒(Ernest Seillière),《民主的帝国主义,卢梭—蒲鲁东—马克思》(*Der demokratische Imperialismus, Rousseau - Proudhon - Marx*),1911年。

即所谓人（Mensch）。因此，这里初次、并且也只有在这里是从这一涵义来谈人的[95]（§190）。

黑格尔尽管没有直截了当地彻底否定作为人本身的人的概念，但他所承认的只不过是作为市民之合法性意义上的人，并且，黑格尔对环绕在人周围的"现实性"所做的杰出的现实主义观察，也是在这一意义上进行的。他说（§209和§270附释），尽管每个人都首先是"人"，但同时他也具有不同的种族、国籍、信仰、阶层、职业，因此纯粹的人类存在绝不是一个"平面的、抽象的"质。但是，黑格尔是这样解释普遍的质自身的丰富内容的，即"它是通过被承认的公民权……一种在市民社会中作为拥有权力的人（Personen）的自我感觉"才具有了具体的内容。并且这种公民权（即这种市民-拥有合法权利的人性），黑格尔解释道，应当是一种"与其他一切东西都无关的根基"，从这一根基中才产生了"对思想方式和情感的东西进行平衡的要求"。黑格尔明显反对以下这种绝对化的规定，即人只是作为纯粹的人；因为尽管当人只是作为"人"而活动（而不只是作为一个意大利人或德国人、天主教徒或新教徒）时，这种规定和那种规定看起来差不多，但黑格尔认为这样一种自我意识（也就是以下这种意识：当一个人自认为"是某种宇宙主义"而排斥除了作为单纯的人之外的其他规定，并固着在这一点上，从而背离了公共的和国家中的生活，只愿做某种自己就具有意义的、独立的人）是"有缺陷的"。在黑格尔关于精神的哲学中，人的普遍的本质-规定始终都不是指他在无论哪种意义上都是一个"人"，而在于他根据他自己的普遍本质是一种"精神"。于是黑格尔那里关于"自我异化"的说法

---

95 译文沿用《法哲学原理》，范扬、张企泰译，商务印书馆，1997年，第206页。——译者注

也就从根本上不同于费尔巴哈和马克思的说法，即使他们所采用的形式结构（也即作为一个"范畴"）是一致的。黑格尔将对人（作为"精神"）的这种特殊的本体-论（onto-logischen）规定安放在这样的秩序下，即就他作为具有尘世中的需要的市民-法权的主体而言，它是"人"；并且只有如此这般被规定的人（关于这样的"人"，我们只能具有某种对他的"想象"，而不可能有什么哲学意义上的"概念"），才被黑格尔称为人。也就是说，黑格尔显然更相信人的精神性，而不是他的人性。

费尔巴哈的整个努力的目标是，将关于精神的独立的哲学转变为一种关于人的人性的哲学。[96]他将自己的"未来""新"哲学的任务描述为："因此目前（1843年）的问题，还不在于将人之所以为人陈述出来，而是在于将人从他所沉陷的泥坑中拯救出来。"他的任务就是："从绝对哲学中，亦即从神学中将人的哲学的必要性，亦即人本学的必要性推究出来，以及通过神的哲学的批判而建立人的哲学的批判。"[97]（《未来哲学原理》引言）这一将人作为哲学的主题的趋势是从这样一种趋势中产生的：将哲学作为"人性"的主题[98]。费尔巴哈根据他的人本学原则和黑格尔对人的特殊规定做斗争。他抓住了我刚才引

---

[96] 关于这一点参见《L. 费尔巴哈与德国古典哲学的终结》，载于《逻各斯》，1928年，3（本卷 S.1ff.），以及《个体在同胞中的角色》，1928年，S.5—13（现载于《马克思恩格斯全集 I. 人和人的世界》，斯图加特，1981年，S.20—28）。另外也参见 A. 卢格对黑格尔《法哲学原理》§190 的类似的批判，载于《从过去的时代来》（Aus früherer Zeit）VI, S.359。

[97] 译文沿用《未来哲学原理》，洪谦译，生活·读书·新知三联书店，1957年，第1—2页。——译者注

[98] "将哲学变成属于人性的东西，是我的首要希望。但谁一旦走上了这条道路，就必然将人变成哲学的对象而扬弃了哲学自身；因为只有这样哲学才会变成属于人性的东西，也就是说，它（也即学院派哲学）也就不再是哲学了。"马克思在提出我们必须从"世界的哲学化"（也就是说从黑格尔的思想中）走出来，进入"哲学的世界化"，从哲学的"实现"走向哲学的"终结"时，也是在用不同的说法重复费尔巴哈的这一观点。(W. I., 1 S.64, 131ff., 613)。并且赫尔德就已经提出了这个问题："哲学要怎样与人性和政治和解，以便现实地服务于它们？"他的回答是诉诸将哲学"收归为""人本学"。

用的黑格尔在《法哲学原理》中的那句话,黑格尔说,只有在这里并且唯有在这里(亦即在市民社会之内),只有在这一意义上才能讨论"人",费尔巴哈则与之论战道:事实上只有在"那里",关于人的讨论是关于法中的"人"(Person)和关于道德中的"主体"(Subjekt),等等,但事实上这两者始终是同一个唯一的完整的人,只有在那种"另一个意义"中,才能讨论人。因为人始终就只有一种特殊的本性,也即他既是作为这种人,又是作为那种人——作为私人、职员、国家公民,等等——只有根据这种本性,才能够从根本上对人进行各种角色的和专业的规定。因此费尔巴哈反对黑格尔关于人的特殊的概念,只不过他没有——不像马克思那样——认真地接受这种具体的特殊化并指出这样一条道路,即如何将在实践中呈现出的现代市民-资本主义社会中的人的人性——一种作为职业人的人性——重新统一起来;也就是说,马克思没有通过费尔巴哈的关于"我和你"之间的爱的共产主义,而是通过对劳动分工及其阶级特征的彻底扬弃来对"人"进行规定。

但马克思对市民社会中的人以及对整个现代世界的批判都是从费尔巴哈的人本学立场出发的。在《神圣家族》中马克思也认同费尔巴哈的"现实的人道主义"。《神圣家族》是以这句话开始的:"在德国,对真正的人道主义说来,没有比唯灵论即思辨唯心主义更危险的敌人了。它用'自我意识'即'精神'代替现实的个体的人,并且同福音传播者一道教诲说:'精神创造众生,肉体则软弱无能'。"[99]他对黑格尔《法哲学原理》的批判的开头也同样呼唤费尔巴哈所主张的从神学向人本学的回归,因为这一批判是对人的此岸的和在世界中的关系进行进

---

99 译文沿用《马克思恩格斯全集》第二卷,第7页。——译者注

一步批判的前提[100]。这种对费尔巴哈的接受[101]和他针对黑格尔关于人的特殊化的规定的论战是一致的，这两者之间具有某种平衡，但后者只不过是附带的。马克思将市民社会中的人和作为简单劳动的产品的商品做了比较。因为人就像商品一样，都有一种成问题的"双重特征"，用经济学的话来说就是一个"价值形式"和一个"自然形式"。它作为商品或作为商品所表现出的劳动会值多少多少钱，但值多少钱对于它的自然的性质的关系而言或多或少是无关的。任何一种商品作为"商品"会具有完全不同的价值，却具有同一种自然的性质。同样的，这个世界中的人在他的市民价值形式中都是"作为将军或银行家"而存在的，也就是说是作为一个通过与其对立的行为被分工和被固定下来的专业人员而存在，而在他人面前和在他自己面前都承担的那种重要

---

100 W. I, 1 S.607ff.。

101 马克思和费尔巴哈间的不同（这种不同在著名的第十一条论纲中表现得最为激烈）可以大致地这么说：马克思——他在原则上是站在费尔巴哈的人本学立场上的——采取了黑格尔关于客观精神的学说，而反对费尔巴哈的无世界的我—你—问题。他反对费尔巴哈是因为，费尔巴哈只是将"抽象的"人也即放弃了"世界"的人当作哲学的基础。但黑格尔的法哲学将这个政治的和经济的生活方式的"世界"揭示了出来。费尔巴哈那毋庸置疑的贡献只在于，他从根本上从绝对"精神"回到了赤裸裸的人。但他回到人的方式，也就是说，他是如何以及通过什么对人加以规定的，最终是将人界定为自然的类本质，通过感性和与"你"的关系对人加以规定；因此马克思认为，费尔巴哈只不过是"扫除"了黑格尔的哲学，而没有"批判地克服"它。费尔巴哈虚构了一种人，这种人的现实性不过是市民社会中的私人的某种镜像。他关于我和你的理论完全就回到了市民社会中的私人之间的私人关系，即回到了所谓的"爱"和"友谊"；而没有意识到，对人来说，并不是只有表面上的"纯粹-人性的"生活关系，而是还有一种通过世界之中的普遍的、社会的和经济的关系而摆在我们面前的"感性确定性"的最为原始的对立（《德意志意识形态》，S.242ff., 252, 263）。因此马克思就能够从黑格尔对法哲学的具体分析自身内部出发，根据哲学本身的要求而克服黑格尔的哲学，因此他就能够用黑格尔的具体分析反对费尔巴哈的抽象立场，另一方面也能够从费尔巴哈的人本学立场出发对黑格尔进行原则性的批判。马克思反对费尔巴哈而保卫黑格尔，是因为黑格尔为对每个个人来说具有决定性意义的普遍的和社会的事件做出了描述；他攻击黑格尔则是因为，他将这种普遍的关系加以哲学的绝对化和神秘化。但其实费尔巴哈自己也对马克思针对他的论纲有了某种预感，这一点在《未来哲学原理》的引言中表现得很清楚：他说，他的"未来"哲学原理的"结论"其实尚未穷尽。马克思才道出了这一结论。

的角色,即人作为人本身和他"根本性的东西"——也就是说在他的自然形式中——却是一个"非常残破"的人。马克思在对黑格尔《法哲学》§190的一个注释中简洁地指出了这一点。他的暗示可以用以下这种方式来解释:黑格尔将人本身弄成了一种特殊化的、片面的东西,也即具有需要的合法的市民的主体——这种规定与其他同样片面的规定是并列的——因此在这种人的单纯理论上的分裂中所反映的无非是现代人性中现实存在的生存关系在事实上的无"精神"性以及无人性。因为这种理论上的同一性、规定性和独立性,这种人的"合理化过程",与那种特殊的存在方式及一种在事实上处于统治地位的分离性、被规定性和只是作为对人的片面发展而言的独立性,其实是互相吻合的;因此这事实上是一种抽象的具体,它所涉及的不是人的整体和人本身("全然属人的东西"),而只是那种职业-人。由于这种规定将人的具体存在抽象为一种"全然"只是人本身的东西,因此它本质上是一种抽象,这种抽象的规定包括市民的和无产阶级的阶级人、精神的或身体的劳动人,总之是现代职业和专业人,而市民社会中对人的这种普遍贯彻的区分又变成了两种互相反对的存在方式:一方面是具有私人道德的私人的人,另一方面是具有公共道德的公共的国家公民。在对人的这两种规定中,整体的人作为他本身,却显现为一种毫无矛盾的东西,即纯然只是作为人。人从本质上被规定为这种或那种特殊性,但他之所以是这种特殊性,又恰恰因为他还是另一种特殊性,比方说,职业人就和他的家庭生活有所不同,私人也和他的公共生活有所不同。他在这两种对人的存在的特殊的规定中——作为这一方面的人和作为另一方面的人——都只是在一种完全有限的和被约束的方式上才是"人",他(在市民社会中)立刻并且彻底地变成了所谓的私人(Privatmensch)。因此"全然"的人在这个如此分化和对立的（合理化的）社会中就并不具有基础性的作用，而只是某种被规定的东西，是某种依附于人的地位和成就的东西，并且由于这种社会地位和成就本质上是被经济上的生存问题所规定的，也即尘世中的"需要"；这也是黑格尔对人的定义，根据这种定义，人本身只是一种特殊性，它完全不是某种被设想出来的结构，而是对现代市民-资本主义世界在实际上的"无人性"在理论上的合适的表达——是人作为人本身在这样一个世界中的异化的某种征兆。

因此费尔巴哈和马克思都认为，黑格尔的关于人类精神的哲学只包含了特殊性，而不是一种关于作为人的和哲学的基础之整体的哲学。但这是因为从一开始人就是人本身并且是他的整体，马克思就是从这个概念出发并且最终是以此为目标的，因此问题就在于，如何去发现市民社会中的那种完全处在人内部的特殊性，对于这样一种特殊性，黑格尔的关于精神的哲学既揭示了它，同时也掩盖了它。也就是说，对他来说表面上的自我理解就在于——关于如何理解市民社会中的人——资产阶级就是"人"的根本意义，而马克思想要揭示出这一现状的问题所在，而不只是对处在整体的特殊性当中的单个的特殊性，也即对作为市民的人本身进行描述。为了解放处在他的整体的人之特殊性当中的人，并且为了扬弃人之特殊性本身，马克思就不仅仅要求一种哲学的和经济的对人的解放，而且还要求一种对人的"属人的"解放。而这所涉及的就不是作为"自我和他我"（费尔巴哈）的人，而是涉及人的"世界"，因为人自己就是他的社会性的世界，他本质上就是"政治的动物"，因此马克思将对市民世界中的人的批判贯彻为对人的社会和经济的批判，但同时又并没有丢失它那人本学的基本意义[102]。马克思将现代国家、社会和经济秩序中的人的这种根本的和普遍的异化——这种"秩序"也就是我们在韦伯那里看到的不可避免的理性化命运——追究到所有的领域,包括它的经济、政治和直接的社会形式。异化问题在经济上的表现就是商品的世界;在政治上的表达就是市民的国家和市民的社会之间的矛盾;它的直接的人的 – 社会的表达就是无产阶级的存在。

Ⅱ."商品"中所体现的自我异化在经济上的表现

在研究经济范畴的发展时,正如在研究任何历史科学、社会科学时一样,应当时刻把握住:无论在现实中或在头脑中,主体——这里是现代资产阶级社会——都是既定的;因而范畴表现这个一定社会即这个主体的存在形式、存在规定、常常只是个别的侧面;因此,这个一定社会在科学上也决不是在把它当作这样一个社会来谈论的时候才开始存在的。[103](《政治经济学批判》,S.XLIII)

人的自我异化在经济上的表现是作为现代世界中的总体对立的特征的"商品"。马克思意义上的商品并不意味着一种和其他对立并列的特定的对立,相反,他将我们的总体对立的本体论上的基本特征和商品

---

102 人就其本质而言是社会中的人,也就是说是社会性的人,这一点马克思从一开始就已经确定了——这也是他的人本学不可或缺的前提。"如果人自然地就是社会的人,那么他的真正自然本性也就要在社会中才能发展起来,并且人就不能根据单个的个人来衡量自己的自然的力量,而要依据社会的力量来衡量它。"(评注 II, S.239 和 58;参见《政治经济学批判》,S.XIV,以及《关于费尔巴哈的提纲》第 10 条。)

103 译文沿用《马克思恩格斯全集》第四十六卷,第 44 页。——译者注

联系在一起，即归结为它的对立性、它的"商品形式"。这种商品形式或商品结构同样也指出了个别的人的异化以及物的异化[104]。《资本论》就是从对商品的分析开始的。但在《资本论》中，这种经济学分析在社会批判方面和人本方面的基本意义是在一种双重的讨论和承认中得到直接的表达。马克思在1842年《关于林木盗窃法的辩论》中将这一点讲得非常清楚（W. I,1 S.266ff.）。它包括了对"手段"和"目标"以及"物"和"人"之间的根本颠倒的第一个以及具有代表性的发现，在这种颠倒中，人的异化是作为自我外化——亦即外化为"物"——而发生的。马克思在这篇文章中将最高的"外化"也即人对自身和对他物的敌对描述为一种"唯物主义"，并且他想要扬弃这种异化，因而马克思自认为是一个"唯心主义者"。由于本来是为人而存在的物获得了它本身的意义，并且成了人的最终目的，人就将自己外化为物了，这就是自我-异化。因此马克思在《辩论》中想说的就是以下这个原则：如果木材是属于木材的所有者的，并且有被偷的可能性，这种木材就根本不是单纯的木材，而是一种具有经济的和社会的，总之是具有属人的意义的东西。而具有如此这般意义的木材，对于作为私人所有者的木材拥有者和偷取了木材的非-拥有者来说，就不是同一种东西。因此，只要人仅仅是并且优先是作为木材-所有者，他作为这样一种"狭隘"的人具有特殊的自我意识，而没有将另一个人作为人来加以考虑，只是将他视为木材盗窃者，我们对盗木者的惩罚就一定是一种为人所计算的惩罚，而非法律上正当的惩罚。如果我们不能够将物的关系以人的-社会的方式加以规定和统治的话，那么从两种角度看来，都是死的物，即"物的力量"、某种非人的东西——单纯的木材——规定了人并将人"归于"自己之下。但人

---

[104] 参见卢卡奇，《历史与阶级意识》（S.94ff.），在那里他第一个用一种被黑格尔所影响的对马克思的理解去揭示马克思对商品的分析的原则性意义和结构。

已经被单纯的"木材"规定了,因为这种对立的表达(商品也是一样)在字面意义上就是"政治的"关系,因为商品也同样具有一种拜物教特征。因此"木头这种偶像胜利了,而人这种牺牲品失败了"。

> 因此,如果由林木和林木所有者本身来立法的话,那么这些法律之间的差别将只是立法的地理位置和立法时使用的语言不同而已。这种下流的唯物主义,这种违反各族人民和人类神圣精神的罪恶,是《普鲁士国家报》正向立法者鼓吹的那一套理论的直接后果,这一理论认为,在讨论林木法的时候应该考虑的只是树木和森林,而且不应该从政治上,也就是说,不应该同整个国家理性和国家伦理联系起来来解决每一个涉及物质的课题。[105](W.I,1§.304)。

而一种像木材那样貌似的"自在之物"总是从根本上为人的存在和行为中的社会关系给出了标准,这一点总是与人的自我意识的"物化"相伴的,物本身成了人的标准。由于物的关系在一定程度上成了统治人的力量,因此人的关系就将自身物化了。这种颠倒是一种"<u>堕落的唯物主义</u>"。——马克思之后还更加明确地保证了批判式的经济学分析中激进的属人的意义。在《神圣家族》中,马克思就反对蒲鲁东仅仅对事实进行国民-经济学的解释,认为这种解释是财产所有者的要求,是对普遍的自我异化所进行的"更加自我异化的"表达。

> 蒲鲁东消灭不拥有和拥有的旧形式的愿望,和他想消灭人对

---

[105] 译文沿用《马克思恩格斯全集》第一卷,第290页。——译者注

自己的实物本质的实际异化关系、想消灭人的自我异化的政治经济表现的愿望是完全同一的。但是，由于他对政治经济学的批判还受着政治经济学的前提的支配，因此，蒲鲁东仍以政治经济学的占有形式来表现实物世界的重新争得。

批判的批判硬要蒲鲁东以拥有来反对不拥有：而蒲鲁东则相反，他以占有来反对拥有的旧形式——私有制。他宣称占有是"社会的职能"。在这种职能中"利益"不是要"排斥"别人，而是要把自己的力量、自己的本质力量使用出来和发挥出来。

蒲鲁东未能用恰当的话来表达自己的这个思想。"平等占有"是政治经济的观念，因而还是下面这个事实的异化表现：实物是为人的存在，是人的实物存在，同时也就是人为他人的定在，是他对他人的人的关系，是人对人的社会关系。蒲鲁东在政治经济的异化范围内来克服政治经济的异化。[106]（评注 II，S.139/140）[107]

这意味着，他的这种方式并没有在现实中从根本上扬弃异化。和《辩论》一样，《德意志意识形态》同样提出了这个问题，只不过对问题加以把握的方式已经有所不同。在《德意志意识形态》中马克思也问道：人之从属于他自己的产品的这种"陌生"究竟是从何而来的，以至"他的对立面的行为方式"不再处在他的力量控制中，"对物的关系反对他本身"，"他自己的生命反而压倒了他自己？"——究竟为什么，"在从个人利益向着阶级利益的不自觉的客观化的过程中，个体的私人

106　译文沿用《马克思恩格斯全集》第二卷，第52页。——译者注
107　参见评注 II，S.151 和在《黑格尔法哲学批判》中对于在以君主制的或共和制的形式体现的"政治的"国家内部扬弃人的自我异化的不可能性所做的类似论述。

一 马克斯·韦伯与卡尔·马克思

行为必须使自己具体化和异化,并同时作为一种独立于它并且不需要它就能存在的力量"?[108] 马克思的回答是:通过劳动分工,而劳动分工的基础则是理性化过程。迄今为止的劳动方式必须被扬弃并且被转变为一种完全的"自主性"。这种转变所意味的不仅是对精神的或肉体的劳动分工的扬弃,而且还是城市和土地之间的对立的扬弃,这种对立"是对个人之从属于劳动分工的明显表达"(《德意志意识形态》,S.248ff. 和271ff.)[109]。但对劳动的扬弃只能在共产主义普遍秩序的基础上才有可能,它不仅仅是将占有变为普遍的占有,而且还要将所有外化形式中的人类存在本身都变为普遍的东西。相反,在劳动分工的内部,社会关系的物化之"独立"则是无法避免的——就像"在每一个人的个人生活同他的屈从于某一劳动部门和与之相关的各种条件的生活之间出现了差别"[110]之间的(非共产主义的)区别一样是无法避免的。《德意志意识形态》发表后10年,马克思在回顾1848年"所谓的"革命时这样总结他对这个颠倒的世界的基本看法:

> 有一个重大的事实,标志着19世纪的特征,没有任何党派能够否认它。一方面,工业和科学的力量已经以过去任何历史时代都无法预见的方式复苏。另一方面,一种使罗马帝国最后年代里的那些经常被提到的灾祸黯然失色的衰落,其征兆已经显露出来。

---

108 《德意志意识形态》,S.253ff.,302 和《圣马克思》(*Sankt Max*),载于《社会主义文献》(*Dokumente des Sozialismus*)IV,S.214ff.。

109 韦伯(《经济和社会》II, c. VIII)在关于城市的历史的社会学研究中也同样奉献出了这种特殊的谨慎,它也同样表现在自我异化和理性化过程在事实上的同一中。

110 《德意志意识形态》,S.287;参见 S.248ff. 以及恩格斯的《反杜林论》,S.312ff.。恩格斯讽刺杜林是"小推车者和建筑师"也表达了和马克思一样的意思:"搬运夫和哲学家之间的原始差别要比家犬和猎犬之间的差别小得多。他们之间的鸿沟是分工掘成的。"(就我所知,这一段马克思的原文并未收录于中译《马克思恩格斯全集》,因而译文沿用卡尔·洛维特,《世界历史与救赎历史》,李秋零、田薇译,生活·读书·新知三联书店,2002年,第43—44页。——译者注)

在我们这个时代，每一件事物似乎都孕育着它的对立面。机器具有缩短人的劳动并提高它的效益的惊人力量：我们看到，它是怎样导致了饥饿和劳累过度。财富新释放出来的力量由于一种罕见的机缘巧合成为贫困的源泉。人类成为大自然中的主人，但人却成了人的奴隶。……我们所有的发明和进步的结果，似乎就是各种物质力量都被配备上精神的生命，而人的生存却被愚化为一种物质力量。这边的现代工业和科学与那边的现代贫困和衰落之间的这种对抗，生产力和我们时代的社会关系之间的这种对立，是一个事实，是一个明显的、惊心动魄的、无可置疑的事实。一些党派可能会为此悲叹，另一些党派可能会希望甩脱各种现代能力，以便也甩脱各种现代冲突。或者它们可能会想象，经济中的一种如此明显的进步为了完善就需要政治中的一种退步。就我们这方面来讲，我们并没有忽略精力充沛地继续前进，制造出所有这些对立的狡猾的精神。我们知道，为了完成美好的事业，社会的新生力量只需要新型的人。[111]（《1848 年革命和无产阶级》）

马克思已经在《黑格尔法哲学批判》中确定了，谁才是这种"新人"，谁是被呼唤来扬弃普遍的自我异化的："那就是劳动者"。于是关于"真正的人道主义"的哲学就是作为"科学的社会主义"，它发现了属于它的"社会实践"、它的现实化和扬弃的可能性。马克思在《德意志意识形态》中贯彻了他和费尔巴哈的"真正的人道主义"之间的决定性断裂。

但尽管如此，《资本论》并不是单纯的政治经济学批判，它同时还

111　译文沿用《马克思恩格斯全集》第三卷，第 86 页。——译者注

是以其经济学为红线而进行的对市民社会中的人的批判。但这种经济的"经济学细胞"是劳动产品的商品形式。这种商品（《辩论》中的"木材"也是一样）是对自我异化的经济表现。这种异化表现在：根据商品的原初目标，它是为了使用的，却并不是直接作为被使用的物而根据不同的需要被制作和交换，而是作为独立的商品价值进入现代商品世界（在经济的或精神的产品中、在牛的市场中或图书的市场中都是如此），它在卖者的手中只具有交换价值，然后走一条弯路到了作为买者的使用者手中[112]。使用是对立于"商品"的，这种独立性也体现出了一种普遍的关系，也就是说，在市民-资本主义社会中，产品是统治人的，而不是相反，即——用韦伯所说的有条件的转变来说——符合"自然的物的状况"。为了揭示出这一颠倒的过程，马克思对现代社会的劳动关系中"对立的表象"，也即商品的"拜物教特征"进行了分析。我们所习以为常的桌子，作为一件商品就是某种"感性的超感性"之物[113]。它身上并未超出感性的地方在于，它并不是作为"商品"，而是作为一件被使用的东西。而它之作为值某些钱的商品——因为它需要人们付出劳动和劳动时间——却首先是一种被隐藏起来的社会关系。在这一意义上，

---

[112] 在商品的这种双重特征中体现的是商品生产的社会中的一种特定的规定，因为商品本身就是一种"社会性的实体"，是抽象的人类-社会劳动。韦伯也在《股票市场》中用纯粹马克思的方式描述了这种生产和消费的分配。

[113] 马克思的这一分析间接地指向了海德格尔对"作品世界"的分析中的社会性整体（《存在与时间》I, S.66ff.）。通过作为每个个别的世界之中的存在者之向着"此在"的转变，不只是此在的社会性问题被简化为"人"的问题，而且我们对物的使用之对立性的社会特征——即对现成在手的"工具"的使用——也被掩盖在它的存在论上的特殊规定中。我们的工具具有商品特征，并且商品又具有一个"社会性的"实体，这一点只有在以下情况下才能被看清：此在本身不只是被把握为它自己的和公共的共在（Mitsein）和与他者共在（Miteinandersein），而且还被理解为就它本身和就他者而言都被社会性地加以普遍化了。这种"普遍化"的方式在市民社会中是被这样规定的：它是一个由"个别化了的个体"组成的社会，是一个"抽象的普遍性"，但它又由此掩盖了它自己的社会性特征（参见马克思，《政治经济学批判》，S.9ff.）。

它"不仅用它的脚站在地上,而且在对其他一切商品的关系上用头倒立着,从它的木脑袋里生出比它自动跳舞还奇怪得多的狂想"[114]。

可见,商品形式的奥秘不过在于:商品在人们面前把人们本身劳动的社会性质反映成劳动产品本身的物的性质,反映这些物的天然的社会属性,从而把生产者同劳动的社会关系反映成存在于生产者之外的物与物之间的社会关系。由于这种转换,劳动产品成了商品,成了可感觉而又超感觉的物或社会的物。正如一物在视觉神经中留下的光的印象,不是表现为视神经本身的主观的兴奋,而是表现为眼睛外面的物的客观形式。但是在视觉活动中,光确实从一物射到另一物,即从外界对象射入眼睛。这是物理的物之间的物理关系。相反,商品形式和它借以得到表现的劳动产品的价值关系,是同劳动产品的物理性质以及由此产生的物的关系完全无关的。这只是人们自己的一定的社会关系,但它在人们面前采取了物与物的关系的虚幻形式。因此,要找一个比喻,我们就得逃到宗教世界的幻境中去。在那里,人脑的产物表现为赋有生命的、彼此发生关系并同人发生关系的独立存在的东西。在商品世界里,人手的产物也是这样。我把这叫做拜物教。劳动产品一旦作为商品来生产,就带上拜物教性质,因此拜物教是同商品生产分不开的。[115](《资本论》I^6,S.38/39)。

但由于商品的生产,也就是说在商品形式或商品结构中的任何形式的对象,首先都要通过作为商品而进入人的社会交流——也就是单

---

114 译文沿用《马克思恩格斯全集》第二十三卷,第87—88页。——译者注
115 译文沿用《马克思恩格斯全集》第二十三卷,第88—89页。——译者注

纯"物的"交流——并与其他商品进行交换，为了达成这种交换，对商品本身来说，作为商品之基础的社会关系并不表现为人的社会性的劳动关系，相反，对它来说这种社会关系表现为作为商品产品之间单纯的"物的"关系；反过来，物的商品关系也在一定程度上变成了在它自身所建立的商品市场中它自己的商品形式之间的人的关系[116]。一开始，人并没有意识到这种颠倒；因为他的自我意识也在同样的程度上物化了。但同时马克思也指出，他并非只是将这种颠倒视为某种已然-非-如此-不可的东西，而是同时也将它视为一种在历史上变化无常的社会和经济形式。但这种变化首先通过商品那固定的和完成了的价值形式，被掩盖在货币形式[117]中，因此看上去人好像只能改变商品的价格，而不能改变作为被使用的对象的商品特征本身。然而，如此这般被社会性地规定了的经济秩序本身是一个彻底的颠倒，而正是在这种秩序中，作为商品的劳动产品和作为产品本身是相互对立的，关于这一点——马克思说道——当我们将这种情况与历史中其他的社会和经济关系加以比较时，就会看得很清楚了。因为比方说，人们总是将"黑暗的"中世纪和当时人的依附关系看成：在当时，人们的劳动中的社会性的人身关系直接就表现为[118]它自己的人身的关系，而没有"被掩盖在物的社会关系中"。正是因为在这里"人身依附关系构成该社会的基础，劳动和产品也就用不着采取与它们的实际存在不同的虚幻形式。它们作为劳役和实物贡赋而进入社会机构之中。在这里，劳动的自然形式，

---

116 但事实上，这种"自我设定性"并不是直接的事实，仿佛人可以从这一事实中逃脱似的（为了事后必须对它进行展望），而是独立过程的一种必然结果。[参见恩格斯1890年10月27日写给C. 施米特（C.Schmidt）的信，《社会主义文献》II，S.65ff.。]

117 关于《资本论》中对拜物教特征的分析，参见《资本论》（1929年）III，1，S.339ff.。

118 这种简单的表象只是一种"面具"，在它背后无论如何都隐藏着"产品之条件"对产品本身的"统治"，这一点对于写作《资本论》的马克思来说是非常明显的（参见《资本论》III，2，S.326/27）。

劳动的特殊性是劳动的直接社会形式,而不是像在商品生产基础上那样,劳动的共性是劳动的直接社会形式。"[119](《资本论》I^6, S.43ff.)。然后,马克思在这一历史的观察的基础上发展出了一种未来的共产主义社会秩序的可能性,在共产主义社会中,劳动产品中的社会关系是"透明的",马克思想以此来反对现代商品世界中颠倒的社会关系中的不透明性,也即它的非人性。因此,只有通过从根本上改变人类的整个具体的生活关系,才能扬弃这个商品世界。将商品特征重新拉回它的使用特征,这不只是为了让它去资本主义化[120],而且它对于将物化为独立的片面的人拉回"自然的"人之中,也是必要的;而在马克思看来,所谓自然的人的属人的本性却在于,他本质上就是"政治的动物"。

对于同一个现象,马克思将它当作现代人类世界的"自我异化"加以否定,韦伯将它当作"无法避免的命运"加以肯定,黑格尔则对它进行了更为积极的论证,而这一现象的最为明显的特征就是它的时间性和历史性。黑格尔在《法哲学》§67中推导出,人可以通过他的单个的产品和被时间所规定的应用行为,将他自己特殊的肉体和精神的可能性外化出去,因为被规定的可能性只是对于人的"整体性"和"普遍性"的一种"外在的"关系。黑格尔很明显地将这种个人的外化等同于人对物的关系。从这种关系中出发,黑格尔得出(§61)对一个物本身的规定,首先并且唯有通过人对它(根据这一物的本性)的关系——即对它的使用——物才被利用和使用。只有对物的彻底使用——也就是说在使用中物"自身"或"自为地"显现为完全"外在的东西"——使它自己在它所是的全部范围内发挥效用。因此物的实

---

[119] 译文沿用《马克思恩格斯全集》第二十三卷,第94页。——译者注
[120] 关于这两者的关系,尤其参见《资本论》I6, S.160中的方法论总结以及1867年6月22日马克思写给恩格斯的信(W.III, 3, S.396)。

质恰恰就是它的"外在性"和它的使用中的现实的外在性。在对物的使用中人也就占有（eigen）了物本身，这就是"所有权"（Eigentum）的最初含义。于是，人的生命的外化和对人的力量的彻底使用也就等同于实质上的生命的整体。——个人的生命实质和它的外化的整体之间的同一却并不意味着黑格尔所推断出的：针对一个单独的产品的特殊的、单个的行动之所以出现在一个日常的和受限定的时间中，只是因为它自在地是和人之间的某种"受到规定的"和"外在的"关系，而不是对整体的人之现实的整体性的消耗，同样也不是可以在他的整体性中就像处在他的特殊性中一样，或者可以将自己异化的人——这种异化无损于这种关系在哲学上的"外在性"。但在黑格尔的哲学中，人的"普遍物"是"精神"，因此他的哲学并没有达到这种非理性的现实性。因此在黑格尔那里就会有如下这条值得注意的附释（§67附释）："这里所分析的是奴隶和今日的佣仆或短工之间的区别。雅典的奴隶恐怕比今日一般佣仆担任着更轻的工作和更多的脑力劳动，但他们毕竟还是奴隶，因为他们的全部活动范围都已让给主人了。"[121] 马克思由此得出了一个对立，即合法的"自由"雇佣劳动者事实上和古代奴隶一样，都是不自由的，因为劳动者虽然也是他的劳动能力的合法的自由的拥有者，但他和劳动工具的所有者不一样，他"只是"拥有了劳动力而已，并且只有在有限的时间中出卖他的劳动力——因此他这个人完全地和彻底地就是"商品"，因为他和他那可供出卖的劳动力本就是一回事，为了能够活下去，他事实上必须"占有"并且必须出卖他的劳动力（《资本论》I，S.130ff.）。在马克思看来，这种"自由的"雇佣奴隶就体现了现代商品生产的社会的普遍问题，相反，古代奴隶则从根本上就是处在

121　译文沿用《法哲学原理》，第75—76页。——译者注

对"人的"社会的观察之外的,因而他的命运并不具有普遍的意义。[参见胡格的《自然权利》(Naturrecht) §144中对人的整体性和外在性的黑格尔式的"坦率的"区分,以及马克思对此的批判,Nachl.I, S.268ff.。]

III. 市民社会中人的自我异化的政治表达

> "国家本身的抽象只是近代的特点,因为私人生活的抽象只是近代的特点。""现实的人就是(现代国)家制度的私人。"[122](《黑格尔法哲学批判》,W. I, 1 S.437和499)

对人的自我异化的特殊的政治表达是:现代国家和市民社会之间的矛盾,以及市民社会中的人和市民国家中的人本身之间的矛盾——人部分地是私人,部分地是国家中的公民,但无论他作为这个身份还是作为那个身份,都不是一个"整体",也就是说,在马克思看来,都不是"无矛盾的"人。对经济的批判作为对"政治"经济的批判,间接地已经是对社会的生活方式和国家的生活方式中只能经济化而没有别的可能性的人性的批判。并且就好像对商品的批判切中了所有我们的矛盾中的商品特征和其中的本体论结构那样,这种批判也就是切中了人之存在的颠倒和物化的形式,因此这一对市民社会和市民国家的批判也切中了市民性本身和其中的人类存在的特定形式,也就是私人的人性,即私人性。马克思首先是从对黑格尔的《法哲学》的批判[123]

---

122 译文沿用《马克思恩格斯全集》第一卷,第284页和第346页。——译者注

123 这一阐释所发生的时间也并非无关紧要,关于这一问题参见E. 勒瓦特,《论马克思的国家和社会学说的系统》(*Zur Systematik der Marxschen Staats- und Gesellschaftslehre*),本卷(参见本卷附录中的说明)。

着手，进行对现代人的世界中这种市民-政治的基本关系的论题式批判的，并且在对鲍威尔关于犹太人问题的阐释中进行（在《神圣家族》中已有很多相关的论述，但并无系统性，因此在此不做考虑）。这两篇文章都以系统的方式，在一种政治-社会的结构中阐述人的自我异化。这两篇文中与之斗争的人之特殊性，并不是作为金钱和商品的所有者的人，而是人之特殊性本身，它是与此在的公共的普遍性相区别与对立的。一个市民的人，通过将自己从公共的生活中的普遍性中特殊化和脱离出来，强调了自己身上特殊的东西，这种特殊的东西就是：他作为"人"首先是私人，并且在这一意义上是"资产者"。对市民社会中的人之特殊性的批判直接让我们联想到黑格尔对市民社会的批判[124]。因为"我们责备黑格尔，并不是因为他如其所是地描述出了现代国家的本质，而是因为他为国家的本质所创立的那些东西"（W. I, 1 S.476），因为他从根本上将经验"神秘化"了，因此他所得出的结论是"最庸俗的唯物主义"（！）（W. I, 1 S.526）。黑格尔将实际存在的东西当作一种内在的必然性加以承认，并且加以哲学上的绝对化，从这一意义上说，他是唯物主义者。根据马克思的解释，黑格尔事实上所描述的不是别的，就是市民社会和国家间的普遍冲突。黑格尔已经认识到的和马克思关注的中心，就是市民社会中的人之根本性的私人特征。因此，市民社会中的等级[125]——作为私人的等级——根本就不是政治上的阶级。

---

[124] 参见 A. 卢格，《黑格尔的法哲学和我们时代的政治》（*Die Hegelsche Rechtsphilosophie und die Politik unserer Zeit*），载于《德国科学艺术年鉴》，1842 年。

[125] 原文为 Stand，在《法哲学原理》中译本中译为"等级"，而在马克思处则译为"阶级"，已有的译文并不统一。在此我将根据这个词出现时的背景究竟是黑格尔的还是马克思的，做出不同的翻译，但原文其实为同一个词。——译者注

> 作为一个真正的市民,他处在双重的组织中,即处在官僚组织(这种官僚组织是彼岸国家的,即不触及市民及其独立活动的行政权在外表上和形式上的规定)和社会组织即市民社会组织中。但是在后一种组织中,他是作为一个私人处在国家之外的;这种组织和政治国家本身没有关系。……因此,他要成为真正的公民,要获得政治意义和政治效能,就应该走出自己的市民现实性的范围,摆脱这种现实性,离开这整个组织而进入自己的个体性,因为他暴露出来的个体性本身是他为自己的公民身份找到的唯一的存在形式。要知道,作为政府的国家,它的存在是不依赖于他而形成的;而他在市民社会中的存在也是不依赖于国家而形成的。只有在同各种单独存在的共同体的矛盾中,只有作为个人,他才能成为公民。他作为公民而存在是他真正隶属的任何共同体以外的存在,因而是纯个体的存在。[126](W. I, 1 S.494)[127]

特殊的兴趣和普遍的兴趣之间的分立,同时也是人在一种有限的私人生活和外在的然而公共的生活中的对立,马克思将这一点当作人的自我异化而与之做斗争。因为作为国家中的市民,人是资产者——因为他自为地是一个私人——他自己必须要求某种相异的、外在的和敌对的东西——就好像另一方面,私人的生活对于国家来说也是敌对的。这种国家是一个"抽象的"国家,因为它作为官僚制的和理性化了的国家机构,从它的市民那现实的也就是私人的生活中抽象了出来,就好像这些市民对他来说也只是单个的人。因此现在的市民社会从整体上说是一种贯穿一切的个人主义原则,也就是说,个人的存在才是最终的目的,而

---

126 译文沿用《马克思恩格斯全集》第一卷,第340—341页。——译者注
127 这一特征究竟是什么,最终并不体现马克斯·韦伯从中得出的对立的后果。

其他的一切都是实现目的的手段。只要人在国家生活中的现实生活依然以这样一种分裂为前提，人的规定性也即他作为国家的成员的规定，就必然地只是一种"抽象的"规定（W. I, 1 S.538）。作为与公共的普遍性有区别的私人的人，这种人自身只是人类存在的一种私人方式。在共产主义的共同体中却相反：在其中个人是作为个人（即最高的人格）参与到作为属于他的"共同之物"（res publica）的国家当中[128]。

从这一根本上非政治的冲突出发——因为只有"政治的"国家以及出于"存在着的现实性本身的形式"的市民社会中的个人，才能发展出"真正的现实性以及作为他的最终目标的必须的行为"——因此从对已经变得老旧的世界[129]的批判出发，才能找到一个新的世界，马克思在他的信中（W. I, 1 S.527ff.）将这一点作为他的计划。事实上，他关于一个人类社会因而关于人的理念的"积极"构造，完全就是对——作为前提的——私人性和公共性之间的市民的对立的扬弃，并且只是这种扬弃。市民社会中的人的私人之人性必须被扬弃在一种普遍本质当中，这种普遍本质就是人的整个本质，它也抓住了它的"理论上的"存在，将它从

---

[128] 《德意志意识形态》，S.289；但同时马克思也指出，"人格的"和相对来说"偶然的"个人之间的区别在不同的时代和不同的社团中具有一个完全不同的意义；比方说对于18世纪的人来说"阶级"或者对家庭的从属性完全是一种偶然的东西，而在别的时代则可能具有最为人格化的意义。也就是说，它是生活中一个完全被规定的领域，从中出发才有了关于"人"的根本的和普遍的概念——而"个人"存在也是在它自己所特有的状况（Eigenart）中被规定的。这一领域对于市民时代的人来说就是私人。

[129] 马克思在10年后（1852年）在《路易·波拿巴的雾月十八》中对这一"变得老旧的"世界进行了集中的历史描述。他将这一市民革命的年代解释为对伟大的1789年市民革命的一幅讽刺漫画。这一年代的激情缺少真理，而它的真理又缺少激情，它那已彻底变得"冷静"的现实性只有通过某种借来的东西才能表现出来；它的发展也是对同一个紧张和松弛的持续重复，它的对立面走到了它的高峰，只是为了让自己麻木和瓦解，它的历史没有事件，它的英雄没有英勇的行为，它的法律也没有决断力。从历史的角度看，我们很容易发现，克尔凯郭尔在关于"对当下的批判"方面可谓马克思的同代人，并且这两人都与黑格尔关于精神的哲学彻底决裂了，只不过他们各自走上了与对方相反的方向。

根本上改造成一种共产主义的、普遍的人——这和那种"现实的"共产主义显然是一种对立（参见卡波特、怀特林以及类似的观点），这种"现实的"共产主义还是一种"别致的"和"教条的抽象"，因为它还只是"受到了它的对立面，即私人的本质所感染的，属人的原则的表象"。（W. I, 1 S.573）[130]。没错，当我们自为地去把握"整个社会主义的原则"，它就只是完整的"人的真实本质的实存"中的一个方面。

对人的任何一种宗教的特殊性的重新接受也符合在这种根据人的个体性的将人极端地还原和解构为一种独立的存在方式的做法。因为宗教不再是"根基"，而只是一些"现象"，是人之局限性的某种表象方式（W. I, 1 S.581），事实上人的真正根基恰恰是人本身被简化为私人的这种局限性，这样一种局限性是古代人和中世纪的人都无法理解的（W. I, 1 S.437）[131]。

马克思在讨论 B. 鲍威尔的关于犹太人问题的论文中贯彻了对人的任何一种宗教上的特殊性的解构。它表面上是在处理一个具体的问题，即德国的犹太人如何能够得到政治上的解放，而马克思从第一句话起就超越了这个问题。因为对犹太人来说，只要他们还没有得到"人的"解放，那么政治上的解放就是根本不重要的。但在马克思看来，犹太人所必须解放的东西和德国人极少有相似之处。"为什么他们对自己所受的特殊的奴役感到不快，却又很喜欢他们所受的普遍的奴役？"只要国家

---

130 相反的观点参见《德意志意识形态》，S.252，在那里共产主义恰恰被理解为是作为"现实的东西"而存在的——同时它的"现实性"又被普遍地描述为一种"运动"。

131 在古代世界中真正的私人就是奴隶，因为他并没有参与到共同体中；但正因如此，他完全不再是完整意义上的"人"（W. I, 1 S.437）。在中世纪也是一样，任何一种私人的生活圈子同时也在本质上是生活中的一个公共的圈子。"在中世纪民族的生活和国家的生活是一回事。人就是国家的现实原则，只不过是作为不自由的人。"只有在法国大革命中，人才作为资产者得到了政治上的解放，并因此按其本身的私人状态而被塑造成一种人类存在中的特殊的阶层——尽管这样的人想将任何人都变成国家中的市民"（W. I, 1 S.592ff.）。

是基督教的国家而犹太人是犹太教的人——关于这一点马克思同意鲍威尔——那么他们两者就都既不可能给出解放,也不可能接受解放(即,将人的解放给予人)。鲍威尔和马克思都将这种向着单纯"人的"关系的还原当作唯一"批判的"和"科学的"态度!(W. I, 1 S.578)。然而,当问题不再是一个神学的问题时,鲍威尔也就不再持批判的态度了,马克思也正是从这里开始的,因为他将政治的解放中的关系当作人类的解放来加以研究。单纯政治的解放的问题的界限就在于,"即使人并不是自由的人,国家也可以是自由的国家"。为了让犹太人和基督徒一样,给予他们真正的解放,所需要的就不是国家中的宗教自由,而是从宗教本身中解脱出来的人的自由。因此这里的问题就是一个彻底普遍的和原则性的问题;它所涉及的是人本身的任何一种特殊性,涉及任何一种形式的专业人——同样的,它也像涉及宗教的人和私人一样,涉及了现代的职业人,这些对人的特殊规定都和普遍的社会性的兴趣不同。

> 宗教信徒和公民的差别,就是商人和公民、短工和公民、地主和公民、活的个人和公民之间的差别。宗教信徒和政治人之间的矛盾,也就是 bourgeois(市民社会的一分子)和 citoyen(公民)之间、市民社会一分子和他的政治外貌之间的矛盾。[132] (W. I, 1 S.585) [133]

但鲍威尔纵容这种政治国家和市民社会之间的分裂——这种"世界性的"矛盾——并且仅仅对它的宗教表现加以反对。然而,人被分

---

[132] 译文沿用《马克思恩格斯全集》第一卷,第 429 页。——译者注

[133] 参见卢格 1843 年写给马克思的信,在其中卢格引用了荷尔德林《许珀里翁》中著名的呼喊,并将这句话称为"他的声音的座右铭"(Motto seiner Stimmung):"但你并不将手工业者看作人,并不将思想者看作人,并不将主人和奴隶看作人"。并且参见马克思对此所做的赞同的回应。

化为犹太人和国家公民或新教徒和国家公民,这一点并不是针对国家中的公民的谎言,而只是他从宗教中解放出来所采取的政治形式。但宗教的特殊化本身只是对现代市民社会中的广泛分裂的一种表现;它只是体现了普遍的"人与人的异化"、他的自我异化(W. I, 1 S.590),也就是说,是"个人的和类的生活"中的内在区别。

> 因此,我们不像鲍威尔那样向犹太人说,你们不先从犹太教彻底解放出来,就不能在政治上得到解放。相反地,我们对他们说,既然你们不必完全和无条件地放弃犹太教,也可以在政治上获得解放,那就说明,政治解放本身还不是人类解放。如果你们犹太人还没有得到人类解放便要求政治解放,那么这种不彻底性和矛盾就不仅在你们,而且在政治解放的本质和范畴本身。如果你们局限在这个范畴内,那你们也就具有普遍的局限性。正像国家——虽然它不失为国家——要对犹太人采取基督教的立场,它就福音化了一样,犹太人——虽然他不失为犹太人——如果要求公民的权利,那他就政治化了。[134] (W. I, 1 S.591)

马克思将这种解放中的不彻底性特征,决定性地归结为法国的(以及美国的)人权中的内在局限。这里也体现出,"人权"(droits de l'homme)并不是人-权(Menschen-Rechte),而是市民的特权,因为这种特定的历史的"人"("homme")是作为公民(citoyen)而区别于它自身作为资产者(bourgeois)的。这一对人的权利的澄清——事实上——将作为资产者的人设定为前提,将作为根本的和真正的人的私

---

[134] 译文沿用《马克思恩格斯全集》第一卷,第435页。——译者注

人设定为前提。

> 可见，任何一种所谓人权都没有超出利己主义的人，没有超出作为市民社会的成员的人，即作为封闭于自身、私人利益、私人任性、同时脱离社会整体的个人的人。在这些权利中，人绝不是类存在物，相反地，类生活本身即社会却是个人的外部局限，却是他们原有的独立性的限制。把人和社会连接起来的唯一纽带是天然必然性，是需要和私人利益，是对他们财产和利己主义个人的保护。[135]（W. I, 1 S.595）

在这里才完全实现了真正的人的解放。

> 政治解放一方面把人变成市民社会的成员，变成利己的、独立的个人，另一方面把人变成公民……
> 只有当现实的个人同时也是抽象的公民，并且作为个人，在自己的经验生活、自己的个人劳动、自己的个人关系中间，成为类存在物的时候，只有当人认识到自己的"原有力量"并把这种力量组织成为社会力量因而不再把社会力量当做政治力量跟自己分开的时候，只有到了那个时候，人类解放才能完成。[136]（W. I, 1 S.599）

自由，就是马克思根据人的理念而想要加以解放的，这种自由是黑格尔的国家哲学意义上的自由，也就是说，是最高的共同体中的自

135　译文沿用《马克思恩格斯全集》第一卷，第439页。——译者注
136　译文沿用《马克思恩格斯全集》第一卷，第444页。——译者注

由——它与"个体化的个人"之表面的自由相对立。并且，由于从这一角度看，只要每个人都是作为"君主"的本质而被对待的，那么希腊城邦中的人就比市民社会中的人和根据他的理念而生活的基督徒的"民主"更加自由，因此马克思就可以说：

> 还必须唤醒这些人的自尊心，即对自由的要求。这种心理已经和希腊人一同离开了世界，而在基督教的统治下则消失在天国的幻境之中。但是，只有这种心理才能使社会重新成为一个人们为了达到崇高目标而团结在一起的同盟，成为一个民主的国家。[137] (W. I, 1 S.561) [138]

只有在这种人作为其本身而相遇的共同体中，也就是说，通过对人的存在的社会改造和在人的自我意识中（但这一点又既不能单纯"内在地"达到，也不能单纯"外在地"达到），真正-个人的自由才有可能。与此相反，市民社会中的私人只是根据他自己的想象才有某种特殊的自由——而在事实上，他却是全面依赖和"隶属于物的力量的"[139]。

IV．无产阶级是对人的自我异化的社会性

如果社会主义的著作家们把这种具有世界历史意义的作用归

---

[137]　译文沿用《马克思恩格斯全集》第一卷，第409页。——译者注

[138]　因此在马克思看来，真正的"民主"从一开始就是"亚里士多德意义上的在宇宙（Kosmopolis）中得以完善的城邦（polis）、一个'自由的共同体'"意义上的"没有阶级的社会"；参见勒瓦特，这一文集。(此处的宇宙Kosmopolis和城邦polis有词源学上的亲近关系，作者意在通过这种亲近关系指出，马克思所认为的真正的"城邦"是具有普遍性的共同体，而真正的"民主"也只有在这样体现普遍性的共同体中才有可能。中文中似乎很难找到合适的词体现出这一联系，因此特别注明。——译者注）

[139]　《德意志意识形态》，S.286ff.；参见评注II，S.222ff.。

一 马克斯·韦伯与卡尔·马克思

之于无产阶级,那末这决不……由于他们把无产者看做神的缘故。倒是相反。[140](评注 II S.133)

《黑格尔法哲学批判》导言中就已经有这句话:"这个社会解体的结果,作为一个特殊等级来说,就是无产阶级。"[141]在其中就有着人的解放的积极的可能性,但这并不是因为无产阶级是市民社会中的一个特殊的阶级,而是因为并且只是因为,无产阶级是外在于社会的。

> 它不能再求助于历史权利,而只能求助于人权,它不是同德国国家制度的后果发生片面矛盾,而是同它的前提发生全面矛盾,最后,它是一个若不从其他一切社会领域解放出来并同时解放其他一切社会领域,就不能解放自己的领域,总之是这样一个领域,它本身表现了人的完全丧失,并因而只有通过人的完全恢复才能恢复自己。[142] (W. I, 1 S.619/620)

马克思的哲学是如此这般理解无产阶级的:将无产阶级视为人的最高本质,也就是类本质,无产阶级找到了他的自然的武器,并将它颠倒为他的精神。"这个解放的头脑是哲学,它的心脏是无产阶级。"《神圣家族》(评注 II,S.131ff.)中表达的也是同样的意义,尽管占有财产的阶级和无产阶级从根本上自在地是一回事,并且表现出了同样的自我异化,但其中一个阶级在这种自我异化中完全地和明确地知道

---

140 译文沿用《马克思恩格斯全集》第二卷,第 44—45 页。——译者注
141 译文沿用《马克思恩格斯全集》第一卷,第 466 页。——译者注
142 译文沿用《马克思恩格斯全集》第一卷,第 466 页。——译者注

他自身,而并不具有一种批判的意识,另一个阶级则"意识到了自己的非人化,并因此而想使自己扬弃这种非人化"。无产阶级就是对"商品"的自我意识,因为他必须将自己外化为一个商品,但正因如此他就发展出了一种批判-革命的意识,一种阶级意识。在某种意义上,无产阶级的人也就比资产者更少地被非人化,因为对无产者来说异化是非常明显的,而没有采取一种对他来说自我掩盖的和精神化了的方式[143]。但这是因为,无产阶级在他的生活关系中,将整个当今社会的一切生活关系,"都绑定在它的非人性的顶点",因此,如果他不解放整个社会的话,也就完全无法解放自己。在《德意志意识形态》中,无产阶级的这一普遍-人性的功能是与现代的颠倒和世界经济中的普遍性联系在一起的。

> 只有完全失去了自主活动的现代无产者,才能够获得自己的充分的、不再受限制的自主活动,这种自主活动就是对生产力总和的占有以及由此而来的才能总和的发挥。过去的一切革命的占有都是有局限性的;个人的自主活动受到有限的生产工具和有限的交往的束缚,他们所占有的是这种有限的生产工具,因此他们只达到了新的局限性。他们的生产工具成了他们的财产,但是他们本身始终屈从于分工和自己所有的生产工具。在过去的一切占有制下,许多个人屈从于某种唯一的生产工具;在无产阶级的占有制下,许多生产工具应当受每一个个人支配,而财产则受所有的个人支配。现代的普遍交往不可能通过任何其他的途径受一个个人支配,只有通过受全部个人支配的途径。[144](《德意志意识形

---

[143] 关于这一点参见卢卡奇的分析,同上,S.188ff.。
[144] 译文沿用《马克思恩格斯全集》第三卷,第76页。——译者注

态》,S.296)

也就是说,并不是因为无产阶级是"神",而是因为在马克思看来无产阶级是普遍的人性的存在,是在它的否定性和极端的自我异化中被具体化的类本质,所以它才具有一种基本的和普遍的意义——类似于所有现代的对立中的商品特征。因为雇佣劳动者完全被"生命的范围内的尘世问题"外化了,因为他根本就不是"人",而是他的劳动力的单纯的利用者和出卖者,是一种人格化了的商品,因此他的阶级就是一种普遍的功能。在无产阶级中,经济最为明显地表现为人的命运,因此经济就是无产阶级的中心意义,是作为现代社会问题的核心,也就是说,经济学是关于市民社会的"解剖学"。无产阶级作为一个没有任何特殊利益的根本性的普遍阶级,它的自我解放同时就解决了私人的人性、它的私有财产和私人资本主义经济等问题,也就是说,瓦解了它的私人性这一基本特征。它通过共同占有和共同经济,而将自己扬弃在普遍的共同本质中的普遍人性之中。在这一市民的个人之单纯的非依赖中,就产生了最高共同体的积极自由,但这种自由并不是"最小的共同体的圈子"中的普遍性和"个人之间的直接关系"[145],而是公共生活中的普遍性。

也就是说,马克思并不试图用一种经验的专业社会学的方式,将个人之间的关联、关系、互相适应和"交换效应"[146]与等价的现实性领域或"因素"联系在一起,并从中推出某种现实性之整体;他并不是

---

145 对韦伯来说,它的结果就是从"公共性"中回到"最后的"价值;参见《以学术为业》,《韦伯方法论文集》,S.554,及《以政治为业》,载于《韦伯政治著作集》,S.449f.。
146 参见 K. 柯尔施,同上,S.98,附释 56。

"抽象的经验主义者"[147]。但他也不是一个抽象-哲学的"唯物主义者",这种唯物主义者总是从单纯的经济学中"还原"出来,而是:马克思以人的自我异化为红线,分析了现代人类世界之统一的整体,而无产阶级正是异化的"顶峰"。从这个角度看,自我异化找到了可能的扬弃,对马克思来说,这种可能性无非就是对市民社会中特殊性和普遍性、私人性和公共性之间的矛盾(黑格尔就已经阐述了这种矛盾)的扬弃——将它扬弃在一个不仅仅是对于无阶级的,而且在任何一个角度都是合理化了的社会中,在其中,"人本身"就是他的社会性的类本质[148]。这种"自我异化"是以"物质"生产关系的发展阶段和以劳动的"自然"分工为前提的,归根结底是以具体的生活关系之整体为前提的,这一点并不说明它无非是一种特殊的、单纯经济上的颠倒的"产物"。它既不是从纯粹的"内在性"中产生,也不是从坚固的"外在性"中产生,因为只要"人"是人类的"世界",他的"生活"是"生活的外化",他的"自我意识"是"世界意识",那么内在性和外在性这两者就不是互相脱离的。《德意志意识形态》以及《神圣家族》都部分地拓展了《黑格尔法哲学批判》中的内容,它并不体现为放弃了人的自我异化的原则,而是体现为对这一原则的具体化。但说它是更具体的,并不是因为它坚持一种抽象-经济学的"因素",而是因为

---

147 《德意志意识形态》,S.240(马克思的这种说法来自黑格尔)。

148 但这不是费尔巴哈的自然-道德主义意义上的类本质,而是黑格尔意义上的普遍的东西和私人的特殊利益之间的同一(尤其参见《圣马克思》,载于《社会主义文献》Ⅳ, S215f. 和《德意志意识形态》,S.250ff.)。很明显,马克思所说的去理性化并不能理解为乌托邦式的返回"原始共产主义",而必须被列为一种更高层次的理性化,被理解为在生产过程所达到的发展水平上产生的、受到"普遍检查"制约的整个生产关系之真正的"合理的"规则。在《资本论》中,"自由"的理念也被还原为一种冷静的诊断,即根据这种普遍化,"自由的王国"才第一次开始了"真正的物质生产的彼岸",但同时它又是内在于由外部急需和需要所规定的劳动中的,并且只能存在于这种劳动中,"被社会化的人,即非社会化的生产者,根据自然对他的产品交换加以合理的规范"(《资本论》Ⅲ,2, S.315/16,强调是我们自己加的)。

它被包含在了实践的生活关系中的具体不同的联系中——即这样一个"范畴":人是被具体历史地规定的[149]。而"现实的"人并不是"偶然存在的人,本来面目的人,被我们整个社会组织……排斥的人"[150](W. I, 1 S.590),并非他本身的这种"表象",而是他的"真正的现实性",而这才是处在他的理念中的人。和其他任何一个社会批判者一样,马克思的关于人的理念并不是凭空想出来的——但也不是从经验中发现的。根据马克思的观点,它所承载的现实性是它的历史运动趋势中的社会问题,因此是它的"现实性""催生出了思想",而不只是"思想产生现实"。很明显,马克思在《德意志意识形态》中对它的"哲学态度"进行了"清算",但他并没有——这一点和许多马克思主义者的科学[151]非常不同——沉迷于一种哲学的态度,而作为黑格尔主义者的马克思不只是引起了这种态度,即设定起了人的存在的"现实条件",而且还反过来阻止了这种条件:从这些条件中产生了一些不被规定的东西,即在社会性的"存在"中的"意识",或者使得意识上升到社会存在中。马克思更多的是想通过扬弃哲学而实现哲学,并且通过哲学的现实化而扬弃哲学[152]。然而,他所计划的对哲学的实现的方式并不必然地以此为条件,即在哲学"是什么"的内部遇到它的真正的存在者,也不以它"最后"想要成为什么为条件,也就是说,与韦伯的看法完全不同。

---

149 《德意志意识形态》,尤其是 S.235,241,252,268,297;此外还参见《圣马克思》,载于《社会主义文献》Ⅳ。S.320. 参见评注 Ⅱ,S.139 以及后来的《哲学的贫困》,S.110,对劳动分工的单纯"范畴"的反对。

150 译文沿用《马克思恩格斯全集》第一卷,第 434 页。——译者注

151 将马克思的批判与"批判的批判"加以类比的做法,来自马克思主义者 K. 柯尔施。

152 W. I, 1 S.613。

韦伯对唯物主义历史观的批判

韦伯在1918年进行他关于宗教社会学研究的演讲时所用的题目是：《对唯物史观的积极批判》[153]。在10年前韦伯就已经在对施塔姆勒（Stammler）对唯物史观的"所谓"克服的批判中，回顾到这一原则性的方法而间接地进行了批判。韦伯的批判所针对的那种"唯物史观"，就字面意义而言，在韦伯自己那里，尤其是在青年马克思那里（那时马克思还没有对他自己的"哲学的态度"进行清算[154]）都是找不到的。所谓"唯物史观"是从恩格斯和后期的马克思那里引申出来的经济学的庸俗马克思主义的某种产物。随之而来的就是，马克思对市民的经济社会的批判性分析的最初和完整的内容，也就或多或少地被丢掉了。韦伯对马克思的缺点的批判是在这一误解的基础上进行的，因此他的批判也就类似于韦伯从市民的专业社会学的角度出发的社会学中最初的和完整的研究动机中的误解。韦伯的社会学研究的指导性视角是：理性化过程的人类历史现象，被掩盖在具体材料的领域和方法论的讨论中，因此韦伯就对此做了颠倒——这一点和庸俗的马克思主义者是一致的——他颠倒了马克思最初的指导视角，即将自我异化的人类历史现象掩盖在反马克思主义的理由中。但尽管如此，韦伯的批判的误解和错误的形式中依然体现出了他的批判的根本动机和出发点，即他和马克思在观点上的根本不同。这一根本性的动机是以一种错误的攻击形式表现出来的，以至我们又回到了韦伯和马克思的思想之最初地基的不同之处。

---

153 参见玛丽安妮·韦伯，《马克斯·韦伯》，S.617。
154 马克思，《政治经济学批判》，S.LVII。

一 马克斯·韦伯与卡尔·马克思

1. 韦伯通过对施塔姆勒的阐释而间接对马克思的批判

如果我们忽视了假设的社会哲学的"精神主义者"或者也是"唯物主义者"(《韦伯方法论文集》,S.299)和具有"健全的人类理智的"社会学的"经验主义者"(韦伯)之间那讽刺性的对话的话,那么就只会直接遇到施塔姆勒对唯物史观的接受和修正,并且只能看到,对施塔姆勒的态度同时也就是对马克思本人的看法,因此就会从这一批判的第二段中从原则上得出韦伯的科学式的自况,以及得出与这种自况相符合的对马克思的批判:一种精神主义的论题,"最终"包含在政治的和经济的事件中的人类历史无非是宗教的斗争的一再重演,并且只会对它做一种同一的和单义的解释(但这种单义性并非从各种互相交织的原因中整理出一种同一的解释),在韦伯看来,这一论点是无法以经验科学的或"经验主义的"方式精确地加以证明或反驳的,就好像——仅指内容而言,而不是根据对应的方法——唯物主义的论点是一样的,即认为"最终"为人类历史提供动力的是经济上的斗争,两种看法都是无法从经验上证实或证伪的。作为社会学的"经验主义者"的韦伯同时反对这两种观点,即关于宗教之整体的原因式的意义,对于社会生活之整体来说,从根本上就无法科学地推出[155]。这样一种教条主义的提问方式在最好的情况下可评价为"启发性的",但当我

---

155 韦伯所认为的前提是,对"整体"的追问从根本上只能以"因果"的科学方式进行,但只有当整体被设想为部分的领域——宗教和社会领域——的总体时,这种做法才是有意义的。但事实上韦伯自己的研究之所以是一个整体,恰恰是由于他认为这种归纳是无效的,也就是说,人类历史之趋向于理性化的过程之整体的各个领域,是根本无法被化约也无法被归纳成一个整体的。关于这一点参见 G. 卢卡奇对历史的普遍发展趋势之"现实性"和经验中的众多单个"事实"所做的区分,同上,S.198ff.。

们想要对它进行"事实的"论证时,它就只是通过历史学的研究而得出的历史的"个别情况"。从中人们还会得出历史事件的普遍规律。(因此韦伯对施塔姆勒的批判的根本性的积极成果就是,对可能的符合规律性的各种不同的意义所做的分析。)一种可能的科学的整体视角,并不存在于将单独的组合和单独的因素教条式地扩展为"世界形式"之整体,不在于仅仅对"教条主义者"进行纠正,而是在于从对任何一种科学的观察方式之片面性中走出来,根据它的对立面而对这种有局限的视角进行反思,并进展到一种多面的观察方式。否则我们就无法看清,为什么我们不该做这样的尝试,即最终"从头盖骨的形状中,或者从太阳黑子中,或者从消化功能的障碍中推出"社会生活的规律。

Ⅱ. 韦伯在《宗教社会学》中对马克思的批判

我们在这里很简短地讲述了从对施塔姆勒的批判中所得出的东西,其实这些东西也和《宗教社会学》中与马克思的那些零散的关联相符[156]。但这也不是在以下意义上的对唯物史观的积极批判,即它并不是与唯物史观相反而以一种精神主义的方式处理问题,而是通过放弃任何一种形式的单义的还原,并代之以对历史现实性的所有因素中互相对立的条件进行一种"具体的"历史学研究,这种批判才是"积极的"。因此在韦伯那里所谓的资本主义精神就既不能以庸俗的马克思主义的方式理解为一种关于资本主义生产关系的单纯意识形态的精神,也不能理解为一种依赖于资本主义生产关系的自为地存在的和原初的

---

[156] 参见《宗教社会学》I, S.37, 53, 60, 83, 205, 238ff., 259, 以及《韦伯方法论文集》, S.166ff. 和 170。

宗教精神，而是：对韦伯来说，只有通过以下方式建立的才谈得上资本主义精神，即通过承载于社会的各个市民阶层中的理性化生活方式的普遍趋势，而建立的一种介于资本主义的经济和新教的伦理之间的精神（《宗教社会学》，S.83）。韦伯在对经济的唯物主义的不断上升的批判中，偶然地为自己的基本观点打上了反马克思主义的烙印，并且他谈论这一领域时就像谈论"伦理基础"一样，关于这一点是不容误认的[157]。他自己使这种出于误解的逐步上升的批判又退了回去，因为"一个如此愚蠢而教条的论点根本就不应该被拥护，就好像'资本主义精神'仅能作为宗教改革所产的特定影响的一种后果而存在，或者更应该说：作为经济体系的资本主义是宗教改革的一种后果"。在研究的最后，这一点得到了更为清楚的表达，即它的观点并不是"以片面的唯心论与历史因果解释，来取代同样片面的'唯物论的'文化历史观。对于历史真实的解明，两者是同样可能的"[158]（《宗教社会学》，S.205）。也就是说，这样理解才正确：它们两者"从科学上讲"都是不可能的[159]！但它之所以从科学上讲是不可能的，并不是因为科学中的任何一种客观的标准，而是因为韦伯从整体上承认了理性化的命运，从这种承认出发，"经验的"事实-专门学科本身就是一种杰出的代表[160]。

尽管韦伯如此这般地放弃了历史形而上学，但他自己对资本主义精神的研究——但这是和专门学科的自我意识相矛盾的——也并不是对单

---

157 参见 J. B. 克劳斯（J. B. Kraus），《经院哲学、清教主义和资本主义》（*Scholastik, Puritanismus und Kapitalismus*），1930，S.234ff. 和 243ff.。克劳斯对韦伯的批判的不妥之处在于，它是从 Anm. 100 中所提到的东西中推出的。

158 译文沿用《新教伦理与资本主义精神》，第 189 页。——译者注

159 此外还参见《宗教社会学》I, S.238ff., 259, 以及尤其是位于 S.192 的 Anm. 1、位于 S.200 的 Anm. 3 和位于 S.205 的 Anm. 3。

160 参见 G. 卢卡奇，同上，S.115ff., 198ff.。

个"事实"的"经验"描述,因此是一种"向着漫无止境航行"("Steuern ins Uferlose")。一种单纯专门学科的事实描述,无非就是韦伯那里作为人的专业人。而韦伯也同样并不是"愚蠢而教条的",因为他并不想将资本主义精神还原为单纯宗教-社会学的东西,因此他也绝对没有陷入漫无边际和失控,他可以通过抽象的经验之积累而得到满足。然而他那被理解为对马克思的批判的那些"积极的东西"并不在于对庸俗的马克思主义的方法的教条式颠覆,而在于一种原则性的,同时也是截然不同的方法。但他的方法的不同之处在于,他关于这种不同所说的,并不是从中不推论出什么,而是只有从它和面对现实性的态度之整体的关联中——现实性就处在科学的范围内——才能看出别的东西。

他自己将他的方法和马克思主义的方法之间的不同描述为一种"经验的"方法和"教条的"方法之间的不同。而他的"经验的"方法之优越性的根本意义却只在于,这种方法好像从专门学科的观察中必然的"片面性"走向了专门学科式的"多面性",这是和关于世界的陈述中的教条主义单义性相对立的。事实上,它更多的还在于,韦伯想要通过放弃了"全面的人性"和包罗一切的"对世界的描述",而消除对随便哪种特定的给定内容的任何一种论断,因此也就放弃了可能由此产生的向着一种幻觉的"整体"的扩张。他事实上与之斗争的,并不是存在和观察的总体性,而是将特殊性向着整体的可能的固化,也就是说,是总体——表面上的总体——的一种特定的表现方式。但韦伯自己所实际应用的那种现实地可能的总体性并不是将所有可能的片面性集合为一种所谓的多面性,而是根据所有的方面而得出的关于运动之自由的否定的总体性,对[任何一个"铁笼"]的冲破、对[任何实践的和理论的设置、秩序和保障]的冲破——这也是为了保护科学中的那种"个人主义"的剩余,对韦伯来说,这种保留下来的个人主义意味着真正属人的东西。就连他在《经济和社会》中的概念定义中那种可怕的诡辩也不仅仅具有这样的意义,即现实性以定义的方式描绘和确定,而且同时还意味着"可能性"之开放的体系中那些对立的意义[161]。尽管他不断地提到"劳动分工的优势",也即理性化过程本身的优势,谈论它的"成果",但同时他又强调对现实性进行理论上的分工所得出的片面性中的"非现实性"(《韦伯方法论文集》,S.170)。尽管如此,或者毋宁说恰恰因为如此,韦伯才可以断定,他所从事的社会学是"现实性的科学"。但它之所以当真是现实性的科学,并不是因为它单纯以科学的唯一一种可能的形式而总是以相同的和确定的方式把握了现实本身,而是因为韦伯——在对我们当今的理念和实在中的问题有充分意识的前提下——对我们的这种现实性采取了没有目的的态度,只是在其中介中,并因此是"技术性地"对待它[162]。因此他的"经验"-专业方法特征也就由此产生了,这种特征完全不是通过对生活和知识的专业分工而被确定下来并和任何一种"教条"的方法斗争的——也就是说是作为一种对人在世界中的位置,以超验的方式把握其科学的形式;作为对宗教、社会或者也是科学的形式中那所谓"最后的"审判的某种仓促的确定。

但事实上,韦伯完全没有——从他对施塔姆勒的批判(《韦伯方法论文集》,S.166ff.)来看却好像就是这样的——放弃在其"同一性"的"整体"中所进行的任何一种掌握和把握,也就是说,完全没有放弃那种原则性的方法。他对自己的理论的和实践的态度中那根本性的和同一的"原则",较之于他对马克思的教条-革命原则,却说得远远没有那么清楚。因为这种原则存在于对矛盾的承认当中,即理性的、

---

161 参见《韦伯方法论文集》,S.184 和 206;以及瓦尔特,同上,S.54ff.。

162 参见《韦伯方法论文集》,S.5、87、344、348、375 等。

专业的劳动分工和灵魂的分化之间的矛盾，但是，对韦伯来说，合理性又恰恰就是自由所发生的那个本身成问题的场所。他却并不试图在他的理论的地基上"解决"这一矛盾，而只想控制它。并且，不只是马克思，韦伯也并不想反驳所谓的"事实"，而只是在对"众神"的斗争当中采取一种原则性的和从这些事实本身中引申出的立场，也就是说，采取科学的手段对待这些事实。我们并不是"能够"，而是"必须"针对"符合规则的价值标准"本身进行争论，并且：

> 争议不仅（像我们今日如此乐于相信的那样）发生于不同的"阶级利益"之间，而是也发生于不同的世界观之间，——当然，这一点完全不影响下述真理：一个个别的个人会主张什么世界观，除了会受到许多其他因素影响之外，通常也会、并且肯定是在某种极大的程度上受到将该世界观与他的"阶级利益"——如果我们在这里暂时接受这个仅仅表面上看起来意义明确的概念的话——连结起来的那种［选择的亲和性］的程度（Grad von Wahlverwandtschaft）决定性的影响。[163]（《韦伯方法论文集》, S.153）

因此韦伯在他关于社会科学的认识的"客观性"的论文中，首先探讨了这样一个问题："对理念和价值判断的科学批判究竟意味着什么，其目的又是什么？"同时他也探讨了"合理的"之意义和目的，也就是说，根据目的和手段之间的责任关系而贯彻"合理的"态度。这样一种斗争并不是通过"相对主义"（曼海姆）就能克服的；因为当问题事实上涉及原则性的终极立场之间的斗争时，那就根本不是那种

---

[163] 译文沿用《韦伯方法论文集》，第179页。——译者注

"片面的"观点和角度之间的斗争了,而已经涉及了那种原则本身,它是一种普遍的要求,它从一开始直到最后都是对一种真正现实的东西,因此也就是真正值得去加以认识的东西的观点。并且由于马克思和韦伯都相信他们了解了规定了我们的存在的那种现实性,且这种现实性必定是现实的和合乎人性的,因此他们的科学也就已经涉及了一种"整体的东西"。这一整体并不是所有存在的东西的总和,而是根据一种原则而对具有意义的东西所进行的有意义的把握,在这一把握的基础上,现实性就是一种可以被彻底地和一致地研究的东西。这一整体就是现代人类世界的总问题,即从经济的角度看是"资本主义的",从政治的角度看是"市民的",马克思和韦伯两人都在他们的原初意义上对之进行了观察,且对它做出了互相对立的探索。韦伯已经在1895年踏入学术界的演讲中以《民族国家与经济政策》为题,讲出了他自己所属的阶级的那种让人不舒服的真相,并且也对容克阶层、殷实的市民阶层和社会民主的劳动者在政治上的错误进行了专门的讨论。他提出并且承认了对市民阶层的能力的怀疑和揭开了"他们的幻觉面纱",也就是说,俾斯麦的遗产已经变成了对他的政治上的模仿的诅咒,韦伯1918年关于激进的社会主义的演讲中也有类似的怀疑,在这个演讲中,他对人们对马克思主义的期望表示怀疑,马克思主义希望取消和终结人对人进行统治所依赖的私有财产。

二
马克斯·韦伯和他的后继者

1939/1940 年

马克斯·韦伯 1895 年的学院入职演说的题目是《民族国家与经济政策》，此文将 19 世纪的德国市民性作为一个专门的问题加以讨论。按韦伯的理解，国民经济是一种为民族国家的权力政治服务的经济学。但同时他也承认市民阶级在引导整个民族方面的无能。"我是市民阶级的一员。我能感受到自己是一个市民，而且我历来生活的氛围就使我具有市民阶级的观点和理想。然而，我们经济科学的职责所在就是要向人们说出他们不愿意听的话，不管这些人是高于我们的人，还是低于我们的人，还是我们自己阶级的人。正是从这种职责出发，我扪心自问，德国市民阶级是否已成熟到可以成为德国民族的政治领袖阶级？就今天而言，我对这个问题的回答只能是否定的。"[1]

韦伯想要告诉高于他的容克阶级、低于他的社会民主人士以及他自己所在的阶级的那个让人不舒服的真相就是——

首先，普鲁士王朝直到 19 世纪末都依赖东普鲁士的乡绅的力量来维持，但这一阶级总是更关心他们自己的利益，而不怎么关心整个民

---

[1] 译文沿用《民族国家与经济政策》，马克斯·韦伯著，甘阳译，生活·读书·新知三联书店，1997 年，第 102 页。——译者注

族的政治利益。他们曾对普鲁士国家的建立有过巨大的意义,但在那以后民族的社会结构就完全改变了,于是他们也就变得无能为力。容克阶级最后的和最大的功绩就是俾斯麦通过和法国的战争为德意志民族争取到了外在的统一。而这一王国建立的悲剧就在于,统一之后并没有建立起内在的民族统一和社会阶级,也就是说,它完全没有内在的政治方面的成熟。俾斯麦被年轻的国王解职之后,他的追随者就彻底误入歧途了。议会已经变成了占统治地位的官僚主义的单纯"授权机关"。但俾斯麦本人要为这种情况负责,因为他对人的不信任和不尊重使得他的身边不可能存在正直而独立的人。"他留下了一个缺乏任何政治教育的民族,它在这方面的表现远远不及它在 20 年前就已经达到的那个水平。尤其是,他留下了一个完全没有任何政治意志的民族,它已经习惯于认为掌舵的大政治家能够为它照料好政治事务。更有甚者,因为他滥用君主制情感以掩饰他在各政党之间的斗争中谋取自己的权力利益,他留下了一个习惯于逆来顺受地容忍所有以君主之治名义作出决策的民族,这个民族并没有准备好用批评的眼光看待俾斯麦去职后填补空缺、在攫取统治权时令人吃惊地自以为是的那些人的资格。在这方面已经造成了最为严重的损害。这位大政治家没有留下任何意义上的政治传统。他既没有吸引来,甚至也不能忍受具有独立思考能力的人,更不用说那些特立独行的人物了。"[2]

第二,市民对于 1870/1871 年的民族成果已经心满意足,因此产生了一种"非历史的和非政治的"精神。一直等到 19 世纪末,人们才开始了一些想要抛弃市民的幻想的尝试,才开始承认俾斯麦的遗产已经变成了对他的政治方面的模仿的谩骂。市民阶级之所以误入歧途,

---

2 译文沿用《韦伯政治著作选》,第 119 页。——译者注

其原因在于他们有一个相当非政治的过去。英国的市民阶级经过了100年的时间才完成了政治教育这一任务,而德国的市民阶级不可能在10年间就赶上去,并且,一个极为卓越的宰相的统治并不会自然而然地带来政治教育。再加上大资产阶级中有很大一部分成员对不断增长的人民大众的力量感到害怕,因而想去寻求一个新的皇帝的庇护,而小资产阶级又从来都没有脱离他们的庸俗性。

第三,因此,现在(1895年)德国市民阶级的政治未来正面临着一个严肃的问题:工人阶级是否能成为政治未来的承担者。但就连工人阶级也没有能力担当政治领袖的任务。他们的发言人比他自己以为的要无足轻重得多:"但实际上他们远比他们自己想象的要无足轻重得多,因为他们既没有半点喀提林式的行动魄力,更没有丝毫强烈的民族主义激情,而这两者恰恰是法国'国民大会'的灵魂所在。这些落魄文人只是小有政治手腕的可怜虫,他们根本缺乏一个有志于政治领袖权的阶级所必须具备的强烈权力本能。"德国的无产阶级有一种"政治上的庸俗市民性"的特征,因此无论是容克阶级还是市民阶级或工人阶级都无法担当政治上的领袖。只有当工人阶级中培养出了一个精英,我们才能指望他可以担负起政治上的重任,市民阶级早已被证明太懦弱了,不堪重任,只有工人阶级才有可能拥有这般宽阔的肩膀——但在那之前,还有一条道路。因此韦伯得出了这样一个充满失望的认识:"我们这一代人已注定看不见我们所从事的战斗是否会取得胜利,我们也无从知道后人是否会承认我们是先驱者。我们也不可能成功化解历史对我们的诅咒,即我们来生太晚已经赶不上一个消逝了的伟大政治时代。我们唯一还能做的或许只能是:为一个更伟大的时代之来临驱马先行。"[3]

---

[3] 译文沿用《民族国家与经济政策》,第107—108页。——译者注

二　马克斯·韦伯和他的后继者

韦伯在战争期间针对议会改革所写的批判性文章所探讨的是选择一个阶级作为政治领袖的问题，这是对他的入职演说中的问题的进一步展开。但现在，他认为最大的问题已不只是市民社会中的两个阶级都在政治上不成熟，还有官僚主义那遍及一切的力量正在不断扩大——它不仅影响了国家机关，还渗入了经济和政党。他在1917年面临俄国革命时就写了一篇文章，文章认为民主发展的最后结果并不是工人的独裁，而是国家机关和职权部门的产生。随之而来的还有市民社会的强化，它的利益主要在于等级和秩序，在于国家机关和经济企业中的层级机构。对此，我们不能得出结论说，市民秩序的直接或间接利益会带来社会和经济危机，而这些危机会带来消灭它们的战争，事实上正相反：正是战争加强了公共生活中的彻底的官僚化，且新生的"雇员"阶级的利益更多的是倾向于中产阶级而不是无产阶级，至于无产阶级，也早已在工会中极大地资产阶级化了。

韦伯在谈论"官僚主义"时所指的并不只是官僚政治本身，而是整个西方市民阶级趋向于理性化的倾向。"正如所谓向资本主义进步就是衡量中世纪以来经济现代化的确凿标准一样，向官僚制官员进步则是同样确凿的衡量国家现代化的标准，而这种官员有赖于招募、薪金、养老金、升迁、专业训练、明确规定的责任范围、档案保管、等级制的上下级隶属结构。这不仅适用于民主国家，也适用于君主制国家，无论如何，只要那是由大规模人口组成的国家而不是轮流行政的小型政区（einkleiner Kanton），情况就是这样。绝对主义国家与民主国家都会以带薪官员取代显贵统治，不管后者是封建统治、家长制统治还是在荣誉或世袭基础上运转的其他类型的统治。带薪官员就是对我们的所有日常需求和抱怨做出决定的人。在这个决定性的方面，文职行政官员和掌握军事权力的人——即军官——并无不同。现代的大规模军队也是一种官僚制军队,军官则是一种特殊类型的官员,他们有别于骑士、酋长、佣兵队长或者荷马时代的英雄。作为一支战斗力量的军队,其军事效能依赖于纪律严明地履行职责。"[4] "官僚主义"贯穿了从工厂到国家到军队的整个领域,它是一种其他任何现代生活秩序的历史承担者都"逃脱不掉"的东西。其不可避免的结果就是,国家本身接过了对所有企业的领导权并完全控制它们。届时国家就会成为一个掌控一切的"人形机器",它能够通过科技制造一个"依赖关系的壳子"的联合,在这个壳子中所有人都被迫变得软弱无力。

面对这样的倾向,韦伯认为就只剩下了这么一个问题:在这样一种全能的"机构化"当中究竟怎样才可能"在任何一种意义上还保留了任何一种'个人的'行动的自由"?在这一观察的基础上,韦伯在他的最后一次演讲《以政治为业》中确立了国家公职人员和政党领袖之间的区别,而这归根结底是一种在秩序中被规范的任何独立的个人之间的区别。他根据它们各自不同的责任和尊严的标准来区分它们。公务员和公职人员归根结底是要执行他们收到的命令,而不用考虑他们自己的想法和反思。政治领袖,包括独立的企业,则要处理他自己的责任,因此他们必须时刻都独立思考并且反对时刻围绕一旁的他们的主人的意见——这主人可能是独裁者或者民众。由于韦伯认为官僚主义的人形机器是无法打破的,因此他的政治问题就是,那些内行和具有政治责任心的人物要怎样在官僚机器的范围内赢得领袖地位。对此,他的戏剧化的公式是"使用机器的民主领袖",但具体说来他显然还没有想到某种"一党制"下的独裁的领袖的可能性,他所设想的是议会中的多党制。

---

4 译文沿用《韦伯政治著作选》,第120—121页。——译者注

二　马克斯·韦伯和他的后继者

　　韦伯的政治科学的悖论在于,"企业"中的不可逃脱的秩序恰恰又是可能的独立存在发生的场所,未来的"依赖"关系恰恰又是"自由的运动"发生的场所,韦伯将后者视为人和个体的本质。他否认所有物质性的固有价值的正当性,但他又在另一个意义上肯定它们,因为它们可以作为为了一个自由选定的目标而采取的手段,并且反过来,对于我们的最终目标和选择中的主体性作用的洞见,也应当成为科学思想和政治行为中的对象性和事实性的本质。这样一种主体性与客体性的分离和随之而来的对已经存在的世界中所有客观给定的事物的冷漠态度所带来的,是韦伯自己的立场必然会转向它的对立面,转向对新教式的个人自由的辩护,这种自由的个人处在政治和经济中不断增加的依赖的包围之中,并与之格格不入。韦伯对科学理论和实践行为做出了一种严格的区别:事物和人相分离,客观知识和主观价值相分离,职员性和领袖性相分离,责任伦理和意图伦理相分离,公共性和私人性相分离——它们其实是从自由和强制的原初的悖论中产生出来的,而这一悖论的历史来源可以追溯到卢梭对文化的批判:卢梭根据一个人是属于他自己的"人"还是属于社会的"市民",区分了人本身和现代资产阶级。而卢梭和韦伯对已经存在的文明的批判的巨大区别就在于:卢梭认为想要克服人和国家公民之间的矛盾,就需要让个人基于他的普遍本质彻底从国家中摆脱出来;而韦伯则坚决将现代文明对世界的祛魅当作我们的"命运"加以肯定,于是,就有可能存在某个完整的个人,这个个人愿意彻底实现自己个人的自由,因此他虽然在这个世界中生活,却不受到这个世界的控制。因此这个个人就能在任何一种情况中生活,但同时完全独立,并且满怀激情地独立行动,从而质疑那个"依赖关系的壳子"。这就是韦伯所认为的关于人的英雄主义和智识上的正义性,这两者让人卓尔不群。

韦伯对当下的可能性所采取的这种批判的立场没能流行起来而且也没有什么成效，其原因在于他的理论从本性上就是拒斥大众的作用的。韦伯去世（1920年）后德国的发展飞快地掠过了他所希望的方向，而最终在1933年的循环中走向了国家组织和市民社会，这两者虽然从意识形态上看貌似是矛盾的，但实际上它们都符合韦伯所预见的彻底官僚化的"领袖民主"。韦伯就这样成了德国政治未来的引路人，但这绝不意味着，他自己也必须走上这样一条他本来另有指望的道路。他铺就了一条通向集权和独裁的领袖国家的道路，从积极的方面讲，是因为他为一种非理性的"克里斯玛式的"领袖和"使用机器的民主领袖"说话；从消极的方面讲则是因为他希望一种无内容的东西、一种政治伦理上的形式主义，在其中，有关当局只是服从其他人对价值的抉择，它自己却对如何选择完全淡漠。韦伯的论点是，我们只希望有一个"预言者"告诉我们究竟该怎么做，但这个预言者并不存在，因此在这个没有集权的时代中，公众早已堕落为每个人都必须自己决定他该做什么——这样一种彻底个人主义的论点，距离彻底的集权秩序就只有一步之遥，在那种彻底的秩序中，每个人都服从某个极具感召力的领袖的意志，这个领袖直接告诉民众他们应当相信什么和应当做什么。对各种可能性的自由选择就骤然变成了对一个领袖的一次性的选择，于是，各人自己的"抉择"就变成了对一个独裁者的追随，变成了对服从的"依赖"，变成了在各种机关中的"职业"以及在一条彻底的生产线上的"人形机器"。个人曾经被抛入了自由当中，在自由中他们只能对自己负责，现在则很高兴自己能够放弃这一难以承受的自我规定的重担。在战争中就已经出现过的东西，又在失败和崩溃中得以加强：各种各样的"难以抉择的计划"被一种单一的"决定性的普遍命运"所取代——"我可以想象，当一个人只面对一个权力和一种感觉时，该是多么难忘的愉快,尤其是当我们那么长时间以来都被如此错综多变的时代误导,并且深感疲惫",R.M. 里尔克(R.M.Rilke)在 1914 年给前线的一个朋友的信中这样写道。只有这样我们才能理解法西斯的格言"相信,服从,战斗"(credere obbedire combattere)具有多大的吸引力,人们首先是信仰它,然后是服从它。

有一名思想家体现了从民族-自由主义的多党制国家的议会民主向着一个集权国家中的专制和独裁的民主的过渡过程,那就是比韦伯这一代人小一辈的思想家 C. 施米特(C. Schmitt)。他从一名受极端法学和天主教影响的规范主义者变为一名独裁主义者,最后则思考"具体的秩序"的整个过程,描述了德国发展的三个阶段。

施米特在 1929 年一篇题为《中立化和非政治化的时代》的演讲中清晰地奠定了他关于政治性概念的历史哲学基础。他受到孔德的影响,认为历史经过了以下每况愈下的几个阶段:首先是 16 世纪的神学时代,然后经过了 17 世纪的形而上学和 18 世纪的人道-道德时代,最后到达了 19 世纪的技术-经济时代。随着市民的民主被教化成工业化的大众民主,这一堕落过程的高峰就开始了:20 世纪。因此我们也就到达了一个转折点上,在这里我们必须彻底转向自己的对立面,也就是说转向一个彻底政治化的时代,虽然它看起来似乎是"中立的"、单纯文化的领域。作为这一转变的代表人物,施米特与他的前一代人有着显著的不同,后者的代表人物有特洛尔奇、韦伯、桑巴特、拉特瑙和舍勒等。他们都还生活在对欧洲虚无主义及其衰落的肯定之中。施米特不再分享他们的担忧,因为他们只是跳出了"对自己的权力的怀疑",他们更多的是把自己当作一种现代技术的工具,把自己当作一种为某个目的的服务的工具。经济和技术之所以能够为各种不同的目的服务,是因为它们本身是中立的。"15 和 16 世纪的发明造成了各种自由、个人主义和反叛。印刷术的发明则促成了出版自由。今天，技术发明成为广泛统治民众的工具。收音机属于广播垄断，电影属于审查制度。要自由还是要奴役的决断并不存在于技术本身当中，技术本身既可以是革命的，也可以是反动的，既可能为自由服务，也可以为压迫服务，既可以用于集权，也可以用于分权。事实上，从纯粹的技术原则和技术观点中，既不能产生出任何政治问题，也无从产生任何政治答案。"[5]因此施米特的问题就是：究竟哪种政治才足够强大，以至能够将技术当作一种为自己服务的工具，并给它一种终极有效的意义。他的答案是，只有那种能够将所有的生活领域都加以政治化，同时又通过经济和技术将它们中立化的政治，才能做到这一点。技术必须作为一种大众的政治统治的工具，成为不同的"政治的东西"手中的工具，也就是说，（对施米特而言）甚至包括战争以及整个国家都不例外，而"所有敌人"都是属于这个国家的存在。

对这样一种国家来说，所有的东西都变成了政治的（当然也包括关于国家的科学），它的现实的可能性之前似乎只存在于经济的和文化的视角中，而施米特首先在俄罗斯身上看到了它的直观形态。"俄国人已经把握住欧洲19世纪的精髓，认识到它的核心精神并从自己的文化前提中得出最终结论。我们总是生活在一个比我们更激进的兄弟的眼皮底下，他迫使我们得出自己应有的结论并始终为之而奋斗，除了对内对外政策方面的预测，另有一件事情也已确定无疑：以技术反对宗教已经在俄国的土地上付诸实施，这个国家已经崛起，它比任何独裁君王统治下的国家更加集权——比菲利二世、路易十四、弗里德里希大帝均有过之无不及。我们只能把现在的局面看作上个世纪欧洲发展

5　译文沿用《政治的概念》，卡尔·施米特著，刘宗坤等译，上海人民出版社，2004年，第185页。——译者注

的结果：它不但实现并超越了特定的欧洲精神，而且在一个前所未有的顶点上表现出现代欧洲历史的精髓。"[6] 和索雷尔不同，施米特并不因为俄国革命中工人阶级所表现出的革命力量而感到惊讶和敬佩，让他惊讶的反而是俄国变得中心化和集权化。俄国人通过消灭资产阶级从而取消了欧洲知识分子和俄罗斯人民大众之间的矛盾，而且，俄国虽然接受了马克思主义的思想，但在现实中他们用民族的同一将俄国改造成真正俄罗斯式的俄国。

此外，形式化的"政治统一"本身也是施米特的政治概念的基础。这种统一从本质上说是论战性的，它是对自由主义多党国家中的"多元主义"的否定。施米特不再怀有韦伯那种想要通过挑选一个政治领袖阶层来改善议会的愿望，他更多的是彻底放弃了所有形式的自由机构，因为他早在1923年就已经确信，公众的议会原则和商谈原则早就已是无根之木了。

他用"集权"称呼这种政治统一，因为——只要统一存在着——所有可能的事务都是政治的事物，因为它只有在战争这样一种政治上的紧急状况中，才能将人们集中到它的全部存在之中。"苏维埃"就是这种政治统一体，因为它对战争或者和平做出决定，因为它给出标准；相反，自由主义的多党制国家却无法为在这一统一体中生活的各种联系或"联合"（民族的、社会的、经济的、宗教的、家庭的联合）给出无条件的标准。也因为这种被施米特称为"政治的"集权的和苏维埃式统一体并没有什么特殊的事务范围，因为它并不规定"什么"或者"怎样"，而是规定了国家的存在本身，这一点对施米特来说是原则性的规定，因为国家正是通过它的全部力量和内容才成其为一个国家的。

---

6 译文沿用《政治的概念》，第177页。——译者注

对施米特来说，首先要关注的问题并不是某个国家是这样或者那样组织起来的，是资本主义的民族国家或是共产主义的工人国家，是神父的或商人的或公务员的或士兵的国家，等等，而始终是它是否是一个政治性的、给出标准的统一体，是否对人们的生活进行集中的决定。施米特对政体之区别的无视是他的基本标志，也正因如此，他将战争这一基本概念当作伟大的政治的最高峰。

这种政治统一体的建立是一种独裁的决定，它产生于彻底打破自由主义多党制国家的非决断性特征，而且它绝不是建立在团结和商谈的基础上的。但独裁者不一定就是民主的对立面，而是可以将民主和自身结合起来。因为它的本质只是普遍意志和特殊意志的一致，统治和被统治的同一，人民和国家、人民的意志和法律、群众和领袖的同一。人民的意志并不需要在一个神秘的选举中通过多数同意来达到，它可以通过更为原初的和可信的方式在同声喝彩中被表达出来，并且独裁的方式也可以是对民主的本质的直接表达。施米特说，一种民主政治可以是军事的或者友好的，绝对主义的或者自由主义的，进步的或者反动的，这些都不影响它在原则上是民主的，这就是对市民的政治平等的承认。这种平等却并不在于所有单独的个人的那种人道主义的而非政治的平等，而在于，每个人都必须拥有具体的本质，即拥有"人的种差"或者说平等性。政治的平等和人道主义的平等的区别永远都只在于，政治的"平等"总是附加了对可能的不平等的补充，就好像在古代，希腊人将自己和野蛮人加以区别，自由人将自己和奴隶加以区别。俄国革命和法西斯革命都拥有这样一种民主的人的种差，因此它们为共同意志奠定了基础；他们是反自由主义的，但并不反民主。

至于集权的民主的共同本质究竟是什么这个问题，施米特却并不需要回答，只要他还是一个决定主义者并且满足于一种形式化的政治统一。直到人们在1933年革命中真的做出了决断，他才认为有必要为政治统一体提供一个基础。因此，从《政治的概念》第三版以后，他才和反犹主义的人种学说扯上了关系，而一开始他离这种思想很远。他认为，极权国家的本质应当是"同种的"人民，这一点能够保证领袖和被领导者之间的民主的平等性。人种的生物上的平等代替了在上帝面前的神学的平等和在法律面前的道德平等。在雅利安民族和党派中，似乎上个世纪的所有问题都消失了：这些问题包括国家和社会、市民阶级和无产阶级、人和公民之间的对立。在依赖关系的壳子中，自由的问题也变得不重要了，因为这个壳就是极权国家，而自由只不过是自由主义的一个发明而已，它在国家中根本没有地位。同样以极端简单化的方式被取消的还有俾斯麦的帝国的问题：第二帝国是市民的宪政国家和普鲁士军事国家之间的妥协，是权利的国家和领袖的国家之间的妥协。但最后"军人"爬到了"市民"头上。

如果我们比较一下韦伯和施米特的思想，就绝不会对究竟谁才是"市民"有一丝怀疑：不是对自己的阶级具有深刻认识的韦伯，而是从一种立场摇摆到另一种立场，并且与"秉持中道"背道而驰的施米特，才是"市民"，他完全放弃了韦伯的这一秉性。韦伯的历史"相对主义"承担着一种坚定的伦理特性，这种伦理绝不会背弃自己；施米特的独裁决断则在亚当·穆勒（Adam Müller）的"偶因论"那里寻求论证，而施米特自己都揭露出，偶因论只是一种见风使舵的行为。这就是德国政治生活中的悲剧：韦伯这样的博学的君子在俾斯麦所奠基的国家遭遇危机的时候从来就没能行动起来；相反，像施米特这样一心往上爬的小人却对第三帝国的政治思想和立法工作产生了怎么估量都不算太大的巨大影响。

三
马克斯·韦伯的科学观

1964 年

马克斯·韦伯学习的是法学，并且在 1892 年获得商法和罗马法的博士学位。一年后他在柏林获得了一个助教的职位，又一年后在海德堡获得了国民经济学教授职位。韦伯的学术兴趣从法学过渡到国民经济学和社会学，其中介是对罗马农业历史的研究。他的入职演说《民族国家与经济政策》激起了很大的不满，因为他说出了关于德国市民阶级的让人不快的真相。"我是市民阶级的一员。我能感受到自己是一个市民，而且我历来生活的氛围就使我具有市民阶级的观点和理想。然而，我们经济科学的职责所在就是要向人们说出他们不愿意听的话，不管这些人是高于我们的人，还是低于我们的人，还是我们自己阶级的人。正是从这种职责出发，我扪心自问，德国市民阶级是否已成熟到可以成为德国民族的政治领袖阶级？就今天而言，我对这个问题的回答只能是否定的。"[1] 这种清醒对于三十多岁的人的学院入职演说来说是非常不常见的。《以学术为业》这一演讲是在 25 年后，韦伯去世前一年做出的，该演讲的语

---

[1] 译文沿用《民族国家与经济政策》，第 102 页。——译者注

气也和入职演说一样,从第一句话直到最后一句都充满了让人不快的真相。韦伯认为,科学的教育的最大优点就是让人学会承认事实(尤其是那些让人不舒服的事实),而摆脱那些传统的和统治一切的偏见,尤其是摆脱研究者个人的宗教和道德、社会和政治的束缚,而人们称这些束缚为"传统"和"信念"。《以学术为业》与入职演说相似的地方不只是语气,还有它的基本思想。韦伯与一种"视觉的欺骗"做斗争,这种欺骗将经济和政治进程中的价值和判断的标准从整个进程中排除出去;但事实上我们一直在和那些非常主观的前见和偏见打交道,自己却对大部分偏见毫无意识。"只有在极个别的情况下,作判断的人在自己心中非常清楚而且能向他人澄清其判断的终极主观依据,这里所谓终极主观依据就是指判断者在对其观察的事件作判断时所依据的理想。事实上,我们经济学家在我们的研究课题中所引入的那些理想并不是经济学所特有的,更不是由经济学这门科学本身所发明出来的,相反,这些理想乃是古而有之的人类理想的一般类型。"[2]

韦伯想要告诉高于他的容克阶级、低于他的社会民主人士以及他自己所在的阶级的那个让人不舒服的真相就是:德意志帝国缔造之后,并没有伴随着内在的政治成熟。俾斯麦本人对人的不信任和不尊重使得他的身边不可能存在正直而独立的人。"他留下了一个缺乏任何政治教育的民族",因为掌舵的大政治家能够为它照料好政治事务。市民对于1870/1871年的民族成果已经心满意足了,而没有任何政治上的意志和"对抗谨小慎微的能力",他们只是在面临不断增长的人民群众的力量时感到害怕,认为他们是提着枪的市

---

[2] 译文沿用《民族国家与经济政策》,第95—96页。——译者注

民阶级。现在（1895年），关于政治的未来的问题就是，工人阶级能否成为负担起德国的政治未来的阶级。但就连工人阶级也没有能力担当政治领袖的任务，因为他们缺乏一种强烈权力本能，也没有半点喀提林式的行动魄力[3]，更没有丝毫强烈的民族主义激情，而这两者恰恰是国民大会的灵魂所在。韦伯在出版他的入职演说时又增加了一篇序言，其中包括了一句非常有韦伯特色的话："并不是听众中赞同的声音，而恰恰是反对的声音，促使我出版这篇文章。"

1897年韦伯前往海德堡就职。在这里他刚开始了一段光辉的教育生涯，但一年之后就开始了长达一年的奇怪的崩溃：韦伯得了一场重病，这让他的工作在10年间都很受影响。直到在海德堡建立了《社会科学与社会政策文献》(*Archiv für Sozialwissenschaft und Sozialpolitik*)，他才重新开始了新的事业，在那里他和E.贾菲（E. Jaffe）、W.桑巴特一起担任这本期刊的编辑。这个工作让他转向了以普遍历史为导向的社会学研究，并由此产生了对方法论的概念教育的追问。之后的两篇论文《关于理解社会学的一些基本范畴》(*Über einige Kategorien der verstehenden Soziologie*，1913年）和《社会学和经济学中"价值中立"的意义》(*Der Sinn der "Wertfreiheit" der sozialen undö konomischen Wissenschaften*，1917年）都是对科学行为

---

[3] 试比较10年后韦伯在社会政策协会中所做的讨论发言，发表于《社会学和社会政策论文集》，410："我想在曼海姆政党大会上，将社会的上层即我们德意志的领主向护民官的方向引导，并向他们指出，社会的下层集会是怎样的。我有这么一个印象：俄国的社会主义者像旁观者那样坐在一边，却在一瞬间击碎了那些他们认为是'革命'的政党的脑袋，这些政党崇拜德国的文化成就，并且是全世界未来的巨大革命的承担者——但他们只是些迟钝的旅馆主，脸上凸显的完全是小资产阶级的面目：完全没有革命的热情，而只有一些麻木的、空洞的抱怨和诉苦的辩论和推理，指望着喀提林式的信仰的能量，他们已经非常习惯于这些辩论和推理。我相信：对这样一个政党的恐惧……依然存在于领主们的脑袋中，但它很快就要成为过去了。"

的批判性反思的产物。在韦伯死后才出版的系统化巨著《经济和社会》以及三卷本的《宗教社会学》奠定了韦伯在科学上的声誉。人们都会惊讶，韦伯是怎样在短短不到 20 年的时间内掌握了如此多的知识，领域横跨法学、经济学、社会学和宗教，而且他还不只是泛泛地了解这些知识，而是彻底掌握了它们，并且从自己的思路出发对它们加以整合。同样让人惊讶的还有韦伯个人的传奇，他从 1903 年起就没能进行任何公开的教学活动了，只是在家中接待他的朋友、同事和年轻学生——恩斯特·布洛赫和乔治·卢卡奇都属于这个朋友圈——但他对同时代人有着深刻的影响。韦伯在他的社会学著作中通过理性的科学对世界祛魅，但科学本身又是对世界的神化。韦伯在知识上的优越性自然会对一些人产生压力，因为他的论证具有毫不妥协的尖锐性，并且他敏感而并不多愁善感的人格也具有压制力量。在有些人那里，例如与史蒂芬·乔治（Stefan George）的圈子或多或少站得很近的人［卡勒（Kahler）、萨林（Salin）、沃尔特（Wolter）］，对韦伯的尊敬多少是与某种强烈的防御联系在一起的。当韦伯在某个讨论中能够有一段充裕的时间充分发挥他的观点时，其他参与者所说的东西就会被衬托得像是些非本质的和虚幻的东西，因而显得平淡无奇。他也对他的弟弟阿尔弗雷德·韦伯（Alfred Weber）产生了压力，虽然他也是在论及海德堡大学和社会学时不得不提的人物。韦伯在 1887 年的一封信中这样谈论他那当时才二十多岁的弟弟："阿尔弗雷德所遇到的，也是与我很亲密的那些朋友之前所遇到的哲学命题。……他非常幸运地具有这样一种天赋，即能够将他的各种教条用一种艺术的和诗意的方式加以神秘化，但这同时也显然损害了思想的清晰性——而我却是在以巨大的冷静得出混乱的结果。"[4]

1918年韦伯在维也纳重新获得了社会学的科研教授的职位。他的演讲的题目是《对唯物史观的积极批判》(*Positive Kritik der materialistischen Geschichtsauffassung*),也就是对马克思和历史唯物主义的解释。但奇怪的是,这篇文章既没有涉及马克思主义的社会学,也没有涉及市民的社会学,因为韦伯的社会学与马克思的《资本论》是对立的。这篇文章认为,古代文化的衰落的原因就在于对历史唯物主义方法的自由使用,这种方法将生产关系和生产力之间的矛盾视为解释一切的根本思路。韦伯和马克思的根本区别在于,马克思通过物化概念将之解释为"自我异化"并与之做斗争的东西,在韦伯那里却被认作是理性化这一无法扬弃的命运。在维也纳,韦伯还受到奥地利官方的邀请,做一个关于社会主义的演讲。那时俄国革命已经开始了一年,韦伯于1905年革命时用最短的时间学会了俄语,以便能够了解相关的政治新闻。在这一"进行了全方位思考"的演讲中,他分析了《共产党宣言》中的学说。他称赞《共产党宣言》——请注意这是在奥地利国王的官方人士面前,并且是在哈布斯堡王朝结束的前夕——是"第一流的科学成果"和"一个预言性的文本",它在政治上产生了"十分深远的,同时又是永远让人不快的后果"(在1918年甚至还没法预见它的更多后果),它在经济科学方面也有"具有生产力的后果",因

---

[4] 《青年时代的通信》(*Jugendbriefe*),227。"结果"(Konsequenzen)一词在韦伯那里具有特殊的重要性和意义:它是和理性主义的"目的理性"的行动和思维联系在一起的,也就是说,人必须先知道他自己究竟想要什么,然后,当一个人设定了一个确定的目标并坚持它时,根据他的预先设定和最终结果,他所做的选择和决定就是清楚明白的,而且他的预设就一定会产生某种后果。对韦伯来说,以"结果"的方式行动和思考是一种理性的生活进程和"理智的正直"的特征。至于为什么只有在西方,人们才在所有领域——经济和社会、法权和国家、艺术和科学——中都发展出了一种特殊的西方式的结果理性,并且这一结果理性统治了全部领域,这个问题之后成为韦伯的社会学研究的主导线索。

三　马克斯·韦伯的科学观

为它可能有一种"无精神的正确性"。

在维也纳待了一个学期后，韦伯又代替卢约·布伦塔诺（Lujo Brentano）的位置到慕尼黑就职。他于1920年6月死在慕尼黑，时年56岁。韦伯的巨大影响都要归功于他于1904年出版的《新教伦理与资本主义精神》。作为一个政治家，韦伯却没走上正轨，尽管他曾上过魏玛国民议会的候选人名单，而且参与过起草新宪法，但他自己的政党拒绝了他。

在拜仁的君主退位和苏维埃共和国建立与库尔特·艾斯纳（Kurt Eisner）和古斯塔夫·兰道尔（Gustav Landauer）被刺杀之间的时期，韦伯发表了《以学术为业》这一演讲，不久之后又发表了《以政治为业》。我离开战场后，在慕尼黑开始了学业。"一战"后的那代人大都深受斯宾格勒的《西方的衰落》的影响，此书发表于1918年，之后，对斯宾格勒的历史哲学话题的讨论就在一个小圈子中进行，韦伯就是这场讨论中极有才能的参与者，他总是能比其他参与者更早且更多地发表见解，很多时候甚至比斯宾格勒本人说得还要清楚。我在慕尼黑的第一个学期和海德堡的一位历史学家的儿子帕西·哥坦（Percy Gothein）成为好友，我们一起去听了韦伯的演讲。演讲大厅坐不下那么多听众，因此演说是在施瓦本出版商施里尼克（Steinicke）的演讲间中进行的，学界先驱汇集于此。那个房间大约能容纳150人。演讲的主办方是一个自由的学生组织，该组织努力想在时代的混乱中保持清醒。韦伯由于之前要参加民主党的国民议会，因此迟到了，他踏着快速而有弹性的步子走进大厅，手上拿着一张小纸条，上面记了一些笔记——这就是他的全部讲稿；之后他完全是脱稿进行演讲。有人对演讲内容进行了详细的记录并一字不差地印了出来，就好像韦伯本就是拿着那个稿子讲的。一个人能够完全不依靠任何成文的稿子表达自己的知识和思想，这是多么令人嫉妒！韦伯在引出"科学究竟何为"这个问题时，极大地丰富了他已经在《新教伦理和资本主义精神》的导论中研究和思考过的欧洲精神的理性化这一问题。在这篇演讲中，韦伯同样说出了让人不快的真相，因为实事求是和真诚已经融入他的性格中了。实事求是，是因为即使按照最高的标准，韦伯都完全摆脱了任何自夸和虚荣；真诚，是因为他完全摆脱了幻觉：一个人绝不可以欺骗自己和别人。他认为，他作为一个进行着科学的思考的人所讲述的"真相"并不是揭开某种神秘的存在，而是对已经被科学的进步祛魅了的世界的认识，是将世界之毫无神秘可言这一基本情况公之于众。

这一演讲讨论了作为科学的职业以及科学本身作为职业的问题所在。韦伯在这里是在平庸的、日常的意义上使用"职业"这个词的，就像我们在说到牙医或者招待员的职业时一样。人们可以出于爱好、偶然或者经济的前景选择这种或那种职业。这样一种职业选择和内在的召唤没有任何关系。这样一种趋同的现代职业伦理最初可追溯到在新教中建立起来的宗教伦理，尤其是打下了卡尔文宗烙印的英国清教。但我们很难继续设想，宗教的信念究竟在多大程度上规定了日常生活的进程，因为建立在最初的和宗教的"职业义务"基础上的思想，现在只是"作为宗教信仰的某种残余"而隐约出现在我们的生活中。

《以学术为业》并没有讨论哲学，韦伯认为哲学作为逻辑学、认识论和方法论也是一种专业科学，就好像如今哲学推论也只是一种逻辑分析和语言应用而已。专业化程度正在不断加深这一事实不再意味着从世界中创造出什么，并且对"综合"的要求也依赖于这一生产性的专业细分。如果谁想在科学的领域中有所成就，他就必须成为一个专家，拥有十分明确和专门的知识，即使这些细节都还显得干巴巴的，没有什么意义。但这种普遍的专业化并不意味着，科学已经成为一种计算的具体例子和单纯的执行能力。生产性的科学除了需要系统的工作之外，还需要偶然的灵感。他不会强迫自己，但也不会在还没有经过知性的努力之前就存什么幻想。并且，只有知性能够判断一个灵感的效果究竟是怎样的，它可以有怎样的展开。我们将所有伟大的发现都归功于科学方面的灵感，但这些灵感和那些能够造就一个伟大的企业家、商人、技术人员和艺术家的东西并无不同。商业的想象力、数学的想象力和艺术的想象力都是一种天赋、一种灵感。但除了工作和灵感之外，还需要第三种东西——具有激情的问题，因为提问的方式和方法会预先规定研究的方法和结果。像尼采那样第一次质问迄今为止的全部价值的价值究竟何在的人、像韦伯那样第一次质问科学的价值和意义的人——科学究竟何为？——他们都是在原则上质疑了现存的东西，质疑科学的整个存在，在这一意义上他们也是在进行哲学的质问，即使他本人没想涉及哲学的领域。

　　韦伯对科学的意义的追问首先产生于这样一种认识：所有的科学工作和研究都在想着要进步，因此它们都不可能带来什么持续的和永恒的真理。这就和伟大的艺术家的创造有区别。一个艺术作品只要在艺术上是完备的，它就不可能被超越。荷马并没被但丁取代，但丁也没有被莎士比亚取代。但亚里士多德的天文学已被开普勒、伽利略和牛顿所取代，就好像牛顿也已被爱因斯坦取代一样。任何一个在科学上有所成就的人都知道，他的工作在10年或100年后就会过时。这就是科学的工作的"意义"，那就是说，每个回答都会产生出新的问题，因此它们都会在前进和进步的过程中被别的东西超越。韦伯说，我们的任何科学工作，都不可能不希望以后的科学发展会超越我们现在所做的。科学的这种进步和进展从原则上说是通向无限的，也就是说，它永远没有终结，永远都能进一步完善。因此，对科学的意义的追问就会上升为一种职业。因为，如果说某个企业没有进一步发展的前景，谁又会愿意把自己和这个企业绑在一起呢？一个没有最终目标的企业又欲何为呢？显然，是为了有限的实践的目的（更好的住所、更好的营养、更长的寿命、更好的健康，等等），但一个将科学作为自己的职业的人是将科学本身就视为有意义的和有价值的。我们从亚里士多德那里就确定了，真正的求知欲并不是为了实践上的用处，而只能是为了知识本身，这就是知识的最高意义。

为了回答"科学究竟何为"这个问题，韦伯首先从科学的进步中走了出来，也就是说，从那些它本身的意义就成问题的东西中走了出来。科学的进步尽管并不是整个科学的全部特征，但它是理性化过程中最为重要的一个部分，我们几千年来都处在这一过程的统治下，对此有那么多知识分子"通常都以如此负面的态度"看待它。那么，整个公共生活都通过科学和科学技术理性化了，这究竟意味着什么呢？由于生活在某种背景下，我们的生活和非洲的土著人毕竟有些不同，而我们又知不知道，这种背景究竟是什么呢？我们不知道！原始人对他们的劳动工具和环境的了解远甚于我们，我们对于飞机是怎样被制造出来的和飞起来的、我们为什么能和纽约的人通电话、我们为什么能听到一场伦敦的音乐会或者100马克纸币是如何制造的等事情，基本上都一无所知。因此理性化所意味的，并不是对于生活背景有越来越多的普遍知识，而是我们有这样一种信念，只要人们有这个意愿，就能够在任何时间掌握任何知识，因为这世上并没有什么神秘的、无法估量的力量在背后起作用，相反，从原则上说，所有的事情都是可以通过计算加以掌控的。新时代的科学的座右铭是培根的话：知识就是力量。科学的理性化——更确切地说是目的理性的行为——的意义就是,对世界祛魅。

韦伯进一步问道:我们西方的文化经过了一千年的理性化进程,促进了科学的发展,那么它是否具有某种超越技术实践的意义呢?他提到了托尔斯泰,他就是一个对整个现代的、科学技术的文明说"不"的人[5],尽管他有自己的理由。他自问,在一个如此这般运行的关于死亡的文明的内部,是否会有一个有意义的表象。对他来说,那些生活在原则上有对进步的意愿和信念的文明当中的人其实并不拥有意义,因为无限的进步不会为生活提供它自己的终结。任何一个古代农民在老死时都是心满意足的,因为他在自己的最后一天也就用完了他的一生所能具有的所有东西。而对于生活在没完没了的进步的文明中的人来说,死亡却是一个来得太早的中断和不合理的事件。他可能会对生活感到疲惫,却永远不会感到满足,因为他总是生活在对一个永远无法填满的未来的期待之中。不断向前的进步,为最终的死亡打上了失去意义这一烙印。走出这一悖论的最廉价的方式就是将他永不满足的生命传给他的后代,并安慰自己说,后代会比自己活得更好,儿子会解决老子的问题。但这也行不通!因为孩子还是在把希望寄托在自己的孩子身上。于是我们就回到了刚才的问题,在自然和人类社会组织中占统治地位的不断进步,是否具有某种超越技术实践的意义,正是这种意义为学术作为志业做了论证。

对于这一问题,当时和现在的回答有着巨大的不同,因为对于真正的知识是什么、它究竟何为,我们的看法已经从根本上改变了。韦伯对此给出了这样的说明:柏拉图在他的《理想国》第七卷中说,被

---

5 参见笔者的《世界历史和救赎历史》,1953 年(现收录于《卡尔·洛维特全集》第三卷,斯图加特,1983 年,S.7ff.)。

困在洞穴中的人只能看到从他们身后经过的事物投在墙上的影子,直到他们有一天挣脱了锁链获得自由并爬出了洞穴。这时他才第一次见到了光线的来源,于是事物在他面前也就呈现出了真正的样子。从锁链和洞穴中获得自由就是真正的知识,就是从只看到单纯的影子上升到看到原始的事物。对希腊人来说,真正的科学是通向真正的存在的道路,尤其是通向真正的政治的道路,也就是说,是通向在一个公开的共同体中的共同生活的法律。而真实的存在也就是善的和美的存在,因为如果没有对带来善和美的东西的真正洞见,也就不会有善的存在和美的存在。

在文艺复兴时期,科学采取了一条全新的不同道路去了解事情是怎样的,那就是理性的实验,这是一种人工的活动,它带着某种特定的期望,将自然当作一个艺术的作品,对它进行试验。它的开路先锋首先是艺术领域内的伟大试验家,尤其是达·芬奇,之后则是16世纪的音乐理论家和自然科学试验家。对他们来说,"科学"是通向真正的艺术以及真正的自然的道路,因为只有通过技艺,通过设计得极具艺术性的实验,才能将自然的秘密带到光天化日之下。

对天文学、物理学和生物学的建立来说,科学的艺术所通向的不只是真正的自然,它同时还通向上帝。哥白尼、开普勒、伽利略和牛顿都坚信,上帝是用数学的语言创造世界的,因此他们要在自然这本"书"中认识上帝,就好像他们也从《圣经》这本书中认识上帝一样。生物学家施旺麦丹(Swammerdam)充满自豪地解释说:"在对一只虱子的解剖中,我为你们带来了对上帝的伟大预见的证明。"显然,在康德批判了生物-目的论的上帝证明之前,自然科学都是通向上帝的道路——但今天还有谁相信,科学是通向真实的存在或通向上帝的道路,天文学和生物学或者化学向我们解释世界的意义呢？科学不仅没有教导我们世界的意义，它甚至还动摇了信仰。康德害怕一种新的机械论的世界观有可能会转变成一种"非神圣的世界科学"，并且它的发言人会成为无神论的辩护士，这种担心早已发展成人人都承认的事实。马克斯·韦伯说，科学作为科学是一种无神论的和对神十分陌生的力量，关于这一点，如今除了一些通常都是自然科学家的"大孩子"的人之外，已经没有人怀疑了。现在，就连最后一个为科学进步的意义进行论证的解决方案，也就是认为它虽然不是通向上帝的道路，却毕竟是通向人类社会的幸福的道路，这种方案也已经走向了瓦解。韦伯没有就此多说什么，因为这样一种想法，早在尼采对"发明了幸福"的"末人"的毁灭性批判后，就已经彻底被人们抛弃了。

如果说以上关于科学的全部意义，如作为通向真实存在的道路、通向真正的艺术和自然的道路、通向上帝的道路以及最后通向社会幸福的道路，全都是些已经过时的幻觉，那么我们就必须问："在哪些意义上科学是不能提供答案的，以及它是否正确地提出了一些人们可以依循着取得某些成绩的问题。"从科学的工作中所得出的东西，就其在知识方面的价值而言，在多大程度上是具有重要性的？而关于科学的实践者又要怎样才能决定，这些知识是有认识价值的？比方说，天体运动的法则无法从物理的事实中引出，那么它是否值得学习；又比方说，医药科学的自明前提是，在所有情况下都必须尽可能延长人的生命，这一前提是否有问题。所有的自然科学都只为我们提供了问题的答案：如果我们想要用机械的方式掌控生命，那么我们应该怎么做——至于我们究竟应不应该、想不想那样做，却被排除在自然科学之外。对于所谓的历史性的精神科学来说也是一样的：它教我们怎样理解历史上已经发生过的具体的政治的和社会的、艺术的和文学的事件，但并不包括回答这样一个问题：这些事本身究竟有没有价值。现代的文化科学预设了必须有"文化"这种东西存在，但这并未证明这个前提本身是自明的。通常流行的关于弃绝这个世界的宗教和这样一个前提做斗争，而韦伯将社会学中一个很有价值的部分归功于这种宗教性的弃世，因为他从根本上用一种超越世界的、宗教的生活历程去衡量"世界之中"的生活历程的可能性，尽管他也在日常生活的基础上，用社会学的方法分析宗教生活的影响。但没有哪种宗教或教会的历史能够决定，宗教和教会本身是否应该存在。显然，科学并不能决定某个专门的科学是否应该存在，甚至科学本身是否应该存在，能决定这些的只有人，只有人能对它们采取支持或反对的态度。而如今，如果一个人决定支持将某个科学作为志业并对这一志业抱有信念，那么他同时也就决定了反对魔法和神话、奇迹信仰和公开信仰。甚至对一个用科学的方法研究教会史的史学家来说，如果他并不致力于将基督教会的诞生解释成可以用经验-历史的方法进行理解的，他也会陷入自相矛盾。尽管一个基督徒对于基督教的诞生可以和一个充满教条主义的偏见的历史学家有不同的看法，但他并不能作为一个基督徒而成为历史学家，他不能既是有信仰的，同时又是一个科学专家。如果他想要用上帝对人类历史的介入来解释基督教的诞生，那么我们就没法和他进行科学的讨论了；但我们能和一个认为社会和经济关系影响了宗教的诞生的马克思主义者进行科学的讨论，就好像反过来，韦伯认为某种特定的宗教信仰和期待会影响对经济的看法。

韦伯在各种论文中都毫不妥协地坚持社会科学中的"价值中立"的意义，并且坚持客观科学和主观价值、关于事实的普遍联系的知识

三 马克斯·韦伯的科学观

和互相无关的个人态度(包括政治的、社会的、道德的和宗教的态度)直接的截然区分,这种坚持在他在世的时候就已经受到了猛烈的攻击,因为它触及了我们与科学的关系这一十分敏感的问题,这个敏感点甚至规定了我们的世界。争论绝不会结束。这种争论在英国和美国尤其激烈,在那里,争论以"事实和价值"或"事实和决定"的题目进行,而反对这种区分的人认为,我们可以很容易地通过自然的方式或辩证-马克思主义的方式或阐释学的方式取消事实和价值之间的二分,并根据事情本身做出理性的决定[6]。不仅仅是韦伯的反对者,就连主张知识

---

6 参见尤根·哈贝马斯,《分析的科学理论和辩证法——对波普尔和阿多诺之间的争端的补充》(*Analytische Wissenschaftstheorie und Dialektik. Ein Nachtrag zur Kontroverse zwischen Popper und Adorno*),收录于《阿多诺纪念文集》(*Festschrift für Theodor Adorno*),1963年;《教条主义,理性和决定》(*Dogmatismus, Vernunft und Entscheidung*),收录于《理论与实践》(*Theorie und Praxis*),1963年。最为尖锐的是,列奥·施特劳斯在《自然权利与历史》中通过非常聪明的论辩将韦伯对个人价值和客观知识间的区别说成一种荒唐的东西,以便论证一种与我们自然的日常行为相适应的对社会和政治进程的价值判断,原因是他认为,想要主张我们对这种或那种价值的选择和判断都是互相平等的,这是种非常可笑的看法,因为理性并不是一切的基础。从韦伯的历史和存在的相对主义中会引出一些"虚无主义"的后果,那就是"你们可以各有偏爱"这一律令,这是一种将一切价值等同的做法。但韦伯究竟有没有证明他想证明的以下观点呢:我们最后可能的立场只在于一种无法扬弃的争执,而且通过人的理性永远不能对事物做出判断。对施特劳斯的批判的考验就在于,他必须站在他自己的立场上向我们指出,基督教和政治伦理究竟是互相矛盾的,还是说它们两者都是"真的",因为它们都符合人的本性。施特劳斯避开了对这一问题的回答,因为他将自己局限为对人们共同生活中的内部世界加以理解的"社会科学家",并认为这样一种非宗教的理解"显然是具有合法性的"。但对韦伯来说并不是这样,他不仅只考虑自己的专业,而且还质疑全部科学以及我们生活中的整个现代倾向,因此他比施特劳斯的思考更加哲学化,更具原则性。但如果施特劳斯将韦伯对于今天起着推动作用的科学的洞见局限于我们时代的现代人,并且认为他自己可以超脱于这个时代,不愿承认"时代的命运"的话,那么他就必须证明,这种从科学中的超脱是可行的,它无须将历史中的世界转变为某种结构性的概念,而且"各种各样的意义"即自然的知性和普遍常识都是有意义的,当它们在讨论"社会的世界"时,能够用科学的概念把握它们。这样的话施特劳斯就必须提出一个足以与韦伯的社会学相提并论的成体系的方案,并且不能将自己局限于政治哲学史的那些基本文本。只有这样,他才能指出,一个"基于意义的王国"是否建立在社会产物的"本质关节"之上,或者像韦伯所假设的,对人类的各种观都是社会性的。参见施特劳斯对韦伯的批判,《雷蒙·阿隆,马克斯·韦伯,学术与政治》(*Raymond Aron, Max Weber, Le savant et le politique*),1959年,31ff.。

与价值两分的人，也误解了韦伯的观点：我们今天都生活在一个被科学技术客观化了的世界中，另一方面客体化的科学理性又让我们从各种道德和宗教的约束中解放出来。由于科学会不断进步，因此它对传统的权威来说就是一种破坏性的力量。因此，我们的价值判断的最终标准就既不能是支持传统，也不能全然建立在科学之上；科学究竟是好是坏，这是一种个人的决定。那么要怎样才能做出科学的决定呢？是否——像胡塞尔所主张的——它在希腊世界中有了突破，之后欧洲人所指定的伦理是将各种出于科学的理性的东西的基础都归结为"绝对理念"，因此欧洲化的过程将所有其他人种都归在"一种绝对意义的统治之下"？或者这种理性伦理只是与其他可能的文化并列的一种人类学类型，比方说中国或印度的文化就完全不了解欧洲的科学？韦伯在《宗教社会学》的前言中就简洁地解释了，他拒绝对不同的文化进行价值评判。但拒绝评判的原因不在于一种历史性的意识的相对主义，而在于，韦伯的哲学洞见中已经包括了对"人类命运之进程"的了解，他认为，人们最好是像面对高山大河时那样，对自己持一种"渺小的个人评价"。对于通过科学对世界进行理性化的命运也是一样的，韦伯既不会盲目地赞成这一命运，也不会简单地将它当作异化而加以拒斥。

欧洲内部对科学的另一种非奠基性的看法是：人们要怎样才能以一种具有普遍约束力的方式论证或反驳登山宝训呢？我们作为已经基督教化了的西方的一员，已经在以下两种做法中选择并决定采取第二种做法：其一是一种世界内部的伦理和人的尊严，与告诉我们应当与恶做斗争的那种自尊；其二则是一种超世界的伦理，它所要求的与第一种截然不同，因为它认为上帝就是爱，并且只有它是超越于人之上的公正的法官[7]。原始的基督教伦理主张生活在对世界的终结的期待中,它与为统治世界服务的、将人们从宗教中解放出来的科学和技术完全不兼容。但尽管科学知识有这种解放的力量,并且它预设了一种基本的道德和半宗教规范的价值,韦伯还是主张一种价值中立的科学。它必须成为一种有自我意识的、自我决定的价值,并因此具有自由和中立,而不能在科学知识的幌子下隐藏什么别的东西。要求科学判断的价值中立并不意味着回到纯粹科学,而恰恰是要将科学判断中那些与科学无关的标准纳入考虑。韦伯所要求的,并不是剔除掉给出标准的"价值理念",而是要剔除其中那种主张保持距离的客观化态度。科学的判断和价值的判断之间,只隔着"头发丝一般细的界线",而且从根本上说科学判断和价值判断是不可分割的,它们只是互相保持距离。科学的"客观性"的目标所能够而且应当达成的,是对一些无法用科学证明但对科学来说又非常重要的东西,加以有意识的和有意义的凸显与考虑。所谓的客观性——这里的所谓的可不是那种加了引号的所谓的,韦伯并不考虑那种"所谓的"——"一切经验知识的客观有效性依赖于并且仅仅依赖于既定的实在按照范畴得到整理,而这种范畴在一种特定的意义上,亦即在它表述了我们认识先决条件的意义上是主观的,并且是受到唯有经验知识才能提供给我们的那些真理的价值前提制约的"。[8] 但是,

---

7 韦伯在一次论辩中谈到,我们很难找到进入陀思妥耶夫斯基和托尔斯泰的方法,因为他们对于失去价值的理性生活的理解完全是非欧洲的,他们的理解建立在一种原始基督教的解释之上,即,只有无规范的爱——也就是韦伯在谈到波德莱尔时所说的"灵魂的神圣卖淫"——才能打开通向真正的人性和神性的大门。

8 译文沿用《社会科学方法论》,马克斯·韦伯著,韩水法译,中央编译出版社,1999年,第59页。——译者注

规范的和理想的科学根本就是无法加以论证的,并且也不存在对实践的"指导"——韦伯从这个命题所得出的结论绝不会是说:"因为价值判断最终立足于某些理想,因而有其'主观的'源泉,所以它归根到底应从科学讨论中排除出去。……批判并不因价值判断而中止。问题毋宁是,对理想和价值判断的科学批判意味着什么,目的是什么?"[9]于是韦伯认为:"理念"本身通过科学的批判和自我知觉发展为知性,这些理念所遭遇的斗争,一半是现实的一半是想象的。科学的研究,尤其是"最终需要的东西"中存在一种引导性的价值理念和理想,韦伯将这一发现称为"社会哲学"。科学的决定所最后赖以建立的东西就是"最后的标准",它体现为将科学研究中的具体价值判断带到意识中,并给出了一个对科学研究的清晰的解释。科学的自我决定并不体现为一个人"应该",而是体现为他能够将现有的手段有目的地用于预定的目标;它让人们知道,自己想要的究竟是什么,这正是科学比天真的实证学科高明的地方。但是,韦伯所预设的我们的最终价值标准的主观性和普遍"规范"的欠缺,并不是科学的一般本质,相反,我们现在的时代文化本质恰恰缺乏这种主观性,因此我们时代文化的命运就是,我们"必须自己为世界上发生的事件找到意义"。"唯有时或作为相对主义历史发展观的产物的乐观主义的混合说,能够或者故意对这种极其严肃的事实情况视而不见以欺骗自己,或者在实践中回避它的后果。"[10]只有存在某种"伟大的共同体"或共同写就的"天命"时,才会存在为人们所普遍承认的"价值"。因为我们不再生活在一个宗教的共同体之中了,存在

---

9 译文沿用《社会科学方法论》,第4页。——译者注
10 译文沿用《社会科学方法论》,第8页。——译者注

的只是各种可能的立场和观点之间的斗争[11]。

> 11 卡尔·施米特新近发表的文章（《价值的僭政》，1960年，私人印刷，S.6）中引用了海德格尔关于"价值"的讲话中的格言，他认为，根据韦伯的命题，对这种或那种最终价值的决定总是伴随着充满战争的"僭政"，因为各种排他的"价值"之间总是会充满一切人反对一切人的战争，施米特认为，就连霍布斯的国家哲学中残暴的自然状态，相比于价值间的斗争来说可算田园牧歌了。"煽动着斗争和敌对情绪的，始终是价值。古代的众神失去神奇力量，变成了单纯发挥效用的价值，使斗争变得阴森恐怖，参与斗争者顽冥不化到无以复加。这就是马克斯·韦伯的描述所留下的梦魇。"

如果一个人全然没有个人的虚荣、自满以及由此而来的"自以为是"，而是像韦伯那样能够正确地理解别人的思想，那么他就会相信，哪怕是他的敌人也对自己的决定的后果有充分的认识并负起责任。那么他的相对主义就会具有一种不同的伦理性质，也就是说，他不会只考虑自己；而施米特的辩证决断则相反，他在亚当·穆勒的"偶因论"那里寻求论证，而施米特自己都揭露出，偶因论只是一种见风使舵的行为。

我们感到吃惊，施米特在1917年在谈论国家的"价值"时支持一种极端的规范主义，但在此之前他又宣传一种同样极端的决断主义，关于韦伯的政治立场，他除了说他局限于一种价值哲学并且任何一种世界观的价值中都有一种自我贯彻的意志之外就没什么好说的了；但另一方面他又认为"价值中立的科学"和为它服务的工业和技术是一种"面目可憎的毁灭工具和连根拔起的行为"，就我们所知，施米特作为第三帝国的官员不再为价值中立而兴奋，因为它不会成为种族主义的价值理论的工具，而且也反对为了拯救某一个民族的此在而采取"彻底敌对"的立场。

施米特认为价值哲学中的立场是一种建立在阶级、性别和斗争的立场上的立场哲学而拒斥它。人们为了将自己的论点具体化，就必须选择一种立场，比方说要么是基督教的，要么是政治的价值。这种过分的要求就好像施米特自己一开始非常接近新天主教运动，后来在第三帝国晚期却又公开发表了他对帝国的合理性论证《从囹圄获救》（*Ex Captivitate salus*）。所以我们就不得不好奇，他要怎样才能兼备政治的和基督教的伦理这两种立场，因为他不像韦伯那样有一个从一而终的立场和观点。韦伯在《以政治为业》中说："为自己和他人追求灵魂得救的人，不应通过政治途径追求这个目标，因为政治有着完全不同的任务，而这些任务只能靠暴力来完成。政治的守护神，或者说恶魔，与爱神、甚至与体现在教会制度中的基督教的上帝之间，处在一种固有的紧张之中。这种紧张随时都可以导致无法调节的冲突。甚至在教会统治的时代，人们就已经明白了这一点。教皇曾一再强加给佛罗伦萨停圣事的处分……但是那里的市民仍然要同教廷开战。如果我没记错的话，马基雅维利的《佛罗伦萨史》在谈到这一情况时有一段美好的文字，借他的一位英雄之口赞颂了佛罗伦萨的市民，因为他们将自己城邦的伟大看得比灵魂得救更重要。"（译文沿用《韦伯政治著作选》，第294页。——译者注）同时韦伯也很清楚，基督教的信仰伦理和权力政治的责任伦理并不是截然对立的，而只要一个人还具有良心，他的政治行为就会面临伦理的悖论，这种悖论无法用理性的方法解决。

如果一个人在意识到他的决定的后果并为之承担责任的前提下行动，他就只会说："我不会有别的选择。"如果韦伯真的经历了"暴政"，当然这并不是指过去的世界哲学所发明出来的"价值"的暴政，而是施米特论证了其合法性的国家社会主义的独裁（《政治的概念》1963年新版的内容和1933年版的不同，而是和1932年版一致），如果韦伯看到了这种不负责任的政治观点——它甚至比人们所谴责的更加不负责任，那么韦伯一定会冒着生命危险投身于和这个"绝对的敌人"的彻底斗争当中，而不会有丝毫犹豫。韦伯1919年的《以政治为业》的演讲以这样一个预言结束：对1918年的分崩离析的反动在20世纪20年代就会发生，他希望在那时能够看到，现在（1919年）沉浸在幻觉中的"都已经过去了"，到时会体现出它内在的意义；他猜测，到时苦涩忧愤之感不会涂满这个世界和它自己的行动。

人们对客观的规范有某种信仰，并且还相信这种规范有某种科学的基础，韦伯想要以科学的反思为中介与这样一种信仰做斗争。韦伯对"最后一线希望"和对科学研究就是一切事情的标准的价值理念的揭露，并不限于揭露出它们其实只是一些假设、它们自身其实都是建立在一些假设的基础上的；他还想要通过这种暴露，为以上信念祛魅。他那些关于科学理论的论文的积极目标是彻底破除"幻觉"。他关于罗雪尔与克尼斯的两篇经典论文意味着对确定的判断和价值判断的方法论的解构，也就是说，是对这样一种反对人类的历史事实的观点的解构："今天"就是"宗教上的工作日"；而科学，按尼采的说法，就是"科学的无神论"。出于对眼下的特殊状况的意识，也就是说"一千年来我们都因为所谓的对基督教伦理伟大激情的彻底臣服而目眩神迷"，在此之后，就产生了韦伯的"方法论"讨论。从这一观点出发的内在后果并不是现代科学和文化的问题，而是我们当下生活的整个方向。它完全不同于一种方法论反思的白忙活。"一个专门化时代中的所有文化科学研究，一旦它们通过提出特定的问题指向既定的材料，建立了它们的方法论原则，就会把加工材料看作目的的本身，而不是继续有意识地根据最终的价值观念来检查个别材料的认识价值，更没有始终意识到这种认识价值是植根于最终价值之中的。这并没有什么不好。但是在某一时刻，这种氛围变化了。被人无反思地运用的观点的意义变得不确定了、道路迷失在昏忙之中。伟大的文化问题的光芒又引领前去。"[12] 然后科学也准备好了去重新考察它的位置和概念。

韦伯在关于罗雪尔与克尼斯的论文中对已经失去地基的科学研究的最后标准进行了鞭辟入里的强调和祛魅。他将罗雪尔的著作中的巨

---

12 译文沿用《社会科学方法论》，第60页。——译者注

大矛盾归结为"概念和现实"之间的关系并不清晰，但这也意味着，进行着认识活动的人和我们当下世界中的现实之间的关系同样是不清晰的。罗雪尔对历史事件的分析依赖于一个并不清晰的"背景"，但罗雪尔对此一点儿都不想进行解释，尽管对他来说正是这个剩余的、未经解释的背景，建立了和整全之间的关联。罗雪尔有时将这一处处起作用的背景称为"生活的力量"，有时又称它是"上帝的思想"和"超越人类的决定"。他的逻辑论证中的"解放的"特征就是建立在这一未被规定的对天命的信仰上的，他也同样选择了论证对上帝的天命的直接呼唤。尽管他并没有像黑格尔那样从"理念"中推导出现实性，但他也没将对现实性的认识还原为某种可以从经验上进行论证的东西。他认为，即使是在科学生涯中，也应当用一个"更高的"神学动力去限制尘世中的自私自利，并且这样一个前提一直渗透到了"国民经济"的逻辑结构之中。因此罗雪尔的方法是一种并无连贯性的杂糅。他的方法是如此的自相矛盾，看上去就像是"科学上不受约束的"研究和"宗教立场"的统一。与其说罗雪尔是和黑格尔相对立的，不如说他是回到了一种半宗教的历史意义。

同样，韦伯也清楚地解释了克尼斯的自由概念史是建立在怎样的基本哲学基础上的，以及他在科学上的方法论会产生怎样的后果。和罗雪尔一样，克尼斯也撞上了一个"黑暗的背景"，也将所谓生活的力量作为历史事件的最后动力。他以一种实体性-形而上学的方式为个人和民族预先假定了"浪漫主义的精神"。克尼斯也深受黑格尔的历史形而上学的影响，并对它加以模仿，他只是为黑格尔的历史形而上学加了一层人类学-生物学的面纱而已。他也并不想用科学的无拘无束对"概念和现实"的关系加以清楚的说明。而他之所以没能"成功说清"，绝不是因为他缺乏逻辑上的犀利，而是因为，他的理论中同样残存着对现实性的形而上学想象。韦伯想指出的是，只要克尼斯没有彻底进行此岸的思考，他在科学上就是不清晰的。韦伯对罗雪尔和克尼斯的半形而上学半神学概念的彻底背弃，并不只是想要改变某一些个别的逻辑概念，而是想要彻底改变整个方法论思路和现实性的概念本身，因为现实性在此种方法论或彼种概念下，不可能有别的表述方式。随着彻底的此岸化和已经"客观上"失去意义的现实性，"解放的"概念也进入了一种理想类型的"结构"，并且，所有关于社会"图像"的"实体性"概念也都会消失[13]。理想类型的概念为科学概念和历史现实之间的划界服务，它应当去把握现实，但现实不会进入我们的概念之中，因为现实不会说出它自身。现实建立在这样对历史中的实际情况的洞见之上，即文化历史的所有所谓的"图像"都不是客观的、形而上学的精神，而是创造了文化的人类的活动，它并没有属于自己的"客观"意义。最后，我们必须说，理想类型的结构建立在以下情况之上：由技术科学所产生的现实自己就是一个事实上的抽象和结构。只有这样，韦伯才能在1917年的一封信中说，对他来说国家形式的技术就和任何一种别的机器一样，正因如此，如果独裁者不是像威廉二世那样的"业余的花花公子"，而是个有能力的政治家的话，他会反对议会而支持独裁。

韦伯的方法论基本概念和他的整个科学形式的结构-技术特征，或者人们也称之为"规范的"特征是对人和现实性之间明确的关系的连贯表达；并且韦伯也在任何一种严肃的情况下面临"选择立场"，但同时他的丰富经历也让他坚信，"只有针对具体的问题的最为具体的考察，并通过对'最后的'立场选择进行认真检验"，才能在具体的情况下搞清楚自己的意志究竟是什么，否则的话，空谈最后的立场只能

---

[13] 参见阿诺德·盖伦（Arnold Gehlen）的《人类学与社会学》（*Anthropologie und Sozialogie*），110ff.。

是"信口开河"。理想类型的"结构"从一种特殊的"无幻觉的"人出发——这种无幻觉的人进入一个变得客观上无意义且平庸的世界中,然后又不得不退回到自身——其目标是要建立关于对象的意义和意义间的联系,归根结底,是想要将现实性当作"自己的"现实性并和它建立关系,以及在实践上和神学上"打开"意义。"文化,"韦伯这样定义道,"是无意义的无限世界事件中从人类的观点来考虑具有意思和意义的有限部分。"[14] 这种从人类的立场出发的做法让我们想起了狄尔泰,因为他也说:"我们从世界中找不到生活的意义,但我们打开了在人和人的历史中创造意义的可能性。"这两句话都暗示了,宇宙和物理学的世界是没有逻辑的,因为自然的世界并不是人类理性的产物,相反,人类文化则是某种人创造的东西,因此它是一个只对我们来说具有意义的东西。由于这样一个假设,被维柯提升为历史科学的真理

---

14 如果对韦伯的方法论的讨论并不承诺价值范畴,而是更关注价值范畴的前提,也就是说,所有文化科学所赖以建立的那些判断和价值,它们的标准就在于某些对人来说有意义的东西,那么韦伯的论点就不仅在积极方面,而且在消极方面(前者指给出标准的价值理念的预设,后者则是对价值中立的科学的要求)都有完全不同的意义。韦伯早在《社会科学认识和社会政策认识中的"客观性"》(1904年)一文中,就对于他通过对"给出标准的价值理念"的反思,究竟是想要弄清楚的是哪些问题,做出了不容误解的清楚说明。价值理论的标准则是次要的东西,他将之描述为对"现代逻辑人的语言应用"的吸收,处理这些价值理念,和处理其他文化现象如宗教、金钱和卖淫等是不同的。它们都意味着某种东西,也就是说,对我们人而言具有某种意义,并且这些文化现象可以在不同的文化、不同的时代,对不同的人群具有截然不同的意义,这些意义则是由判断和价值所根据的不同标准和立场决定的。我们在看待事情时,都是带着某种特定的观点和价值的理念的,虽然我们自己往往意识不到这一点;我们没法把判断所根据的那些对意义的观点从事物中"客观地"排除出去。我们只有在"意义的基础上"才能设想一种文化过程的科学认识,才能设想它与我们有哪些确定的关系。"但是没有哪一种规律向我们揭明在什么意义上和在什么关系中情况是这样的,因为这是按照我们据以始终在个别情况下考察'文化'的价值观来决定的。"(译文沿用《社会科学方法论》,第31页。——译者注)因为文化是人创造的,并且具有人的能力和意志,以便有意识地在他的世界中确定自己的位置,同时为这个世界赋予或商定某种意义,此外,人的科学兴趣也只建立在世界中。世界是对我们而言的世界,也就是说,只有我们将自己定位在世界中,并据此对世界进行价值判断时,对我来说世界才存在(*Ges. Auf. Z. Wissenschaftslehre*, 180ff.).(译文沿用《社会科学方法论》,第31页。——译者注)

（verum）与创造（factum）的可兑换性原则，在之后的国家、教会、政党、协会和宗派中不再被视为具有更深的背景的某种实体——但这绝不是因为它们不是科学，而是因为这样一些观点是有偏见的，即它有某些超越性的前判断，而在我们所"被抛入"的世界中，人们不再认为这样一些前见具有合法性。比方说，一个典型的例子就是韦伯对"国家"的定义，他认为国家是一个政治性的"机关"，这个机关为贯彻自己的秩序的权力垄断进行合法性论证，它只有在"社会行为以某种特定的方式运转"的时机下存在，我们只能对它进行这样的理解（但这样的观点也足以理解它了），事实上，一种作为典范的特定的国家"现实"是它的前提，也就是说，它是我们被抛入其中的那个国家，它具有某种类似于"机关"或"企业"的形式，用黑格尔的话来说，是市民社会的"知性国家"，用马克思的话来说，是超越于个人之上的"抽象的普遍性"。

韦伯为社会图像的定义设定的最后一个前提是：只有建立在自身之上的单个的人才是真正的和现实的存在，于是，任何一种形式的被理性化过程祛魅了的"客观性"，都不再具有独立的和实体性的意义。如果说反过来，国家果真是一种共同的本质，人本身则首先是城邦或国家中的公民，而并非首先是对自己负责的私人，那么我们才有足够的理由接受国家自身也是一种实体性的东西，而不能被理解为依赖于"时机"的"存在"。在这里，韦伯所说的科学的"中立性"也表现为在超越性的前判断中不再具有偏见。对于客观的"发展"和"进步"的信念也属于广泛意义上的"超越性"，即也属于一种前判断，这种判断其实跨越了日常状态下平庸的、被祛魅的世界。"当对人的命运的宗教解释被排除出去，并且我们为它重新赋予了一种此岸的，因此也是客观的'意义'时"，这种观点才会出现。但根据韦伯的说法，这样一种需求是与此岸相矛盾的。在此岸的"光线"下是"现实性"和关于世界如何变得平庸的主线,这是世界使自己祛魅和平庸的合理化过程。

但为了能够在其严肃的面貌中看待"时代的命运",我们必须让自己从"宗教的日常状态"中成长起来,也就是说,我们必须接受我们的日常状态已经去宗教化了。把这句话翻译成尼采式的语言的话就是:韦伯在科学的地基上思考,就好像是"科学的无神论",并且他将无神论的地基当作今天唯一正当的思维方式。尼采将我们把对上帝和天启的信仰转移到自然和历史中的行为称为"最后的道德"。韦伯对无条件的智性的正当性的要求符合这一"最后的道德",虽然他并不想投身到和基督教的战斗当中。想要从韦伯对《旧约》中的灾难预言和新教伦理的好感中推断出,他就此倾心于某种"神秘的信仰"或者干脆是倾心于"人的宗教",这是十分荒谬的。他将自己描述为"对宗教没有任何感觉",并且他在1918年的一封信中写道,在与政治上的信念的关系中,他更倾向于一个更好的、社会性的未来,因此他并不抱有宗教信仰,而且在这意义上他能够过一种"毫无信仰的"生活。他也在写给福斯勒(Vossler)的信中反对祷告行为,虽然他承认,祷告经常是件合乎实际的事情——"但人们实在是祷告得太频繁了"。但更有分量的则是他在一个亲人自杀时说的话。"我们在面临生命的结束时都进行着深刻的内在运动。每当奥托(Otto)很久不露面时,我们都害怕再也见不到他了——并不是为了他而害怕,而是为了我们自己的责任而害怕。和古代许多自由而伟大的情感方式相反,我们现代的日常道德想要将尘世的生活和财产绑在一起,并且人们不允许自己放弃财产,即使财产的增加失去了任何精神意义,我一直认为,这样一种对生活一无所知的日常道德是错误的。"在韦伯的一个妹妹去世前几个星期韦伯写道:"我越来越坚信她的行为具有独特的合理性。而且:是美的。谁会愿意谈到责任?"他又补充道:"我们的军官就像中国和日本的军官那样,有那么多的等级:当生活审判他们时,他们没有写战争回忆录,没有得出某种结果,这种结果指向一种真正的人,而是离开这个高级的游戏。这两者给人的印象完全不同。"

韦伯对无条件的真理性的意志以这样一个洞见为条件:如果真理指的是基督教甚至希腊人意义上的神圣的真理,那么我们就没有生活在真理之中。对于柏拉图来说,真的东西也等同于善的东西和美的东西;对康德来说,美也同样是伦理上的善的一个标志。韦伯的说法与他们相反:"我们今天毕竟再一次明白了,有些事情,尽管不美但却神圣,而且正是因为它不美且只就它不美而言,才变得神圣。诸位在《以赛亚书》第53章和《诗篇》第22篇便可找到这样的例证。自从尼采以来我们便已知道,有些事情,不仅是它尽管不善而成为美的,并且只从它不善这方面看,它才是美的。在更早一些的波德莱尔以'恶之花'命名的诗集中[15],各位也可找到这种观点。有些事情虽不美、不神圣、不善,却可以为真,此乃一项常识。"[16]

但按照我们今天对待科学的方式,科学必须被当作技术文明的生活和进步的基础,可是这种意义上的科学既不是通向存在的真理的道路,也不是通向真正的艺术和自然的道路,即使我们找到了某种真实的东西,它也并不通向上帝或尘世的幸福,尽管它既不是神圣的,也不是善的或美的,因此我们必须问:科学对于个人的生活来说究竟有什么积极作用?显然,科学至少是对理性的行为以及控制环境和周围世界来说不可或缺的知识。更进一步说:它是一种方法论的思想,并

---

15 参见《以政治为业》,收录于《政治论文集》63和443。
16 译文沿用《学术与政治》,第39—40页。——译者注

且是一种推论的方法——这一点非常重要——它是从清晰性中推出清晰的结论,也就是说,科学可以让我们搞清楚,当我们接受科学和最后的状态时,就可以预测科学和事物的最后目的,我们必须根据经验利用那些帮助我们达到目的的手段。如果从道德上看手段是不合法的,在这种情况下人们就必须放弃他的目的——除非人们相信,一个伟大的目的可以弥补那些应受谴责的手段。但每个技术人员都会遇到的问题是,对他来说目的是从一开始就设定好了的。但韦伯所处理的是最后的问题,因此他所考虑的情况与技术人员有所不同,韦伯所谈论的是科学的最后成果和它的界限。但"基本的事物关系"也就是科学的具有界限的任务:对我们来说,最后的前提、相应的手段和设定目标后的可能的后果的基础,都显然在于人怎样"从自己出发"理解自己的生活,也就是说,它与"超验的东西"没有任何联系,人们必须自己选择和决定生活的各种可能的立场,比方说,人们是反对或者支持科学,相应的,人们是反对或者支持宗教。我们不可能绕过科学,因为它给我们的外部和内部生活都打上了深深的烙印。但如果我们还保留着一些原则性的疑问,我们也同样不能一路沿着科学的进步走下去。

韦伯在评论史蒂芬·乔治(Stefan George)的诗时论述了,我们几乎不可能绕过为现代世界打下烙印的科学,史蒂芬·乔治的诗激烈地拒斥所有当代的观点。他在1910年关于技术和文化的演讲的讨论发言中这样说道:"我相信,像史蒂芬·乔治所写的那一类诗句——最后的沉思的标准、技术带来的晕眩……如果这些诗句没有对现代大都市的印象的话,根据纯粹的艺术形式根本不可能克服这一堡垒,这个大都市使他的灵魂错乱,分裂,尽管他放任大都市的一切持续下去。"对于诗歌所诞生的那个社会条件(比方说,弥尔顿在19世纪的伦敦就没法创造出《失乐园》)的平庸的社会学洞察所表达的不只是某种软弱无力的攻击,韦伯在乔治的圈子里就感受到了这种攻击;它同时还把问题简化为,一种"有机的"科学根本不存在,而且也不可能存在。

科学在今天成为一种专业化的职业,这是我们的历史处境中的一个无法逃脱的部分,对韦伯来说,它的"决定性的事物关系"就是,我们生活在一个"对神陌生"的时代。韦伯在《神学作为科学》的结尾处对这一问题做出了论断。在基督教之外也存在神学和教义,但没有哪个宗教像西方的基督教那样发展出了如此体系化的神学,因为只有西方的基督教将希腊的思想接收过来,并将它改造成为教义服务的。基督教的神学是一个对宗教神圣的确信的理性化过程,因此,它也是一种带有某些非科学前提的科学,它将一种确定的、超自然的启示当作关于神圣的决定性事件,因此它必须为人所信仰。对神学来说,它的基本前提是在自身之外的科学。在任何一种"积极的"神学中都要求对"我相信,正因为它荒谬"(credo non quod sed quia absurdum est)的信仰。一个人必须经过某种跳跃,才能信仰。"牺牲理智"的能力是真正的宗教人士的决定性标志——韦伯将这种能力称为一种宗教上的"大师级成就"。这样一种牺牲以合理的方式为年轻人带去了启示和对教会的信仰。有些现代的理智有某种对"礼拜堂"的需求,并且为自己的灵魂造出了一个宗教的替代品,韦伯将这样一种行为斥为"骗局和自欺"[17]。也有可能它并不是骗局,只是年轻人对自己希望过一种非市民的、新的宗教共同体的生活的误解。韦伯同时思考了德国的

---

[17] 想要理解韦伯对宗教的替代品的反对,我们就必须回想一下,在第一次世界大战之后,宗教气氛一时间流行起来,人们阅读埃克哈特大师和《神圣的生活》(*Heiligenleben*)、里尔克的《爱上帝的历史》(*Geschichten vom lieben Gott*)、陀思妥耶夫斯基和克尔凯郭尔。

青年运动,青年运动需要某种"经历"。韦伯一直十分坚持地批评所有并未真正地感受到第一次世界大战之后年轻一代的急迫问题的人,并且,尽管当时存在慕尼黑政府,他还是随时准备好了支持激进的左派学生如恩斯特·托勒(Ernst Toller),并且和反动的学生团体做斗争,韦伯对1918/1919年发生在慕尼黑的文学革命没有丝毫同情。他坚信,世界正在被科学的理性化过程和官僚主义过程不断地祛魅,而所有在别的时代像熊熊燃烧的大火一样席卷吞噬一切的东西——首先就是犹太教的预言——在今天却只会在很小的范围内跳动并首先出现在各种教派中,它是统一的本质的社会学原型。韦伯在一个关于托尔斯泰的讨论发言中发展了这样一个论点:美国直到20世纪初都是最为宗教化的国家,因为它没有被国家承认的教会,但存在无数的教派。"美国人为了从属于宗教共同体所花的钱比我们多得多……你试试看找个愿意为任何一个教会共同体花钱的德国工人出来。正是因为在美国宗教采取的是教派的形式,所以在那里宗教是民众的事情,并且,因为这种教派形式是排他的,它就为其内部的和外部的依赖提供了优势,因此,在美国对宗教共同体的归属感十分普遍,而且各教派都有自己的据点,不像在德国的那种名义上的基督教,在德国,一部分有钱人把交给教会的钱都出了——而这本该是'宗教为人民做的事'——此外,德国人参加教会和宗教本身没多大关系,他不去脱离教会只是因为,脱离教会会带来一些在职业晋升和社会机会方面的阻碍。"这是韦伯在1910年说的话。在今天的联邦德国,情况也没有什么根本性的改变。但也有可能是年轻一代在我们的时代中被组织得那么好,以至他们不再能把握,当时的情况完全不同,并且人们应当进行祛魅;现在的科学技术越来越以它自己的方式促进幻觉和神秘化。

韦伯用这样一句话结束他的演讲："对于那些无法像一个真正的人那样，接受这一时代命运的人，我们应当告诉他，他最好还是静静地回到旧教堂敞开的慈悲宽厚的怀抱之中，他无需按照惯例，公开承认自己曾经叛教，只要平和简单地进去即可。教堂是不会难为他的。"[18] 但对那些期待着新的启示的人来说，则单纯地要求确定理智的合法性，今天我们所面临的情况和耶萨亚-奥拉克（Jesaia-Orakel）（21）在流亡时期创作的《守卫者之歌》（*Wächterlied*）中完全一样："守卫者呀，夜还有多长？"守卫者回答说，"明天快要来了，但明天还是黑夜；如果你们想要问，答案还是一样！"但这样坚持等到明天来临并不是韦伯的最后陈词。因为期望和等待并没有什么成果，所以还是"对日子的要求"更为合适。但人们也很容易"每个人都发现了那个魔鬼，他提着你的生命线，叫你只好屈从他"。

我想，其实很明显，并不是我们"每个"人都能发现魔鬼，甚至我们当中根本就没有谁看到了韦伯所感觉到的那个魔鬼，因为只有非凡的人才会发现他，这样的人也往往对我们具有重大意义。

韦伯的论述一贯带有近乎煽动性的明晰性[19]，他的立场在《以学术为业》中尤其得到了集中的表达，这个演讲让他的同时代人再也没法冷静下去了，他们都深受刺激并且对他进行了强烈的攻击。时隔50年，我们今天再去看当时针对韦伯的攻击的话，就会发现它们都是一些对"我们的时代的命运"的虚弱无力的反动，韦伯将下列现象视为我们的时代的命运，并且在保留了一些"尽管"的情况下承认了这个命运：所

18　译文沿用《学术与政治》，第49页。——译者注

19　参见 H. 吕柏（H. Lübbe）的《理论的自由——马克斯·韦伯论以学术为业》（*Die Freiheit der Theorie. Max Weber über Wissenschaft als Beruf*），载于《法哲学和社会哲学文献》（*Archiv für Rechts-und Sozialphilosophie*），1962年。

三 马克斯·韦伯的科学观

有的生活关系都在不断地被理性化，韦伯当时相信，我们有可能将亲密的和私人的关系从这种普遍公开的理性化过程中拉出来。他不带任何幻觉地承受了历史的状况。他在乔治的圈子里所感受到的那些敌对［当然这些敌对并不是来自乔治本人和贡多夫（Gundolf）的，韦伯对后者一直保持最高的敬意］则被证明是一种出于幻觉的过分要求，它以为"诗人"可以将时代的力量和紧迫变成一个"新的王国"。于是，在1933年时乔治的追随者们和第三帝国纠缠不清也就一点也不奇怪。乔治派的年轻人在通信中把自己称为"国家"，人们将它称为"秘密的德国"，他们的无冕之王是史蒂芬·乔治；而韦伯显然被当作圈外的人，这个秘密的国家是一个教派，它具有教派的一切本质和非本质的特征，我们可以将它和鲁道夫·施坦纳（Rudolf Steiner）的小团体以及当时的其他小先知们做比较。马克斯·韦伯对这些小团体有相当外在的承认，因为这些秘密的宗派精神是"时代力量"的代表[20]，但韦伯正是要和这些力量做斗争。另一个同样独立的观察者马克斯·舍勒在1922年的一篇关于韦伯的演讲的论文中说，韦伯的演讲是极具意义的"人道主义的文献"，因此他十分尊敬韦伯，并称它为"震动整个时代的文献"，"可惜这个时代就是我们的时代"，但他认为，人们依然可以通过一种"拯救的知识"为科学的进步设立界限[21]。另有一些同时代人如恩斯特·特罗尔奇（Ernst Troeltsch）则支持韦伯的演讲而反对对他的攻击[22]，但他也认为韦伯的演讲是"令人惊恐的东西"，并且认为他的政治立场是一种"绝望的解决"。F. 迈内克（F. Meinekke）虽然承认韦伯的学说在年

20　参见弗里德里希·沃尔特（Friedrich Wolter）的《史蒂芬·乔治》，1930年，430ff.，《诗人和时代力量》（*Der Dichter und die Zeitmächte*）。

21　《关于社会学和世界观学说的论文集》（*Schriften zur Soziologie und Weltanschauungslehre*），I. 1，1923年。

22　《恩斯特·特罗尔奇全集》第四卷，672f. 和第三卷，160f.。

轻一代中独树一帜,足以被称为"毫无保留的天才",但他也害怕韦伯身上所散发出来的"冰冷的风",雅斯贝斯则用哲学的方式将韦伯对幻觉的瓦解模糊为一种"真正的失败"。他们中没有一个像韦伯那样具有洞察现代生活的现实状态的"博学而无情的眼光",也没有从现代生活中内在地成长起来的能力。

第二部分

四
L. 费尔巴哈与德国古典哲学的终结

1928 年

恩格斯那篇短小但内容丰富的文章有一个别具特色的标题。"古典哲学"的"终结"、费尔巴哈对黑格尔的体系的挑战，对恩格斯来说是某种积极的东西，它在黑格尔和马克思之间起了承接作用，他认为马克思的《资本论》是对黑格尔的遗产的创造性继承。马克思和恩格斯认为费尔巴哈提出的"感性直观"——相对于"抽象的思想"——是正确的，"但他并没有把感性直观理解成活生生的人类实践活动"，而且费尔巴哈不认为他着力分析的"抽象的个人"其实属于某种特定的社会形式，也就是说，属于"市民社会"。此外，费尔巴哈也像其他哲学家一样，只是"解释"世界，而没有"改变"世界，但改变世界才是问题的关键。恩格斯的文章结尾处是这样说的："德国人的理论兴趣，现在只是在工人阶级中还没有衰退，继续存在着。在这里，它是根除不了的。在这里，没有对地位、利益的任何顾虑，没有乞求上司庇护的念头。反之，科学越是毫无顾忌和大公无私，它就越符合工人的利益和愿望。在劳动发展史中找到了理解全部社会史的锁钥的新派别，一开始就主要是面向工人阶级的，并且得到了工人阶级的同情，这种同情，在官方科学那里是既寻找不到也期望不到的。德国的工人运动是德国古典哲学的继承者。"[1] 这样一种对哲学史自古典哲学以后的发展的否定性判断也可以在斯宾格勒那里看到，他认为，我们根本无法在官方的当代哲学史术语中找到关于真正现实的东西以及相应的关于当代的哲学思考，这些思考只能通过叔本华、尼采、斯特林堡、魏宁格等哲学文学家之笔表现出来。但对像舍勒等被学术界公认的哲学家来说，所谓的"古典"理论以及古典哲学所持的观点也是不可信的，显然，舍勒的做法是以精神分析的阐释为中介重新审视人类精神的历史。舍勒站在马克思一边批评黑格尔，他认为，如果在黑格尔"理念"背后没有某种本身非精神但又原始的本能生活为它提供兴趣与热情，亦即提供力量的话，那么"理念"在世界历史中就根本不值一提。此外，舍勒也认为，如果精神在现实性中只能"阻碍"和"破除阻碍"，那么认为它能够展开一种原始的自我实现的观点，从社会学的角度看来就只是一种"市民社会的意识形态"。

但是，想要找到恩格斯所说的"古典哲学的终结"的确切含义，不必在当代哲学中跋涉得如此之远，因为"终结"对于 R. 海姆（R. Haym）和之后的狄尔泰（Wilhelm Dilthey）来说就已经是不容否定的事实，我们显然不能指责他们缺乏对精神历史传统的意识——虽然他们二人基本上都是以实证-现实的方式思考人类及其历史这一问题的。

海姆在他 1857 年的作品《黑格尔和他的时代》（*Hegel et son temps*）的导言中写道："那时全部学术都从黑格尔的智慧的丰盛餐桌上得到滋养；那时一切学科都为哲学学科服役，目的不外是想从绝对者领域的最高监督以及著名的辩证法的无所不通的威力那里给自己弄到一些东西；那时任何一个人，如果他不是黑格尔的信徒，他就必定是

---

[1] 译文沿用《马克思恩格斯全集》，第二十一卷，第353页。——译者注

四 L. 费尔巴哈与德国古典哲学的终结

一个野蛮人、一个愚人、一个落后的和可鄙的经验主义者;那时人们都认为,国家本身之所以在很大程度上感到安全和巩固,正是由于黑格尔老人已经论证了它的必然与合理……我们必须回想那个时代,才能理解一种哲学体系的统治和盛行究竟意味着什么。我们必须回忆起,1830年的黑格尔主义者带着怎样的热情和说服力,如何彻底而严肃地考虑下述问题:根据黑格尔的哲学,世界精神是如何贯彻它的目标和它对自身的认识的;根据黑格尔的论述,世界精神在遥远的未来会演变出怎样的内容。"[2] 海姆承认黑格尔的哲学是此前一切哲学的终点——他说,事实上黑格尔的哲学拥有这一代表性的意义,并且它就是迄今为止的哲学的历史,就是哲学本身。想要驳斥这样一座大厦,仅仅通过几个论断是做不到的,只有通过一个相互关联的整体,才能驳斥它,但这不是说我们要引入一个新的"体系"。事实上黑格尔的哲学已经被历史驳斥了,尤其是他的法哲学;历史不仅证明了法哲学本身,而且证明了黑格尔的整个哲学都是具有时代条件的,并且会随着时间的推移而失效。但黑格尔哲学的历史性式微同时又是哲学本身普遍衰落的症状。某一家商铺衰败了,只因整个行业都不景气。海姆如此描述这一骤变的转折点:"整个精神和对精神的信仰都在沉没,我们就身处这艘沉船之上。"我们必须更清楚地看透,黑格尔的古典哲学最弱的地方也正是它看上去最强有力的地方,那就是"现实性和概念性的双重文化",

---

2 一个激动人心的例子当然是它直接导致了费尔巴哈的《基督教的本质》。恩格斯说:"魔法被解除了;'体系'被炸开了,而且被抛在一旁,矛盾既然仅仅是存在于想象之中,也就解决了。——这部书的解放作用,只有亲身体验过的人才能想象得到。那时大家都很兴奋:我们一时都成为费尔巴哈派了。甚至这部书的缺点也加强了它的一时的影响。文学家式的、有时甚至是夸张的笔调赢得了广大的读者,无论如何,在抽象而晦解的黑格尔主义的长期统治以后,使人们的耳目为之一新。对于爱的过度崇拜也是这样。这种崇拜,虽然不能加以辩护,但是情有可原,因为它是反对已经变得不能容忍的'纯粹思维'的专制的。"(译文沿用《马克思恩格斯全集》,第二十一卷,第313—314页。——译者注)

这一概念导致令人印象深刻的双重意义贯穿着黑格尔的整个体系。

在海姆之后，历史科学化身为哲学-历史人本学承担了这个任务：接过黑格尔的遗产。海姆感受到了这一任务的紧迫性，其实这也是狄尔泰的理论意图。狄尔泰认为，古典哲学之慢慢走向终结，发生在文学与艺术转型的背景之下，这一时代具有以下特点："对我来说，身上依然留有七月革命影响的那一代人，首先远离了古典主义和浪漫主义……在1848年，人们已经能明显地听到队伍不断迈近的声音：它将完全按照精神生活中此岸的和世俗的原则改造欧洲的社会。古老的欧洲的土地正在震动。15世纪以来所建立起来的生活观……瓦解了。在破晓的巨大轮廓中，一些全新的东西正升上地平线。对欧洲的这种状况的感觉，催生了一种新的文学和艺术，它本身就是对这种改变了生活氛围的破坏性力量的证明。这种文学首次表达了这样一种感觉：社会的生活秩序已经老态龙钟了，陈腐衰败了，难以为继了。在巴黎，与社会主义比邻而居的是新的文学。作家们描述着，通过描述瓦解着……但人们也只有在真正地和彻底地居于事实中间，才能解决事实中的问题。因此新的诗和艺术就是第二种自然主义。他们想要按现实本身的样子观察它，分析它……他们想要将我们当今的人性的、社会性的生活……我们每个人通过自己的生活和自己的灵魂所经历的东西，都置于解剖刀下。因此与其说他们有行动力，不如说他们更具有心理学上的深度。他们想要了解现代生活。而在巴黎占统治地位的还有巴尔扎克、丹纳和左拉：最为强势的文学方向首先是心理学的，也就是说，它想要明明白白地看到人性中那些兽性的和可怕的东西，即不可抗拒的本能，而理智只是在为本能照亮道路而已。"（《狄尔泰全集》，第六卷，GeS. Schr. VI, S. 242ff.）

19世纪哲学的发展不再承认此前的哲学基础在当下语境下的合法

四 L. 费尔巴哈与德国古典哲学的终结

性——尤其是费尔巴哈、叔本华、C. G. 卡鲁斯、E. V. 哈特曼，以及最具说服力的尼采。他们的哲学或多或少依然是一种哲学，亦即对无意识的意识，他们的倾向都是（除了哈特曼这一例外）通过鲜明地反对黑格尔的"自我意识"以及反对笛卡尔的"我思故我在"而坚定起来的。其中尤以费尔巴哈对黑格尔的态度格外明确地标识出哲学史中的这一骤变。根据费尔巴哈的说法，黑格尔的哲学是"对新哲学的总结"。随着新哲学（也就是费尔巴哈在他的《未来哲学原理》中所系统性地开创的哲学）的历史必要性和对它的辩护而产生的就是对黑格尔的批判。费尔巴哈是在古典哲学的终结处对它做出了总结，他与黑格尔的关系同黑格尔与谢林或者费希特与康德的关系并无可比性。康德、费希特、谢林和黑格尔之间固然有其内在的区别，但本质上是建立在同一片地基上的。他们都通过同样的手段追求同样的目的，并且一个体系是从另一个人的体系中发展出来的，他们四人均属于一个不曾断裂的传统。相反，费尔巴哈则开启了一种非传统的哲学思考的时代，这种非传统的哲学思考——以过去的角度看——固然是在概念上和方法上都堕入了更原始的状态；但从当代的角度看，是一种创造性的尝试，它试图根据新一代人事实上已经改变了的生存状态和意识改造哲学所思考的问题。19 世纪的非古典哲学并不根据某种连续不断的计划建立体系；它的抱负——在它最具建设性的代表人物那里——完全就不再想方设法地超越现实的生活经验和人类的理解，它更多的是重新回到某种人性的——太人性的东西——以及对它的认识之上，因为它根本就缺乏对于被把握的思想的过度热情，也不相信所谓"纯思"或"绝对意识"有任何可能性。费尔巴哈是第一个有意识地尝试摆脱并反对黑格尔的人，而这也同样意味着反对德国唯心主义，进行一种完全不同的哲学思考。费尔巴哈把他所开启的运动称为"唯物主义"（它更多的是相对于"唯心主义"而不是相对于"唯灵论"),这一运动的必要性是从黑格尔的遗产中引出的。因为没有人比黑格尔更了解,沿着它的体系达到了一个开端的终点,在终点处精神的形式也就步入了它的"老年",从而只能生活在对它的过去之本质的"回忆"中。

"黑格尔,"费尔巴哈说,"不是德国式或基督教式的亚里士多德——他是德国的普罗克洛。根据黑格尔自己的明确界定,绝对哲学也不是……古老的异教哲学,而是亚历山大里亚的哲学。"

因此费尔巴哈的哲学是德国"古典哲学"那不可挽回的终结后的新开端,但它未必意味着整个哲学的终结。他作为一个自由的哲学写作者,尝试着把哲学建立在一个依然可信又可疑的基础上,即建立在人本学之上——这种重建毁灭了很多东西,也取消了很多东西,但它完全不再是旧的意义上的"建构"了,因为对费尔巴哈的时代来说,对结构的热情早已消退。

黑格尔自己,尤其是他的"扬弃"的方法,究竟在多大程度上既是保守的又是革命性的呢?这两者又是如何在历史中实现自身的呢?正统的黑格尔派和所谓的青年黑格尔派都讨论了这一问题,为此他们首先处理了恩格斯的学说。马克思主义者都听说过黑格尔"头足倒立"这一说法,而且大名鼎鼎的 D. 施特劳斯、B. 鲍威尔、M. 施蒂纳和 L. 费尔巴哈都想把他"重新颠倒过来"。与神学家施蒂纳相对应的,就连克尔凯郭尔都可算是黑格尔左翼的边缘成员。

但精神的历史不是某种凭空悬浮着的东西的历史,而是某一代思考着的人类的历史,因此我接下来要稍微引用一下费尔巴哈的学生和对手们的传记[3]中的一些段落。

---

3 以下引文出自《L. 费尔巴哈的通信及遗物》(*L. Feuerbach in seinem Brifwechsel und Nachlaß*), K. 格林(K. Grün)出版,莱比锡和海德堡,1874 年。

四　L. 费尔巴哈与德国古典哲学的终结

就像德国唯心主义的大部分哲学家一样，费尔巴哈也是从学习新教神学开始的，他于1823—1824年师从陶博（Taub）和保罗（Paulus）。费尔巴哈私底下非常蔑视地说保罗是"一堆垃圾"，"一片由诡辩编出的布，上面还沾满了乱用的洞察力组成的浓痰；一个宗教法庭，法庭上用一根西班牙鞭子从别人口中拷问供词；一块响板，不停地敲打着手无寸铁的言辞，直到句子都被打碎，招供出自己其实是毫无意义的；一家小酒馆，他在其中灌了一肚子酒直到步履蹒跚，烂醉如泥，然后就用似是而非的方式处理问题"。很快，费尔巴哈就被保罗赶走了，于是他又去了柏林，跟随施莱尔马赫以及马海恩克（Marheineke）、施特劳斯和纳安德（Neander）学习。从那时起他所谈论的就都是关于柏林的事情，而对哲学只是附带着提到一下："哲学的状况在柏林真的与这里不同。非但我自己全心全意地想要进行哲学研究，就连政府都规定学生必须去哲学系听课，既然这事非做不可，那么最好就真去学点儿什么，而不是仅仅听几堂所谓的哲学课，把时间浪费在听一个空无内容的虚名上。"但他到达柏林后的第一封信中说："我已经决定，把这一学期主要花在学习哲学上，在这些课程中尽可能多地掌握所规定的内容。我在黑格尔那里听逻辑学、形而上学和宗教哲学的课程……我很高兴，终于听到黑格尔的课了，虽然我倒是无意于成为一个黑格尔主义者。"然后，费尔巴哈就彻底转向哲学了，他试着说服他的父亲，哲学完全不像他以为的那样，是一种抽象而"空洞"的东西。尽管费尔巴哈自己后来也认同了他父亲写给他的信中关于黑格尔的评论，但当时他很不愿意赞同。费尔巴哈的父亲写道："那些用'如果''因为'和'所以'等词把他们的想法串起来的人，相比于那些研究（客观的）科学、研究关于科学的科学的人来说，要么是个诡辩派，要么就是充满了偏见并沉浸在自欺欺人之中；而且，如果想要在严格的训练中锻炼自己的精神并以此让自己学习其他(真正的)科学,那么他就最好,而且极有必要反思性地仔细研究一下那些由杰出的思想家所提供的一以贯之的思想体系;反之,如果他只是想从自己的那些研究成果中求取普遍有效的真理所带来的物质利益,那么他只能算是个愚蠢的人——我对你说这些,却不能使你发自内心的地赞同父亲,因为在你看来,我只是囿于自己的精神局限而不希望你学习哲学。"费尔巴哈凭借尚显稚嫩的《同一、普遍和无限的概念》(*De Ratione una, universali, infinita*)一文获得了博士学位,他为这篇文附上了长长的说明并把它寄给了黑格尔。我们必须对费尔巴哈之后的思想有所了解,才能读出这封信中所保留和暗示的意味,这样我们才能看出,早在写这封信的时候费尔巴哈就已经在哪些方面远离了他的老师黑格尔了。费尔巴哈在他的创作高峰期,也就是1840年他35岁时,这样描述自己对黑格尔的态度:"我们的精神先驱者中,没有哪个像黑格尔那样对我影响深远,与我关系紧密,因为我认识他本人,我曾做了两年他的听众,并且是一个专心致志的、不可分离的、深受他鼓舞的听众。初到柏林时,我非常迷茫和矛盾,根本不知道自己想要什么,该做什么;但在听了他不到半年的课之后,我的头脑和心灵就走上正轨了;我知道了自己该做的和想要的是什么了:不是神学,而是哲学!不是瞎摸和游荡,而是学习!不是盲信,而是思考!他让我走向了对自己和对世界的清醒认识……他是那个让我体会到,什么才是真正的教师的人;要不是他,我无法从'教师'这个空洞的词语中找到意义,是他让我衷心地感激教导之恩……黑格尔永远是我的老师,我永远是他的学生,我绝不会否认,我如今更加怀着感激和愉快承认:我们所经历的一切,即使从我们的意识中消退了,也绝不会从我们的本质中消失。但是,让年轻人直到进了大学才建立起他的人性的本质,这岂不是一个巨大的错误?人的出生要

四 L. 费尔巴哈与德国古典哲学的终结

比他的大学生活来得早啊,一个人,首先是人类的一员,其次才是大学的一员……除了大学教授之外,难道就没有别的教育大师、别的塑造人格的力量了吗?难道我们是从进了大学起才开始阐明我们的思想和建立学习的标准吗?……对于黑格尔哲学,我不仅学习过,而且自己也教授过,但这一切都不只是出于毫无自觉和顺理成章,因为只有当头脑和心灵中充满了某些思想,我们才能将它表达出来;因此我的学与教,还出于一个年轻的哲学讲师的信念:我们教导给求学的人的,并不是教师自己的观点和想法,而是教师认可的历史上哲学家的思想。我是把自己当作一个历史学者那样教授黑格尔的哲学的,所谓'历史学者'首先意味着要认同自己所研究的对象,或者说和自己的研究对象达到同一,因为历史学者并不知道除了研究对象外的别的或更好的东西;其次又意味着要和自己的对象区别和分离开,带着历史的公正性去评判对象,但这种评判是为了更准确地把握对象。作为一个不断成长的作者,我从根本上是站在思辨哲学的立场上进行我的思考,而黑格尔的哲学正是思辨哲学的最终的、概括性的表达……但我心中一直潜伏着一个'反黑格尔';由于这种反抗一开始还并不完善,所以我曾对它缄默。但我的立场始终都不是纯粹逻辑的或形而上学的,更多的是心理学的。我自始至终十分关注的对象,当然也是我的博士论文所处理的问题,是理性与人的关系、普遍与个别的关系、思想与个体的关系、精神与爱的关系……人与人的联系、我与你的统一。"费尔巴哈在1860年写给他的朋友博林的信中最为清楚地总结了他对黑格尔的态度:"我的命运和遭遇,与最近出头露面的哲学家如此不同,不过是由于我不甘心做一个蹩脚的、勉强够格的哲学家,而敢于把自身置于那些众所周知的精神英雄之行列罢了。他对另一个我的干扰多么少呀?至于我个人并不抱怨,也无反对,没有其他分神的事情来破坏这种恬静的同一。人们说，有另一个我，那么他们也只能偶然地或者通过间接论证的方式来让人知道罢了。另一个我，男人、女人，身体是由国家所承认和供给的，思想家的我用不着去思考这另一个我。思想家的我作为教授，站在被宫廷和大学的木匠打磨得精光、把人间的悲愤和不平洗刷得尽净的讲坛之上，扮演着绝对精神的角色。黑格尔把这一角色扮演得最为淋漓尽致了，他就是理念的化身，是一个德国教授的楷模、一个哲学学者的典范。绝对精神不是别的，就是绝对教授。他把哲学当作职业，在教授职位中寻找到自己的最大的幸福和最高使命，把讲坛上的立脚点，当作世界和宇宙的立脚点，当作规定着一切的立脚点。我的命运却完全不同，我无福得到国家政府的支持，不能在别人的资助下去思考必然性、思考思想家的我之外的另一个我的规定存在。命运没使我登上绝对哲学的讲坛，相反地，把我放逐到连一座教堂都没有的、可怕的、多事的小村子里达 24 年之久，地位卑下，孤独寂寞，默默无闻，然而幸运的是，我也因此享受了寂静和自由。我在柏林做了两年大学生，却在乡村做了 24 年的编外讲师！"[4] 最终，就像一直以来的那样，费尔巴哈在用自己的话描述他与黑格尔的关系时，他所肯定的不是关于清晰的知性的洞见，而是关于阴暗的本能的洞见。"是本能把我引向黑格尔，也是本能把我从黑格尔那里解放出来。"费尔巴哈的传记中也同样这样评价他与黑格尔的关系的最初历史。

费尔巴哈在以下文章中阐明了他对黑格尔的真实看法：《黑格尔哲学批判》（1839 年）、《未来哲学原理》（1843 年）、《所谓同一哲学的唯灵主义倾向，或者对黑格尔的心理学批判》（*Der Spritualismus der sog. Identitätsphilosophie der Kritik der Hegelschen Psychologie*），这篇

---

4 译文沿用《黑格尔通信百封》，苗力田译，上海人民出版社，1985 年，第 297—298 页。——译者注

文章和《对唯心主义的批判》(*Kritik des Idealismus*)一样,都讨论了肉体和灵魂的关系。

费尔巴哈的主要思想如下:当时哲学处于对必要的"对自己失望"的研究中。哲学所置身的这种失望是由于知道自身但不满足于自身的思想的失望,也就是说,精神能够从自身中建立起自身;相反,"自然"——人类的外部和内部自然——却只有通过精神才能把自己设定为自然。唯心主义或者说唯灵论的人类学动机是思想本身那种孤立的存在和劳作方式。尽管黑格尔扬弃了所有的对象,他却仍然是一个极端的唯心主义者,他的"绝对同一"其实只是某种"绝对片面",也就是说,他一直都是站在知道自身的精神那一边的。费尔巴哈认为,"唯心主义"的基本特征有两条:1.唯心主义并不把人类的感性自然当作他存在的另一面加以研究,因为它片面地理解人类精神的本质;2.唯心主义只知道自我意识着的"我",而没有看到"你",没有看到主体间性原则。唯心主义的开端是"我是"周遭的一切和环境,而非"我思考"它们,也就是说,它把世界仅仅当作单纯的"他者"。把它的"共处""周围"和"所向"当作自己本身,当成一个"古老的自我",它所关注的终点却只是"自我",而忽略了"古老"。于是,黑格尔就把我自己之外的"他者"直接等同于我"自己的"对象性[5];并且想要回到自然的确定性与精神的确定性这一存在论区别之后,也就是说,他想要在"绝对"理念中——通过绝对理念这一概念,事实上黑格尔就把人类抽象地解释为一种之具有精神性的片面的主体性——达到存在论上的"无区别",因此他既误解了(人类的内部与外部)自然的特殊独立性,也误解了主体间性。这说明,他是在某种特殊的,也就是说自我-意识立

---

[5] 参见《逻辑学》,第二卷,第484页,迈尔版。

场的条件下进行哲学思考的。他忽略了哲学那些不那么哲学的开端或原理。黑格尔哲学所面临的指责，就与从笛卡尔起的这个新哲学所面临的一样：指责他们切断了与感性直观——也就是经验的意识和与之相应的自然联系——之间的联系，他们都忽略了哲学直接的前提条件。在科学的本性中，本来就存在着这样一个不可避免的断裂，但恰好是哲学把它揭示出来了，于是哲学自身就由此从非哲学的思维中脱颖而出。"哲学家必须在哲学文献中重拾那些不哲学的东西、反对哲学和抽象思想的东西，捡起那些在黑格尔的阐释中[6]受到轻视的东西。"对费尔巴哈来说，对精神的我如何扎根这一问题——或者肯定的说法是"感性地给出你"的问题——的解答，与传统精神哲学的路径反其道而行，传统哲学的做法是从关于自我的哲学出发，从精神性的自我、从"我思"出发。

　　费尔巴哈认为，唯心主义轻视感性，认为它只是"单纯的自然性"的历史动机在于，它其实发端于基督教神学。他说："新的哲学源于神学——它无非是溶解和转化为哲学的神学。""新哲学的矛盾就在于……它是站在神学的立场上否定神学的，或者说，它否定神学，但它本身就是神学：这种矛盾在黑格尔那里表现得特别明显。""谁不放弃黑格尔的哲学，就无法放弃神学。黑格尔那条现实为理念所规定的学说，只不过是关于自然由上帝所创造的神学学说的理性化表达。"另一方面，"黑格尔哲学是神学的最后一个避难所，是用理性的方式维护神学"。"就像很长时间以来，天主教神学为了对抗新教而在事实上变成了亚里士多德主义一样，现在新教神学也为了对抗无神论而在法理上变成了黑格尔主义。""因此我们在黑格尔哲学的最高原则中找到

---

[6] 试比较克尔凯郭尔对黑格尔的论战，W. 7, S. 30ff.。

四　L. 费尔巴哈与德国古典哲学的终结

了他的宗教哲学的原则和结果，他的哲学并没有放弃神学的教条，相反，它通过理性主义的否定又重建了这些教条……黑格尔哲学是通过哲学重建失落和远去的基督教的最后一次伟大尝试，并且在新时代中，对基督教的否定甚至因此而与基督本身达成同一。黑格尔所大加赞扬的精神与物质、无限与有限、神的东西与人的东西之间的思辨同一，其实无非是新时代自身的不幸矛盾——新时代的思想必须在它的最高峰，即形而上学的高峰上把信仰和不信仰、神学和哲学、宗教和无神论、基督教和异教统一起来。只有通过这种同一，黑格尔才能弱化时代的矛盾，才能把对上帝的否定和无神论转化为对上帝的客观上的肯定——才能把上帝作为一个过程加以肯定，把无神论作为这一过程中的一个环节加以肯定。"

对于费尔巴哈来说，宗教与哲学中无限的东西一直无非是某种有限的、肯定的东西，它们被去神秘化了，也就是说，是一种已然承认没有什么有限的和肯定的东西这一假设之后的有限性和肯定性。费尔巴哈认为，思辨哲学自己要为这一错误负责，也就是说，对现实性和有限性的规定只能通过对规定性的否定，才能成为对无限性的规定和界说无限性的宾词。那种从无限中引出有限、从无规定中引出规定的哲学（比方说黑格尔的哲学）无法达到真正的有限的和有规定性的东西。"从无限中引出有限，这就是说，规定的东西会得到规定，无限的东西会进行否定，这就保证了无限的东西如果没有规定，就意味着没有了有限性，无限就什么也不是——它无非就是，无限的东西的实现设定了有限的东西。但绝对的这种否定的非本质性就决定了，被设定起来的有限性会一再被放弃。有限的东西就是对无限的东西的否定，而无限的东西也是对有限的东西的否定。关于绝对的哲学就是这样一种矛盾。"

真正的哲学的开端不是上帝,不是绝对,不是作为界说绝对或理念的宾词的存在——费尔巴哈认为,真正积极的哲学的开端是(在"绝对"哲学的意义上)"有限的东西"、有规定性的东西,是现实。"全新的与积极的哲学是对所有学院哲学的否定,无论它们内部是否包含真实的东西……它们都没有什么'密语',没有特殊的语言,没有特殊的概念,也没有特殊的(虽然也是新的)原则;它就是思想着的人本身——是存在着的并且知道自身的人本身。"感性的原则始终与新的概念一起出现,也就是说,它将某个术语从较低的、被冷落的地位提升到尊贵的地位——把它变为最高的概念。费尔巴哈说,当人们把新哲学的概念,即"人类"这个词翻译为"自我意识"时,那么我们也就是把新哲学降低到与旧哲学并列了,把它拉回到旧哲学的立场上去了,因为旧哲学中的自我意识概念是一个没有现实性的抽象。"人就是自我意识。""所有的思辨都是排除了人的因素而讨论法、意志、自由、人格;但若排出了人,任何一种思辨都不再具有统一性、必然性、实体、根据和现实性。人才是自由的实存、人格的实存和法的实存。只有人才是费希特的'我'的根据和地基,莱布尼茨的单子、根据和地基,绝对的根据和地基。"

"'人'这个名称意味着人的需要、感觉和感性的总和——他是作为个体的人,因此与它的精神不同,他包含了普遍性的质;他还和比如艺术家、思想者、法官、作家之类不同,因为成为一个思想家、艺术家、法官等并非人的一个固有的、本质的属性——就好像人的艺术、科学等东西终究不是人自身了。"思辨哲学把人与人之间的这种本质的区分以理论的形式固定下来了,并且把人的抽象的质强烈地绝对化了。例如黑格尔在《法哲学原理》§190 中就说:"在法中对象是人(Person),从道德的观点说是主体,在家庭中是家庭成员,在一般市民社会中是

四　L. 费尔巴哈与德国古典哲学的终结

市民［即 Bourgeois（有产者）］，而这里，从需要的观点说是具体的观念，即所谓人（Mensch）。因此，这里初次、并且也只有在这里是从这一涵义来谈人的。"[7]"在这个意义上"，费尔巴哈重复说，在黑格尔论及市民、主体、家庭成员、人格时，处理的也是"人"自身，只是在"另一个意义上"，在人的另一种质上谈论这些。

因此当费尔巴哈把哲学的一个真正的原则"思想着的人"描述为"存在着的和知道自身的人"时，其实从另一方面说，他是在抗议把他的哲学的标志概念"人"重新塑造为古典哲学的基本形式"自我意识"——这是因为，这种"对人的区分"是一种不具有现实性的抽象，因此，我们就必须弄清楚，费尔巴哈的哲学是站在人本学的立场上的，黑格尔的哲学则是站在哲学的立场上的，这两者有着根本性的区别。我们要试着搞清楚，唯心主义的"自我意识"和人本学的自我意识，从人本学的意义上看，究竟有怎样的区别。"自我意识"同时也是哲学和哲学性的思考本身的一个基本概念，我想在对这一概念的下述区别的描述中，把论述限定在它的形式化的基本元素中：1.它是我的自我，也就是说自我意识作为我-本身的存在，以及，2.意识，也就是指自我意识作为知道，它是与自我意识的具体化无关的，比方说，和"自我相信""自我肯定""自我关注""自我认识""自我理解"以及它们各自的衰败形式无关。同时他也没有论及"自我"与"意识"之间的系统联系——这是一种内部的联系，一位反黑格尔主义者、一位真正存在主义的"唯心主义者"克尔凯郭尔十分简短而犀利地阐明了这种联系："归根到底，意识，也就是说（！）自我意识在与自我的关系中是起决定性作用的东西。越是意识，就越是自我。"（W.8, S.26）自我

7　译文沿用《法哲学原理》，第 241 页。——译者注

意识概念中的这种意识和自我的区分也必须同时说明对哲学本身的把握中的区别，因为哲学思考中的反思无非是对一种极端的自我-意识的表达。意识是关于对象性、关于世界的思考着的人，但它也因为对对象与世界的思考而形成对自身的意识，这一意识迥异于对世界的意识。因此，黑格尔主义者罗森克朗茨在他的心理学中说道："意识的基础在于自我意识的实存中，因为对象性只有作为主体性的对立面才成其为对象性。意识作为对他者的认知，是一种进行着认识活动的主体与其对象的关系，这种关系首先是作为意识、其次才是作为自我意识而被把握的。"

对费尔巴哈来说，真正人本学的自我意识在以下两个方面与唯心主义的自我意识有根本区别：1.它是一种自然的"感性"以及2.感性地给出的"你"。因为在我了解自己之前，我就已经出于自然的，是无意识的存在，并且以他者的存在为基础。自我意识作为一种意识，以无意识为前提，作为自我-意识，又以他者为前提，尤其是一个确定的，也就是"第二个"人格，亦即"你"，才能规定"第一个"人格，也就是"我"。究竟是人本学的，也就是说人性的思想还是哲学式的思想，对费尔巴哈来说意味着：1.关注到感性，因为感性通过它那感性确定性的直观方式决定了思想的内容；2.关注人与人的共在，因为人的共在以伙伴的方式决定了辩证思想的内容。独立地向前推进，并因此而仅仅依赖于"正确"的推论的思想趋势，只有在上述两种关注中才能得到解释、论证和正确地进行下去。

费尔巴哈赞同唯心主义的下述观点：人必须从主体、从我之中走出来，因为如果人们忽视了外部世界是一个为我而存在——但又无损于它本身的独立性——的东西，那么就完全无法对外部世界说出些什么。但他又断定，作为唯心主义者的出发点的那个我，根本就不是现实的我,因为现实的我是根据感性地给出的你才设定自己为我的,并且就这一点而言——他作为第一人格——同时也作为第二人格的存在,可能的你是作为另一个我而存在的。

只有先把握了我之中的感性,才能真正理解他究竟在何种意义上批评黑格尔的《哲学百科全书》中的心理学。黑格尔的心理学要求有一种肉体与灵魂之间的结构上的同一性作为方法论的基础。费尔巴哈的观点却相反,他认为这样一种"同一性"就像黑格尔那里的其他同一性一样,只是一种"绝对的片面性"。费尔巴哈引用道:"我们必须把有些人的这种意见宣布为完全空虚的,他们以为,严格说来人本来就不该有任何有机的肉体,因为人由于它就不得不为满足其物质的需要而操心,就使人放弃其纯粹精神生活而不能享有真正的自由。无成见的笃信宗教的人已经远离这种思想贫乏的看法,因为他把满足其肉体需要看作是值得成为他向上帝即永恒的精神祈求的东西。但是,哲学必须认识到,精神若要成为为了它自身而存在的东西,就只有借助于他把物质的东西——部分地是他自己的形体性,部分地是一般的外部世界——与自己对立起来,并把这个如此不同的东西引回到通过对立和对立的扬弃所中介了的与自身的统一。精神和它自己的肉体之间自然而然地存在着一种比精神和其他外部世界之间还要更为亲密的关系。因此,我首先必须保持我的灵魂和我的肉体之间的这种直接的和谐……所以不允许蔑视地和敌对地对待它……相反地,如果我按照我的肉体的规律来对待它,那么我的灵魂在我的躯体里就是自由的。"[8]关于这段引文,费尔巴哈评论说:"这句话完全正确。"但黑格尔也说:"然而灵魂不可能停留在与肉体的这种直接统一之上。那种和谐的直接性

---

8 译文沿用《精神哲学》,杨祖陶译,人民出版社,2006年,第193—194页。——译者注

形式是和灵魂的概念,即灵魂是自己与自己本身相联系的观念性这个规定相矛盾的。为了与它的这个概念相符合,灵魂必须——根据我们的观点灵魂还不曾做到这点——使其与自己肉体的同一性成为一种由精神建立起来的或中介了的同一性,必须占有它的肉体,把肉体训练成它的活动的驯服而灵巧的工具,必须这样改造肉体,以至于它在肉体里自己与自己本身相联系,而肉体则成为一种同灵魂的实体即自由相协调一致的偶性。"[9] 费尔巴哈继续说道:黑格尔用了无数次"直接的"这个词,但他的整个哲学都缺少这个词所描述的直接性,因为他从来就没有从逻辑的概念中摆脱出来,因此他从一开始就把直接性弄成了最具中介性的东西,当作概念的一个环节。在这里也一样。如果在黑格尔那里,肉体不具备灵魂的真理性和现实性,灵魂只是一个要通过对肉体性的否定与扬弃才能产生的被中介的概念,或者按黑格尔自己的说法,灵魂就是概念本身,那么他要怎样才能谈得上与肉体的直接同一呢?"究竟哪里有半点直接性的痕迹?"费尔巴哈问道,然后他回答说:"完全没有。为什么?因为对唯心主义和唯灵论来说,肉体只是灵魂和思想者的对象而已,它只是个对象,却并不同时是意志和意识的根据,于是它就完全忽视了,我们的意识背后有一个对我们来说是非对象性的肉体,我们先知觉到的是这个肉体,然后才是我们的意识……"当然,精神是塑造和规定肉体的,因此,从事某一种职业的人可以根据他的职业决定他的睡眠和饮食,因此也间接地根据他的意志和职业规定了他的肠胃和血液循环。"但我们也别忘了,"费尔巴哈说,"从另一方面来说,我们也别忘了,我们有意识地让精神规定肉体,肉体也反过来无意识地规定这精神;比方说,我作为一个思想者根据

---

[9] 译文沿用《精神哲学》,第194页。——译者注

四　L. 费尔巴哈与德国古典哲学的终结

我的目的规定我的肉体，但随着瓦解一切的时间，我便成了一个非常糟糕的思想者，就好像我的肉体也同时变得糟糕了，精神和肉体两者同步。那么，在这里究竟什么是原因，什么又是结果呢？在这里，效果会转化成原因，反之，原因也会转化成效果。"¹⁰

费尔巴哈认为，黑格尔对感性-自然的肉体性的承认只是一种从自然中建立起自身的关于精神的哲学，对它内部的某个条件的承认。同样的，唯心主义的自我意识概念对人与人的共在之独立的现实性的承认，也像对［感性自然的肉体性之现实性］的承认一样少。

在费尔巴哈看来，感性-自然的身体性的基本代表，是某种我们的社会避而不谈的东西，虽然它本质上具有世界历史的意义，并且展现出了统治世界的力量，这种力量就是人类的自然性别。现实的我不是一个"没有性别的它"，而是："先验地"就要么是男性、要么是女性的定在，因此它当然也就被规定为非独立的人与人的共在。只有假设性别差异仅限于性器官时，哲学才可以不去管人的此在的性别差异。但事实上性别差异贯穿了整个人，包括女性和男性各自特殊的感觉与思维方式。我作为一个男性，会从根本上承认另一种与我不同的本质，即女性的本质的存在是属于我的，并且它还共同规定了我自己的此在。因此，在我理解我自己之前，就已经自然而然地在他者的此在中被建立起来了。这一点也让我意识到，我究竟是什么：我是一个由别的此在所建立起来的本质，而且是一个无所根据的本质。对费尔巴哈来说，生活与思想的真正原则并不是"我"，而是我和你。

费尔巴哈认为爱是我与你的真实关系。"对他者的爱告诉你，你是谁。""从他者中，而不是从我们自身中，真理才在它那有局限的

10　此处试比较最近出版的 M. 舍勒的《人类的特殊地位》(*Die Sonderstellung des Menschen*)，载于《人和大地》(*Mensch und Erde*)，赖希尔出版社（Reichl Verlag），1927年，S.230ff.。

自我中对我们说话。只有通过人与人的分享，通过人与人的交流，理念才诞生了。人类的生产，不仅是肉体上的，还包括精神上的生产，都需要两个人的参与。人与人的同一是哲学的首要和最终原则，是真理和普遍性（普遍性也是真理的本质规定）的最终原则。因为人类的本质本就只存在于人与人的同一中，这种同一依赖于我与你之区别的现实性。即使是在作为哲学的思想中，我也是一个与人类共在的人。"

当费尔巴哈援引"爱"把人们团结在一起时，这位反黑格尔主义者就很吊诡地接近于黑格尔青年时期的神学著作，并且黑格尔的"精神"概念从思想史的角度看也是出于他对"爱"作为一种"活生生的联系"中的差异的扬弃和加工。但之后黑格尔以巨大的思想力量把他的（主观）精神概念加以哲学式的具体化，并对不同的规定加以区别（例如区别为"感性""知觉""知性"的意识；区别出"欲望的"和"反思的"、"奴隶的"和"主人的"、"精神的"和理性的自我意识）；但费尔巴哈一直停留在"爱"这一不甚清晰的基础阶段中。这一概念却必须完成一项任务，即进一步规定它所暗示的人的理念的概念究竟是什么。因为"爱"这一概念不仅限于他的哲学中的两个重要原则——"感性"和"你"——的统一，而且隐含着他的哲学的"人本学"立场，而"人本学"的首要要求就是对人的人性的规定。恩格斯一针见血地指出："可是爱呵！——真的，在费尔巴哈那里，爱随时随地都是一个创造奇迹的神，可以帮助他克服实际生活中的一切困难——而且这是在一个分成利益直接对立的阶级的社会里。这样一来，他的哲学中的最后一点革命性也消失了，留下的只是一个老调子：彼此相爱吧！不分性别、不分等级地相互拥抱吧——大家一团和气地痛饮吧！"而爱，"则表现在战争、争吵、诉讼、家庭纠纷、离婚以及一些人对另一些

四　L. 费尔巴哈与德国古典哲学的终结

的最高限度的剥削中"[11]。"费尔巴哈在每一页上都宣传感性，宣传专心研究具体的东西，研究现实，可是这同一个费尔巴哈，一谈到某种比人们之间的纯粹性关系更进一步的关系，就变成完全抽象的了。他在这种关系中仅仅看到一个方面——道德。在这里，和黑格尔比较起来，费尔巴哈的惊人的贫乏又使我们诧异。黑格尔的伦理学或关于伦理的学说就是法哲学，其中包括：（1）抽象的法，（2）道德，（3）伦理，其中又包括家庭、市民社会、国家。在这里，形式是唯心的，内容是现实的。法律、经济、政治的全部领域连同道德都包括在这里。在费尔巴哈那里，情况恰恰相反。就形式讲，他是现实的，他把人作为出发点；但是，关于这个人生活其中的世界根本没有讲到，因而这个人始终是宗教哲学中所说的那种抽象的人。"[12] 费尔巴哈对唯心主义的"我"作为"自我意识"这一概念的首要纠正，就是把它还原为感性和人格[13]这两个环节——其结果就是，思考着的"我"，也就是思考着的人，不再是一个无性别的"它"（此在），而变成了拥有男性或女性的性别特征的此在。只有天然的性别能为中性冠词的意义辩护，因为"人"只有在作为儿童时才使用"它"这个中性冠词[14]，这是因为，对儿童的意识而言还没有产生性别的差异，因此是中性的[15]，然后作为成年人就有性别差异了，且这是一种根据"种差"或性别而产生的普遍差异，普遍–性

11　译文沿用《马克思恩格斯全集》，第二十一卷，第333页。——译者注

12　译文沿用《马克思恩格斯全集》，第二十一卷，第329页。——译者注

13　我是在拉丁语"persona"的意义上使用这一表达的，这意味着，人格指的是承担某种与他人相关并为他人而生的角色。参见拙作《个体在同胞中的角色》（*Das Individuum in der Rolle des Mitmenschen*），慕尼黑，1928年，Dreimasken-Verlag［现载于全集第一卷《人与人的世界》（*Sämtliche Schriften 1. Mensch und Menschenwelt*），斯图加特，1981年，S. 9ff.］。

14　德语中的名词有阳性、阴性、中性之分，"女人"是阴性的，"男人"是阳性的，"儿童"则是中性的。——译者注

15　按精神分析的看法，人在这一时期属于一种"中性的"本质，因为本源的人性是双重的。

别——要么作为"这种",要么作为"那种"——是确定的东西。因此,"我"也就要么是这种性别的我,要么是那种性别的我,同时我也是作为另一个自我,作为你的我,作为一个个体,而在人与人的共在中被规定了它自己的特殊的人性。

于是剩下的问题就是,"人"这一概念——撇开它是那非独立的性别本质不谈的话——该怎样既能采取黑格尔哲学中的"自我意识"不同的方式,又能得到更进一步的"规定",如果它想要像费尔巴哈所希望的那样,真正符合人本学的要求,那么必须重新引入所有对人(作为"人格""主体""家庭成员""市民"等)的具有确定性的特殊规定,是否该把上述规定都引入一个不可分割的基本规定,即人的存在之中?这样问是因为,费尔巴哈在谈及自己与黑格尔关于人的存在的特殊概念时,只做出了否定性的假设,那就是,任何对人的规定都必须被理解为对人的规定。这一点也适用于对哲学思考或思想的讨论。"哲学家不该被设想为不同于常人,不该被设想为某个局限于孤立的大学科系中的思想者,而只该被理解为思想着的人。"这一原则想说的究竟是什么?费尔巴哈将它称为"定言命题",它显然应该是关于"人"的确定的以及原则性的理念,因此也是所有思想的基础,这一点是很清楚的;但不清楚的地方在于,这样做的原因何在。

他把一个没有明确说出的理念设为前提,即那种把人和人的思想变成某种特殊的、只属于"人的"东西,那种把人性从人身上塑造出来的东西,那种所有特殊的属人的东西所共有的东西,就是普遍的人的东西——即使它事实上只存在于少数人那里,但正是他们的生存说出了普遍的人的东西。只有当哲学人本学的这一存在论-规定的基本概念被解释得足够清楚,我们才能明白,究竟是什么把人本学的自我意识建立为一种人本学的东西,它和唯心主义的区别要比和黑格尔的哲

四 L. 费尔巴哈与德国古典哲学的终结

学唯心主义那没有明言的人本学的区别小得多。

简单说来，黑格尔关于人的自我意识的唯心主义概念假定了它的基础是一种"它对自己的意识"，它是一种自身独立的并且知道自身的意识，也就是说它的前提是一种基于哲学的、事先假定的人的概念！但其实，人能在它的意识和知识中找到他那无法避免的"自我意识"——自身，作为"自我"无非是一种人与人的共在，无非是直接从他人而非从自身中认识和理解自身的东西。因为自我认识中进行认识的功能和意识到自身的功能的形式的同一性所证实的绝不是认识更大的对象性。舍勒所处理的"自我认识这一偶像"所涉及的不只是内省相对于对象性的知识的虚幻的有限性，而首先是自我认识相对于通过他者而产生的认识的虚假的有限性。这种自我意识的优越性是费尔巴哈的哲学的主要特征，虽然它不是从精神性的"我在"出发，而是从自然的"与他者共在"出发。

在费尔巴哈的这种个体性的、不可分割的直接的"单一性"中，人，就像施蒂纳所说的那样，只是一种无价值的、"绝对的空话"，或者像克尔凯郭尔和尼采[16]那样，作为真正生存着的和对他们自身有着极端强烈的意识的唯心主义者所告诉我们的，只是一个绝望而孤立的自我。就像单个的"自我"出自与它对立的个别化过程一样，"单个人"也只是人与人共在的大背景下的一员，因此"自我意识"也是反思的产物，也就是说，是向自身的回归，也即是以通向周围世界的道路为基础的。就好像我们作为人的自我意识和自我估价依赖于他者一样，我们自身

---

16 这并不是在否认，克尔凯郭尔和尼采反对笛卡尔式的从自我意识的"我在"出发；它们的动机倒不如说在于他们是更为极端的唯心主义者，并且想要比笛卡尔更进一步地怀疑。"自认为是一个唯心主义者，"克尔凯郭尔说，"一点儿也不难，但想要作为一个唯心主义者去生存，是个极其艰难的任务。"尼采也在相同的意义上宣布他的唯心主义是一种"充满力量的"唯心主义。

作为人与人共在的存在也依赖于他人对我们的估价和关注,也就是说,只有他人才知道和关注着我们自己的存在——尼采所说的"至少是我的敌人!"也是这个意思,无论是对最渺小的存在者还是对最伟大的存在者来说,通过敌人来确证自己的生活经验,都是唯一的途径。

自我意识的谱系学是一项哲学-人本学的任务,它同时也是关于特殊的"哲学"意识的历史。[17] 费尔巴哈之后,哈特曼的《无意识哲学》、卡鲁斯（Carus）的《心灵》（*Psyche*）、叔本华的《作为意志和表象的世界》、尼采那些影响深远的思想,当然还有弗洛伊德的全部著作都比费尔巴哈那种反动的唯物主义更为清楚地阐明了无意识和未被理解的生命联系中那种原本并不为人所知的感性维度,这一维度对哲学而言极为重要,因为它在真实的生活和思想中都具有重大意义。而且,古典哲学中所讨论的有意识的精神史,只有在人类此在的无意识的本能史和对它的好奇与探索中,才找到它真正的意义和根据。

我们可以从叔本华和尼采的以下两段文字中看出,后古典的哲学中的"意识"和"自我意识"具有怎样的意义。"我们通常都不知道自己渴望什么或者害怕什么。我们可以积年抱着某种愿望,却又不肯向自己承认,甚至让这一愿望进入我们清晰的意识,因为我们的智力不获同意知道这些事情,否则,我们对自己的良好看法就会因此不可避免地受到损害。不过,一旦愿望达成以后,我们就从自己所感受到的快乐了解到——并且不无羞愧地——这些原来就是我们一直以来所愿望的,例如,我们的一个近亲死了,而我们是他的财产的继承人……事实上,我们对于驱使自己做出这样的事情和不做那样的事情的真实

---

[17] 至于这种特殊的"哲学""自我意识"在多大程度上可算是一种特殊的"德国式的"东西,我们可以在托尔斯泰的《战争与和平》中找到一段简短而精彩的暗示,参见《战争与和平》,第六部分,第十章。

四 L. 费尔巴哈与德国古典哲学的终结

动因的判断经常是完全错误的，直至由于某一偶然的机会我们才最终发现了秘密；我们才知道真实的动因并不是如我们所认为的那一个，而是另外别的——我们不愿向自己承认这一真实动因，因为它与我们对自己的良好看法压根儿不相匹配。例如，我们想象自己没有做出某件事情是出于纯粹道德上的理由，但随后我们才了解到其实是恐惧阻止了我们的行动，因为一旦解除了任何危险，我们就马上做出这样的事情了。在某些个别的例子里，我们甚至无法猜出自己行为的动因，我们真心认为自己不会受到某一动因的驱动——但这的确就是自己行为的真实动因。顺便说上一句，拉罗什福科发现的这一规律在此得到了证实和说明：'自尊心比世界上最为聪明的人还要聪明。'事实上，这些事例也是对德尔菲的格言'认识你自己'及其困难的注脚。"（叔本华，《作为意志和表象的世界》，第二卷，第十九章《论意欲在自我意识中的主导地位》）[18]

在叔本华看来，这种对自身的爱就是自我意识，也就是自我承认，同时，它也是让人的自我意识真正产生效力的力量；因为它从一开始就不是一个认识论的想象，而是道德上的自我主张和表述，它从根本上讲是与人所经历的事情相联系的，也就是说，是人所遭遇到的他者，"只有在面对他时"，人的此在才开始认识自己和感受到自己，并因此而确证自己的存在。

关于自我意识的这两个根本环节——即意识作为意识本身和意识作为对自身的关注——尼采在《快乐的科学》格言 354 中如此评论道："整个人生即使不在镜子中得到反映也是客观存在的呀，正如我们的绝大部分生活，亦即我们绝大部分意愿、思想和情感没有这种反映也照

---

18 译文沿用《叔本华思想随笔》，韦启昌译，上海人民出版社，2008 年，第 232—233 页，略有改动。——译者注

样进行呀……意识只是在沟通需要的压力下才产生的[19]……也只是作为联系网络才必须发展。隐士和猛兽一样的人不需要它。我们的行为、思想、情感及内心活动进入自己的意识——至少一部分进入意识——这是那种可怕的、长期控制人的'必须'所造成的结果：犹如一头受威胁的动物，人需要帮助和保护，需要气质相投的友伴，需要善于表达他的危难，让别人理解自己，凡此种种，他必须先有'意识'，也就是要'知道'自己缺少什么，思考什么，要'知道'自己的情绪……人如同每一种动物，总在不断地思考，但它对此并不自觉。变为自觉思考只是思考中最小的一部分，也可以说是最表面、最简单的一部分，因为有意识的思考是用语言即沟通符号进行的，由此而提示了意识的起源。简言之，语言的发展和意识的发展（不是理性的发展，仅是理性的自我意识的发展）是携手并进的。需要补充说明的是，人与人之间，不仅语言，而且眼神、表情或紧迫之事，均可作为沟通的桥梁。我们逐渐意识到自己的感官印象，将这印象固定并表达出来的力量增强了，这力量便是一种通过符号把感官印象传达给他人的强迫。发明沟通符号的人也是自我意识越来越强的人，人作为社会的群居动物，才学会意识到自己，他一直是这样做的，而且越来越自觉了。人们可以看出我的观点了：意识本不属于人的个体生存的范畴，而是属于他的群体习性[20]；由此推断，意识只是由于群体的功利才得以敏锐地发展；所以，尽管我们每个人的最佳意愿是尽可能作为独特个体看待自己，'了解自己'，然而，把他带进意识的，恰恰不是他的独特个体，而是他的'群体'；我们的思想本身一直被意识的特点，即被意识中发号施令的'群体保护意识'所战胜，进而被改编，倒退为群体的观点。从根本上

19　楷体强调是本书作者所加。

20　楷体强调是本书作者所加。

说，我们的行为是无可比拟的个性化的、独特的，这是毫无疑问；然而，一旦我们把自己的行为改编进入意识，它们就立即面目全非了……依照我对本原的现象论和主观视角论的理解，动物意识的本质所造成的结果是：我们可以意识到的这个世界只是一个表面世界、符号世界、一般化世界；一切被意识到的东西都是浅薄、愚蠢、一般化、符号、群体标识；与一切意识相联系的是大量而彻底的变质、虚假、肤浅和概括，故而，逐渐增强的意识其实是一种危险。"[21] 我们再回头重新看一下，黑格尔和费尔巴哈的区别可归结为以下几条：

1. 古典哲学的形式上的基本概念是自我意识。

2. 从自我意识出发可分为两条线索：

a)"我"自己是某种独立的东西，

b)我的精神性的意识是从自身出发而可理解的东西。

3. 以上两条合起来意味着，就是古典的、黑格尔的哲学，它是一种从哲学的立场出发的哲学。

4. 但因为只有人才会进行哲学思考，因此这一自我意识的概念的基础就是人本学，这一点是十分明显的，但没有明确地说出。

5. 这种基于唯心主义的人本学的自我意识的根据在于，唯心主义者对自身的根本意识是，他在自身中存在。

a)他是一个独立的，

b)他是一个进行着认识活动的人。

相反，费尔巴哈的非古典哲学则可总结为：

1. 真正的哲学的形式上的基本概念是思想着的人，只有人才"是"自我意识。

---

21 译文沿用《快乐的科学》，黄明嘉译，华东师范大学出版社，2007年，第342—345页。——译者注

2. 从人出发可分为两条线索：

a）我本身是某种非独立的、本质上与他者分享与他人的共在的存在者，而不是独立的个体，

b）不仅精神有意识地规定肉体，而且从另一方面看来，精神也无意识地、出于自然本性地为肉体所规定。

3. 以上两条合起来就意味着，非古典的、费尔巴哈的哲学是一种"激进的"哲学，因为它源于对哲学的反对，源于某种本源的"非哲学"。

4. 人这一理念是哲学人类学的基础，它的根据在于，费尔巴哈式的"人"对自身的根本意识是，他在意识中生活：

a）他是一个通过某种他自己所不是的东西、通过某种他所从属的东西，才能存在的，

b）他是一个既有感性的一面又有理性的一面的存在者。

上述几条总结描绘了费尔巴哈对黑格尔的反对的基本轮廓。只有以一种深入的、现象学分析的方式进行理解，我们才能把握这种对立的强度和广度。

五
黑格尔与黑格尔主义

1931 年

我们接下来所要做的，并非哲学地把握黑格尔的哲学，而只是在以哲学的方式理解当代的视野下，勾勒出黑格尔在精神史中的地位。严格说来，我们甚至也不能"精神史地"把握黑格尔，因为我们今天依然称之为"精神的"历史的东西，其实已经不再能够描述我们目前理解历史的方式和方法了。"精神史"这一术语，就像很多其他词一样，已经失去了它原本的和完整的意义了[1]，就好像黑格尔主义哲学丧失了精神。并且，黑格尔主义哲学的精神，只是以改变了的形态进入"历史学派"之中，并因此也进入所谓的精神科学的领域[2]。但黑格尔

---

[1] 今天，我们说起人民的精神和人民的灵魂时，想到的是"大众心理学""人群心理学"。说起"个人"时也不再联想到"理念"或"民族"，而是联想到"大众"和"社会"。"有机体"、"国家的自然历史"、"人的生命的自然形式"、"伦理的自然历史"、对等级的"心理学"研究等词语也只让我们想到生物学的社会学，就好像"生命"这一原本唯心主义的术语现在首先被理解为某种达尔文的或是进化论的东西。诸如"宫廷的"或是"市民的"文化这样一些范畴，一度在浪漫主义者那里极为流行，人们现在说起它们时则会想到马克思主义历史观的概念。说起历史的"规律"时是孔德，说起"语言的天才"时是语音变化规则，说起"精神"则是实验心理学中毫无意义的音节。（E. 罗特哈克，《精神科学导论》）

[2] E. 罗特哈克的《精神科学导论》，狄尔泰也致力于验证这种情况并由此重构出精神科学历史的决定性时代。

的哲学事实上只是一种哲学和"精神"的历史,是"精神的现象学"和存在着的"逻各斯"、本体论的学说,就这一点而言它是"逻辑学"[3],是一种关于逻辑的"科学"。但这种哲学的逻辑学并不在科学的意义上属于现代意义的哲学学科,因为现代的逻辑科学是讨论知性思维的形式规则的;相反,在黑格尔那里,逻辑学之所以是"科学的"却恰恰是因为它在现代意义上的不科学,因为它(以及精神的"现象学"也是如此)原则上转向一个"绝对的"知识的立场,而这种绝对,自在自为地是存在着的"精神"。"绝对是精神,这是绝对的最高定义。我们[4]可以说,发现这个定义和理解其内容和意义,曾经是一切教养和哲学的绝对旨趣,一切宗教和(!)科学都曾力求达到这点;唯独根据这种冲动才能理解世界历史。"[5](Enc.§384)绝对精神通过知道其自身而存在着,且这种知道自己是精神的精神,走上了通往"回忆"已经存在的那些精神的道路。"对那些成系列的精神或精神形态,从它们的自由的、在偶然性的形式中表现出的特定存在方面来看,加以保存就是历史;从它们被概念式地理解了的组织方面来看,就是精神现象的知识的科学(=《精神现象学》),两者汇合在一起,被概念式地理解了的历史,就构成绝对精神的回忆和墓地。"[6]但此处的"被概念式地理解了的历史"显然不再是我们今天仍然称之为历史的东西,而完全是别的东西。对我们来说精神历史的知识意味着对关于人的生活的某种表现形式和表现法则的领会;而对黑格尔则相反,"人"和

---

3 此处的"存在着的逻各斯"(seienden Logos),"本体论"(Ontologie)和"逻辑学"(Logik)皆同源。——译者注
4 这里的"人们"指的是黑格尔自己!
5 译文沿用《精神哲学》,第24页。——译者注
6 译文沿用《精神现象学》下卷,贺麟、王玖兴译,商务印书馆,1979年,第327—328页。——译者注

"生活"就像"灵魂""国家"和"权利"一样,都基本从本体论的意义上被把握为——精神。因为在人身上,只有精神才是自在和自为地具有真理性的东西。于是黑格尔认为"对精神的力量的信念"是哲学研究的首要条件。"人既然是精神,则他必须而且应该自视为配得上最高尚的东西,切不可低估或小视他本身精神的伟大力量。人有了这样的信心,没有什么东西会坚硬顽固到不对他展开。那最初隐蔽蕴藏着的宇宙本质,并没有力量可以抵抗求知的勇气;它必然会向勇毅的求知者揭开它的秘密,而将它的财富和宝藏公开给他,让他享受。"[7] 这是黑格尔的柏林大学(这一讲座在海德堡也已举办过)开讲词的结束语。如果人们从中仍然看不出来这个精神究竟是什么,(显然它不是我们手中的"东西",也不是某种人类的"属性"和人的"能力",而是一个中性的整体,它指的恰恰是生命活力的整个结构[8],)那么就和下述情况一样:黑格尔对精神的理解,显然和我们今天对这个词的理解完全不是一回事。我们现在通常依然称之为精神的东西,黑格尔则仅仅把它叫作"知性"或者"一般人类知性",对于这种单纯的知性,黑格尔也不认为它拥有什么力量,能够解开这个宇宙隐藏着的本质。然而,关于"精神",该如何肯定地理解它究竟是什么却一直存疑,只有许许多多关于它不是什么的否定的界说,因此我们也并非第一拨无法进一步把握黑格尔的精神之含义的人;因为黑格尔死后不久,除了很少一些残余的老年黑格尔派之外,精神这一概念就不再为人们所

---

7 译文沿用《哲学史讲演录》,贺麟、王太庆译,商务印书馆,1983年,第3页。——译者注

8 更准确地说,是运动的方式,正是通过这种方式,"实体"转变为"主体"、自在存在转变为自为存在。

把握了。⁹ 精神这一概念不再为人们把握，是因为它如今已不再是一种活生生的东西，因为，时代精神其实已经变了。这种时代精神之转变，不仅由年轻人（青年黑格尔派）来宣告，而且老一辈人也同样明显地察觉到了这一点。卢格、费尔巴哈、马克思等人首先打造了这样一些口号："现实的人道主义""人""社会""劳动""实践""政治"，而且他们同样根据哲学在新的时代中的任务，彻底重塑了那些普遍的概念（如世界、现实性、自由）。甚至在一些更古老的作品中，也能看到这一新的精神宣告自己将要到来，例如歌德的《漫游时代》以及W. V. 洪堡的老年书信集¹⁰，在信中他将年轻的布克哈特和他的朋友G. 金克尔¹¹ 逼向了另一个对立的决定。而黑格尔所遭受的，恰恰反映出时代精神的这种转变，其中最极端的例子就是叔本华在他的《概论唯心主义与实在论学说的历史》一文结尾处所做的断然批评。

> 凡是对本世纪的哲学有所了解的读者，可能都会有这样的疑问，关于康德和我之间的这一段时间内的人物，我几乎只字未提，无论是费希特的唯心主义还是实在的和观念的绝对同一的体系，而这些似乎完全是属于我们所讨论的主题的。但我并没有提及他

---

9 比如说，尽管 K. 罗森克朗茨反对 R. 海姆的黑格尔研究，从而为黑格尔"正名"，但那样一种正确性在当时已没有了历史性的真理的支撑，狄尔泰并非遵循罗森克朗茨的路径，而是从海姆的观点出发，但这并不影响他的理解的正确性。因此我们就面临这样一个大问题：如果一个当代人证明了，罗森克朗茨不再理解黑格尔，也就是说不再是纯粹的黑格尔主义［参见 E. 梅茨克（E. Metzke）的《卡尔·罗森克朗茨和黑格尔》(*Karl Rosenkranz und Hegel*)］，那么我们究竟能拥有哪种哲学上的意义和哪种"真理"呢？真理所处的这种状态，无异于在人与人的直接交往中的状况："正确的词"所要求的，是具体的历史的真，是"正确的时间"。单纯陈述某个正确的东西，并不确保对真理的要求。对于每一个时代，对于不同的人，并非只有一个正确性，这只是因为"自在地"正确的东西，还得"自为地"是一个真是的东西，一个具有真实性的正确的东西。

10 黑格尔，《黑格尔全集》，第四卷，第 103、109 年。

11 黑格尔，《黑格尔全集》，《致肖恩伯格》S.68ff.，以及《致 G. 金克尔》，S.14 和 138ff.。

们，这是因为，对我来说，费希特、谢林和黑格尔并不是哲学家，因为他们并不满足对一个爱智慧者的首要要求，他们缺乏研究中的严肃和正直。他们只是一群智者而已。

叔本华这一高度个人化的陈述，却也成为整个时代的格言，而且黑格尔的《逻辑学》直至1923年才售罄重印，离它的上一次印刷间隔了整整80年时间。19世纪的后半叶，叔本华对黑格尔的谴责或多或少成了人们的普遍判断；而且不仅是叔本华所攻击的"讲台哲学"以外的人士，就连其内部人士，也接受了叔本华的批判。

> 整个文学史中……再也找不出任何一种虚名，可以和黑格尔哲学所得到的比肩了。再没有任何别的东西，像黑格尔那样，因着那些俯首皆是的错误、荒谬、显而易见的毫无意义，却被如此放肆而又顽固地盛赞为智慧……这种彻头彻尾毫无价值的狗屁哲学……竟有长达四分之一世纪的时间，人们把那种放肆的、胡乱捏造的虚名当作真实的，并且任由这个趾高气扬的野兽在德国学者圈中繁荣和统治。它如此横行霸道，以至少数几个反对这一愚蠢状况的人，除了把黑格尔这个可悲的始作俑者称为鲜见的天才和伟大的精神之外……再也不敢说什么别的了。但在这过后，人们终于不再放任这种情况继续；从今以后以至任何时候，文学史中的这段时期都会被当作一个耻辱，当作整个世纪的笑话：这样才是正当的！（《附录与补遗Ⅱ》，c. 20）

这以后发生了一场引人注目的重估一切价值。叔本华的哲学——非常轻率地——被人们遗忘了，而黑格尔——看起来似乎——复兴了。

从文德尔班1910年主张"黑格尔主义的革新"以来,德国思想界就开始讨论"黑格尔的文艺复兴"。[12] 两套黑格尔全集的出版和大量关于黑格尔的论文的涌现就是最明显的证明。[13] 此外人们还建立了黑格尔协会;黑格尔逝世100周年之际,在柏林还召开了一次国际会议。于是,认为黑格尔已经过时、应该被埋葬的观点,似乎已被证明是错的。但鉴于转变了的时代精神,我们依然面临这样的问题:是否相反的观点,也就是黑格尔哲学又复活了,就一定是没有错的。因为过去十年间复活的黑格尔也完全有可能是一个死婴,或者已经变得面目全非,以至黑格尔自己都不认识他了。因此我们要追问,我们究竟是以怎样的方式和方法,在当代哲学的视野之中重新接受黑格尔哲学的?然后我们才能达到进一步的追问,该去哪里寻找和发现,黑格尔哲学之崩解及其革新的历史根源?

在从当前的新黑格尔主义回到19世纪40年代最初的黑格尔主义的过程中,我们也必须带着对黑格尔的理解进行当下的自我理解;因为从精神历史的角度看,我们是那个决定性的年代的后代,正是在那个年代中,绝对精神的哲学将自己解释并深化为一种对人类和社会的分析。[14] 因此我们必须自问,黑格尔哲学的"重生",其根源究竟何在?

首要的原因就是,人们通过承担起黑格尔所主张的"概念的劳作",重新开始尝试逐字逐句地理解黑格尔。我们努力地句读黑格尔,有一个首要的和持续的动机,那就是黑格尔对于"一般人类知性"来说是

---

[12] G. 拉松、H. 舒尔茨、S. 马克和 H. 拉维分别于1916、1920、1921 和1927年,在他们的专门论文中提出了黑格尔的文艺复兴这一问题。

[13] 仅布莱希特(Brecht)在近5年内发表的关于黑格尔研究的极富教益的论文就超过50篇。(Lit.-Berichte a.d. Gebiete der Philos., 1931, Heft 24.)

[14] 参见我关于《L. 费尔巴哈与德国古典哲学的终结》的论文,在此卷 S.1ff.。

五 黑格尔与黑格尔主义

难以理解甚至不可理解的,对于这种不理解,人们对黑格尔的哲学(比康德那里要多得多)持续进行着有意识的抨击。黑格尔在《精神现象学》的《序言》中针对这种一般人类知性及其推理(它相当于单纯的知性哲学中的知性)这样说道:"但是,我们不难看出,像提出一个命题,替它找出理由根据,并以理由来驳斥反对命题这样的做法,并不是表达真理的方式"[15],因为真理是"命题的辩证运动",在命题中被表述的东西是"在其自身中的"。而叔本华在阅读这样的句子时保持一种知性的字面理解,于是他这样讽刺道:"我想,我们不难看出,说出这样的话的人是个无耻的江湖骗子,他会迷惑住一些傻瓜,还会发现,他在19世纪的德国人中找到了他的那群傻瓜。"

与此形成鲜明对比的是,新黑格尔主义者们则试图像黑格尔理解他自己那样,像黑格尔希望自己被理解的那样,去理解他,于是他们就把自己身上的健全的人类知性剥去了。他们完全是从这样一个前提出发,即黑格尔不是一个"江湖骗子",而是欧洲最伟大的思想家,虽然他思考的方式和方法违背健康的人类知性。他们努力"内在地"把握黑格尔那"抽象的"思想——同时也在反思,如何把这种"内在的黑格尔"拉出来——他们忠于黑格尔的格言:"自我思考"与"学习"并不矛盾,而是彼此伴随的,在这种"纯思维"的学习着的反思中,人们同时也就"失去了视觉和听觉",于是人们不再能想象一种习以为常的方式。[16]

---

15 译文沿用《精神现象学》上卷,贺麟、王玖兴译,商务印书馆,1979年,第76页。——译者注

16 参见黑格尔,《黑格尔全集》,第十七卷,《关于文理中学的哲学准备性知识的讲演》(*über den Vortrag der philo S. Vorbereitungswis S. auf Gymnasien*);见 XVII, S.349ff. 以及 400ff.;此外还可参见 F. J. 布莱希特,《黑格尔的文理中学讲话》(*Hegels Gymnasialreden*),载于《人文主义的文理中学》(*Das humanistische Gymnasium*), 1929, S.81–95。

至少 R. 克朗纳[17]就是以这种黑格尔的方式说明和解释黑格尔的。如果我们把它与叔本华那种不由分说的不愿理解相比较，就会发现克朗纳对黑格尔的把握，其必要性和功绩都是毋庸赘言的。但问题是，这样一种纯粹的内在理解，除了作为一种对事情的真正理解的前提之外（而这一前提既是无法绕过但也是必须被扬弃的），它是否还有可能提供什么更多的东西。如果我们假定，纯粹内在地理解一个陌生的作者并且将自我思考完全纳入反思，是件有意义和有可能的事，那么这种状况下的对黑格尔的革新的自然后果，就是克朗纳所提出的洞见："理解黑格尔意味着认识到，想要超越他是完全不可能的。"但这一洞见不仅与他自己著作中的倾向和格言相矛盾[18]，而且也在原则上和任何革新的倾向相矛盾，无论这种革新是针对黑格尔或是针对其他任何一个过去时代的哲学家。因为，如果革新与被传承的东西之间的关系仅仅是一次重复，而不是一个对于传承下来的问题有所改变的"复习"的话，就根本不存在真正的对传承的革新。克朗纳以及每一个将黑格尔的哲学当作一门黑格尔哲学而取得的革新，都不是以他们自身的历史状况为动力，从而透彻理解、解释黑格尔的东西，不是通过他们自己的"活生生的行动"而对已经被创造出来的东西进行的吸收和改造，而只是在假设自己处于黑格尔当时的状况并跟随他的辩证的合题而已。如果这种新黑格尔主义——像它自称的那样——真的理解到了，在黑格尔之后哲学探讨的前提已经从根本上改变了，而且我们也不再生活于那个其内容已被黑格尔用系统化的方式完全把握了的世界之中；如果它真的有了这个洞见：黑格尔的"命运"已经在实践中转变为

17　R. 克朗纳，《从康德到黑格尔 II》，1924 年。

18　"为了改造已被创造的东西，我们就不能武装成僵尸，而要永远都，活生生地行动。"

费尔巴哈[19],那么新黑格尔主义也就不会再愿意对黑格尔进行黑格尔式的更新。克朗纳之所以成功地黑格尔式地更新黑格尔,其原因在于,他认为我们的当代的现实问题依然是黑格尔在百年之前想克服的那些。

> 我们发现自己所面临的任务正是德国唯心主义曾以它自己的方式力图解决的那些,黑格尔的体系提供了迄今为止最伟大的解决方案,而我们如今又再次与同样的问题角力。黑格尔所面对的,是整个欧洲思想最好的传统,他重新接受了希腊的、基督教中世纪的和新时代形而上学的母题,并将他们与德国唯心主义一起,融合为一个合题,这是真正意义上的经典哲学[20]。

克朗纳之所以坚信,黑格尔的历史描述和区分对于当代的体系思想有所助益,只是因为,他相信我们是站在我们"伟大的"精神先驱的所谓"肩膀"上,并且还能在这一"最好的""经典的"传统中继续前行;因为对他来说黑格尔的哲学是一个不可超越的合题(而作为"合题"它无疑就是不可超越的,但这并不是说,人们就不能认为恰恰是他的哲学的这种合题的特质才是成问题的,而别的解决方案可能比它更好[21]),但克朗纳在清晰、精确地树立黑格尔思想的形式结构方面,毫无疑问很有贡献,这些新黑格尔主义者在还原过去的事情时,对于如何革新黑格尔哲学的现实动机和内容的描述少之又少,就和彻底的追随者没两样。于是在如此这般革新的立场上"理解"黑格尔不外乎

---

19 参见 H. 格洛克纳,《黑格尔 I》,S.XVff.。
20 "德国古典哲学"中的"古典"(klassisch)一词亦有"经典"之义。——译者注
21 比如目前所出现的马克思和克尔凯郭尔所谓的片面理解,参见克尔凯郭尔,Bd.7,S.46。

是：洞察到，想要超越黑格尔无论如何都是不可能的。这也就现实地意味着：人们只能在他身后缩手缩脚，因为时代的客观精神已经走出黑格尔和他的时代，走向了尼采直至"虚无主义的极端"及其自我克服。

与这种造作的复活黑格尔哲学形成鲜明区别的是 N. 哈特曼[22]，他试图，不是通过非批判地接受黑格尔的体系性的开端和他的方法，而是通过以有利于哲学研究者和他的"发现"的方式，有意识地抛弃体系式的黑格尔，以此让黑格尔重获新生。哈特曼从一开始就区分了黑格尔哲学中"历史的东西"和"超历史的东西"。

> 人们再次把握到，就连历史研究者对他的对象中精神性的东西的理解，也需以他彻底实实在在地［……］理解道德程度为限；人们也把握到，过去的重大问题只对那些拥有并追随他自己的问题的人开放；把握到哲学史家一直［……］并且仅仅是［……］站在他自己的时代的问题上的。［……］'黑格尔与我们'的关系则回溯到另一个层面。我们不再致力于［……］崇拜黑格尔，而要专心提取他的学说中有价值的东西。是的，人们把握到［……］，事情[23]自身的展开才是历史性地理解的钥匙。

但这种致力于事情的展开的立场做了预设了，并把我们自己的历史强加给黑格尔。于是哈特曼有意识地放弃了在黑格尔自己的范畴下，

---

22 N. 哈特曼，《德国唯心主义哲学》(*Die Philosophie des deutschen Idealismus*)，第二部分《黑格尔》，1929 年。

23 这里的原文为 Sache，它同时具有"事物""事情""事实"的意思；由此派生的 sachlich 也相应的同时具有"事物的""事实的""客观的"的意思；它的另一个派生词 Sachlichkeit 则是黑格尔哲学的重要术语"客观性"。这组术语在此段以及下一段中多次出现，译者将根据语境和中文的表达习惯采取不同的译法。——译者注

也就是放弃了"黑格尔式地"解释黑格尔，因为客观精神也理应以理性的狡计掠过了黑格尔。黑格尔的体系似应更多的是"自在"的而非那么"自为"，因为它自己的意识已经存在过了，而历史的权利则属于当代。但对于这种创造性地提取黑格尔哲学中有价值的东西来说，究竟是什么赋予了当代以标准制定者的地位？哈特曼认为，超越黑格尔是"相当明显的"，其原因就是在19世纪40年代形成的与思辨传统的决裂这一历史性的距离。然而根据哈特曼的观点黑格尔的垮台所涉及的"完全不是——像当时直到现在很多人以为的那样——黑格尔的思想世界的全部。他的自然哲学、法哲学、历史哲学和宗教哲学中的某些主题是有真理性的，然而他的基本原理不是。但在更广泛的学术界的眼中，这些主题处于醒目的位置，反正时代精神的风气是彻底回避思辨的东西，所以黑格尔的哲学就显得完全被抛弃了"。——但针对这种革新黑格尔的"思想中好的东西"的方式，人们必须自问，如果我们觉得，可以把黑格尔哲学的体系化形式只当成一个单纯的形式而把它从内容上剥离掉，以便以这种方式消除内容所固有的形而上学的"立场"，而只保留一个自主的事物的客观内容（它只是单纯的事物的客观内容，而不包括任何形式这一点，是经得起检验的），那么，我们是否把理解黑格尔这一课题过分简单化了。这里的前提条件是"客观事物"和"客观性"的概念——这是肯定的科学意义上的科学理念——这一概念不仅是黑格尔所反对的；而且更成问题的是，黑格尔关于辩证的概念在事实上统治着现实发生的事情的想法是否正确。而黑格尔对客观性概念的思考是为了抵抗主观意见的任性，但它本身是积极的：存在着一种从事物的"小写的自我"到"大写的自我"[24]的关系。事物的自我性已经在其自身中了解

---

24 原文为"selbst" zum — "Selbst"。——译者注

到，它能够返回到在自身中把握自己的精神之大写的自我，就好像"实体"从根本上就已经等于是"主体"那样。哈特曼相信自己在对黑格尔的分析中找到了一种"朴素的客观性"，但这一点根本无法在最最朴素的现象学的描述中被证实[25]，更不用说，我们所讨论的是在概念中把握事物，且这些事物本身已经是一个精神性的现象。客观的"无差别"也是一样的情况，哈特曼以为黑格尔对所谓的唯心主义和实在论的态度是"无所谓的"，但它绝不是针对这两种立场的单纯的等而视之，而是对它们明显的改造和扬弃，这是一种面对客观性思想的态度，它是唯心主义和实在论的彼岸，而不是"悬而未决的客观性"的"此岸"。黑格尔只对而且只可能对他视之为主观意见、观点和立场的东西采取无所谓的态度，因为他始终意识到，哲学，无论它叫哪个名称，始终只能是同一个哲学，这是因为，理性只能是同一个理性[26]，且对现实性的理性把握是一个从主观性到已具备了理性的客观性的辩证过程——因为他处于一个非常特殊的和最高前提意义上的本体论之中，而不是因为他只是被给予了一个纯粹客观的内容。因此也就不奇怪，当代的任何一个哲学家都最坚决地把历史的特征以及理性当作一种人性的东西纳入他们的论述中，同样也不奇怪，狄尔泰以完全不同于克朗纳和哈特曼的方式重拾和重塑黑格尔，也就是说，他既不是"黑格尔式地"也不是"客观地"，而是通过从整体上历史地解构黑格尔哲学的基本立场，做到对黑格尔的革新。

狄尔泰既没有反思地将黑格尔任意地编织进他自己的体系中，也没有从"体系"中分辨出自治的发现，而是站在当代历史意识的立场

---

25 参见黑格尔的《精神现象学》（Meiner 版）S. 164，以及我在《从现象学到哲学的发展的基本特征及其与新教神学的关系》（*Grundzüge der Entwicklung der Phänomenologie zur Philosophie und ihr Verhältnis zur protestantischen Theologie*）一文中对"描述"的分析。此文现收录于《全集 3：知识，信念与怀疑》，斯图加特，1985 年，S. 46ff.。

26 参见黑格尔，Bd. XVI, 33ff.，《论哲学批判的本质》（*Über das Wesen der philosophischen Kitik*）。

五　黑格尔与黑格尔主义

从原则上将黑格尔的哲学解构为形而上学思辨的结构性终结。他采取的路径是解读黑格尔青年时代的思考。狄尔泰没有跟随在黑格尔那里作为基本前提的绝对精神，也没有把它仅仅当作一个暂时性的立场而消除掉，相反，他直接而又坚决地直面这一概念，并且他是以一种积极的方式这样做的，因为他自己也致力于分析一个历史性的世界的建立过程。他之所以能"理解"黑格尔，是因为他不再黑格尔式地理解他，而是卓有成效地在当代文化的背景中关注哲学的任务和职责，也就是说，因为他历史性地理解了他自己。狄尔泰之历史地发展他的这种历史的立场，是在他那本远未受到足够重视和利用的作品《精神科学导论》中。此书的内容是探讨每个"形而上学"的统治和瓦解，也就是说，讨论每一次对于人的世界和人的生活的哲学式穿越。这一研究的成果是，他洞见到人们对现实性的所有形而上学态度的瓦解。紧接着狄尔泰的这第一部作品之后，没过几年，他就发表了对尼采的详细而博学的评论。尼采那篇简明扼要的文章收录于《偶像的黄昏》，它的标题是"'真实的世界'——一场错误的历史"（这里的"真实的世界"指的就是形而上学的背景）。狄尔泰解构所有的形而上学，而形而上学的最后一个表现形式就是黑格尔的体系，这一体系的目的在于形成一个对于欧洲社会中的"现代人"的自我理解。对他来说，所有形而上学中所"剩余的"，就只有处在不同的社会-历史地位中的那样一种人，但同时他又认为，这一剩余从一开始就是，而且一直都会是任何一种形而上学的基础。从第一篇直到最后一篇文章，狄尔泰一直都坚持这种有关自己历史状况的基本意图和观点。[27] 他想提供的，不是"形而

27　参见 1883 年《精神科学》导论最后一段，以及 ges. W. VII, S.194ff.; R. 佩奇（R. Petsch）在同一期刊六月刊中的文章［《德国教育期刊》（*Zeitschrift für deutsche Bildung*），美因河畔的法兰克福，1931 年］。

上学的讲台哲学",而是一种"关于现实的哲学"。把握现实也是黑格尔的目标,基本上任何一个哲学家都力图把握现实,但在狄尔泰那里,有如此强烈的"此岸性"的特点,以至他也像古典哲学的创立者那样,是从神学中走出来的。狄尔泰十分清楚地自觉到,对当代的理解是法哲学话语的前提条件;但我们在此没法更加详细地解释,他对当代究竟有怎样极具个性的出色的洞见,他又在怎样的方向中找到了对这一艰巨的问题澄清。[28]论及他与黑格尔的关系,只需要指出一点就足够了:狄尔泰所指出的克服"所有深层信念中的专制"的道路,既不在于更新旧的形而上学,也不在于塑造一种新的形而上学,他认为出路在于一种哲学-历史的人本学,用它来观察和分析人们的生活。但是,哲学的分析必须与大量诗歌文学等对我们的生活的自由的阐述区别开,其关键就在于,哲学的分析不该给出对人们生活中的奋斗之意义和价值的"确定的"说法;因为这样做,那些思想家和作家如尼采和托尔斯泰等都又变回了"形而上学的同谋,因为他们都想把握一个最终无条件的东西,但他们采用的方法又不足以达成这一目标"。因此,狄尔泰根本没有传授给他的学生和朋友任何关于生活的意义和价值的所谓解决方案,而只是与我们分享任何一种"生活情绪",对他来说,这些生活情绪产生于"对历史意义之后果的感受",也就是说,他并不想避免对把握生活意义和世界观方面的所谓相对主义倾向,相反,他在相对主义的道路上一直走到底——以至他甚至赞同一种怀疑主义(当然并不是极端的怀疑主义)。至于哲学是什么,狄尔泰的回答是,它与哲学体系的那种现成性毫无关联[29];它无非就是对于人们的生活的深思熟虑的

---

28 参见 Bd. VIII, S.175ff. 以及 Mischs Vorbericht zum V. Band d. ges. W.。

29 "因此,恰恰是大型哲学体系最为欠奉的18世纪,才能成为所有世纪中最具哲学气质的。"VIII,第208页。

提问和回答。狄尔泰强调，哲学既不由它的对象规定，也不由它的方法规定，而是根据它在人类社会和文化内部的"功能"来规定的。由此，哲学才摆脱了所有"错误的对象性"。我们人类比任何时候都更迫切地试图解读生活那神秘而难以解释的面貌，它有微笑的嘴角和忧郁凝神的眼睛。同时，狄尔泰也否定了尼采所走的"发现人类现象"的道路；因为人究竟是什么只能通过历史来展示，也就是说，人的存在只在于社会之中。[30] 因此，狄尔泰对人类的追问就一直集中于，黑格尔的世俗化作为"精神世界"究竟说明了什么；因为对他来说最后的和最深刻的问题并非对主体性的保存，而是我们自己的全身心投入，也就是对人类历史的"伟大力量"的投入。由此，狄尔泰对黑格尔的精神哲学的兴趣、理解和认同也就明确地建立起来了。狄尔泰和黑格尔的联系同时体现在他们对主观精神世界和客观精神世界的关注上，但是——他们的不同点也在于此——狄尔泰认为，把精神世界的基础建立在绝对精神上是一种无法接受的"形而上学"前提，并且他摒弃了这个前提。但狄尔泰也相信精神（也就是人类的精神）在历史中的优先地位；但他不认为这是一种永恒地、本身没有时间性的"时间的力量"，对狄尔泰而言，哲学和任何一种精神形态都只是在思想中把握"它的时代"和"它的世界"；而对黑格尔来说，"把握在思想中的它的时代"这一说法却只适用于某种"具有真理性的"现实的东西、某种"当下的"和"永恒的"东西。与精神这一概念的人格化相应，黑格尔那里关于精神的自我认识的形而上学冲动也演变为狄尔泰那里对"深思熟虑"的更为温和的人本学冲动，同时，这种人对自身的思考，就像黑格尔那

---

[30] 参见拙作《个体在同胞中的角色》（尤其是 §4），1928（现收录于：《全集 1：人和人的世界》，斯图加特，1981 年，S.39ff.）。

里的自我知识的概念[31]（也就是认识自身的绝对的概念）那样，始终是客观上可以达到的东西。这种对人的生活的"深思熟虑"，就像黑格尔的自我知识概念一样，指的并非单纯个体性的人，并非黑格尔用讽刺的语气说起的那种"心灵深处"的东西，而是在讨论人类作为社会-历史的存在，因此，相应于黑格尔与主张纯粹内在性的浪漫派的论战，就有狄尔泰与尼采的反思性的个人主义的论战。如果我们放弃了在关于绝对的绝对哲学中建立一个客观精神的世界的打算，我们也就必然会改变客观精神这一概念本身，因为建立客观精神所需要的是体系哲学的方法和原则；而它并非某种可任意增削的上层建筑，相反，一点点改变就会改变它的整个意义以及任何一个单独的部分。

狄尔泰的"精神世界"从本质上说是此岸的人类世界，是社会-历史的现实性；也就是说，它不外是人类的"暂时性"的"世俗"世界，因为我们放弃关于永恒存在的知识的同时，暂时性也就失去了它的特殊意义和它的对立面。于是我们的世界就既不是无穷的和永恒的，也不是有限的和时间性的，而且不存在这两者的合题。同时，这样一个人类世界也就不再谈得上是"理性的"或"非理性的"或者是两者兼有，相反，它不外乎是关于人类的意义的世界。因此，"现代人"狄尔泰没有那种当初为黑格尔冷静的天才所"激发"的对于"自在自为的真理"的知识的强烈需求和渴望，狄尔泰说，青年黑格尔的哲学意识的"某些表述谈论了一些极其庞大的东西：哲学思考意味着保持清醒，然后你就会看到所有的东西，并对所有人讲述那些东西是什么。这就是理性和对世界的统治。哲学家非常熟悉的那些无穷的东西，其密切程度甚至超过家庭主妇熟悉动物和小孩。柏拉图和斯宾诺莎对他来说如此

31　参见《哲学百科全书》，§377。

亲近，仿佛他们是过世的兄弟叔伯：两者同样都具有现实性，但柏拉图和斯宾诺莎比动物和小孩更具永恒性"。但黑格尔的理性概念在狄尔泰的阐释中，已不知不觉地变成"理解力"，黑格尔那里的在概念中"把握"事物也变成了"理解"事物的意义和相互关系。狄尔泰对黑格尔的批评是：他对所有问题的解决都是很表面的，并且他的处理方式是暴力的，有时做出专横的断言，有时又谨慎地保持沉默，并且他隐藏起思想中的不严密之处。狄尔泰说，如果黑格尔真的在他的《逻辑学》中证实了现实性的逻辑结构，那么他就会给出对客观唯心主义的论证。但这种论证是不可能的，因为"我们从世界中得不出生活的意义。只有在人类的历史中，我们才有可能找到意义和价值"。黑格尔把现实性的结构从现实本身中分离出来了，并且把它当作精神本身，因此对他来说，逻辑学的任务就是描述绝对精神中那些相互联系的规定性，并且这些规定最终都会实现自身。这样一种逻辑学不仅是思辨的形而上学，而且是哲学神学，用黑格尔自己的话说，他是"上帝在创造自然和他的无限精神中，展示着他自身"。

最为流行的对黑格尔哲学的指责是说他太过"泛逻辑"了，但最近的黑格尔主义者认为，这种指责根本就毫无道理，并且他们努力想纠正这种"不正确"，如果人们其实并没有真正把握一种哲学，而只是给它随便贴上一个充满误解的标签，那我们当然无法苟同，但同时我们也绝不能否认，神学倾向的确是黑格尔哲学的一个决定性的和不容错认的基本特征。另一种截然相反的看法则是，黑格尔的哲学是关于精神的哲学，尤其是关于绝对精神的，因此它就是哲学神学。"精神这个词和绝对精神的表象是早已发现了的，而基督教的内容就在于让人觉察到神是精神。对于这个在这里被给予表象的和自在地是本质的东西,在其要素即概念中加以把握,这就是哲学的任务。"[32](《哲学百科全书》,§384)。但黑格尔也有可能认为,哲学和基督宗教本就拥有同一个对象,也就是"绝对","绝对"是精神、真理和自由,叔本华察觉到了整个黑格尔哲学的这种宗教哲学的特征,对黑格尔来说宗教和哲学本就是"同一个"东西,就如弗朗西斯一世(Franz I)在谈及他与查理五世(Karl V)时是以充满谅解的口吻说的:"我的兄弟查理想要的东西,也就是我想要的东西"——那就是米兰。逻辑的东西、逻辑的神学、在理性中对现实进行描述、在概念中对基督教的逻各斯进行描述,这几个不同的主题不可分割地交织在黑格尔的哲学中,这可算是他的哲学的主要特征,但对这种特征,我们却既无法赞同也无法批评,相反,我们当代人——这个当代从1840年算起——已不再能理解这种交织的特征了,也许它的不可理解性才是我们唯一能把握的东西,当然这里的"理解"所指的是真正的理解,而不是简单地对已然陌生的观念和思路加以熟练模仿和复述而已。

黑格尔死后,德国哲学只有那么一次——在1841年,试图背离黑格尔的思路,即谢林在受聘到柏林后,不再试图在现实性的总体和真理中"解释"现实性,而是去"展开"现实性,而且他还(并非出于唯物主义和实证主义的人类知性)以迥异于黑格尔的方式使用"现实性""生命""存在"等词,并宣布要"对现实性进行活生生的把握"。

  这种经验主义有一个后继者,对他来说,在我们的时代自然看起来就像是一种新的沃尔夫主义,他将逻辑的概念建立在活生

---

32 译文沿用《精神哲学》,第24页。——译者注

生的、现实的东西之上,并通过罕见的虚构或假设,将同一种必要的自我运动归结为这一概念。这完全是他从自己那贫瘠的身体中找出来的、受到廉价的钦佩的发现。

在晚年的谢林那里,德国精神哲学传统最后一次表现为自身展开的精神。以他的理论为基础的,不仅仅是社会发展的顶峰,还有改变了的时代和改变了的意义下的整个全新的精神。他的听众有克尔凯郭尔、巴枯宁、恩格斯。克尔凯郭尔在他的日记中写道:

> 当他(谢林)在谈到哲学与现实的关系时提到现实这个词的时候,思想的胚胎在我里面就像在伊丽莎白里面一样高兴得直跳。我几乎能回忆起他从这一刻起所说的每一个词。这一下可要豁然开朗了。就是这个词,使我想起我所有的哲学痛苦和磨难。[33]

他没有在谢林的讲座中找到他想要的清晰性,于是他失望地回了哥本哈根,他在《非此即彼》中写道:

> 如果人们听哲学家谈论现实,那么这经常和人们在一个旧货商的橱窗里看到一块牌子上写着"此处轧衣"几个字一样将人引入歧途。如果有人拿着洗过的衣物来让轧平,那就上当受骗了。牌子挂在那里只是为了出售。[34]

---

33 译文沿用《从黑格尔到尼采》,李秋零译,生活·读书·新知三联书店,2006 年,第 198 页。——译者注

34 译文沿用《从黑格尔到尼采》,第 199 页。——译者注

而很快就与马克思成为同伴的恩格斯在他的三篇文章[35]中详细地点评了谢林的讲座和表现。其中一篇中说：

> 如果你们现在，在这里，即在柏林，随便问一个哪怕稍微懂得一点精神统治世界的人，在政治和宗教方面争夺对德国舆论的统治地位即争夺对德国本身的统治地位的战场在哪里，他会回答你们说，这个战场在柏林大学，就在谢林讲授启示哲学的第六讲堂。因为当前所有批判黑格尔哲学的统治地位的各种反对意见，与谢林的那一个反对意见相比，都显得暗淡无光、不鲜明、不突出了。[36]

恩格斯的第二篇文章有个很特别的题目——《批判反动派扼杀自由哲学的最新企图》。

这一"自由"哲学当时渗透于各种具体的精神兴趣和生活领域中，并起到了提纲挈领的作用，首先表现在哈勒逊以及《德国科学艺术年鉴》(*Deutschen Jahrbüchern für Wissenschaft und Kunst*) 中。此杂志的成员包括了所有青年黑格尔派或黑格尔左派，其中最为有名的有 A. 卢格、D. F. 施特劳斯、B. 鲍威尔、L. 费尔巴哈和 M. 马克思。这批最初的黑格尔主义者对黑格尔进行了历史性的彻底更新（这种更新不仅仅是时间意义上的），因为他们以各自的方式将黑格尔的哲学作为一个绝对科学的体系进行解构。就在同一年——1843 年，克尔凯郭尔出版了《非此即彼》，费尔巴哈出版了《未来哲学原理》，马克思出版了《黑格尔法哲学批判》，此外他还出版了一篇对卢格的批判。但黑格尔的精

---

[35] 《马克思恩格斯全集》I, 2, S.173ff.。
[36] 译文沿用《马克思恩格斯全集》，第四十一卷，第 197 页。——译者注

神依然十分强大,这一点可以从以下事实看出:黑格尔的两个最极端而又彼此立场截然不同的对手却依然以黑格尔主义者自居——他们分别是唯物主义的和存在主义的辩证论者,即马克思和克尔凯郭尔,他们都是当时的伟大批判者。只有看到黑格尔哲学那具有建设性的衰落,人们才能了解,那场至今仍在发生着影响,但其真正面目始终被掩盖而从未得到揭示的最初事件——这一事件有一个十分惊人的名字,即黑格尔哲学的"瓦解"——的根源究竟在哪里,这也是我们最切身的事情,如果我们想要理解我们对于"精神"、知识和科学那根本性的或者也有可能是非根本性不信任的话,当代关于黑格尔的争论就必须重新回到对这一衰落讨论。因为当时并不只有古典哲学和黑格尔体系的命运发生骤变,纯粹哲学本身的命运也同样面临颠覆。从那时起,哲学就不再建立于纯粹意识之上,也不建立在纯粹实践理性之上,更不建立在绝对自我或绝对精神之上,而是转向了纯粹的人。黑格尔的历史性伟大之处却又在于,他有两次并且是以不同的方式曾经是,而且将会成为划时代的标志,因为他既结束了他自己的时代,又开启了一个新的时代。因此我们今天的根本问题并非来自昨天或来自将来,而是黑格尔那一短暂又紧张的时代的直接后果,这一后果就是,黑格尔的整个王国分解为不同的方向,并且他的体系在一个辩证运动中重新更新自身。从黑格尔之死起,才开始了我们自己的"精神的"历史。

六
作为哲学问题的理论与实践

1931 年

如果有一种完全独立于所谓的实践的理论和一种完全独立于所谓的理论的实践的话，那么无论是对于哲学还是对于实证科学来说，理论与实践的关系，都根本不成其为问题。从实践科学的立场出发，一般讲来问题就在于，理论作为关于实践的理论，它所关注的焦点总是实践，并且必须始终以实践为导向，反过来说也一样，实践如想成其为一种具有理论保证的实践，也必须以科学的理论成果为导向。固然，理论自在地是"纯粹的"，也就是说，是一种自为存在着的理论；实践也一样自在地是"纯粹的"，是一种自为存在着的实践。但它们的这种纯粹性又不会让它们蜕变为各自单纯地只是理论与实践，不会让它们之间的关系变成一种次要的东西。在自在地独立的意义上成其为纯粹的理论和同样在自在地独立的意义上成其为纯粹的实践之间的关系，是一种理论在实践中的单纯应用，以及实践向着理论转化的双重关系。通过把自己区分为不同的专业领域和应用科学分支，自然科学格外重视这种相互转化的可能性和必要性。

一旦讨论所涉及的不再是实证科学和实践的联系，而是广泛和原初意义上的"理论"，也就是作为哲学的理论和它与实践的关系时，上

六　作为哲学问题的理论与实践

述自然科学中的理论对实践的应用关系就从根本上改变了，它所涉及的不再是经验的这个或那个特殊领域，而是从根本上关系到人类的整个现实生活的实证的实践。只有当我们将理论加以实践化之后，理论与实践的关系才成为一种哲学式的关系，也就是说，根本性的问题，亦即成为对理论的行为和实践的行为之关系的普遍追问。哲学一定对这一追问格外感兴趣，因为从最广泛的意义上说，它本身就是由独立的理论行为所建立起来的，因此哲学就是最典型意义上的理论，并且就它与实践的区别上看，它是关于惯常的行为的理论。理论的这种独立性作为一种直观的和旁观的思索却无非只是"理论上的"东西，是某种从纯粹"科学的"考量中产生的东西，它必须追求科学的科学性，并且像纯粹理论和纯粹理论概念那样提供知识。希腊词的"理论"（Theoria）的可能性更在于人类作为一种处在理论之中的人，或者按德国古典哲学的说法，是作为在"理念"中生活着的人的可能性。事实上，在西方哲学的开端处，理论所意味的并不是现代意义上单纯"理论上的"东西——事实上，它是人这种存在的最高可能性，这种可能性和其他一些人类行为的可能性根本就不在同一层面上，它也不属于人的此在的其他泛泛而谈的可能性，相反，它是一种特殊的、杰出的、卓越的，甚至接近于超人的可能性。

理论的这种独立地位是在亚里士多德那里建立起来的，当然也在黑格尔那里又得到重申，他们把理论的独立性建立在某种自立和自足之上，建立在过着理论生活的人的"自给自足"（Autarkie）之上。进行理论思考的人所考虑的并不只是一些实践的东西或是某种实践性地理解某物的方式，因为进行理论思考的人有某种对"个别的东西"的"普遍"根据的强大洞见，因此，他们最为杰出的形式是他们首先是某种思考的"智慧"（Sophos），因为他是一个完全生活在理论中的、自由的、自足的人。亚里士多德在《尼各马可伦理学》中区分了生活方式的三种基本形态。人的生活首先可以仅仅指向"尘世的满足",这种满足只是偶然地呈现在生活的实践中。其次,人们还可以积极地投身于"事务",在这种情况下,他对理论的兴趣仅仅在于它们可以在实践中得到运用。最后,他可能将全部生命都奉献给纯粹的沉思,亚里士多德认为这是最好的和最高尚的生活方式。"这类学术研究的开始,都在人生的必需品以及使人快乐安适的种种事物几乎全都获得了以后。这样一来,显然,我们不为任何其他利益而寻找智慧,只因人本自由,为自己的生存而生存,不为别人的生存而生存,所以我们认取哲学为唯一的自由学术而深加探索,这正是为学术自身而成立的唯一学术。"但这种可能性几乎超越了人性的可能性。"要获得这样的知识也许是超乎人类的能力:从许多方面想,人类的本性实在缧绁之中。照雪蒙尼得(Simonides)的话,'自然的秘密只许神知道',人类应安分于人间的知识,不宜上窥天机。如诗人之语良有不谬,则神祇衣服怀妬,是古人之以此智慧(泄露天机)胜者,辄遭遇不幸。然神祇未必妬(古谚有云:诗人多谎),而且人间也没有较这一门更为光荣的学术。因为最神圣的学术也是最光荣的,这学术必然在两方面均属神圣。于神最合适的学术正应是一门神圣的学术,任何讨论神圣事物的学术也必是神圣的,而哲学确正如此。因为神原被认为是万物的原因,也被认为是世间第一原理。并且,这样的一门学术或是神所独有,或是神能超乎人类而所知独多。所有其他学术,较之哲学确为更切实用,但任何学术均不比哲学为更佳。"[1] 这样一种认为纯粹的理论是一种自足的对世界的关照,并将它视为自足的、如同神一般的人类精神的充满自豪的观点,

---

[1] 译文沿用《形而上学》,吴寿彭译,商务印书馆,1995年,第5—6页,略有改动。——译者注

六　作为哲学问题的理论与实践

一直贯穿着直到黑格尔为止的整个哲学史——但后来情况就变了，这就是说，直到作为一种"纯粹的"哲学的德国古典哲学衰落为止。并且，理论与实践的关系也一直都是实践从属于理论。理论总是在考虑实践问题，它一直领导着实践上与事物打交道的方式——就好像工头领导工人的工作一样——但首先它是实际的事实的最终"根据"，因此它作为一种哲学的理论才在原则上先行于实践。

在《逻辑学》的《导言》中，黑格尔引用亚里士多德的话："只有在生活的一切必需品以及属于舒适和交通的东西都已大体具备之后，人们才开始努力于哲学的认识。"然后黑格尔又进一步说道："事实上，从事纯粹思维的需要，是以人类精神必先经过一段遥远的路程为前提的；可以说，这是一种必需的需要已经满足之后的需要，是一种人类精神一定会达到的无需要的需要，是一种抽掉直观、相像等质料的需要，亦即抽掉欲望、冲动、意愿的具体利害之情的需要，而思维规定则恰恰掩藏在质料之中。在思维达到自身并且只在自身中这样的宁静领域里，那推动着民族和个人生活的利害之情，便沉默了。亚里士多德对于这一点又说：人的天性依赖于许多方面，但这门不求实用的科学，是唯一本来自由的，它因此便好像不是人的所有。"[2] 尽管哲学在它的单个部门，如自然哲学中，要处理具体的对象，于是它看起来似乎是有关实践的，但纯粹哲学本身——就是说本体论的"逻辑学"只处理纯有和纯思。通过这种自足的哲学逻辑学的纯粹性，黑格尔指出了一条对我们现代思想来说格外引人注目的结论：纯粹的哲学理论，是专属于青年的学问，因为青年尚不关心日常生活的利益。在具体的、实践的生活中，关系到的只是范畴的应用，这些范畴却并不纯粹专注于

2　译文沿用《逻辑学》上卷，杨一之译，商务印书馆，1982年，第10—11页。——译者注

自身的"名誉",它们只是无意识地为别的东西服务的。然而处于理论的最纯粹形式中的哲学(在黑格尔那里就是"逻辑学")不为别的东西服务,相反,它就是自己的自由的主人,就好像当一个人进行绝对的哲学思考时,他就是自主且自由的人那样。这种状况非常像自因(causa sui)的神,纯粹理论中的生活也是一种类似于神的、自足的、绝对自由的无条件的或绝对的实在性,因为它不为别的任何东西服务。

有一种理念认为,必须无条件地将哲学的理论当作实践加以考察,因为理论中的自由生活同时也意味着一种人道主义,以及一种使每个人都受到教育的人类图景。W. V. 洪堡称之为"生活在理念中"的正是黑格尔的古典哲学所理解的那种在纯粹理念的纯粹思想中生活。在它的"理念"中——也就是在纯粹哲学中——以及在它的"概念"中所把握的实践的现实性,才是真正的和真实的现实性,它归根到底与理性是同一个东西。但在洪堡那里,通向理念中的现实性和通向"理性的现实性"(黑格尔)的道路不是黑格尔那里纯粹哲学那自身绝对的"理论",洪堡从人类学的角度弱化了它的意义,因此在他那里指的是对世界的"内在直观"。这种内在直观的重要性即使不超过对世界的"外在"直观,至少也与它一样重要,洪堡的弟弟亚历山大·洪堡是位自然科学家,在他身上我们能够看到对世界的外在直观的重要性。洪堡有意识地对作为实践的对世界的外在直观做了观察,他由此得出,对世界的内在直观以及"内在性"本身和自然的、外部的直观之间的不同之处就在于,内在直观是在"唯心主义"的意义上谈论自身(内部)的,也就是说,对世界的直观根据现实性这一理念将"应用"这一成问题的概念从对外部事物的直观转向内部事物,转向人类的"道德"领域。对洪堡来说,理念不再像在黑格尔那里一样,是一种关于思想和观察的原初反思中的概念(现实性),而是一种从外部直观转向自身以及对人的内在性的应用的继发的、第二位的运动。理论的沉思作为一种在理念中对现实性的沉思，会转变为反思-回溯的沉思。这种沉思在最后一批自觉的唯心主义者那里，也就是说，对那些观察世界的外观、理念（idea）和理型（eidos）的人来说，它通过与外部的、不断逼近的"事物""事实"和与之相应的"实践的"世界观的世界形成鲜明的对立，从而为自己辩护。洪堡已经把这种理论性的直观认识行为认作是现实性对它自己的理念式和精神式的占有的改变。通过内在直观而对世界加以反思，从而把握世界的行为，用洪堡的话来说，能让人们得以在现实中"漂浮"，并以这种方式（它不再是一种宗教的方式了）思考生活中的实践。在这种特殊的"漂浮"的人类自由中，事实的和实证的事情中的直接困难就消失了。于是，人们就生活在一种"理念"的世界中，也就是说，他们仍然在现实世界中，但是作为一种能因为精神上把握世界的力量而处于与自身的内在关系中的存在者。事实上他是生活在一个实践的事实已经被精神化了的世界中。洪堡认为，理论的这种基本特征也适用于大学的任务。就如洪堡所说的，老师和学生之间的关系不可以理解为老师是为学生而存在的，而应理解为老师与学生两者都是"为科学"而存在的，因为大学本身无非就是在为科学的"理念"服务，但我们不能将洪堡的意思误解为他对自由漂浮的、纯粹的科学性有一种抽象的信念，并将它理解为现代意义上的教师和学生之间的联系的最后根据。恰好相反。科学和大学在它们真实的现实性中或在理念中是由它们的"内在的"（"道德的"，从根本上来说是人性的）基本直观所规定的，这是因为，如果人不是在向自身的回溯中，从"他自己的存在中"汲取一种"本身就是真实的"，而无须依赖于别的外在的东西的知识的话，人也就根本谈不是是真正的人。这样一种对于内在理念的直观之独立性和自由的教育——同时这样一种直观在它自己的理念,也即在它自己的现实性中就包含了科学以外的事物——本身却要求一种直接的生活兴趣中明确的自由。这是因为,只有当人处于他自己的内在本质中而希求他自身,而非希求外在的现实性时,大学中的教师和学生才是为了希求理念而进入大学的。因此,洪堡的大学计划的第一句话就是:"只有那些人们能够通过他自身且在他自身中发现的东西,才会被保留在大学中:那就是对纯粹科学的洞见。""对于这种根据自己的理性而行动来说,自由是必不可少的,孤独则是大有助益的,并且从这两个关键点出发,才产生了大学的整个外部结构。"但洪堡不是在要求人们从事实的科学中走出来而仅仅沉醉在一种抽象的理念中,同时又在实际上局限于实证的科学领域中;相反,他要求的是,人们在建立科学的过程中,从一种非理念的生活中,并且在此意义非理论的生活领域中抽身出来,并专注于一种致力于内在自由和致力于反思世界的对世界的直观教育。因此在这一意义上,教师与学生的关系对双方而言都处于科学的"理念"的统领之下。这种对作为生活理念中的理论行为的表达,与单纯的实践行为不同——在洪堡那里,这种理念建立在自由的精神之独立的可能性之上,同时又通过对世界的反思而返回到自身,因此它是作为另一种和第二种可能性,而与实践的行为相对立。

这种只能以自由的人类精神为条件的自由,即从单纯的"实践经验"(亚里士多德)或从直接的"对生活的兴趣"(黑格尔)中超脱出来的自由,从某种意义上说,却是一种非常受制约的自由。这种纯粹的理论的前提条件是,必须要求一切"生活必须"都已经得到满足了,人们才能完全献身于亚里士多德所说的那种纯粹的沉思。在黑格尔那里也一样,对世界的内在理念的直观也是直接的生活兴趣都已得到满足后才产生的特定的自由。如果支持一个人过纯粹理论生活的社会基

六　作为哲学问题的理论与实践

础和事实基础没有彻底准备妥当的话，古典的精神理论和关于理论的，包括关于理论和实践关系的理论，就会随之消失，因为正是那些社会基础才能让生活在实践中的精神性的人转变为精神的生产者，让求知的人转变为受到聘用的职业科学家。给哲学家冠上"教授"这一头衔就展示了这种五味杂陈的转变——哲学家变成了"入世的智者"。这一社会的、职业的和经济生活中的问题以不可阻挡的势头侵入和渗透所谓的精神生活和对精神性的东西的兴趣，因此理论与实践的关系也就改变了，随之改变的还有理论的整个布局。随着黑格尔关于绝对的绝对哲学的没落，哲学的"自足状态"就结束了，取而代之的是关于各种前提条件的受外在约束的哲学。费尔巴哈和马克思为这种变化做出了第一次决定性的表述，前者通过反对绝对哲学中"思想的快乐状态"[3]；后者则通过批判理论与实践的关系的整个格局。通过对已有的"理念"的理念化，"意识形态"的概念就走上了自足的"概念"的位置，现在就需要用"意识形态"这一概念，才能阐释理论与实践的关系。19世纪40年代，黑格尔一去世，人们对整个精神生活和它的理论概念以及对实践的看法，立刻就发生了彻底的断裂。在哲学内部，紧随着这一断裂而来的是一种自我失望的过程，此后，理论和实践的关系、理论行为和实践行为的关系就从根本上改变了，这在马克思那里表现为这样一条著名的纲领："以前的哲学家都致力于解释世界，但问题在于改变世界。"如果这句话只是一种实践-政治方面的表达，而与哲学理论无关的话，那么它还是完全无害的。但马克思所要求的是哲学理论也必须变成"世界的"和"实践的"，因此它就有了一种理论-哲学方面的意义；因为它包含了对独立的、纯粹哲学的或者也可以是纯粹

3　见我发表于《逻各斯》(*Logos*)杂志的文章（1928）《L. 费尔巴哈与德国古典哲学的终结》(收录于本卷 S.1ff.)。

科学的理论的可能性的根本质疑和重新审视。马克思通过在"意识形态的"联系的意义上对理论和现实的关系进行重新解释,来展开这种审视。根据这种"意识形态"的联系,理论任何时候都是对实际存在着的"实践的"东西,并且最终是对社会经济生活关系的表达,无论它自己是否知道这一点。如果我们根据这种"意识形态的"原则阐释理论与实践的关系的话,生活的实践就无论如何也应当拥有相对于理论的优先地位(即"存在"相对于"意识"的优先地位),这一观念至今已产生了各种各样的变形和争论,其中大部分都在"知识的社会学"的框架下进行。

马克思的哲学就已经谈到了理论要成为"真正的"理论,就必须从根本上与实践相适应这一观点,但问题在于,应当如何解释这种相互适应的关系:是从实践出发规定理论,还是从理论出发规定实践,抑或是从这两者出发回到一种作为这两者的共同基础的原初的同一性?德国唯心主义的古典哲学想要超越这两者间非此即彼的选择,而回到一种原初的同一性;康德的批判哲学在两者间大致保持中立,但似乎稍微偏向理论一边;马克思则毫无疑问地偏向实践一边。我们来看一下关于这个问题的三种论述。

比方说,谢林就显然试图超越关于理论行为和实践行为的差异的流行看法,而回到差异背后的一致。他说:

> 无论对于这一方面或另一方面,它都需要用有限的知性对任何一个部分加以把握。人为设定对立所根据的原因只是我们对知识和行动的概念是不完善的,人们都以为,知识是用来把握行动的手段。但对于真正绝对的行为来说,它和知识的关系不是这样的;因为真正绝对的行动正因为它是绝对的,就并不为知识所规

定。知识中的那种同一性同样也体现在绝对以自身为根据的世界中的行动里。我们这里所讨论的并不是那些表面上的行动,也不是表面上的知识:表面的知识和行动都是随对方而生又随对方而灭的,因为它们都只是另一种现实性的对立面。——那些将知识当作手段、将行动当作目标的人无非是在讨论日常的行动和欲望,在日常行动中,知识当然只能被当作手段。这些人应该学习哲学,以便在生活中完成他们的职责;他们需要哲学还因为,他们并不是出于自由的必然性行动,而是被他们手头所有的科学的概念局限住了。总的来说,科学需要界定自己的领域、完成自己的职责或者改善自己那已经堕落了的核心。他们认为,几何学之所以是一门美好的科学,并不是因为它具有纯粹的清晰性,而是因为它能够丈量土地、教人们造房子,或者让商船航行;但它同样也可以服务于战争,这时它就贬低了自己的价值,因为战争完全就是反对人类之爱的。而哲学则从来没有屈从于任何一种目的,尤其没有屈从于那些最为不善的目的,也就是说,哲学是反对那些肤浅的头脑和只知鼓吹实用的人的,这些人会将知识引向战争,因此他们该受到最严重的谴责。——那些没有把握到知识和行动之间的同一的人却会带来这种恶劣的倾向,也就是说,如果知识和行动是一回事、两者总是互相伴随的,因为即使人们没有亲力亲为,也总是能知道什么才是正当的。如果他们不根据知识进行行动,并且通过反思说出,知识并不是行动的手段,这完全是正确的。只有当他们期待知识带来行动时,他们才是错误的。因为他们没有理解绝对中的关系,并且没有将关系中的一方,即目的,与关系中的另一方,即手段,看作是一种互相依赖的关系。——但除了通过同一种绝对,没有什么别的东西能让知识和行动达到真正的和谐。没有哪种真正的知识不是对无知的直接或间接的表达，同样的，也没有哪种真正的行动不是通过许多中间环节表达出原初的行动和原初行动中的上帝的本质。

谢林最终想说的是，通过回溯到一个绝对的原初知识或原初行动，整个关于绝对的绝对哲学的理论基础，就能够作为对知识和行动的对立的纯粹哲学式的解决方案的终极背景。这一方案的古典形式以亚里士多德为代表，它的现代形式则以黑格尔为代表。对这两个人来说，理论的生活都是一种属神的东西，因此在原则上优先于一般的行动和单纯关于实践的理论。

康德则试图从批判哲学的视角出发，中立地澄清理论与实践的关系问题，他在关于普遍法则的论文中专门讨论了这一问题："理论上正确的东西，在实践中却行不通。"康德区别了假言的实践和真正的实践。假言的实践意味着缺乏固定的理论规则和操作原则。而真正的实践则表示，它是实际可行的，因为它遵循关于实践的普适的规则，也就是根据"判断力"而将理论付诸实践，而不需要知道和解释这理论的影响。因此，如果某一理论在实践中行不通，其原因并不在于即使没有理论也能进行实践，而在于人们对关于这一实践的理论还掌握得不够，或者更确切地说，对这一理论付诸实施得还不够。康德说："因为他相信：在实验和经验之中到处摸索而不必搜集某些原则（这本来就是我所称之为理论的），也不必对自己的专业设想一个整体（这如果处理得法，就叫作体系），他就能够比理论所能带动他的，走得更远。"[4] 我们可以"忍受"一个笨人因为缺乏理论知识而认为他的假想的实践没有相应的

---

[4] 译文沿用《历史理性批判文集》，何兆武译，商务印书馆，1991年，第165页。——译者注

理论,但绝对不能容忍一个所谓的"聪明人"因为在实践中的情况与理论所描述的不同,就只承认理论只具有单纯理论上的意义,而否认它也具有实践的意义。康德说,在这意义上,如果一个实践的技师想要否认机械学——他就是根据机械学才能够进行实际操作的——这就像有理论家否认理论的价值一样,人人都会笑话他愚蠢;因为如果关于技术的科学只是凭空想象出来的,而与实践不符合且无法在实践中证实自己的正确性,那么也就根本不会有实践的机械师存在了。但以上两者不会同时为真,那么原因就只能在于,相关的机械理论上不完备。对于哲学也是一样的,比方说,如果认为某一义务的概念可以在理论上让人满意地进行阐释,它是一种真正善的伦理学理论,但它居然在人类的实践生活中不可行,这在康德看来简直就是"哲学的耻辱"。

"这条在我们这个光说不做的时代里已经是习以为常的准则,当其涉及某种道德的事物(德行义务或权利义务)时,就会导致极大的危害。因为此时,它所要处理的乃是理性(在实践中的)规范,而在这里实践的价值就完全取决于它对为它所依赖的理论的适应性;如果把实行法则时的经验的(并因此也就是偶然的)条件弄成法则本身的条件,而且这样就把根据迄今为止的经验所估计为一种可能的结局的实践转化为有权去主宰那种其本身是独立自在的理论,那就一切都完了。"[5] 康德是以一种极其哲学的方式,也就是从规范的角度出发,排除流俗的关于理论和实践的区别的看法的,他认为它们只有理论理性与实践理性之分。理论作为纯粹的和范导性的理性保证其自身是一种更为高级的和最高级的东西,因为理性-理论的法庭审核一切实践。流俗的看法认为理论要么与实践无关,要么以实践为准,而康德颠倒了

---

5 译文沿用《历史理性批判文集》,第 167 页。——译者注

这种看法，他认为，在哲学的看法中，实践以"理性"的理论观点为准。——黑格尔对那些与理论不符的实践的看法同样是出于这种纯粹哲学的立场，他说，"出错的总是事实！"自然科学家 A. V. 洪堡却认为，黑格尔的历史哲学是一种坏的理论，因为它与"事实"不符。他在给法恩哈根（Varnhagen）的一封信中说："黑格尔的历史哲学固然是一片森林，但对于像我一样如昆虫般羁绊在土地上，并且被自然的多样性深深吸引的人来说，他那种对出错的总是事实的断言和对美洲及印度世界的蔑视，真的是对自由的可怕剥夺。"涉及它与历史哲学的关系时，黑格尔认为，在美洲这一新世界中，绝对"精神"的教养水平也像那里的动物一样，处于虚弱无力的鳄鱼的水平，那里整个土地无论在地理上还是物理上都处于"不成熟"的状态。对这种说法，A. V. 洪堡评论说："我宁愿放弃黑格尔胡扯的营养丰富的欧洲牛肉，我宁愿和所谓'虚弱的'（可惜它足有 25 尺长呢）鳄鱼为伍。"黑格尔的话基本被当作个笑话。可是，只有当我们认为整个纯粹哲学都是个笑话时，才会觉得它好笑。但它自己不会这样认为，它自认为是极其严肃的东西，对它来说，实践作为这种否定的表达，是任何一种以自身为基础建立起来的哲学、任何一种站在哲学理论立场上的哲学理论自身顺理成章的结果。于是这里就出现了任何一种对理论和实践的差异的纯粹哲学式解决都会碰到的成问题的地方。

马克思就是从这一点中顺理成章地入手的，并且他以一种新的方式展开对理论和实践问题的讨论，他并不是通过直接诉诸纯实践，而是通过对纯理论本身的批判来把哲学的整个问题引向实践。马克思的做法不是用一种纯粹的实践来反对纯粹的理论，而是处理"实践以及对实践的把握"。但这种把握本身无非是对所谓纯粹理论在事实上的非纯粹性的批判性陈述。马克思也同样没有用纯粹的理论来反对前者，而是诉诸一种对有条件的现实性及其可能性的有条件的描述。"这种观察方法并不是没有前提的。它从现实的前提出发,而且一刻也不离开这种前提。它的前提是人,但不是某种处在幻想的与世隔绝、离群索居的人,而是处在一定条件下进行的、现实的、可以通过经验观察到的发展过程中的人。只要描绘出这个能动的生活过程,历史就不再像那些本身还是抽象的经验论者所认为的那样,是一些僵死事实的搜集,也不再像唯心主义者所认为的那样,是想象的主体的想象的活动。"[6] 马克思尤其指出了现代科学和哲学的特殊前提是市民社会,这一点也影响到了"纯粹"理论的目的。在马克思看来,这一目的之可能性的基本条件虽然不外乎是人类劳动的分工,即分为纯粹的精神劳动和纯粹的肉体劳动。(事实上这一点也是从亚里士多德到黑格尔的理论的前提,但对他们和他们的时代来说,这还不是一个社会性的问题,也就是说,不是关于全人类的问题,因此也就还不是哲学问题。)马克思说,从这一瞬间起,可以看到,正式劳动分为一边是物质的劳动、另一边是精神的劳动这一点,让精神的意识有了一种自负,认为自己是某种和单纯的意识不同的东西,是对存在者的社会-历史实践的理论表达;从这一瞬间起意识才有可能从实践的世界中解放出来并转向一种"纯粹理论"的纯粹教养。但如果这种理论(例如作为神学或哲学的理论)与现行的社会和经济相矛盾,那么它事实上也只能将与这现行的关系的对立作为自己的基础。由此马克思就解释了现代科学内部理论与实践的矛盾,也就是说作为"纯粹科学"的理论与实践处于根本上的区别和对立之中,科学的理论的承载者,也即市民社会中的知识分子有意避开这个事实的、历史性的东西,他们想要避开政治、社会和经

---

[6] 译文沿用《马克思恩格斯全集》第三卷,第48页。——译者注

济生活中的公众实践。由此产生的是现代科学生产的极端无节制性。马克思还同时将理论与实践的关系作为一种意识形态意义上的理论符合历史的关系来加以分析,也就是说,在实践优先的前提下分析这种符合关系。但在马克思看来,实践在任何一种符合关系中的优先地位之根本的和最终的尺度是"活生生的世俗问题",也就是说,关于经济生存的问题。只有这一问题才是"绝对",因为对于赤裸裸的生活来说,只有它才是绝对必要的东西。

在马克思看来,这种对理论与实践在意识形态意义上的符合的解释始终都是市民社会的科学和对它的理论把握所要处理的首要问题。但这一问题的可疑之处不在于理论与实践的关系在处理某些问题时会发生松懈,而在于它们的联系本身;也就是说,产生一种具有特定指向的对理论与实践之符合的解释,必须把理论与一种特殊的"事实上的"现实性根据结合起来,这样才能给出一种"符合"现实的理论表达。在今天,对于精神的力量的信念,以及对于独立的理论的信念——无论是在科学和哲学的领域之内还是之外——都已经瓦解了,这一点早已成了一种得到公开承认或默认的一般看法。但这一信念解体后究竟走向了哪里?以下就是对这一问题的回答:由于精神或理论本身都不是独立的东西,因此它们都是关于实践的精神或理论。马克思的说法是:精神,无论如何都无非是关于某种"生产关系"的精神,也就是关于某种特定的经济和历史的生活关系的精神。这一说法非常直接和根本,但它是其他一切事情的基本根据。在这意义上,马克思的《资本论》可算是某种"精神现象学",也就是关于资本主义的精神的现象学。所谓的生活哲学也无非是一种模糊而又教条的回答,因为它们最终要么毫无根据地把一切归结为宇宙和活生生意义上的"生活"[克拉格斯(Klages)],要么就是把它归结为性冲动(弗洛伊德),要么就归

六　作为哲学问题的理论与实践

结为社会-历史层面的生命联系（狄尔泰）。他们各自把自己找到的那样东西当作人类生活的"根本"现实性的根据，并在此基础上展开对所谓精神、知识和理论的不同解读。

关于理论和实践的关系的种种解释处于一种无政府状态，但这种无政府状态并非出于"纯粹理论"的原因，而只是出于最高的现实原因。因为如今已经不存在某一种能够支配那种造就了人类生活本身的现实性的固定的概念了，因此，对于精神、知识和理论的解释，就只有大量各式各样的"观察角度"，而不再有单一的和哲学式的基本把握，无论是对于精神或理论，或者是它们与实践的关系，都是如此。但这一缺陷并非通过为理论添加一些与实践的联系和符合就能弥补的，事实上这一缺陷根本就不能通过理论的沉思来改善，而只能通过让当代人的现实精神生活在行动中变为现实性，才能被扬弃。因为这种现实性迫使对于精神和对于理论的解释以及迫使它们与实践的关系都转向某一单一的方向，这一强迫是具有内在必然性的。如今，这样一种为自身所强迫的和对所有人普遍适用的现实性，其核心无疑是社会和经济问题，并且只有这样，关于理论与实践的关系的意识形态解释才能起作用。想要证明意识形态的解释（当然也包括以精神分析的方式把精神和生活的现实的关系理解为一种"升华"）是"非精神的"、肤浅的和片面的，从而对它们加以拒斥，这是件很容易的事情，困难的却是，在不存在关于更为"精神的"现实性的基本经验的情况下，想要不仅理论中，而且在行动中克服对理论与实践关系问题的古典哲学式解释的颠覆——毕竟这种解释是在对人类精神力量的信念中成长起来的。并且只有做到这一点，黑格尔的下述命题才能重新变成真理：理论的劳动比实践的劳动更彻底地在世间实现自身，因为"首先发生的是观念领域内的革命，然后现实才被迫跟上理论的步伐"。但其实理论停留在现实生活的实践之后，于是它也无法在实践发生之前给予指导。并且，如果它继续断言自己处在纯粹理论的意义之中，即作为"价值中立的"、"无前提的"、纯粹"客观的"或"尽可能"客观的理论，并且此外还通过与关于所谓现实生活（政治的、经济的或者也可能是宗教的）的早已被所有人承认的单纯实践相结合，才事后为自己取得了一个通向"价值"的"立场"的话，理论就会一直落在现实性的后面。

七
对赫伯特·马尔库塞的《理性与革命》的两篇评论

1941/1942 年

I

很少有研究曾把关注的焦点和重点放在从黑格尔到马克思的转变上，也就是从"理性"到"革命"的转变上，尽管恩格斯就此问题提出过一个大大挑战过德国教授们的貌似矛盾的论点：德国的工人运动是黑格尔哲学的遗产。但马克思早期文稿和黑格尔的《耶拿实在哲学》的全文出版刺激了相关研究的复兴，以下几位作者都发表了相关文章，如 J. 普兰格（J. Plenge, 1911）、G. 卢卡奇（1923）和 S. 霍克（S. Hook）。但这些文章无论是其高度概念化的语言还是内容都太艰深了，因此我们没法指望它们的翻译能像马尔库塞花大力气把黑格尔和马克思的书翻译成英语那样，能让哪怕最耐心和最聪明的读者得到阅读的乐趣。但另一方面，抽象的哲学术语和标准也不在于它完全缺乏常识的含义。在彻底分析一个现象时，黑格尔和马克思的文笔都具体得不能再具体了。但很可惜，黑格尔语言中的证据明确、丰富性，甚至文笔的优美，在英译中都荡然无存——尽管它可能翻译得很正确——因为想要把母语的自然气氛和肥沃土壤中才存在的词语的联系、暗示和弦外之音保留在另一门语言中,这几乎是不可能的事情。比方说,像"Bei-sich-selbst-sein im Anderssein"这个术语,马尔库塞把它翻译为"to be itself in the otherness",原文在德语的背景中显得智慧而巧妙,但在英译中变得只剩下抽象难解,即使我们还是勉强能明白它的意思。

我们难以欣赏马尔库塞的学术成果的另一个原因在于他自身。他的抱负在于,把黑格尔的基本概念解释成反对走向法西斯主义的理论和实践,甚至可以说,法西斯主义和国家社会主义的根源就在于对黑格尔的实证主义的反动,"而黑格尔则经由马克思走向列宁"。对于指责黑格尔铺下了通向极权主义国家的道路的说法,马尔库塞只给出一个道歉式的辩护,但这一辩护毫无意义,因为它迫使马尔库塞与他的对手采取同一水平的反驳,即坚持说,黑格尔是个反法西斯主义者,而且他铺下的道路是通向马克思的。根据马尔库塞的假设和阐释,仿佛黑格尔只是马克思之前唯一一个真正的马克思主义者。但马尔库塞这样一位明智博学且能干之士,会如此盲目地陷于要么是"法西斯主义"、要么是"马克思主义"这种过时的二分之中,而且还用"黑格尔究竟是赞同还是反对A.罗森贝格(A. Rosenberg)先生或E.克里克(E. Kriek)先生的'世界观'"这种古怪的问题毁了他的精妙研究,这真是让人吃惊。但幸运的是,马尔库塞的著作的价值很大程度上独立于他自己的意见倾向,尽管他的观点由他的政治意图所决定。

马尔库塞的《理性与革命》此书的第一部分是对黑格尔哲学的基础的精彩分析,其关注的重点尤其是黑格尔早期那些尚未被翻译成英语的作品。第二部分处理从黑格尔的哲学向马克思的社会理论的转变,包括一些对费尔巴哈和克尔凯郭尔的简短讨论,但仅限于他们论及社会问题的文字。在这两个部分中,对黑格尔和马克思对劳动概念的分析都具有极端的重要性,因为只有这一概念才揭示出,黑格尔和马克思之间的关系比传统的解释所认为的要近得多，也根本得多。第三部分中马尔库塞试图通过检验表现在黑格尔主义的实证主义的反对者，如圣西门、A. 孔德、F. J. 施塔尔和洛伦茨·冯·施坦因的作品中的后黑格尔主义的社会和政治理论，来论证他的观点。上述几人尽管背景和态度不同，但都离开了从黑格尔延续到马克思的普遍和辩证哲学，而转向对给定的"事实"的非辩证的接受，他们按照自然和自然法的模式研究社会关系，把社会学从哲学中解放出来，而不像马克思所假装的那样，去"实现"哲学。

我们可以反驳说，如果和费希特、康德做比较的话，黑格尔自己也是个"实证主义者"，因为没人像他那样强调承认（anerkannte）"存在的东西"，即整个现实世界，虽然他也区分了暂时的存在和真正的现实性，并且认为后者才是本身符合理性的。我同意马尔库塞的下述论断：实证主义的哲学是自相矛盾的（contradiction in adjecto），因为真正的哲学绝不仅仅是对经验知识的综合；但我不同意马尔库塞自己的假设——这一假设由他自己对给定的事实的接受的反对所决定——哲学的任务首先是对给定的事实陈述的批判，并且按照马克思主义的倾向，是以"幸福"的名义改变世界。青年黑格尔显然更接近马克思的社会和政治批判，而非更接近《法哲学原理》和《宗教哲学》的作者。但黑格尔对哲学的一般界定绝不可被这样一位思想家随意评判：他完全依赖于那些与黑格尔那宽容的"承认"完全敌对的人的概念结构。马克思将黑格尔的"Aufhebung"扬弃概念（也就是在保留的同时又予以否认），变成一种对存在着的矛盾的简单废除，但黑格尔从来没有认为无限和有限、自由和命运、国家和社会之间的矛盾可以而且应该被取消。黑格尔竭力想达成的，无非是通过一个中介的过程和和解，在一个更高的层次上把握它们，仅此而已，不多不少。黑格尔既不是反动的，也不是革命的；但他的法哲学至少拥有两个同样重要的方面，它们在理论上的表达就是他对柏拉图的国家和卢梭的社会都同样加以批判。诸如无产阶级的存在"反对理性的实现这一宣称"这样的说法，对马克思来说有多么具有决定性，它对黑格尔来说就有多么无意义，因为对马克思来说，像"理性""否定"和"自由"这样的概念和黑格尔那里不是同一个意思。当然他们两人都想努力把给定的事实上的"异化"世界转变成真正属于我们的世界，然后主体才有可能在它的所有对象或"他者"中知道和占有自身。但黑格尔走进了"绝对精神"及基督教的领域，而马克思则在市民社会的范围内斗争，并坚称宗教是一个"颠倒的世界"。黑格尔从解释基督开始他的学术生涯，马克思则从研究两个经典的无神论者开始。并且，由于对黑格尔来说，基督教是一种绝对而又历史的宗教，因此黑格尔的抽象概念中的"历史内容"——马尔库塞对这一概念也反复强调——绝不能被降低为社会-政治背景。我认为，马尔库塞把黑格尔的世界历史说成是"歌颂和赞美中产阶级的历史"的中产阶级社会的自我意识，并且这种意识据说已被马克思和列宁消灭了，这是种很荒唐的说法。除了马尔库塞消除黑格尔的理性、精神和心灵概念——它们虽然"在时间中"展开，却从未被它们的本质所影响——中的神学模式所带来的不连贯之外，我们还可能会疑惑，法西斯主义和国家社会主义的崛起是否恰恰证明了马克思关于中产阶级的理论是一个巨大的错误，以至正统的马克思主义者都放弃了这一理论。马克思蔑视而且仇恨"小资产阶级"，因为它完全不参与资产阶级和无产阶级之间的辩证斗争，因此他预言对这两个阶级的取消会导向一个共产主义的社会。但在现实的未曾预计到的历史中，无产阶级变得越来越像资产阶级了，因为旧的资产阶级已经无产阶级化。其结果就是一种新型的中产阶级，正是这一中产阶级给了意大利和德

七 对赫伯特·马尔库塞的《理性与革命》的两篇评论

国的极权主义运动最重要的支持。只有那些对黑格尔的了解完全被黑格尔对马克思的历史影响捆绑住了的学者才会被马尔库塞的下述论调说服：黑格尔的"理论"概念本身就是革命的，并且它被马克思"革命地"实现了。

卡尔·洛维特
哈特福特讨论班基金，康涅狄格州哈特福特

对洛维特先生的回答

《哲学与现象学研究》编辑

亲爱的先生：

洛维特先生在对我的《理性与革命》的评论中，似乎表现出了在面对我们时代的伟大历史性斗争时的立场，与哲学的尊严并不相容。不然就很难理解他把黑格尔哲学与法西斯主义哲学间的关系问题看作一个"古怪的问题"。洛维特先生是从黑格尔到马克思这一发展进程的好学生，他近期也出版了题为《从黑格尔到尼采》的书。他知道并且承认黑格尔的社会和政治哲学是其整个体系的本质组成部分，而且黑格尔与19世纪中叶对自由主义的反动之间也存在内在的联系。如今，黑格尔被认为需要为法西斯主义和国家社会主义的某些基本概念负责。对这一说法的反驳的努力并非什么"道歉式的辩护"和"政治意图"。因为如果一个思想体系为一个充满压迫和剥削的社会体系做出理论准备和主张，那么它无论如何都是一种错误的哲学。黑格尔的哲学却集中于理性和自由的范畴。自然，黑格尔把它们当作存在论的范畴进行展开，但它们始终带着对国家和社会的具体形式的关注，并产生了完全社会性和政治性的结论。如果这些结论真的为法西斯主义的意识形态和实践做出过贡献，那么他们就会拒绝接受他的哲学的终极范畴，并把它装扮成对愚昧和奴役的鼓吹。

洛维特先生说，在我的解释中，黑格尔显得"只是马克思之前唯一一个真正的马克思主义者"。然而，我在分析关于社会的辩证理论的导论段落中所表达的却是截然相反的意思：

> 从黑格尔向着马克思的过渡，从各方面看，都是在转向一种关于真理的彻底不同的秩序，对它不能仅仅做出哲学的理解。我们应该看到，马克思理论中的所有哲学概念都属于社会和经济的范畴；而黑格尔那里，则所有的社会和经济范畴都是哲学概念……马克思理论中的任何一个单个的概念都具有彻底不同的基础，就好像新的理论具有新的概念结构和框架，这种新的框架是不能被归入到之前的理论中去的（p. 238）

洛维特先生坚持说马克思把黑格尔的扬弃概念变成了"对存在着的矛盾的简单废除"。但根据马克思的说法，现实存在的矛盾只有通过对它们的内容的"自由化"才能解决，并且，它会以一种全新的形式实现在发展的更高阶段中。洛维特先生同样完全误解了黑格尔的辩证概念，就好像他误解了马克思的辩证概念一样。洛维特先生声称，黑格尔"所竭力想达成的是通过一个中介过程和和解，在一个更高的层次上把握它们"，他显然也把黑格尔的辩证法弄成了一种肤浅的过程哲学。黑格尔反复说，在辩证的过程中，任何一种存在的特殊形式都只有通过"死亡"才能达到它的"真理"。（例如《逻辑学》，麦克米伦出版社，第一卷，第142、149页；第二卷，第246页）

七 对赫伯特·马尔库塞的《理性与革命》的两篇评论

洛维特认为我的"无产阶级的存在反对理性的实现这一宣称"的说法一定是"对马克思来说有多么具有决定性,对黑格尔来说就有多么无意义"。我完全同意,我自己曾经这么说过,但这只是为了比较黑格尔主义的哲学和马克思主义的理论之间具有不同的理论基础。

赫伯特·马尔库塞
社会研究所,纽约

对马尔库塞的评论的回答

《哲学和现象学研究》编辑

亲爱的先生:

1. 我同意马尔库塞所说的,像黑格尔的哲学这样一个关于自由和理性的体系从根本上是无法与国家社会主义所建立起的社会体系和解的。然而,我认为,去和那些用廉价的政治诉求歪曲和榨取黑格尔的形而上学的可怜的所谓哲学争辩,也并不值得。即使是最伟大的政治斗争,也不会以哲学的方式判断一种哲学作为形式的准则,而只关心它自身的历史暗示。

2. 既然马尔库塞同意我说的,无产阶级的存在与黑格尔关于他所构想的理性之实现并无矛盾,那么我就不明白了,他为什么无法同意我进一步的结论:在黑格尔和马克思那里,理性和自由具有截然不同的意义——两者并非只有物质基础上的不同。可惜,这种基本的不同因为马克思沿用黑格尔的概念框架而变得模糊了。

3. 我认为,马克思并不想要消除资本主义文明的成果,而是宁愿保护它们,并通过对它们的否定而使它们真正得到自由。但很明显,

他关于黑格尔哲学的整个讨论是建立在最终消除（这一点明确地表现在《马克思恩格斯全集》第三卷，第166页）那些在黑格尔那里表现为一个辩证过程的全部矛盾。黑格尔哲学的核心在于承认理性的和本质的矛盾，马克思理论的核心则在于反对非理性的矛盾的存在。

卡尔·洛维特

哈特福特讨论班基金，康涅狄格州哈特福特

II

马尔库塞关于从黑格尔到马克思、从"理性"到"革命"的转变的解释，想要表达的是：黑格尔的基本概念是反对导向法西斯主义倾向的；事实上，法西斯主义和国家社会主义的根源在于对黑格尔的实证主义的反动，"而从黑格尔出发通向列宁"。马尔库塞为了反驳黑格尔为通向极权主义铺下了道路这一看法，采取了一种道歉式的辩护，但同时他强迫自己采取了截然相反的立场，即坚称黑格尔是个反法西斯主义者，并且他铺下的道路是通向马克思的。为了证明这一论点，马尔库塞分析了黑格尔的哲学和马克思的辩证理论。在对这两者的分析中，劳动的概念占据了核心地位。这一分析出色地呈现了黑格尔哲学中的动态具体化过程，甚至是它"唯物主义"的一面，同时，也呈现了马克思理论中哲学化的甚至唯心主义的根基。真正的马克思主义其实比大多数马克思主义者所以为的要复杂得多，而真正的黑格尔主义也比我们的新黑格尔主义者所想象的现实得多。我认为，学院派的黑格尔主义者和马克思的追随者都可以从马尔库塞关于融合这两位思想家的尝试中学到很多。

七 对赫伯特·马尔库塞的《理性与革命》的两篇评论

《理性革命》的最后一部分处理的是圣西门、孔德、F. J. 施塔尔和洛伦茨·冯·施坦因的作品中的实证主义反动。尽管他们的背景和意图各有不同，但他们都离开了从黑格尔延续到马克思的普遍和辩证哲学，而转向对给定的"事实"的非辩证的接受，他们按照自然和自然法的模式研究社会关系，把社会学从哲学中解放出来，而不像马克思所假装的那样，去"实现"哲学。哲学对这些人来说只是各种特殊科学所采取的基本概念和原则的总纲要而已。"社会变成了一种研究中的独立领域的主体要素。社会关系和法律对这一独立领域的统治不再像在黑格尔的体系中那样，来自个体的本质；它们也不再被当作理性、自由和权利的标准。""绝对主义的真理"的超越性要求"否定"给定的事实，但只有马克思坚持了这一点，而孔德反对批判和否定哲学在法国的表现形式，施塔尔反对植根在德国的黑格尔主义中的革命力量。他们两人都深受反革命的作家德·麦斯特和伯克的影响。

我同意马尔库塞说的，"实证主义的哲学"根本就不是哲学，因为哲学远非关于经验科学的大纲，但我不同意他以马克思的模式解释黑格尔的"否定"和"自由"。正是马克思本人认为，黑格尔之后对现存的秩序的接受必须被理解为他自己的原则的必然后果：他只理解"存在的是什么"，却不想改变世界。诚然，青年黑格尔比老年黑格尔更具批判性，因为青年黑格尔看重的是将来，并因此而否定"存在的是什么"，但他关于否定的概念不是由任何特殊的现实所决定的。黑格尔的概念根本就没有什么特别的底层结构，相反，它只具有一个同样把握和理解各种各样的现实的普遍结构。因此，"否定"并不能仅仅根据它的批判含义来理解，也不能按照黑格尔左派所强调的政治背景来理解。马克思将黑格尔的"Aufhebung"概念扬弃（也即在保留的同时又予以否认），变成一种对存在着的矛盾的简单废除，但黑格尔从来没有认为无限和有限、自由和命运、国家和社会之间的矛盾可以而且应该取消。黑格尔所竭力想达成的,无非是通过一个中介的过程和和解,在一个更高的层次上把握它们,仅此而已,不多不少。另一方面,对于黑格尔哲学只有一个"以否定的方式"进行的"积极的"反动——谢林的思想——但它完全是哲学层面的问题,不能把它简单地理解成语词上的反动。伟大的哲学家们总是即革命又反动的,对于给定的事实陈述,他们不会像马克思那么偏执地、不由自主地否定它们。

当然,像马尔库塞那样强调黑格尔的形而上学术语中的历史内容是很有意义的。但只有相信历史唯物主义的人才会认为,在黑格尔哲学中得到解释和臻于完美的古典哲学和基督教传统,竟可以被还原为中产阶级社会的历史。

卡尔·洛维特

哈特福特讨论班基金

八
马克思早期文本中的自我异化问题

1954年

I

马克思在分析资产阶级的资本主义世界时所使用的一个特殊概念是"人的自我异化",它是对资产阶级政治经济的"解剖"。对马克思来说,"政治经济"包括的是人的经济生存和他对这种经济生存的人类意识。马克思认为生产的物质条件是社会的"骨架",因此他把重点从黑格尔的"市民社会"转移到"需要的体系"本身。同时,马克思的想法暗示了一种特殊的"唯物主义者"的命题,即生命的物质生产对于其他任何条件具有最基本的重要性。这最终导致了一条粗鲁的马克思主义的命题:所谓的物质"基础"是一个基本的地基,在此之上才建立起了上层建筑;因此这些上层建筑就必须被理解为,它们是从"地基"之中十分意识形态地产生的。马克思主义的教条主要就是从这一粗鲁的形式中变成批判的主体的。但马克思自己支持这一解释,恩格斯则更甚,而事实上马克思在开始政治经济学批判前采取的是哲学的术语。

在这一方面,马克思的思想发展可被总结为:首先他以哲学的方式批判宗教，然后以经济学的方式批判宗教、哲学、政治和其他一切意识形态。可是，用马克思自己的话来说，对于人类生活的任何一种表现的经济学解释的"最终结束"都会变成他对黑格尔的形而上学和政治哲学的批判视角——用黑格尔的话来说，"一个失去了活生生的动力后留下的残骸"。为了重新发现马克思的人类自我异化分析中的活生生的动力，我们必须从《资本论》转到他早期的哲学文本；我们发现，比方说，1867年所发表的《资本论》第一章中的"活生生的动力"早在1842年就在《莱茵报》中关于偷盗林木的讨论中出现过。马克思对于资本主义生产过程分析的最初形式表现为人与自身相异化。对于作为一个黑格尔主义者的马克思来说，资产阶级-资本主义表现为一种特殊的"非理性"现实，是一个理性的人在其中成为非人、被扭曲、变得去人性化的世界。在他的教条论点和他于1843年写给胡格的一封信中，说自己是一个"唯心主义者"，"迫不及待地"想要"把人类变为人类"。因此我们就知道，马克思首先关注的是人本身，这一点即使在他从无产阶级中发现了"新人"后也未曾改变。为此马克思的最终目标是对人的"人性化的"解放，这种解放不只是法律意义上的——也就是说，他追求一种"真正的人道主义"。

在与马克思同时代的德国哲学家中，把人当作它本身的倾向是费尔巴哈思想的基础，他想要把作为形而上学的哲学转变为人类学的哲学。对费尔巴哈来说，黑格尔的绝对精神哲学是纯粹哲学的最后一次实现；费尔巴哈像马克思一样站在黑格尔的对立面，他发展了一种关于作为人本身的人的批判学说。人本身在黑格尔关于绝对、客观精神和主观精神的哲学中并不具有太重要的地位，他本人把普遍"本质"定义为"精神"和"自我意识"（《哲学科学百科全书》，第337页）。在黑格尔的社会政治哲学中，只有在"物质需要的主体"这一标题下，

八　马克思早期文本中的自我异化问题

人才表现为"人",而这一标题从属于被黑格尔理解为市民社会的"体系"。因此,当黑格尔谈到"人"时,他所想到的只是"市民",也即作为物质的经济需要的主体。

黑格尔和马克思都不认为人在这一意义上实现了他的普遍本质。在黑格尔那里,这只是一种特殊性,并且这种特殊性处于和伦理国家的普遍性的联系之中;在马克思那里,则处于和无产阶级社会的普遍性的联系之中。在他的《法哲学原理》(§190)中,黑格尔做了以下区分:

> 在法中对象是人(Person),从道德的观点说是主体,在家庭中是家庭成员,在一般市民社会中是市民［即 bourgeois(有产者)］,而这里,从需要的观点说是具体的观念,即所谓人(Mensch)。因此,这里初次并且也只有在这里是从这一涵义来谈人的。[1]

确实,黑格尔没有完全拒绝关于人的普遍概念,但仅仅在把人当作"市民权利和经济"的主体时,这一概念才起作用。这很明显地显示了黑格尔在处理人的问题时杰出的现实主义态度。他说,人首先是"人本身",不论他的种族、国家、信仰、社会地位或职业如何(§209和§270附释)。他按照"这个人本身人性中的美德"来考虑人,而人作为一个人类,无论如何都是"一个外在的抽象的质"。然而,按黑格尔的说法,普遍的质意味着,只有对市民权利的承认创造了个体的自尊,这样一些个体感到他们是属于市民社会的,并且在他们的人格之中就拥有合法的权利。黑格尔说,这种特殊的人性"对平等的渴望以思想和地位的形式出现"。他格外强调反对把这种将人作为人本身进

---

[1] 译文沿用《法哲学原理》,第241页。——译者注

行界定的绝对化。确实，每个人都因为他是一个人（而不是作为一个意大利人或德国人，作为一个天主教徒或新教徒）而具有和其他人平等的价值。但是，如果在这条路上走得太纯粹和极端（比方说，演变成了宇宙主义）的话，他的自我意识——也就是他把自己仅仅当成一个人的意识——就会有缺陷，并且会反对国家中的公共生活，并假设从自己的意义上说，自己是某种独立的和基础性的东西。人的普遍本质并不由它无论如何都是"人"来决定的，而是由它本质上是"精神"来决定。

因此，当黑格尔谈及自我异化时，他所指的意思根本上不同于费尔巴哈和马克思的意思。作为一个"人"这一事实意味着作为物质需求和市民权利的主体，在黑格尔看来，这一规定从属于人作为逻各斯或精神的本体论界定。并且，只有对于作为权利和需要的主体的人（关于这种人，我们只能得到一种"意见"，而无法达到真正的哲学"概念"），黑格尔才称其为"人"。显然，他更倾向于相信人的本体论本质、人的精神性，而非人的人性。

费尔巴哈的主要目标就是把这种关于精神的哲学变成关于人的人性哲学，并且他这样描述他的"未来新哲学"：目前（1843年）最为重要的不是描绘人，而是把他从他所深陷其中的"唯心主义泥潭"中拉出来，"意识到一种关于人的哲学的必要性（也就是说，哲学的神学）；并且将人的哲学的基础建立在对关于神的哲学的批判之上"（《未来哲学原理》之《导言》）。费尔巴哈说，把人当作哲学的主体的动机在于把哲学当作人性的原因。与他的人类学原则相应的，费尔巴哈攻击了黑格尔对人的特殊性的界定。费尔巴哈一直都在与黑格尔对人的上述界定辩论。人能够以如此多的不同的方式来讨论——作为法律的"人格"，作为道德的"主体"，等等——暗示了人类在不同的时候有不同的意义。而人之所以被定义为这样或那样的:作为私人的人格,作为公共的人格,作为公民,根据他的社会角色,根据他的经济关系,等等。这种多样性本身就是人的特征。因此,费尔巴哈反对黑格尔关于特殊性的观念,虽然他没有告诉我们该如何把现代资产阶级背景下的特殊人性重新融入人的人性的整体。这一任务确实无法由费尔巴哈的人道主义的共产主义或是由"我和你"之间的爱来完成,接过这一任务的是马克思。

马克思把费尔巴哈的人类学原则当作批判市民社会和整个现代世界的出发点。在《神圣家族》中,他依然认定自己是个费尔巴哈式的"现实主义的人道主义者"。该文的第一句话是:"在德国,对真正的人道主义说来,没有比唯灵论,即思辨唯心主义,更危险的敌人了。它用'自我意识',即'精神',代替现实的个体的人,并且同福音传播者一道教诲说:'精神创造众生,肉体则软弱无能。'"[2]在《黑格尔法哲学批判》的开头,马克思论述说费尔巴哈把神学降为人本学是任何一种对人类在此岸世界生存状况的批判的前提。他反对黑格尔把人界定为一种特殊的偶然性也显示了同样的倾向。他把资产阶级社会中的人与商品,也即与一种简单劳动的产物做了比较。和劳动一样,在经济术语中,人也有一个成问题的双重特征,即人的"价值形式"和人的"自然形式"。作为商品,也就是说作为具体化了的劳动,一个物品值一笔钱,并且它的自然的质在与它的价值相比较时是完全无关的;具有同样的自然性质的物在作为商品时有可能具有截然不同的价值。

在商品世界中,人的情况也是这样的。在他的资产阶级价值形式中,他也许无论对别人还是对自己都扮演着一个重要的角色——作为将军,作为银行家,总之,根据他所从事的活动的专业分工而成为从事

---

[2] 译文沿用《马克思恩格斯全集》,第二卷,第3页。——译者注

某一行业的专业人员。但是，作为一个纯粹的"人本身"，也就是在他的自然形式中，他扮演了一个"更加低劣的"角色。这里马克思引用了黑格尔《法哲学原理》的§190，但未做进一步的评论。这一引文必须这样解释：如果黑格尔把人界定为物质需要和市民权利的主体（除了其他相似的界定之外），那么这句话所表达的无非是人的意识在现代人性的生存条件下的专业上的分离性，即"无精神性"，或者不如说是非人性。与这种人类生存的理论上的孤立、隔离和固定相对应的，是在生存的抽象形式中对人本性的特殊修正中实际存在着的孤立、隔离和固定。这里所考虑的并非作为一个整体的人自身，而是根据人的专门工作和功能决定的专门职业和对象。这样一种人的本性的抽象的生活的例子就是资本家和无产阶级的人、从事脑力劳动或体力劳动的人等。

但最重要的是，人在资产阶级社会中被分割成两种不同的生存方式：私人道德和私有财产中的私人的人的生存，以及作为公民的公共道德和身份的生存。确实，在对人性的这两种片面的表达中，人作为一个整体都是一同出现的，但它们生存的方式完全不同。作为本质上被这种或那种特殊性所规定的存在，他的这种特殊性只能在与另一种特殊性的对比中存在：他要与一个业余者相对比，或者与作为一个家庭成员的自己相对比，他才是一个专业人士；他要与他自身的公共功能相对比才是一个私人。在这种对人性的片面的和对象化的表达中，他只有在一个很有限的和有条件的意义下才是一个人。但人的最高和最好的状态是，他就是作为私人的人，也就是说，当他处于市民社会中时，而市民社会则是一个"孤立的私人的个体"所组成的社会。人本身却没有在［我们的专门化的、分工的和异化的社会］中扮演根本性的角色；在市民社会中重要的并不是人本身，而是具有专业分工的人。并且，人的经济生存和物质需要依赖于他的特殊技能和成就；"生活"

意味着"讨生活"。因此，马克思认为，黑格尔把人定义为一种由经济需要所决定的特殊性，这绝不是一种凭空发明出来的说法，而是对于现代人在社会状况中现实的非人性的理论表达。黑格尔的定义暗示了，在市民社会中人作为人实际上与他自身相异化。

总结下来，人的自我异化的概念的发展过程由黑格尔起经过费尔巴哈到达马克思：费尔巴哈和马克思都强调黑格尔的精神哲学只反映了人的某一特殊的功能，而非完整的人类，因此并不是关于人的哲学概念的基础。在黑格尔对市民社会的分析中，他发现了现代人的整个内在的特殊性，但同时他用一个幻觉的假设隐藏了这一点，他假设任何一种部分的异化都能回归人的存在的整体，因为人的本质是精神。但是，由于马克思首先感兴趣的是人之为人的整体，他所关注的就是特殊性的整个后果。他想告诉我们现代生存的基础并不稳固，因为这种生存假装是作为人类在生存，其实却只是作为资产阶级而生存。他并不满足于指出单一的特殊性，而是想展示出整个特殊性，以及由此产生的人在这样一个社会中的必然异化。

为了把人从他的整个特殊性中解放出来并取消他在各种特殊功能中的自我异化，光有政治的和经济的解放是不够的。马克思所要求的是对人的"人类"解放。在这一意义上，他并不像费尔巴哈那样把人当作"自我和他者的自我"或"我和你"，而是把人当作人的世界；因为人是他的社会世界，因为它本质上是一个社会的动物（zöon politikon），是一种"共同的本质"（Gattungswesen）。因此，马克思的批判发展为对现代社会和经济的批判，但同时并未丧失它的人本学基础和政治意义。"如果人本质上就是社会的，那么他只有在社会中才能发展他的自然本质，并且他的本质的力量不能根据单个个体，而只能通过社会的标准加以衡量。"马克思在现实性的各个领域中探究人的异化的基础，即在经济中、政治中和直接的社会形式中进行探究。关于这一问题的经济表达是"商品的世界"，它的政治表达则是"社会"和"国家"间的矛盾，而它的直接社会表达则是"无产阶级"的存在。

II

对于人自身的异化的经济上的表达就是商品。马克思使用这个术语时，指的并非某种和别的对象并列的特殊对象，而是指"商品的形式"，是一种现代世界中所有对象都共同具有的基本的本体论特征。正是这种商品形式或商品结构体现出了人与他自身以及与其他所有东西的异化或陌生化。因此，《资本论》始于对商品的分析。这一分析的基本意义在于它对资产阶级社会和资产阶级的人的批判。在《资本论》中，对资产阶级社会的批判只有在偶然的笔记和几篇评论中才找到了直接表达，但它是马克思于1847年发表的早期文本的主要主题，该文本的争论涉及《林木盗窃法》。在此文中，马克思第一次做出了对于"手段"和"目标"、"事物"和"人"之间的颠倒和天才揭示——这一颠倒暗示了人的自我异化、他的外化以及他将自己转变为一种物：林木。马克思在他的博士论文中将这种最高程度的外化称为"唯物主义"或"实证主义"，它意味着以人以不同的和异化的方式对待他自身，并且，马克思称自己是一个以消灭这种陌生化为己任的人，一个"唯物主义者"。这种将人转变对象的外化和与自身相异化的原因在于，在它们各自正确的形式中，物本该是为了人才成其为物的，而人是为了他自己才成其为人的。

马克思在这一论辩中想澄清的东西可总结为下：林木，作为一种属于某一私人的所有者（也就是资本家）的东西、一种可以因其只属于某个人而可以被另一个不拥有它的人偷走的东西，也就不再是林木了，而成了经济的和社会意义上与人的意义相关的东西，即使这种意义被林木本身所掩盖。由于与人类-社会具有质的相关性，林木对于它的所有者来说和对于不拥有它而偷取它的人来说就是不同的东西。只要有一个人仅仅或首先把自己当作林木的所有者，而另一个人则相应的仅仅是一个偷林木的贼，而非一个人——只要占主导地位的是这样一种非哲学的观点，就绝不可能存在公平的惩罚（这里的公平是从人的角度出发来讨论的，也即不只是法律的角度上的"正确"）。对人的这种界定只有通过林木才成为可能，然而，这只是因为林木在这里就像其他商品一样，自身是一个表达了社会政治关系的客体。像别的商品一样，林木也具有一种拜物教的特征。因此，"木头作为偶像升起了，而人作为牺牲品倒下了"。马克思在结尾的段落中这样说：

> 因此，如果由林木和林木所有者本身来立法的话，那么这些法律之间的差别将只是立法的地理位置和立法时使用的语言不同而已。这种下流的唯物主义，这种违反各族人民和人类的神圣精神的罪恶，是《普鲁士国家报》正向立法者鼓吹的那一套理论的直接后果，这一理论认为，在讨论林木法的时候应该考虑的只是树木和森林，而且不应该从政治上，也就是说，不应该同整个国家理性和国家伦理联系起来来解决每一个涉及物质的课题。[3]

如果某种东西，比方说林木，它本该是"物自体"，却成了人的存在和行为的标准，那么人就必然被具体化并与自身相异化。人与人

---

3 D. 亚扎诺瓦（D. Rjazanov）编，《马克思恩格斯全集》，第一部分，第一卷，I（法兰克福，1927年），第304页。此文中的引用都出自这一卷。（译文沿用《马克思恩格斯全集》，第一卷，第290页。——译者注）

的关系也就变得具体化,或者说物化了,就好像物的物质关系变得人化,并拥有了人的类似人格的力量。这种颠倒是一种"下流的唯物主义"。由此马克思坚持他的经济学分析中基本的人的特征。在《神圣家族》中他强调,与普鲁士的观点不同,对这一类事实的简单的经济学分析——就相对所有权或工资的平等的诉求那样——依然是人的普遍异化的"陌生化形式"。马克思在别处说:

> 蒲鲁东(即普鲁士)想要消灭不拥有和拥有的旧形式的愿望,和他想消灭人对自己的实物本质的实际异化关系、想消灭人的自我异化的政治经济表现的愿望是完全同一的。但是,由于他对政治经济学的批判还受着政治经济学的前提的支配,因此,蒲鲁东仍以政治经济学的占有形式来表现实物世界的重新争得……而蒲鲁东则相反,他以占有来反对拥有的旧形式——私有制。他宣称占有是"社会的职能"。在这种职能中"利益"不是要"排斥"别人,而是要把自己的力量、自己的本质力量使用出来和发挥出来。蒲鲁东未能用恰当的话来表达自己的这个思想。"平等占有"是政治经济的观念,因而还是下面这个事实的异化表现:实物是为人的存在,是人的实物存在,同时也就是人为他人的定在,是他对他人的关系,是人对人的社会关系。蒲鲁东在政治经济的异化范围内来克服政治经济的异化。这意味着,马克思认为,蒲鲁东并没有在任何激进的意义上取消经济异化。[4]

---

[4] 弗朗茨·梅林(Franz Mehring)编,《卡尔·马克思、弗里德里希·恩格斯和费迪南德·拉萨勒的文学遗产》(*Aus dem literarischen Nachlass von Karl Marx, Friedrich Engels und Ferdinand Lassalle*)第二版(斯图加特,1913年),Ⅱ,第139—140页。(译文沿用《马克思恩格斯全集》第二卷,第52页。——译者注)

八 马克思早期文本中的自我异化问题

在《德国唯心主义》一文中，马克思提出了与讨论林木时一样的问题，尽管处理的方式不再相同。他再次说：人在涉及他自己的产品时，却不再拥有力量、不再能控制他与劳动产品的相互关系的这种陌生化，其原因究竟何在？为什么这些产品会变成独立的力量，并且"它们的力量竟会超过它们的生产者"？个人的人格行为必须将自己具体化，并且因此而陌生化；同时它又成了独立于个人之外的力量，这一切究竟是怎么发生的？

马克思回答说，这一切是因劳动分工而产生的。根据劳动分工，人的劳动的即时形式必须被抛弃，必须被转变为"彻底的自我活动"。这种转变所包括的不只是对劳动分工的取消，而且包括对城乡分离的取消——"这是个体被劳动分工所吞噬的最强表达。"取消劳动分工只有在全社会实行普遍共产主义的基础上才能完成，普遍共产主义不仅意味着把所有的私有财产都变成公有财产，也会把人自身的存在的自我表达变成一种公共的事物，也即共产主义的事物。只要还存在劳动分工，物的客观关系中的奴隶制社会结构都像个人生活中的分工一样是不可避免的，因为它是个人人格生活的一部分，也是为劳动分工的特殊条件所支配的部分。

《德国唯心主义》发表后10年，也就是1856年，马克思在回顾1848年的所谓"革命"时，对颠倒的世界做了如下总结：

> 19世纪有一个伟大的特征，是任何党派都无法否认的：一方面，工业和科学的力量的发展达到了之前任何一个历史时期都无法想象的水平；另一方面，又有迹象显示分裂已经达到了远远超过罗马帝国晚期的恐怖状况的程度。我们的时代中，似乎所有的事情都孕育着它的反面。机器拥有巨大的力量，因此减少了劳动

229

和创造了利益；但我们也看到了，机器是怎样造成饥饿和工人过劳的。新近才被人们所掌握的财富的力量，通过某种奇特的命运，成了私有制的来源……人类成了自然的主人，但某些人成了另一些人的奴隶。各种发明和进步似乎会将物质力量转变为精神生活，但人的生活又堕落为物质的劳动力。现代工业和科学之间的对抗，一方面是一种现代的悲剧和败坏；另一方面，我们的时代中生产力和社会条件的对抗又是一个具体的、压倒一切的和不容否认的事实。有些党派抱怨这个事实，另一些党派则希望摆脱现代的资本主义，以便摆脱现代的冲突。或者他们可能会想象，生产领域中的这样一个明显的过程是无法通过社会政治生活中相应的退步来达到的。但对我们来说，我们在这一对抗中看到了理性的狡计（这是黑格尔所提出的说法），它会不断地前进最终克服这些矛盾。我们知道，为了达到更好的生活，新的社会生产形式，需要的是新人。[5]

就像《黑格尔法哲学批判导论》中所表现的那样，马克思已经很清楚谁是能够担当清除普遍的自我异化这一任务的新人。"那就是工人。"因此费尔巴哈关于"真正的人"的哲学在马克思的"科学社会主义"那里找到了足够的"社会实践"，即实现的可能性。在《德国唯心主义》中，马克思反对了费尔巴哈的"真正的人道主义"，然而，他给出的理由是，那只是一种关于个人之爱的多愁善感的共产主义。

《资本论》也同样并不只是一个对政治经济的批判，而且是以社会经济学的方式对于资产阶级社会中的人的批判。经济中的"经济细胞"

---

[5] 《1848年革命和无产阶级》，载于《作为思想家、人和革命者的马克思》（*Marx als Denker, Mensch und Revolutionär*）（柏林，1928年），第41页。

是劳动生产中的商品形式；而商品，就像《林木法案》中的林木一样，是对自我异化的经济学表达。自我异化包括：某物的最初目标是有用，但它被制造出来和进入交换领域并不是因为它满足任何人的实际需要，而是作为一个客体进入了商品市场并具有了自主的商品价值，这种价值独立于它的使用价值。无论出售的是经济的产物还是智力的产物，无论这一商品是一头牛还是一本书，这一点都是不变的。只有通过商人，商品才可到达它的消费者和买家那里，而对商人来说商品只具有交换价值。于是，本来是为了使用的物品变成了自主的东西，它作为商品，提供了对现代资产阶级社会的普遍情况的另一体现，也就是说，是产品统治人，而不是相反。

为了解释这一隐藏着的颠倒，马克思分析了体现在商品"拜物教特征"中的劳动的现代状况所具有的貌似"客观的表象"（德语词 Schein 同时具有"表象"和"假象"的意思）。作为一个商品，一张桌子或一把椅子是一个"可感觉-又超感觉"的东西——就是说，它是一个其质同时可以被感官观察又不能被观察到的对象。我们可以毫无困难地感知一张桌子作为一种有用的东西是什么，却无法知道它作为商品是什么——作为一种因为包含了劳动而值一笔钱的对象（也就是说，包含了劳动时间）的桌子，它其实是一种隐藏着的社会现象。马克思在《资本论》（第一卷，第 1 册，第一章，第 4 页）中说："桌子不仅用它的脚站在地上，而且在对其他一切商品的关系上用头倒立着，从它的木脑袋里生出比它自动跳舞还奇怪得多的狂想。"[6] 商品的形式是神秘的，因为人的劳动的社会特征呈现为一种客观特征的假象，这一假象附着在劳动的产品之上；因为，生产者和他们自己的劳动的总体之间的

---

6 译文沿用《马克思恩格斯全集》，第二十六卷，第 87—88 页。——译者注

关系对他们来说体现为一种并不存在于他们自身中，而是存在于他的劳动的产品中的社会关系。在《资本论》的同一段中，马克思接着说道：

> 由于这种转换，劳动产品成了商品，成了可感觉而又超感觉的物或社会的物……这只是人们自己的一定的社会关系，但它在人们面前采取了物与物的关系的虚幻形式。因此，要找一个比喻，我们就得逃到宗教世界的幻境中去。在那里，人脑的产物表现为赋有生命的、彼此发生关系并同人发生关系的独立存在的东西。在商品世界里，人手的产物也是这样。我把这叫做拜物教。劳动产品一旦作为商品来生产，就带上拜物教性质，因此拜物教是同商品生产分不开的。[7]

一开始，商品的生产者，也即在商品的存在论形式中的任何类型的对象的生产者，只有在交换他们的产品时才产生社会联系。由于这种联系只通过物才发生，商品背后的社会条件对于生产者来说就并不表现为人的劳动条件。一方面，这些社会条件只表现为各种不同的商品的生产者之间的纯粹对象性的和物质的关系。另一方面，由于现代商品的对象性特征，这些社会条件就在商品市场上得到了一种类似人格的特征，而这一市场遵循它自身的经济学规则。一开始，人们并没有意识到这种颠倒，他们的自我意识也在同样程度上被具体化。马克思说，尽管这一颠倒已经出现了，但他并不认为它是不可撤销的。就像其他社会结构一样，它可以通过革命行动和理论批判被改变。一开始，革命的可能性就隐藏在固定的和既有的商品价值形式中，那就是

---

[7] 译文沿用《马克思恩格斯全集》，第二十六卷，第89页。——译者注

货币。

因此，似乎只有商品的价格可以被改变，而它的形式本身则是不变的。但如果我们把我们的社会中的经济秩序和历史中其他社会和经济时代加以比较，就会立刻发现，目前的经济秩序的颠倒的历史性特征，也即，作为商品的劳动的产物，其实是从它的生产者那里得到了权威。无论我们怎么看待所谓的黑暗时代和中世纪，怎样看待那时的人格依赖性状况，至少那些世纪中劳动的社会条件表现为人们的人格的条件，而不具有物的社会条件的表象。由于同样的原因，人格的依赖关系构成了社会的基础，于是无论对于劳动还是劳动的产品来说，都没有伪装成一个与其现实不同的虚幻形式。当时劳动的特殊的和自然的形式，而非它的普遍的抽象形式（这种形式是建立在商品生产的资本主义之上的社会所独有的现象）就是劳动的直接形式。从对历史的观察中，马克思看到了未来社会的共产主义秩序的可能性，在那样的秩序中，他能够用共产主义社会中人与他自己的劳动产品的"透明的"社会关系，来对抗现代商品世界中"晦涩的"颠倒，即对抗它的非人性。如果没有一场针对人们现在生活于其中的各种具体条件的彻底革命，就不可能取消商品的世界。想要把商品形式改变为公用形式，所需要的不仅仅是"去资本主义"，还需要把具体化的人的特殊性重新融入"自然的人"，马克思认为，自然的人的人性从根本上说是社会性的。马克思认为人是政治的动物，虽然这里的"政治"并非亚里士多德意义上的城邦（polis），而是现代工业意义上的世界（cosmopolis）。

黑格尔能够将之作为建设性的外化接受下来，而马克思则将之当作自我异化或陌生化加以拒斥的东西，就是19世纪所特有的东西。黑格尔在《法哲学原理》中解释说，人根据他的特殊的肉体和精神功能及他的行动，可以很好地将一个单独的产品和它们在有限的时间内的使用外在化，因为一旦它们被限制了，它们与"整体性"和"普遍性"之间就只有一种"外在的"关系。黑格尔明显地把人格的外化和人与对象的关系联系在一起。关于这一关系，他认为对象是通过人根据自己的本性对它加以使用，才得到它的恰当的界定的。只有对对象的彻底使用——这种使用一开始因为考虑到对象的"本身"或"自身"（per se）而显得是"外在的"——才让它得到了它自身的完整作用。因此物的本质就是它的"外在性"，人通过对它的使用而占有它。在使用一件东西时把它变成了自己的东西、以恰当的方式拥有它，这就是"所有权"的最初含义，因此所有权对于人是构成性的东西。同样的，人的生活的整体性和人的力量的完整运用与人的生活的整个权力是同一的。在人格生活的本质和他的整个活动或外化的同一性的基础上，黑格尔论证说，一项单独的活动针对的是一段有限的时间内的单个的产品；或者说，人对于他自己的某一"有限的"外在关系不能涵盖人的整体，也不能决定他作为一个特殊性的存在的全部，因此也就不能让他与自身相异化。

　　黑格尔的哲学把"精神"以及自由当作抽象的和首要的东西，把它当作"普遍"特征，因此它并不十分关注这一特殊的外化。这一点在下述补充中表现得十分明显："这里所解释的是一个奴隶和一个现代社会中有人身自由的服务员或短工之间的区别。也许古代的奴隶所做的是比今天的工人简单而且清闲很多的工作，但他依然是一个奴隶，因为他是与他的主人和他的整个活动相异化的。"但马克思完全反对这一说法。对他来说，现代挣工资的人比古代的奴隶更不自由。虽然从法律上说他是拥有自己的劳动力的自由人，并且在法律上与拥有劳动工具的人平等，虽然他并不出卖自己整个人，而"只是"在有限的时间内出卖他的劳动力，但他依然完全是一个现代劳动市场上的"商品"，因为他的劳动力就是他唯一的财产，为了生存，他必须将自己异化。对马克思来说，"自由的"奴隶劳动包含了现代社会的所有问题；相反，希腊的奴隶则处在他那些自由的同胞的社会之外，他的人格的命运并不会对社会造成什么影响。

III

关于人在资产阶级社会中的政治异化，马克思说："国家中的这种抽象性只属于现代生活……（现代的）真正的人是当下政治体制下的私人。"

人的异化的政治表达可以在现代国家和资本主义社会的内在矛盾中找到；这一矛盾就是，人在资本主义的国家和社会中的存在，一半是作为私人的人格；一半是作为公共的公民，但从来都不是一个完整的人——马克思将之称为"无矛盾的人"。马克思对于作为"政治的"经济原则的批评同时也间接地批判了这一具有特殊经济形式的特殊社会中的社会和政治条件。他对于商品的批判是他的理论的本质特征；另一方面，他的批判的存在论结构是关于我们的对象的，它反对将人颠倒为一种物，现在他将批判的矛头指向了资产阶级的生活方式，即资产阶级的人性，这种人性主要表现为"私人"，也就是说，资产阶级的人性是一种私人性。这一批判是《黑格尔法哲学批判》的主要主题，此外，在讨论鲍威尔关于犹太人问题的文章中也对此有所涉及。这些作品都给出了马克思对于人的异化的社会和政治形式的观点，而他在《神圣家族》中对同一问题的论述则或多或少是附带的，几乎可以忽略不计。

在对黑格尔的批判中，马克思主要反对的并非人作为货币的主人和商品的生产者，而是现代人的特殊性本身，这种特殊性把人和他的公共生活区分开了，并且反对公共生活。资产阶级社会中的人的特殊性，即把他从普遍性和公共生活——也就是政治生活——中区别并孤立出来的原因在于，人首先是一个私人的人格，他是特殊意义下的"资产者"。马克思援引黑格尔对资产阶级社会隐含的批判——黑格尔将它定义为一个孤立的社会、"原子式的个人"的社会，并进一步说道："黑格尔对现代国家的描述并没有错，他错在把它当作了国家的基本结构。"马克思认为黑格尔把 19 世纪的世界的本质弄得晦暗不明了，因此他的论述是一种"极端的唯物主义"（p. 526）。黑格尔承认现存的东西符合理性的，因而具有本质上的必然性，并且他以哲学的方式将它固定下来，就这一点而言，黑格尔是个唯物主义者。但根据马克思的说法，黑格尔所真正描绘的无非是资产阶级社会和国家间的矛盾。"黑格尔把市民社会和政治社会的分离看作一种矛盾，这是他较深刻的地方。但错误的是，他满足于只从表面上解决这种矛盾，并把这种表面当作事情的本质。"[8] 马克思将那些被黑格尔认为是资产阶级社会中"极端"的东西放在自己的分析的中心：人在资产阶级社会中的根本性的私人特征。他的社会地位是"私人的"——他从政治地位中被排除出去了。马克思在以下段落中进一步阐述了这种观点：

> 作为一个真正的市民，他处在双重的组织中，即处在官僚组织（这种官僚组织是彼岸国家的，即不触及市民及其独立活动的行政权在外表上和形式上的规定）和社会组织即市民社会的组织中。但是在后一种组织中，他是作为一个私人处在国家之外的；这种组织和政治国家本身没有关系……因此他要成为真正的公民，

---

8 译文沿用《马克思恩格斯全集》，第一卷，第 338 页。——译者注

八　马克思早期文本中的自我异化问题

要获得政治意义和政治效能，就应该走出自己的市民现实性的范围，摆脱这种现实性，离开这整个组织而进入自己的个体性，因为他暴露出来的个体性本身是他为自己的公民身份找到的唯一的存在形式。要知道，作为政府的国家，它的存在是不依赖于他而形成的；而他在市民社会中的存在也是不依赖于国家而形成的。只有在同各种单独存在的共同体的矛盾中，只有作为个人，他才能成为公民。他作为公民而存在是他所真正隶属的任何共同体以外的存在，因而是纯个体的存在。(p. 494) [9]

特殊利益和普遍利益的这种分裂也把生存于其中的人区分为一个拥有私人的生存的人格，和另一个较为低级的公共生存的人格。马克思将这种分裂称为人的自我异化。一个资产者——他是一个处于和自己的关系中的私人——感到自己作为一个公民在国家中的真正的生活，相比于他自己的私人生活来说，是一种不同的、外在的，而且对自己十分陌生的生活。他的国家是一种"抽象"的东西，因为它只是一种行政上的组织，并且因此而将自己从公民的真正的私人的生活中抽象和分离出来；就好像反过来私人的生活也从另一方面将他从国家中抽象和分离出来。因此资产阶级社会是一个整体完整地体现了个体性或个人主义原则的地方。它的终极目标是个体的生存，而其他的一切都不过是达到这一目的的手段。只要现代生活继续以真正的生活和在共同体与国家中的生活之分离为自己的前提，人作为国家的成员而生活于其中的条件就会一直只是一种"抽象"的界定。作为一个私人的人格，现代人与国家的公共生活相分离，因此只能是一个私人性的人。

---

[9] 译文沿用《马克思恩格斯全集》，第一卷，第340—341页。——译者注

而在共产主义的共同体中，情况则相反：每个个人都将作为个人并且以最人格性的方式参与公共生活。

马克思的目标是通过理论批判和实践行为，解构那个已经老去的世界，并创造一个新的世界。他想要摆脱现存的东西，摆脱目前这种社会和国家的特殊形式（这样一个国家从根本上说是非政治的，因为它的政治只是以抽象的方式存在），并且想在本质和存在的同一或者说在理性和现实的同一中建立"真正的现实性"。《神圣家族》发表 10 年后，也就是 1852 年，马克思在《路易·波拿巴的雾月十八日》中对已然老去的世界做了一个历史性的评论。他把这次资产阶级革命描绘成对伟大的 1789 年革命的一副讽刺漫画。他批评说，这一年代的激情缺乏真理，因为它的真理也缺乏激情，它的现实性完全被冲垮了并且依赖借债过活，它的发展只是同一种紧张和放松的不断重复，它的冲突双方也都最终归于无聊和瓦解。它的历史是一段没有事件的历史，它的英雄没有英雄的行为，它的最高法律陷于优柔寡断。我们或许可以将他的批判与同时代的克尔凯郭尔在《当代》(*The Present Age*) 中的分析加以比较；他们两人都反对黑格尔的和解哲学，尽管是从不同的方向进行。

马克思认为，私人和公共生活间的矛盾必须被解决。在资产阶级社会中，人的私人人性必须在容纳了人的整个存在（包括他的"理论"存在）的共同体中得到克服。因此马克思将他的哲学共产主义与卡波特（Cabet）、怀特林（Weitling）等人的"真实"的共产主义清楚地区别开，他称它们为一种"特殊的和教条的抽象"，因为它们是一种"传染了它的对立面，即私人性原则的旧人道主义原则的现象"（p. 573）。如果把整个社会原则当作一个单一的现象，那么它就无非是真正的人的本质的全部现实性的另一面而已。为了实现对各种变得独立的孤立存在方式的彻底解构，对于所有特殊性的改变必须相应地将人本身作

八 马克思早期文本中的自我异化问题

为一个整体纳入考虑。任何一种积极的改革的真正基础都必须落实到：认识到人的存在现在已经局限于私人的人。这一情况是在古代或中世纪时所不曾出现过的。古代的私人的人是奴隶，因为他们并不在共同体中占有一席之地，因此并不具有"人"这个词的完整意义。同样的，在中世纪，对于任何一个私人领域，都有一个相应的公共领域。"中世纪时人们的生活和国家的生活是统一的。国家的真正原则就是人，只不过是被奴役的人。"（p. 437）只有到法国大革命时，人才在政治上被解放为市民，因此把人的私人性地位改变成了一种特殊性的地位，尽管事实上也正是法国大革命把每个人都变成了"市民"（citoyen）。

马克思在讨论鲍威尔关于犹太人问题的文章中也考虑了对宗教方面的特殊结构。关于如何在德国实现犹太人的政治解放这一具体问题，马克思在文章的第一句话中一笔带过。他说，除非犹太人"作为人"得到了解放，不然单独一个政治解放就没有任何意义。但在这一意义上，犹太人也并不比想要让他们得到解放的德国人更为解放。"为什么犹太人一边抱怨他们受到的特殊束缚，一边又接受那些普遍的束缚？"只要国家是基督教的而犹太人是犹太教的，那么前者施予解放就和后者接受解放一样不合理。

在这一意义上马克思同意鲍威尔，他们两个都认为向纯粹"人"的条件改变才是唯一"批判的"和"科学的"解决方式。但马克思指责鲍威尔在问题不再涉及神学而进入现实生活领域时，就停止了他的批判。而真正需要仔细考虑的问题是政治解放和人的解放之间的关系。单纯政治解放的局限性在于，它认为"即使国家中的人不自由，国家也可以是自由的"。为了让犹太人像基督徒一样得到真正的解放，就需要任何一种宗教都获得自由，而不是一个只承诺了宗教自由的国家。因此问题就是普遍性的和基础性的，因为它所考虑的只是在任何一种人的存在的特殊方式中的解放，包括宗教的人、私人的人、现代职业的人等，包括了它们在人类社会中的普遍利益中各自的抽象性。马克思接着说道：

> 宗教信徒和公民的差别，就是商人和公民、短工和公民、地主和公民、活的个人和公民之间的差别。宗教信徒和政治人之间的矛盾，也就是 bourgeois（市民社会的一分子）和 citoyen（公民）之间、市民社会一分子和他的政治外貌之间的矛盾。(p. 585)[10]

马克思说，鲍威尔忽略了政治国家和资产阶级社会间的分裂，因此将争论的焦点只对准这种社会组织的宗教方面。犹太教徒和公民之间的不融合，或者新教徒和公民之间的不融合，并非公民权方面的矛盾，而是人把自己从宗教中解放出来的政治方式本身的缺陷。宗教的特殊性只不过是现代人在资产阶级社会中的彻底不相融的一个表现而已；它是普遍的"人与人的陌生化"、人与自身相异化的又一个例子，以及人的个人生活和他的群体生活对人的内在分割的例子。

> 因此，我们不像鲍威尔那样向犹太人说，你们不先从犹太教彻底解放出来，就不能在政治上得到解放。相反地，我们对他们说，既然你们不必完全和无条件地放弃犹太教，也可以在政治上获得解放，那就说明，政治解放本身还不是人类解放。如果你们犹太人还没有得到人类解放便要求政治解放，那么这种不彻底性和矛盾就不仅在你们，而且在政治解放的本质和范畴本身。如果

10　译文沿用《马克思恩格斯全集》，第一卷，第 430 页。——译者注

你们局限在这个范畴之内，那你们也就具有普遍的局限性。正像国家——虽然它不失为国家——要对犹太人采取基督教的立场，它就福音化了一样，犹太人——虽然他不失为犹太人——如果要求公民的权利，那他就政治化了。(p. 591)[11]

在马克思看来，法国式的和美国式的"人权"概念都在解放的意义上有此种不足。很明显，《人权宣言》所讨论的根本就不是人权，而是资产阶级特权，因为历史性的人（homme）作为一个公民（citoyen）从自身中分裂出来而成了一个资产者。《人权宣言》假设了资产阶级的人事实上就是实际的、真实的人，就是人的本质。马克思对这一假设提出了如下反驳：

> 可见，任何一种所谓人权都没有超出利己主义的人，没有超出作为市民社会的成员的人，即作为封闭于自身、私人利益、私人任性、同时脱离社会整体的个人的人。在这些权利中，人绝不是类存在物，相反地，类生活本身即社会却是个人的外部局限，却是他们原有的独立性的限制。把人和社会连接起来的唯一纽带是天然必然性，是需要和私人利益，是对他们财产和利己主义个人的保护。(p. 595)[12]

因此，只是主张人权是不够的。真正的人类解放尚未实现，马克思这样说：

---

11 译文沿用《马克思恩格斯全集》，第一卷，第435页。——译者注
12 译文沿用《马克思恩格斯全集》，第一卷，第439页。——译者注

> 政治解放一方面把人变成市民社会的成员，变成利己的、独立的个人，另一方面把人变成公民，变成法人……只有当现实的个人同时也是抽象的公民，并且作为个人，在自己的经验生活、自己的个人劳动、自己的个人关系中间，成为类存在物的时候，只有当人认识到自己的'原有力量'并把这种力量组织成为社会力量，因而不再把社会力量当作政治力量跟自己分开的时候，只有到了那个时候，人类的解放才能完成。(p. 599)[13]

因此，解放人的自由是处于它的形式结构中的，它是黑格尔所理解的自由：一种"最高共同体的自由"，它与孤立的个人的消极自由相对立，消极自由不过是从外在的强制中解脱出来的自由。从这一意义上说，希腊城邦中的人比现代民主下的人更自由，因为希腊城邦将每个人都当作在与神的关系中互相平等且自主的个体加以尊重。因此马克思说：

> 首先必须重新唤醒这些人心中的人的自信心，即自由。这种自信心已经和希腊人一同离开了世界，并同基督教一起消失在天国的苍茫云雾之中。只有这种自信心才能使社会重新成为一个人们为了达到自己的崇高目的而结成的共同体，成为一个民主的国家。(p. 561)[14]

真正的自由只有在与人本身相关的共产主义中才能实现。它要通过人的存在状况的社会性改变才能实现，但它既不能只通过内部改变

---

13 译文沿用《马克思恩格斯全集》，第一卷，第444页。——译者注
14 译文沿用《马克思恩格斯全集》，第四十七卷，第57页。——译者注

达到，也不能只通过外部改变达到。资产阶级社会中的私人的自由只存在于它自己的想象中。它依赖并服从于"物的客体化力量"。

IV

关于通过无产阶级讨论人的自我异化的社会表达时，马克思说："当社会学家将世界历史的角色赋予了无产阶级时，他们这样做的理由并不是把无产阶级看作神，而是正相反。"在《黑格尔法哲学批判》的《导言》中，我们也能找到这样的说法："这个社会解体的结果，作为一个特殊等级来说，就是无产阶级。"[15] 在无产阶级中存在着人类解放的积极可能性，这并非由于无产阶级是资产阶级社会中的一个阶级，而是由于它本身就是一个现存的社会之外的社会。这个社会是：

> 它不能再求助于历史权利，而只能求助于人权，它不是同德国国家制度的后果发生片面矛盾，而是同它的前提发生全面矛盾，最后，它是一个若不从其他一切社会领域解放出来并同时解放其他一切社会领域，就不能解放自己的领域，总之是这样一个领域，它本身表现了人的完全丧失，并因而只有通过人的完全恢复才能恢复自己。这个社会解体的结果，作为一个特殊等级来说，就是无产阶级。(pp. 619-620) [16]

马克思的哲学中的人是一种"共同本质"，它在无产阶级中找到了自己的武器，就好像无产阶级也在马克思的哲学中找到了自己的武器。

---

15 译文沿用《马克思恩格斯全集》，第一卷，第466页。——译者注
16 译文沿用《马克思恩格斯全集》，第一卷，第467页。——译者注

"这种解放的头脑是哲学,它的心灵是无产阶级。"有产阶级和无产阶级所代表的,从根本上说都是人与他自身的陌生化;区别只在于前者在这种异化的国家中感到自己是健康和稳定的——因为他们对此没有任何批判的意识;而后者则是感到自己的人性被剥夺了,因此他们会努力抗争以便克服这种异化。可以说,无产阶级是对商品的自我意识。他们是被迫异化自身、将自身像商品那样外化出去的阶级;但正因如此,他们发展起了一种批判的和革命的意识、一种阶级意识。因此在这一意义上可以说,无产阶级反倒没有资产阶级那样非人性。[17] 因为无产阶级在他自己的生活条件下以"非人性的极端"拥抱了所有当时的社会条件,除非他同时解放整个社会中的其他人,不然他就无法解放他自身。马克思在《德意志意识形态》(莫斯科版,p. 296)中说:

> 只有完全失去了整个自主活动的现代无产者,才能够实现自己充分的、不再受限制的自主活动,这种自主活动就是对生产力总和的占有以及由此而来的才能总和的发挥。过去的一切革命的占有都是有限制的;各个人的自主活动受到有局限性的生产工具和有局限性的交往的束缚,他们所占有的是这种有局限性的生产工具,因此他们只是达到了新的局限性。他们的生产工具成了他们的财产,但是他们本身始终屈从于分工和自己的生产工具。在迄今为止的一切占有制下,许多个人始终屈从于某种唯一的生产工具;在无产阶级的占有制下,许多生产工具必定归属于每一个个人,而财产则归属于全体个人。现代的普遍交往,除了归全体个人支配,不可能归各个人支配。[18]

---

[17] 参见乔治·卢卡奇,《历史与阶级意识》(柏林,1923年),第188页及以下。
[18] 译文沿用《马克思恩格斯全集》,第三卷,第76页。——译者注

八　马克思早期文本中的自我异化问题

因此我们发现，马克思只认为无产阶级具有基本的和普遍的重要性，并非因为他认为其成员是"神"，而是因为对他来说无产阶级潜在地体现了普遍的人性——人的一般存在，尽管无产阶级也是目前自我异化得最严重的。无产阶级的根本重要性刚好对应了现代的商品形式。挣工资的阶级具有一种普遍的功能，因为挣工资者通过"生活范围内的世俗的问题"而完全外化了——因为他只是出卖自己劳动的人。他是一个具有人格的商品，而不是一个人类。生活的经济特征在出卖劳动的人那里尤其表现为人的命运，因此，无产阶级就是所有社会问题的核心，由此经济就必然表现为对资产阶级社会的"解剖"——就像在本文一开始所说的那样。在无产阶级将自己作为不拥有特殊利益的普遍阶级加以自我解放时，私人资本主义经济，也就是资本主义私有制的基础，也就随之瓦解了。私人的人性就被普遍的人性消除了，而普遍人性的基础在于为所有人所占有的共同体、公有财产和公有经济。资产阶级的个人的消极的独立性被最高的共产主义的积极自由所代替，这一共产主义是公共生活的共产主义，它是所有单个个人之间直接的多元关系。

与经验主义的社会学不同，马克思所关注的并不是单独经验领域内的多元关系或是那些被认为具有同等重要性的、当它们组合在一时就会成为整个现实的各种单个的"因素"。他不是一个抽象的经验主义者，就好像他也不是其理论可以降低为经济原则的哲学"唯物主义"。马克思在人的自我异化的意义上分析我们人类世界的整个自我矛盾，这种自我异化的顶点和解决全部问题的关键就是无产阶级。马克思是以取消自我异化的可能性为目标观察自我异化的，而不像黑格尔所做的那样，在追求它的辩证的取消的意义上讨论它。马克思所追求的无非是取消特殊性和普遍性之间的矛盾、私人生活和公共生活之间的矛盾。这种在黑格尔那里就已经表达过的矛盾，必定会在一个无阶级的社会中消失，因为这样一个社会把人的普遍本质作为一种社会的动物解放出来。

确实，人的自我异化以物质生产条件的发展类型和程度、劳动分工，以及人的具体生活的总体为条件。但这些条件在人的社会本质中结构性地统一在一起，人就是自己的世界，他的自我意识就是对世界的意识。这些条件的整体不能从抽象的经济因素中排除出去；经济的因素必须结合到人的社会条件的具体体系之中。"真实"的人并不是"在他的存在的非理性中那样，通过我们的社会的整个机构，像他或走或站，像他所外在化那样，是他自己的表象"（p. 590）。在他真正的现实性中，人是通过行动将自己的本质带入自己的存在中的。马克思相信，对我们的社会成问题的条件的考察，最终会走向他的观点，这是一种历史的必然性，就好像他的哲学会走向其自身的历史实现。

在《德国唯心主义》中，马克思以他之前的"哲学良心""为他的讨论奠基"。尽管他依然——与许多科学主义的马克思主义者不同——控制了他的哲学良心，但他将自己的学说与黑格尔的区分开了。他的主要目标是实现黑格尔那里理性和现实、本质和存在之间的辩证同一的原则，也就是将黑格尔的哲学转变为马克思主义的哲学。对马克思关于自我异化的彻底讨论会将问题引向他的历史哲学，而这种历史哲学不仅是黑格尔主义和马克思主义的基础，也是所有后黑格尔时代的现代历史思想的基础。[19]

19　参见卡尔·洛维特，《历史与历史主义的动力》，载于《伊拉诺斯年鉴》(*Eranos Jahrbuch*, Zürich, 1952)；题为《历史和历史主义的动力》(*Dynamik der Geschichte und des Historismus*)，载于《洛维特全集》第 2 卷《世界历史与救赎历史》(*Weltgeschichte und Heilsgeschehen*)，斯图加特，1983 年，S.296ff.。

九
路德维希·费尔巴哈

1960 年

费尔巴哈的意义在于，他切断了和黑格尔留给后人的遗产之间的联系，事实上他的后人根本无法接过这笔遗产，因为它依然尽善尽美。他们必须从黑格尔所达到的作为哲学神学的形而上学顶峰上爬下来，这样才能开始探索新路。费尔巴哈、施蒂纳和马克思的全部秘密就是向着没有神的存在的低处下降——尼采和克尔凯郭尔也以不同的方式做着同一件事情。

R.海姆在 19 世纪中期与 B.鲍威尔在发出关于"哲学的终点"的宣言时就把黑格尔的形而上学的瓦解当作整个哲学走下坡路的症状加以把握。"我们处在一艘精神和信仰的沉船上。"在这么一个赤裸裸的事实面前，我们不得有任何畏缩，而必须看到，黑格尔哲学之不可信，其原因在于"现实的东西和概念的东西"的双重狂热，这一双重狂热以一种令人敬佩的双重意义贯穿他的整个体系。在《黑格尔和他的时代》（1857 年）的《前言》中，R.海姆这样说：

> 那时全部学术都从黑格尔的智慧的丰盛餐桌上得到滋养；那时一切学科都为哲学学科服役，目的不外是想从绝对者领域的最

高监督以及著名的辩证法的无所不通的威力那里给自己弄到一些东西；那时任何一个人，如果他不是黑格尔的信徒，他就必定是一个野蛮人、一个愚人、一个落后的和可鄙的经验主义者；那时人们都认为，国家本身之所以在很大程度上感到安全和巩固，正是由于黑格尔老人已经论证了它的必然与合理……我们必须回想那个时代，才能理解一种哲学体系的统治和盛行究竟意味着什么。我们必须回忆起，1830年的黑格尔主义者带着怎样的热情和说服力，如何彻底而严肃地考虑下述问题：根据黑格尔的哲学，世界精神是如何贯彻它的目标和它对自身的认识的；根据黑格尔的论述，世界精神在遥远的未来会演变出怎样的内容。

海姆的下一个任务是接下黑格尔的遗产，他采取的接受方式是将历史科学当作哲学历史的人类学，并且他也涉及了狄尔泰的意图，狄尔泰通过对文学和艺术运动的转型，将在他的时代中走向终结的古典哲学的特征表述如下：

> 对我来说，身上依然留有七月革命影响的那一代人，首先远离了古典主义和浪漫主义。在1848年，人们已经能明显地听到队伍不断迈近的声音：它将完全按照精神生活中此岸的和世俗的原则改造欧洲的社会。古老的欧洲的土地正在震动。15世纪以来所建立起来的生活观瓦解了。在破晓的巨大轮廓中，一些全新的东西正升上地平线。对欧洲的这种状况的感觉，催生了一种新的文学和艺术。它本身就是对这种改变了的生活氛围破坏性力量的证明。

九　路德维希·费尔巴哈

关于费尔巴哈多大程度上在19世纪40年代代表了哲学运动内部的这种改变了的状况，恩格斯的《费尔巴哈与德国古典哲学的终结》一文有所论述，此文也指出了费尔巴哈的《基督教的本质》（1841年）对他的同时代人来说具有怎样的解放效果。

> 魔法被解除了；"体系"被炸开了，而且被抛在一边，矛盾既然仅仅是存在于想象之中，也就解决了。——这部书的解放作用，只有亲身体验过的人才能想象得到。那时大家都很兴奋：我们一时都成为费尔巴哈派了。马克思曾经怎样热烈地欢迎这种新观点，而这种新的观点又是如何强烈地影响了他（尽管还有批判性的保留意见），这可以从"神圣家族"中看出来。[1]

像德国唯心主义的其他所有哲学一样，费尔巴哈的理论也诞生于新教神学，他曾在海德堡追随黑格尔学派的陶博和保罗学习过新教神学。关于他们两人的讲座，他对家里人说，"他们是一块响板，不停地敲打着手无寸铁的言辞，直到句子都被打碎，招供出自己其实是毫无意义的"。当他被这块"沾满了乱用的洞察力组成的浓痰"赶走后，费尔巴哈想去柏林，因为施莱尔马赫以及马海恩克、施特劳斯和纳安德都在那里执教。费尔巴哈战胜了他父亲的反对之后，就彻底转学哲学了，他在黑格尔那里学习了两年，并以一篇名为《同一、普遍和无限的概念》的论文毕业，1828年，他将此文与一封导论式的信一起寄给黑格尔。在信中，他直接将自己描述为黑格尔的学生，并希望将他老师的思辨精神真正化为己有。

---

[1] 译文沿用《马克思恩格斯全集》，第二十三卷，第313页。——译者注

而他之后对黑格尔哲学的颠覆式改造,在这封他 24 岁时写的信中就已通过对黑格尔的概念的独特理解表现出来了。他在信中为自己辩解说,他的论文的缺陷在于他想要对自己在黑格尔处学到的东西加以"活生生的"和"自由的"把握;他同时也已经开始强调"感性"的原则,因为理念不能停留在普遍的东西的领域内而忽略了感性的东西,相反,它应当从"单调的纯粹性天空"和"与自身的同一"中跳出来,通过贯彻一切的直观降到特殊的东西的领域中,这样才能将自己融入现象的规定性之中。纯粹的逻辑需要"道成肉身",理念也需要"现实化"和"世界化"。他在页边空白处中说,他主张的这种感性化并不是把思想流行化,也不要把思想运用到视觉性的直观中,是把概念运用到单纯的图像中。他为世界化的趋势做了如下辩解:世界化本身就是"趋向于时间"或"趋向于与理念的同一",这一点在黑格尔哲学本身的精神中就已经论证过了,因为黑格尔的哲学本身就不是什么学院派的东西,而是关于人的东西。无论如何,人们早就已经在谈论如何反对基督教了。精神已经站在一个新的"世界时代"开端处;它正要彻底实现自己的理念,即罢黜基督教的纪元中占统治地位的"自我"——这种"自身存在的单个的精神",并且在此基础上取消感性世界和超感性宗教,即教会与国家之间的二元论。"马上就要到来的,并非在其普遍性的形式中和在已然脱去的纯理性、走向终点的自在性中的概念的发展,相反,将要发生的是真正取消目前为止的世界历史的面目出现的对时间、死亡、此岸、彼岸、我、个体、人格和绝对中的外在有限性及被视为绝对的那种人格,即神的整个直观方式,而迄今为止的历史和基督教体系的源泉的基础都奠定在这种直观方式之上,人们认为,这种方式不仅是正统的,而且是一种理性化的东西;但新时代的哲学要深入此种真理的基础之中去将之彻底瓦解。"这种全新的知识在新的哲学中被"包了起来",却扎扎实实地存在着,而它已走向了自己的位置。基督教已不能再被认作一种绝对的宗教。它只是旧的世界的对象,而且给自然强加了一种无精神性的地位。基督教还以同样无精神性的方式将死亡当作一种"葡萄园的主人所不得不聘用的临时工"。

尽管费尔巴哈对黑格尔的态度远远超出了"自由的"把握,他还是在1835年发表了对巴赫曼(Bachmann)的"反黑格尔"的批判,在此批判中他自己几乎化身为黑格尔本人。他在64页的篇幅中以极大的说服力和压倒性的优势批评了巴赫曼"完全缺乏概念的"经验主义,费尔巴哈的批判完全符合一种哲学的批判的要求,不亚于黑格尔对哲学批判之本质的界说,他的说服力也不亚于黑格尔在批判普遍的人类知性时所表现出来的力量。费尔巴哈区分了两种批判:基于清楚的知识的批判和基于误解的批判。前者是深入事物的积极本质之中,并接受作者的基本理念且将之作为判断的标准;后者却是从外部出发看待批判的对象中积极的哲学的东西,因此他心里所想着的始终是别的东西,而不是他所批判的对象,并且,如果他因自己的观念而忽略了批判的对象的概念的话,那么他就不再能理解他的对手。费尔巴哈指出,巴赫曼就完全不理解黑格尔关于哲学和宗教的同一性、逻辑和形而上学的同一性、主体和客体的同一性、思想和存在的同一性、概念和现实的同一性的学说。因此他对黑格尔的上帝之理念的批判完全就是笨拙的讽刺,他对黑格尔的"最深刻和最崇高的"理念的反对十分肤浅且毫无根据,根本不值一提。根据对黑格尔的范畴的有理有据的应用,就不难理解罗森克朗茨七年后为什么会这样写道:"理解黑格尔的哲学的人都会知道,从前费尔巴哈和我一起批评过的巴赫曼的反黑格尔学说,比起黑格尔本人的哲学来说低了多少档次!"但费尔巴哈自己事后都在评论拉辛对神正论者的批判时表示,他当时批判"反黑格尔"

只是为了暂时针对一种对黑格尔的完全不哲学的攻击，才替黑格尔辩护，并且如果人们认为他一旦写过一些反对某种观点的人的文字，就表示他支持该观点本身，就太轻率了。事实毋宁是，他自己的反黑格尔的想法在那时就已在他心里扎根了，"但当时那些想法还不成熟，所以我才暂时缄默"。

直到1893年在卢格的年鉴上，费尔巴哈才发表了自己对黑格尔的反对，那篇文章的题目是《对黑格尔哲学的批判》。这一批判与之前反对巴赫曼时的观点已截然相反。费尔巴哈现在也开始十分坚定地反对哲学与神学、概念与现实、思维与存在的同一性。之前在与对巴赫曼争论时被当作黑格尔的最崇高的理念的东西，现在则被费尔巴哈认为是"关于绝对的胡言乱语"。绝对精神则"无非就是"早已死亡的神学的精神，它就像个幽灵一样徘徊在黑格尔的哲学中。当费尔巴哈1840年就他与黑格尔的关系进行辩解时，他将黑格尔称为唯一一个让他理解了什么才是真正的老师的人。但一个人在学生时代曾坚信过的东西，即使已经从意识中淡化了，也绝不会从他的本质中消失。他不仅学习过黑格尔，而且教过别人黑格尔哲学，因为那时的信念是，一个年轻讲师的任务不只是讲授自己的观点，而且是让学生了解已经被大家承认的哲学家的观点。"我是把自己当作一个历史学者那样教授黑格尔的哲学的……和自己的研究对象达到同一，因为……并不知道除了研究对象外的别的或更好的东西；其次又意味着要和自己的对象区别和分离开，带着历史的公正性去评判对象，但这种评判是为了更准确地把握对象。"所以费尔巴哈虽然从来没有正式认同黑格尔主义，但他本质上是个黑格尔主义者，他也同样将绝对的体系归于"有限性的法则"。"作为一个不断成长的作者，我从根本上是站在思辨哲学的立场上进行我的思考，而黑格尔的哲学正是思辨哲学的最终的、概括性的表达。"

九 路德维希·费尔巴哈

20年后——也就是1860年——费尔巴哈最后一次简短地总结了他对黑格尔的态度。他说,自己与"精神的英雄们"不同,他是最后一个将哲学思考的界限推至哲学之外、推到体系的智性尊严之外的人。他把黑格尔描述成一个自足的、职业的思想家的典型,这种说法让人想起了克尔凯郭尔对黑格尔的批评:国家替他考虑好了他的现实的生存,因此他的生存状况对他的哲学来说就毫无意义。他让讲台这一位置失去了具有世界历史意义的光环:"绝对精神无非就是绝对教授。"

但费尔巴哈所宣称的对已在黑格尔处臻于完美的哲学的改造又体现在何处呢? 1842/1843 年的一则关于《改变的必要性》的笔记说明了这一重要问题。哲学现在不再处于从康德到黑格尔的整个发展时期了,它还想打开一个新时代。因此,原则性的改变就是必需的,因为这种改变是"从时代的需要"中诞生出来的,它是时代的要求,它从未来出发,向当下提出要求。"在世界历史直观没落了的时代,就产生了两种截然相反的需求,要么是维持旧的东西、驱逐新的东西的需要,要么是发展新的东西的需要。那么真正的需要究竟是哪一种?显然是对未来的需要,即预期的未来,所有的运动都向着这一未来进展。而保持旧的东西则只是一种附属的、还魂般的东西,是一种反动。黑格尔的哲学是对现成的体系的任性的结合,是一种不彻底性,既没有积极的力量,又没有绝对的否定。只有有勇气绝对否定一切的人,才有开创新的东西的力量。"引领这个遥远未来的还有卢格、斯蒂纳、鲍威尔和马克思,因为他们只把"当下"当作一种暂时的东西,而不是像黑格尔那样把它当作永恒的。

费尔巴哈在《哲学改革论点》(*Thesen zur Reform der Philosophie*)和《未来哲学原理》中做出了对黑格尔式的哲学思考方式加以颠倒的第一次尝试。按照那时的一封信中的说法,精神迄今为止所居住的地方已经陷落了,因此人们必须"搬到别处"(我们在马克思那里也能看到类似的说法)并且只能随身携带自己必不可少的那些家当。"世界历史的车是很窄的;如果人们错过了特定的时机,就无法再挤上这趟车了……如果你想要搭车,就只能带一些基本的必需品,而不能把家具之类的也带上",这一比喻就像是关于世界历史的醒目标语,它让我们想起克尔凯郭尔关于我们现在必须人人都从中穿过的"峡谷"的说法,也让我们想起"非做不可"的说法。费尔巴哈说,我们必须把全部精力集中在这一事实上,"要么通过考验,要么一无所有"。

费尔巴哈根据已经安排好的改造批判黑格尔。哲学现在正处于一个必不可少的"自我失望"阶段。它现在身处的这种失望曾经是自我满足的思想:精神将自己建立在自身之上;而自然,无论是世界的自然或是人的自然,则是根据精神而被设定的。这种"唯心主义"式"精神主义"的人类学前提是将思想者的孤立的生存状态当作思想者本身。尽管黑格尔扬弃了各种对象,但他依然是个极端的唯心主义者,他的"绝对同一性"事实上是"绝对片面性",也就是只有思想着自身的思想这一面。唯心主义者从作为"我思"的"我是"出发把握周围世界和环境,就好像他把世界仅仅作为他自己的"他者",作为一个"外在的自我",但重点落在自我上。黑格尔把所有不是我自己的东西都解释为"我自己的"他者,因此他无法理解自然,也无法理解与他人共存的独立地位。他将自我意识的哲学的立场作为他的哲学思考的出发点,因此他无法理解哲学所具有的非哲学的开端或原则。黑格尔哲学所面临的指责,就和从笛卡尔起的这个新哲学所面临的一样:指责他们切断了与感性直观,也就是经验的意识和与之相应的自然联系,之间的联系,他们都忽略了哲学直接的前提条件。在科学的本性中,本来就存在着这样一个不可避免的断裂,但恰好是哲学把它揭示出来的了,

九 路德维希·费尔巴哈

于是哲学自身就由此从非哲学的思维中脱颖而出。"哲学家必须在哲学文献中重拾那些不哲学的东西、反对哲学和抽象思想的东西、捡起那些在黑格尔的阐释中受到轻视的东西。"对费尔巴哈来说,对精神的我如何扎根这一问题——或者肯定的说法是"如何感性地给出你"的问题——的解答,与传统精神哲学的路径反其道而行,传统哲学的做法是从关于自我的哲学出发,从精神性的自我、从"我思"出发。

唯心主义认为自然的感性是"单纯"自然的东西,因此轻视它,这种轻视的历史动机在于,新时期的哲学本就出自基督教神学,费尔巴哈在给黑格尔的信中将它的原则描述为纯粹的"自我"。费尔巴哈的哲学旨在攻击黑格尔的哲学神学,这一点在《原理》中有所表现。"新的哲学源于神学——它无非是溶解和转化为哲学的神学。""新哲学的矛盾就在于……它是站在神学的立场上否定神学的,或者说,它否定神学,但它本身就是神学:这种矛盾在黑格尔那里表现得特别明显。""谁不放弃黑格尔的哲学,就无法放弃神学。黑格尔那条现实为理念所规定的学说——只不过是关于自然由上帝所创造的神学学说的理性化表达。"另一方面"黑格尔哲学是神学的最后一个避难所,是用理性的方式维护神学"。"就像很长时间以来,天主教神学为了对抗新教而在事实上变成了亚里士多德主义一样,现在新教神学也为了对抗无神论而在法理上变成了黑格尔主义。"

> 因此我们在黑格尔哲学的最高原则中找到了他的宗教哲学的原则和结果,他的哲学并没有放弃神学的教条,相反,它通过理性主义的否定又重建了这些教条……黑格尔哲学是通过哲学重建失落和远去的基督教的最后一次伟大尝试,并且在新时代中,对基督教的否定甚至因此而与基督本身达成同一。黑格尔所大加赞

扬的精神与物质、无限与有限、神的东西与人的东西之间的思辨同一，其实无非是新时代自身的不幸矛盾——新时代的思想必须在它的最高峰，即形而上学的高峰上把信仰和不信仰、神学和哲学、宗教和无神论、基督教和异教统一起来。只有通过这种同一，黑格尔才能弱化时代的矛盾，才能把对上帝的否定和无神论转化为对上帝的客观上的肯定——才能把上帝作为一个过程加以肯定，把无神论作为这一过程中的一个环节加以肯定。

对于费尔巴哈来说，宗教与哲学中无限的东西一直都无非是某种有限的、肯定的东西，它们被去神秘化了，也就是说，是一种已然承认没有什么有限的和肯定的东西这一假设之后的有限性和肯定性。费尔巴哈认为，思辨哲学自己要为这一错误负责，也就是说，对现实性和有限性的规定只能通过对规定性的否定，才能成为对无限性的规定和界说无限性的宾词。那种从无限中引出有限、从无规定中引出规定的哲学（比方说黑格尔的哲学）无法达到真正的有限的和有规定性的东西。"从无限中引出有限——这就是说，规定的东西会得到规定，无限的东西会进行否定；这就保证了，无限的东西如果没有规定，就意味着，没有了有限性，无限就什么也不是——它无非就是，无限的东西的实现设定了有限的东西。但绝对的这种否定的非本质就决定了，被设定起来的有限性会一再被放弃。有限的东西就是对无限的东西的否定；而无限的东西也是对有限的东西的否定。关于绝对的哲学就是这样一种矛盾。"

真正积极的哲学的开端不能是神或者绝对，而只能是有限的、有规定的和现实的东西。

"全新的与积极的哲学是对所有学院哲学的否定，无论它们内部是否包含有真实的东西……它们都没有什么'密语'，没有特殊的语言，没有特殊的概念，也没有特殊的（虽然也是新的）原则；它就是思想者的人本身——是存在着的并且知道自身的人本身。"如果人们把这种新的哲学的名称又译回"自我意识"的话，那么人们就是在旧的哲学的意义上去理解新的哲学，因此他们就又回到了旧的立场中去了。旧的哲学的自我意识只不过是一种没有现实性的抽象，因为人只"是"自我意识。对费尔巴哈来说，根据"人本学"或人来进行哲学思考首先意味着：将对于思想来说起关键作用的感性纳入考虑，感性的认识形式是由感性所规定的直观，是为思维注入了内容的直观；其次也意味着，将对人与人共在本身的思维纳入考虑，这种伙伴关系的认识形式是属于辩证思维的。将上述两者纳入考虑后，一种独立推进的、合乎逻辑的和具有成效的思考才能达成并得到合法性论证。

以上第一个环节，即感性的原则，不仅是人类的感觉的本质，也是自然和肉体生存本身。费尔巴哈认为，感觉是一种迄今为止都被忽略的东西，费尔巴哈将它提升到具有第三重要的地位，仅次于视觉和听觉之后，但黑格尔在称赞思维的力量时忽略了感觉的力量。只有从感性出发才产生了关于"生存"的真正概念，因为某种东西的真正生存只有这样才能成立：它必须明显地强迫自己，它不能只是设想出来、幻想出来或者仅仅是想象出来的。费尔巴哈的这种"感性主义"在他批判黑格尔的灵魂与肉体的辩证法时表现得最为明显。黑格尔的心理学旨在证明肉体和灵魂的同一。相反，费尔巴哈则认为，黑格尔在这一点上的"同一性"其实不过是"绝对的片面性"。然而黑格尔充分解释了这一概念完全是空洞的，因为他想说的意思是，人甚至都不该有身体，因为有了身体他就不得不去满足他的生理需求，就不得不从精神生活中脱离出来，而无法得到真正的自由。"哲学必须认识到，精神成为本身独立的,只有借助于他把物质的东西——部分地是他自己的形体性,部分地是一般的外部世界——与自己对立起来,并把这个这么不同的东西引回到通过对立和对立的扬弃所中介了的与自身的统一。精神和它自己的肉体之间自然而然地存在着一种比精神和其他外部世界之间还要更为亲密的关系。因此,我首先必须保持我的灵魂和我的肉体之间的这种直接的和谐……所以不允许蔑视地和敌对地对待它……相反地,如果我按照我的肉体的规律来对待它,那么我的灵魂在我的躯体里就是自由的。"[2] 关于这段引文,费尔巴哈评论说:"这句话完全正确。"但黑格尔也说:"然而灵魂不可能停留在与肉体的这种直接统一之上。那种和谐的直接性形式是和灵魂的概念,即灵魂是自己与自己本身相联系的观念性这个规定相矛盾的。为了与它的这个概念相符合,灵魂必须——根据我们的观点灵魂还不曾做到这点——使其与自己肉体的同一性成为一种由精神建立起来的或中介了的同一性,必须占有它的肉体,把肉体训练成它的活动的驯服而灵巧的工具,必须这样地改造肉体,以至于它在肉体里自己与自己本身相联系,而肉体则成为一种同灵魂的实体即自由相协调一致的偶性。"[3] 费尔巴哈继续说道:黑格尔用了无数次"直接的"这个词,但他的整个哲学都缺少这个词所描述的直接性,因为他从来就没有从逻辑的概念中摆脱出来,因此他从一开始就把直接性弄成了最具中介性的东西,把它当作概念的一个环节。在这里也一样。如果在黑格尔那里肉体不具备灵魂的真理性和现实性,灵魂只是一个要通过对肉体性的否定与扬弃才能产生的被中介的概念,或者按黑格尔自己的说法,灵魂就是概念本身,那么他要怎样才能谈得上与肉体的直接同一呢?"究竟哪里有半点直接性

---

[2] 译文沿用《精神哲学》,杨祖陶译,人民出版社,2006年,第193—194页。——译者注
[3] 译文沿用《精神哲学》,第194页。——译者注

的痕迹？"费尔巴哈问道。然后他回答说："完全没有。为什么？因为对唯心主义和唯灵论来说，肉体只是灵魂和思想者的对象而已，它只是个对象，却并不同时是意志和意识的根据，于是它就完全忽视了我们的意识背后有一个对我们来说非对象性的肉体，我们先知觉到的是这个肉体，然后才是我们的意识……"当然，精神是塑造和规定肉体的，因此，从事某一种职业的人可以根据他的职业决定他的睡眠和饮食，因此也间接地根据他的意志和职业规定他的肠胃和血液循环。"但我们也别忘了，"费尔巴哈说，"从另一方面来说，我们也别忘了，我们有意识地让精神规定肉体，肉体也反过来无意识地规定这精神；比方说，我作为一个思想者根据我的目的规定我的肉体，但随着瓦解一切的时间，我便成了一个非常糟糕的思想者，就好像我的肉体也同时变得糟糕了，精神和肉体两者同步。"在这里，效果会转化成原因，反之，原因也会转化成效果。费尔巴哈认为，黑格尔对感性，即自然的肉体性的承认只是一种从自然中建立起自身的关于精神的哲学，对它内部的某个条件的承认——同样的，唯心主义的自我意识概念对人与人的共在之独立的现实性的承认，也相对感性-自然的肉体性之现实性的承认一样少。

在费尔巴哈看来，感性-自然的身体性的基本代表，是某种我们的社会避而不谈的东西，虽然它本质上具有世界历史的意义并且展现出了统治世界的力量，这种力量就是人类的自然性别。现实的我不是一个"没有性别的它"，而是："先验地"就要么是男性、要么是女性的定在，因此它当然也就被规定为非独立的人与人的共在。只有假设性别差异仅限于性器官时，哲学才可以不去管人的此在的性别差异。但事实上性别差异贯穿了整个人，包括女性和男性各自特殊的感觉与思维方式。我作为一个男性，会从根本上承认另一种与我不同的本质，即女性的本质的存在是属于我的,并且它还共同规定了我自己的此在。因此,在我理解我自己之前,就已经自然而然地在他者的此在中被建立起来了。这一点也让我意识到,我究竟是什么:我是一个由别的此在所建立起来的本质,而且是一个无所根据的本质。对费尔巴哈来说,生活与思想的真正原则并不是"我",而是我和你。

费尔巴哈认为爱是我与你的真实关系。"对他者的爱告诉你,你是谁。""从他者中,而不是从我们自身中,真理才在它那有局限的自我中对我们说话。只有通过人与人的分享,通过人与人的交流,才诞生了理念。人类的生产,不仅是肉体上,还包括精神上的生产,都需要两个人的参与。人与人的同一是哲学的首要和最终原则,是真理和普遍性(普遍性也是真理的本质规定)的最终原则。因为人类的本质本就只存在于人与人的同一中,这种同一依赖于我与你之区别的现实性。即使是在作为哲学的思想中,我也是一个与人类共在的人。"

当费尔巴哈援引"爱"把人们团结在一起时,这位反黑格尔主义者就很吊诡地接近于黑格尔青年时期的神学著作;并且黑格尔的"精神"概念从思想史的角度看也是出于他对"爱"作为一种"活生生的联系"中的差异的扬弃和加工。但之后黑格尔以巨大的思想力量把他的(主观)精神概念加以哲学式的具体化,并对不同的规定加以区别(例如区别为"感性""知觉""知性"的意识;区别出"欲望的"和"反思的"、"奴隶的"和"主人的"、"精神的"和"理性的"自我意识);但费尔巴哈一直停留在"爱"这一不甚清晰的基础阶段中。

费尔巴哈的原则性改变的后果就是,哲学与政治和宗教的关系也改变了。哲学应该变成宗教,变成政治,这是一种政治的世界观,它应当代替迄今为止所有宗教。"因为我们必须重新变得虔敬——政治必须变成我们的宗教——但只有当它占据了我们的观点的制高点时,以

九　路德维希·费尔巴哈

上变化才可能发生，这一制高点让我们能够把政治变成宗教。"但对人而言，这一制高点就是人本身。人的哲学将代替宗教这一论点必然会导致更多的后果，即政治代替宗教，因为如果人的尘世需要代替了基督的地位，那么劳动的团体就会代替祈祷的团体。从这一后果出发，克尔凯郭尔解释了由于基督教信仰消失带来的时代的政治化，费尔巴哈接着从对人本身的信仰中引出了宗教政治化的必要性。"宗教与国家的联系一贯十分松散，以至它更多的是国家本身的瓦解。"如果神是主人，那么人就会依赖神，而非依赖人本身。那么如果倒过来，人与国家的联系变得更紧密，那么人们就会在实践中否定对神的信仰。"并非对神的信仰，而是对神的怀疑，让人们建立了国家。"并且国家的起源可以用"对作为人本身的人的信仰"来解释。撇开基督教不谈，世俗的国家对于"整个现实性""普遍本质"和"人的天命"都是十分必要的，国家是一个"大写的人"，与自身相关的国家是"绝对的人"；他同时也会变为现实性和对信仰的否定。"实践中的无神论也就是国家的纽带"，并且"现在的人将自己投身于政治，因为他们将基督教认作一种把人带向政治能量的宗教"。即使是在 1848 年革命失败后，费尔巴哈产生了德国尚未具备落实政治的时机的想法时，他也依然没有违背这样的解读。因为改革虽然打碎了宗教上的天主教，但政治革命还没有实现，改革只有在宗教的领域内才能达成它的目的，因此人们现在必须争取扬弃"政治上的宗教等级制度"而转向民主共和。但费尔巴哈对于国家权力的集中和扩展的关心远远大于对共和制形式的兴趣（马克思、鲍威尔、拉萨勒也是如此），这一点也能解释为什么他之后完全不认为俾斯麦是敌人，而是把他当作革命的先驱。费尔巴哈在 1859 年的一封信中说："德国政治现在所碰到的问题是：众说纷纭（quot capita tot sensus）。德国人从不互相和解，也从不意见一致——但他们都有同样的心灵，那就是每个人都手里拿着一把刀，并且宣称：我才是德国的中心！但心灵和头脑的联系在哪里呢？普鲁士并不缺乏头脑，但没有心灵；奥地利倒是有心灵，但没有头脑。"

根据黑格尔的"精神"的历史的标准，费尔巴哈的强烈感性主义相比于黑格尔那以概念的方式组织起来的理念，似乎是一种倒退、一种思想上的野蛮，它的内容是通过夸夸其谈和主观感觉建立起来的。黑格尔最后的想法是：同时代的人都局限在自身的虚荣中，他们的麻木和吵闹还为一种缺乏热情的知识留下了空间？但这种忧虑被他那些能言善辩的学生盖过了，他们在哲学中掺入了时代的利益。在黑格尔合格的友谊之后，有"路德维希"（费尔巴哈）和"康拉德"[德布勒（Deubler）]之间的"田园诗"，他们对于"伟大的人"的天真的崇拜，从根本上说是从费尔巴哈那种无害的心情中产生的。因此这样一种想法就是错误的：人们可以从死去的形而上学中趾高气扬地跳出来，轻松地越过19世纪的"唯物主义"。

费尔巴哈的功绩在于，他第一个将[基督教的意识跨过自然的世界走向一个超世界的神]这一点，作为德国唯心主义的超越的哲学的提问方式加以把握，并打开了一条通向世界观和把握生活的道路，这条道路不再与基督教或形而上学越来越弱的线索相联系。因此费尔巴哈先于尼采提出了"长期错误的历史"这一论点，并且从这以后，背后的"真实世界"已经变成了一个"寓言"，它再也不会重获以前的生命力。对于费尔巴哈、尼采、狄尔泰和海德格尔来说，哲学已不再是具有"形而上学"的意义，虽然他们各自给出的理由不同。

费尔巴哈对基督教的批判就像他从单一的自我意识回到作为肉体性的人与人共在一样意义深远。尽管尼采将对基督教的批判带向了一个前所未有的深度，以至无神论本身成为一个问题，而不只是停留在

九　路德维希·费尔巴哈

对"此岸"的单纯认识，但这种对于不存在上帝的体验的深化是以19世纪的无神论为前提的。这一"非基督徒对时代的沉思"[4]所具有的极具说服力的论证要归功于尼采的攻击和费尔巴哈的坦率。《非信仰的未来》的作者的说法是对的：目前的学院派哲学对于"西方国家"谈得太多了，它并不符合、也无法澄清与基督教形而上学的冲突，而或多或少是在从精神哲学的角度出发让这一冲突变得模糊不清甚至将它掩盖起来，因为欧洲的哲学思考的这种从精神出发的风格本就是几个世纪以来与神学的隐秘交流的产物，在这一漫长的交流过程中，隐蔽、迂回和迷惑的艺术已经发展到了相当的高度了。"今天出版的关于大卫·弗里德里希·施特劳斯、路德维希·费尔巴哈或弗里德里希·尼采的文章似乎都引向一个公开的丑闻，引起在议会中指责基督派。如果从历史的心理学的角度回顾一下，就会发现一个令人吃惊但又确实存在的事实：对基督教的论证从几百年前就已经理所当然地开始了，但它在最近几十年里成了禁忌。"[5]

与B. 鲍威尔和施特劳斯的宗教批判不同，费尔巴哈的《基督教的本质》并非对基督教神学和基督宗教的解构性的批判，而是一次试图保留基督教中本质的东西的尝试，即以"人本学"的方式把握它。在真正的、人本学的本质中扬弃宗教中的"神学本质"，就需要回到黑格尔讽刺为单纯"感觉"的那个非精神性的形式中。费尔巴哈想将它认作本质的东西，因为它重建了直接–感性的东西。对他来说，宗教的超越性的基础在于感觉的内在超越性："感觉是宗教中属人的本质。""感情这种威力，既是跟你最亲密的，又是不同于你、不依赖于你的，它既寓于你，又超于你：它是你最固有的本质，然而又把你作为一个另外的本质那样左右着你。总而言之，它是你的上帝。那么，试问你怎

4　G. 施捷斯尼（G. Szczesny），《非信仰的未来》(*Die Zukunft des Unglaubens*)，1958年。
5　同上书，S. 9; 参见 S. 13。

样可以把寓于你的这个本质同另外一个客观本质区分开来呢？你怎样可以超越你的感情呢？"[6]因此费尔巴哈就把自己和黑格尔对感觉的批判区别开了。"我之所以指责施莱尔马赫，并不是……因为他使宗教成为情感的事情，而仅仅是因为他从神学的偏见出发未达到也不能达到得出他的立场的必然结论的地步，因为他没有勇气认识和承认，如果主观上情感是宗教最重要的事情的话，客观的上帝本身无非是情感的本质，我在这种关系中一点都不反对施莱尔马赫，以至于他对我而言毋宁说可以用来证实我从情感的本性推论出来的主张。黑格尔之所以没有深入宗教的独特本质，恰恰是因为他作为抽象的思想家没有深入情感的本质。"[7]

费尔巴哈的宗教批判的全部原则就是一句话："神学的秘密就是人本学。"也就是说，宗教的原初本质就是人的本质。宗教是人的原初本质需求的"客体化"，但它并没有自己的特殊内容。正确的理解是，对神的信仰是出于对人自身的信仰，只不过人们并不知道这一点而已。"宗教是人的首要的，尽管并非直接的自我意识"，是一条通向自身的曲折的道路。因为人首先将自己的本质隐藏在自身之外，然后才在自身中找到它。"宗教——至少是基督教——就是人对自身的关系，或者，说得更确切一些，就是人对自己的本质的关系，不过他是把自己的本质当作一个另外的本质来对待的。属神的本质不是别的，正就是属人的本质，或者，说得更好一些，正就是人的本质，而这个本质，突破了个体的、现实的、属肉体的人的局限，被对象化为一个另外的、不同于它的、独自的本质，并作为这样的本质而受到仰望和敬拜。因而，属神的本质之

6　引文沿用《基督教的本质》，荣震华译，商务印书馆，1997，第40—41页。——译者注
7　译文沿用《从黑格尔到尼采》，第449页。——译者注

一切规定,都是属人的本质之规定。"[8]按黑格尔的说法,被人们倾听与信仰的神的精神,与正在倾听它的人的精神本就是同一个东西。

宗教"发展"的积极的地方在于,人"越来越否定神,越来越肯定自己"。在这一过程中产生了新教,因为它是人的人化的宗教方式。"这个上帝人化的宗教方式或实践方式,就是新教。基督是人的上帝,或人性的上帝——基督才是新教的上帝。新教并不像天主教那样关心什么是上帝自身这个问题,它所关心的问题仅仅是对于人来说上帝是什么;因此新教并不像天主教那样,具有思辨或冥想的趋向;新教不再是神学,它在实质上只是基督教义,以及宗教的人本学。"[9]

黑格尔试图论证基督教义和哲学间的内在一致性,费尔巴哈则指出,当哲学与宗教都被还原为人本学时,它们两者就都已经自在自为地成为宗教了。"故而,这种新的哲学不再能够也不再会像古代的天主教经院哲学和现代的新教经院哲学那样,试图用其与基督教教义学的一致来证明其与宗教的一致;产生自宗教本质的这种新哲学,宁可说在自身中具有宗教之真正本质,并且,作为哲学,自己本身就是宗教。"[10]

相反,对费尔巴哈来说,基督教将会在历史中瓦解是件十分确定的事情,确定程度就和之后尼采的看法差不多,因为宗教与现代社会的整个现实状况都是相矛盾的。否定基督教的正是那些与之紧密关联的东西,并且它们还被隐瞒了,无论是《圣经》还是教父们的标志性的著作,都不再被当作基督教的标准。在生活、科学、艺术和工业中,基督教都被否定了,"因为人把自身作为人性的东西加以把握,因此人

---

8 译文沿用《基督教的本质》,第44页。——译者注
9 译文沿用《未来哲学原理》,第1页。——译者注
10 译文沿用《基督教的本质》,第26页。——译者注

们就从基督教中夺回了一切积极的力量"。在现实中，人和人的劳动代替了基督教和祈祷的作用，因此在理论中人的本质就代替了神的本质。基督教从人的日常生活中慢慢退了出来，现实将自己局限于礼拜天，然后就完全消失了，因为"基督教不过是某种固执的想法而已"，"这种固执的想法，是跟我们的火灾和人寿保险机构、我们的铁路、我们的蒸汽汽车、我们的绘画陈列馆和雕刻陈列馆、我们的军官学校和实业学校、我们的剧场和博物馆标本室处于最尖锐的矛盾之中的"[11]。关于这种矛盾，费尔巴哈和克尔凯郭尔的感觉并没有什么两样，尽管他们的观点是对立的，但结果是一样的，只是克尔凯郭尔认为科学，尤其是自然科学，远没有宗教的关系重要。但两人都认为基督教与对世界的科学、政治和社会的利益之间的矛盾是不可调和的。

但对费尔巴哈来说，基督教在现代世界中的这种"伪善"与尼采和克尔凯郭尔那里的意义不同。他对基督教的攻击威胁要小得多。他并没有给出"致命一击"，而是出于好意地用一个批判的"还原"即将基督教改造成"人教"，通过这种还原，哲学自己就变成了宗教。"但是，以为我赋予人本学以某种虚无的或仅仅从属的意义，那是非常错误的——只有把神学放在它之上且与它相敌对时，它才会具有这样的意义。正好相反，我使神学下降到人本学，这倒不如说使人本学上升到神学了……我之取人本学这个名词，并不是取其在黑格尔哲学或迄今一切哲学中所取的意义，而是取其较此高得多和普遍得多的意义。"[12]

黑格尔还属于哲学的"旧约"，因为他的哲学是建立在神学的立场上的。他的宗教哲学是最后一次伟大的尝试，想对基督教和异教、基

11　译文沿用《基督教的本质》，第 26 页。——译者注
12　译文沿用《基督教的本质》，第 19 页。——译者注

督教神学和希腊哲学进行双重的"扬弃"。新时代的双重性在黑格尔那里达到顶点,这种双重性表现为将对基督教的否定和基督教本身并列起来讨论。"迄今为止的哲学落入了基督教衰落、对基督教的否定,但同时又要是对基督教的肯定的时代。黑格尔的哲学在表象和思想之间的矛盾下掩盖了对基督教的否定,也就是说,他在肯定基督教的同时否定基督教,而且是在肇始的基督教和成型的基督教之间的矛盾背后……然而,一种宗教只有在它被保持在自己……原初的意义上的情况下才能维持自己。最初,宗教是火、能量、真理;每一种宗教最初……都是无条件地严厉的;但随着时间的流逝,它逐渐地松弛下来,变得松懈……受习惯的命运影响。为了调和从宗教堕落的实践与宗教的这种矛盾,人们求助于……传统或者修正。"[13] 与这种半吊子的否定相反,现在已经有了一种彻底的和自觉的否定。它奠定了一个新的时代和一种不同的非基督教哲学的必要性,它的另一边就是宗教。

但通过将哲学本身解读成宗教,费尔巴哈的"无神论"本身仍然是一种"虔诚的哲学"——施蒂纳就是这样批评他的。因为他只想取消"主体"这一宗教式的宾词,即神,却完全不想通过主张人的意义来取消宾词本身。

> 所以,一个真正的无神论者,也即通常意义下的无神论者,只是把属神的存在者之宾词(例如爱、智慧、公义)看作无谓的东西的人,而并不是仅仅把这些宾词的主词看作无谓的东西的人。主词之否定,绝不同时必定又是宾词本身之否定。宾词具有独自

---

13 译文沿用《从黑格尔到尼采》,第 453 页。——译者注

的、独立的意义；宾词通过其内容强使人承认自己；它们直接通过自己来向人证明自己之真实；它们自己证实、确证自己。善良、公义、智慧不会由于上帝的实存是妄想而成为妄想，也不会由于上帝的实存是真理而成为真理。上帝之概念依赖于公义、善良、智慧之概念——如果一个上帝不是善良的，不是公义的，不是智慧的，那他就不成其为上帝了——但反过来则不然。[14]

因此费尔巴哈并不是"一般的"无神论者，并且，费尔巴哈指出一般意义上的无神论恰恰将基督教的宾词原封不动地保留在他们的抽象的主体当中！

费尔巴哈的宗教批判必须承受对于它本身也是虔诚的信仰的指责，这一点显示出他跨过他自己走向黑格尔的运动：在某人那里表现为无神论的东西，别人却会越来越认为它是神学的、宗教的和基督教的。鲍威尔认为施特劳斯是"教士"，施蒂纳认为费尔巴哈是"虔诚的无神论者"，马克思则认为鲍威尔是个只在神学方面才有批判性的批判者。施蒂纳相信自己胜过了其他批判者，却被马克思归为"神圣家族"的一员，马克思还嘲笑他是"教会神父"和"圣马科斯"（Sankt Max），而费尔巴哈则在施蒂纳的"无"中看到了一个"神的宾词"，在他的单个的自我中看到了"基督的个体幸福"，并把它们展现出来。这些东西无不向人们证实了基督教的东西的残余，事实上这种残余在任何一种对基督教的批判中都是存在的，这些批判在论战中都受到它的对手的制约。费尔巴哈从历史的角度将这种制约的关系追溯到福音和犹太法律宗教的区别。基督宗教是犹太教的实证性的对立面，它代

---

14 译文沿用《基督教的本质》，第53页。——译者注

表了一种"批判的和自由的宗教"。"与以色列人对应的是基督徒,是一种自由的精神。于是,宗教的整个状况就都改变了。昨天还是宗教的东西,今天则不再是宗教了;今天认为是无神论的东西,到明天又会变成宗教。"

费尔巴哈对神学的人化属于新教的历史,他之所以这么做是因为,他是从路德那里引出了他的宗教批判的原则。在《基督教的本质》讨论信仰问题的第十四章,他引用路德的话:"你怎样来信仰上帝,你也就怎样来得到上帝。""信了也就得到了,不信则什么也得不到。""所以,我们怎样信仰,我们也就怎样得到。如果我们把他当作我们的上帝,那他就当然不会成为我们的魔鬼。但是,如果我们并不把他当作我们的上帝,那他也就当然不再是我们的上帝……"费尔巴哈进一步解释道:"可见,只要我信仰一位上帝,那我就真的有了一位上帝,换句话说,对上帝的信仰就是人的上帝。"因为,"如果上帝就是我所信仰的,就跟我所信仰的一样,那么,上帝之本质,不就正是信仰之本质了吗?"[15] 在对神的信仰中,人也信仰了他自身,信仰了他的信仰中的神性力量。神是一个对人而言的本质,他从本质上说是我们的神,对他的信仰因此就是"人的自我肯定"的宗教表达。信仰的世界是一个"无限的主体性"的世界!——在一篇名为《路德意义上的信仰的本质》的文章(1844年)中,费尔巴哈几乎完全认同路德的信仰概念:信仰就是尝试寻求"基督的本质"!因为路德的神的概念中,核心就是对天主教的实证性的否定,并且它还肯定了,基督就只通过为我们而存在,才是存在的,他的存在只是因为我们信仰他。"如果神只是孤独地坐在天上,"费尔巴哈引用路德的话,"就像尊木像那样,那么它就不会是神了"。他接着说:"神只

---

15 译文沿用《基督教的本质》,第178—179页。——译者注

是一个词语,它的意义仅仅是人。在信仰中神只是对人而言的那个你。"通过这种方式,费尔巴哈将路德对信仰的内化或存在转化为对路德那里对"神是什么"和"人的东西是什么"最终在人身上所形成的相互关系的肯定,并且将它转化为这样一个命题:神是人的"前提",因为宗教的神学本质从根本上说就是它的人本学本质。费尔巴哈的解释从本质上说在黑格尔那里就已经出现了,因为根据黑格尔的观点,宗教改革中解放性的行动就在于,路德成功地肯定了人"在他自身中"的规定性必须先行于其他的一切;同时肯定了他还将这一规定的内容当作一种通过启示而从外面给出的东西加以把握。A.卢格在他题为《新教和浪漫主义》(*Protestantismus und die Romantik*)的文章(1839/1840年)中指出了一种危险,这种危险来自下面的说法:"浪漫主义的原则在于,主体在自我占有的新教化过程中坚持那个进行占有行为的单纯的自我,这个自我在对普遍的东西和客观的东西的否定中一直保持着它自身。"——费尔巴哈的宗教批判不能也不想成为某种最终的结论,而只是一种暂时性的东西,但它的后果始终都在发生影响。费尔巴哈认为,他的宗教批判的基本思想会一直存在,"但并非以它现在的表达形式和当下的时代关系的表达形式而存在"。

费尔巴哈对于哲学改革的纲领性文章和对未来哲学的原则的论述,也同样出于对这种并不充分的暂时性的意识。费尔巴哈的整个努力的目标都在于,将有限的人从关于无限的哲学的重重掩盖之下"拉出来",以便降到自然的基础上,并建立一种关于人的人性的哲学。而马克思批评费尔巴哈的唯物主义缺乏历史的视角,并且指责他又回到了黑格尔,因为他对人的历史性活动毫无关注,这样一种批评则是从一种原则性的和彻底历史性的角度出发的。但他忽略了,即使历史性地生存着并生产出了他自己的世界的人,也拥有一种自然的本质,这种自然性并不会消解在历史中。如果历史就是"人的自然历史"本身,并且这种"人的自然历史"最终在于劳动和生产的社会历史,那么世界作为世界-历史就是人的力量和一个人造人的关系的历史——或者用弗洛伊德的话来说,和一个"假的上帝"的关系的历史。

十
黑格尔对基督教的扬弃

1962 年

哲学自然必须证明它的起始和它的认识方式的正确性。即在希腊，民众的宗教已驱逐了好几位哲学家，但宗教与哲学的对立在基督教教会里尤其剧烈。对于两者的关系，我们必须明确地、公开地、诚实地加以说明，像法国人称为"aborder la question"那样。我们用不着顾虑，好像这问题太微妙，亦用不着说空话塞责，更用不着规避躲闪，以致后来别人感到不知所云。我们不可以装出对哲学不闻不问的样子。这种伪装没有别的，只不过想掩盖哲学曾经反对宗教这一事实罢了。宗教或神学家也装出不理会哲学的样子，但也不过是为了当他们做主观人性的抽象推论时，不致遭到哲学的反驳罢了。[1]

1　黑格尔，《黑格尔全集》，第十三卷，第 80 页。——我们所引用的《黑格尔全集》是已故的朋友们所收集的那个版本，第 1832 及以下，第二版。（译文沿用《哲学史讲演录》，第一卷，第 65—66 页，略有改动。——译者注）

十 黑格尔对基督教的扬弃

导论

黑格尔首先在图宾根神学院接受了第一个科学上的教育,在那里他和谢林、荷尔德林是同学。他 20 岁(1790 年)时拿到了哲学硕士学位,然后又学了三年神学。他于 1793 年通过了神学考试,成了神学系的毕业生。他在自己的简历中总结说:"我走向布道台是出于我父母的愿望,而我自己一直都出于爱好十分忠心地进行神学研究,因为它与古典文学和哲学有紧密的联系。"因此黑格尔一开始是从神学起步的——之后转向了哲学。然后他选择了与之相应的职业,这份职业"与布道台上的事业脱不了关系",因为他感到有必要献身于"古老的文学和哲学",也就是在伯尔,然后在法兰克福(1793—1799 年)做家庭教师,以便最终完全转向哲学并在耶拿找到了一份教职。在哲学生涯的一开始(1802 年)黑格尔发表了一篇了不起的论文《信仰与知识》,在这篇文章中,他描述了自己和康德、雅各布和费希特的区别。此前他还写了很多手稿,讨论希腊的民族宗教、犹太教和基督教的精神,以及讨论耶稣的生平,此外还有许多关于因为法国大革命而被彻底撼动的现代世界中的政治和经济状况的充满现实关怀的文章。自从基督教渗透进古代世界后,宗教和政治就分裂为一个彼岸的上帝的领域和一个世俗的人类的世界,黑格尔一直艰难而又持续和有意识地试图把握政治和经济这两个主题,它们是黑格尔关于主体、客体和绝对精神的哲学中贯穿始终的首要关注领域。黑格尔哲学的伟大和独特之处在于,它充满了对现实的关注,同时用从物质中抽离出来的思想的力量贯穿现实性,并且根据概念来规定事物。即使是逻辑学中的形式化范畴也是充满内容的:它规定了所有存在着的东西的本质形式。黑格尔的逻辑学是本体论,同时也是神学：即存在-神-逻辑学，或者按照更流行的说法是：宗教哲学。很明显，黑格尔1829年在柏林进行的关于上帝存在证明的演讲是对他同时进行的关于逻辑学的演讲的补充，并且他在1831年关于上帝存在的本体论证明以"存在"和"概念"为主题。于1821年与1831年间多次举行的关于宗教哲学的讲演是黑格尔早期目标的成熟成果，它试图搞清楚究竟怎样才能"接近上帝"[2]和为"上帝之城"的思考奠基。此外，黑格尔也在一条由康德、费希特、门德尔松和拉辛描绘出的轨迹上前进，虽然这一轨迹离基督教的距离越来越远。

黑格尔和基督教神学的关系从一开始起就具有双重意义。它表现在通过对宗教的表象形式的批判而进行的对宗教的哲学论证，或者像黑格尔哲学中本来就具有的双重意义的基本概念所表述的，这种双重意义在于，用哲学"扬弃"宗教。哲学通过将宗教式的表象和思想的方式提升为概念，同时取消了宗教，也即扬弃了宗教。黑格尔在他的演讲的一开始[3]就提出了"宗教哲学"这一说法，这种说法具有某种迷惑性，因为它掩盖了宗教其实是作为一个对象站在哲学面前的，而哲学则是作为自身而存在的，并且它自己就已经是宗教了，"它在阐明宗教时，不过是在阐明自身"；因为哲学的需要和兴趣与基督教及其神学的需要和兴趣是同一个东西；即"神，无非是神，以及对神的阐明"，它作为绝对的精神就是绝对的真理，并且让绝对的真理获得自由。[4] 黑格尔将神界定为精神或逻各斯，这一界定是其他一切衍生的基

---

[2] 《致谢林的信》（1795年8月30日），参见《黑格尔通信集》（*Briefe von und an Hegel*），霍夫迈斯特版，第一卷，1952年，第29页。

[3] 《宗教哲学》，第一部分，第28页及以下。我们引用的是黑格尔《宗教哲学讲演录》，拉松版，第1部分/3，1925—1930（第2部分和第3部分被分为两册）。

[4] 参见《哲学百科全书》§1和§382附释；《宗教哲学》，第三部分/1，第35页。

础，它援引自最为哲学化的福音书《约翰福音》[5]；但它也同样来自亚里士多德的《形而上学》（XII，7）中思考着自身的奴斯（Nous），黑格尔的《哲学百科全书》就是通过这一引用达到了对科学的最终总结并结束全文的——他认为亚里士多德的奴斯和《约翰福音》中的逻各斯是同一个东西，即精神本身。但黑格尔以一种诺斯替主义的基督学[6]的方式对基督教传统和希腊传统做了比较，而且因为他对基督教的"扬弃"所具有的双重意义而与他的前人区别开了，事实上他和整个新时代的哲学一样，都走上了一条批判的道路：从笛卡尔对上帝存在的理性证明——因为他想要不借助信仰也能说服不信教的人——经过斯宾诺莎的《圣经》批判、康德的《单纯理性限度内的宗教》，直到费希特的《一切天启之批判》（Kritik aller Offenbarung）和谢林的《天启哲学》（Philosophie der Offenbarung）草拟了关于神圣的精神的第三部福音书（ein drittes Evangelium），于是，迄今为止的关于圣父和圣子的天主教和新教信仰就从一种部分的诺斯替主义转变成了一种普遍的哲学科学。基督教的这一向着哲学的转变要远远超过我们在美国大学和题为"关于宗教的哲学"的神学课程中所感受到的那些无伤大雅的变化。黑格尔的宗教哲学的目的并不是为宗教和神学再增加一个哲学的版本，而是要将宗教的"表象"翻译成哲学的"概念"，并以此将宗教的表象变成一种多余的东西而扬弃它。对于关于绝对的绝对知识来说，不再需要一种不可把握的、非概念的、"实证的"

5　我们可以毫不夸张地说，黑格尔关于精神的哲学是对《约翰福音》中的两句话的阐释（Joh. 4, 24 u. 6, 63）："神是个灵，所以拜他的必须用心灵和诚实拜他。""叫人活着的乃是灵。"[译文沿用《约翰福音》，中文版的《圣经》将 Geist（精神）翻译成"灵"。——译者注]

6　受到黑格尔的激励，F. Chr. 鲍尔（F. Chr. Baur）于1935年出版了《基督教的诺斯替主义或基督教的宗教哲学》（*Die christliche Gnosis oder christliche Religionsphilosophie*），此书在其历史发展中描述基督教和诺斯替主义的关系。

宗教，也就是说，不再需要一种其内容是固定的和事先给定并且已经被人们接受的信仰。"哲学作为把握宗教内容的思维，与宗教的表象比较起来，有一个优点，即它能理解双方。哲学能理解宗教，但它又能理解理性主义和超自然主义，它又能理解它自己，但反过来，宗教却不能这样。"[7]

真正的哲学自身已经是"对神的礼拜"，也就是说，它需要将自身提升至无限的和神的地位，而不是满足于《圣经》的历史、宗教的习俗和教会的教义。它根本不需要外在的权威，并且如果神学家认为它想要利用自己的理性去认识神和从世界的运转中洞悉神的天意的计划是太狂妄了，那么人们就必须从神学的绝望中逃出来，走向对哲学的信任，不然的话，人们就无法认识这个万物都依赖它而存在的神。"如果上帝应当被认识，那么，作为能够使精神感兴趣的某种东西，给精神就只剩下了非神的、受局限的、有限的东西。"一种哲学如果只了解有限的东西，那么它就算不上是哲学，而最多是一种关于世界的和人的知识，它搁浅在"时间性的沙滩"和它所操心和需要的东西上。

黑格尔与基督教和神学的关系的双重性体现在，它具有为基督教论证的表面形式，但黑格尔的态度在他青年时代的神学院时期写给谢

---

[7]《黑格尔全集》，第十三卷，第96页；参见，第80页"关于思辨哲学和一般知性的相似关系"。黑格尔在一篇评论哥舍尔（Goeschel）的文章（Jub. Ausg. Band 20, S.301ff.）中提出了宗教的"表象"和哲学的"概念"的关系这一富有启发性的论点，他尽可能地迎合想要清楚地表象上帝的话语的需要。从表象到概念再到表象的往复运动很像荷马为星辰命名，有时他用不死的神给星星命名，有时又用会死的人。关于这种双重语言，黑格尔安慰那些虔诚的听众说，正是抽象的概念的运动中更大的稳固性使我们能"毫无顾虑地抵抗表象的诱惑并将它置于概念的统治之下，就好像在对上帝的信仰中从一开始就存在这样一种保证：信仰能够平静地反对概念，并且它参与到了概念当中，它不仅勇敢地面对自己的后果，而且对于已经被证明并非自由的预设的信仰也同样并不在意"。（译文沿用《哲学史讲演录》，第一卷，第80页。——译者注）

十 黑格尔对基督教的扬弃

林的信中表达出来了,而且在此信中他的态度丝毫没有双重性。黑格尔带着非常明显的幸灾乐祸写到新教神学的窘迫现状,它还以为,借助康德或费希特的哲学能够避免"教义上的火灾"。

> 你的来信说,在图宾根哲学道路是神学的,讨好上帝的康德哲学,这并不是什么奇怪的事情。只要正统教义的功能还是和尘世的利益紧密相联的,还是交织在国家整体之中的,那么它就不可动摇……然而,对于那些于他们有用的东西,使他们还能维持残缺的体系的东西,他们却爱不释手。我相信,如果把那些搬来批判器材加固其神殿的神学家,在他们蚂蚁般的忙碌中用力搅动一下,让他们不能随心所欲,把他们从每个隐蔽的角落里赶出来,使他们无处藏身,只好把自己赤裸裸地暴露在光天化日之下,那一定煞是有趣……费希特的《启示批判》无可争辩地给你所写的,其后果我也可由此想到的胡扯开了方便之门。他本是有所约束的,不过,他的那些原则一旦被接受,神学逻辑就会永无止境地推论下去。他从上帝的神圣性推论出,他那纯粹道德本性使他所必须做的事情,等等,通过这样的推论,又恢复了那些要在教条中证明的陈规。[8]

黑格尔用关于他们共同的朋友的话题结束这封信:

> 你的友情不能打动他,鼓舞他积极起来,去反驳现实生活中的神学吗?切莫等闲视之,这种必要性是从这种神学的实际

---

8 译文沿用《黑格尔通信百封》,第 37 页。——译者注

存在中产生出来的……上帝之国来临了,我们加紧工作吧!……理性和自由永远是我们的口号,无形的教会是把我们联系在一起的共同目标。⁹

如果关于上帝之国即将降临和不可见的教会的说法都是没有力量和没有意义的空话,那么人们就可以无视它们,并且局限在"理性和自由"上,这种类似的说法的特殊之处却恰恰在于,黑格尔反对他同时代的神学家,因为他自认为对上帝的旨意有更好的认识,并且他作为一个更理性、更自由的思想家,所想要的无非是从思想上为《新约》中的"上帝之国"做好准备,在这个国度中,人们能真正"成为自己",或者说,感到就在自己家中,并且进入他自己的本质,也即精神之中。又由于《新约》尤其是《约翰福音》中的神从根本上说就是逻各斯或者精神,并且也只能在精神中被认识,于是对黑格尔来说神学中的上帝之国就变成了"精神王国",他的巨著《精神现象学》就是以这个精神王国来结尾的。在关于绝对的绝对知识中就能达到对神的认识——这种绝对知识由"关于非中介性的东西的直接知识"开始,也就是由

---

9 《致谢林的信》,1795 年 1 月底,《黑格尔通信集》,第一卷,16ff.。试比较荷尔德林 1794 年 7 月 10 日给黑格尔的信——谢林在 1795 年 2 月 4 日给黑格尔回信说:"你已意味着孕育成熟了一个光辉思想!我恳求你动手工作吧,越快越好。如果下了决心不再闲着,那么,在这里你有一块物产丰富、收益巨大的田地。这样,你就可最后堵死妄信的门户。你自己说,只要是费希特在《启示批判》里,或许出于妥协,或许为了对妄信表示好感和对神学家的感激表示领谢而做出的那种推论还被接受着,还被看作是有用的,哲学就不能终止其愚蠢。在对神学家们胡扯的忿怒之中我已经多次想诉诸嘲讽,指出全部教条及整个黑暗年代附属品的实践信仰基础;然而,我没有时间,而上帝知道,如果讽刺在进行了,大多数人是否予以严肃对待。但愿在我的青年时代,就有这样的幸运,至少是默默地,像一支哲学圣烛样地发光。事情必须认真抓紧,朋友,我将寄望于在你的手中开始。"(第一卷,1.21)(译文沿用《黑格尔通信百封》,第 40 页。——译者注)

感性确定性开始。[10] 这一转变是解构犹太教和基督教的实证性的前提，这也是黑格尔青年时代的神学论著的一贯主题和核心批判点，在这一转变中，黑格尔的批判决定性地超越了对上帝存在的论证。后来鲍威尔[11]在看到这些青年时期的著作时，认为它们比后期的宗教哲学更能支持他关于黑格尔的"反基督教"的论点，在后期的宗教哲学中，黑格尔将上帝的道成肉身和三位一体转移成了思辨哲学。在黑格尔的精神王国中，精神完全在它的他者中成为它自身，这一说法也为马克思的"自由王国"铺平了道路，在马克思的自由王国中，不再有异化现象。

黑格尔早期著作中的基督教批判（1795—1800）

"对基督的信仰的基础在于历史"，在于历史的传承。但相信一些别人告诉我们的事情，总比自己进行反思容易得多。然而，这样一种基于历史性的凭证的信仰也具有开始进行审查的能力，但要唤醒这种反思的精神，并不是直接存在于天性之中的事情。历史的真理并没有参与对它的真理的审查，只要它不冒着失去理性的危险去检查自己的信仰，并"敢于从自身创造可能性和或然性的那些原则，而不管那种人为的历史的构造物，可以把这种构造物抛在一边，而这种构造物是从历史的根据来坚持对理性真理性信念的优先地位。"[12]因为认为历史性

---

10 关于"上帝之国"之理念的历史，请参见 C. L. 贝克（C. L. Becker）的《18世纪哲学家论天国之城》（*The Heavenly City of the 18th Century Philosophers*），1932年，及 E. 吉尔松（E. Gilson）的《上帝之国的形态变化》（*Die Metamorphosen des Gottesreichs*），1959年，但此书并没有将黑格尔和马克思考虑在内，而是将孔德作为这一历史的终点。

11 尤其参见《对黑格尔、无神论者和反基督教者的末日的宣告》（*Die Posaune des jüngsten Gerichts über Hegel den Atheisten und Antichristen*），1841年，又见卡尔·洛维特，《黑格尔左派》，1962年。

12 《黑格尔早期神学著作》，诺尔（Nohl）编，1907年，第66页。（译文沿用《黑格尔早期神学著作》，贺麟译，商务印书馆，1988，第73页。——译者注）

的人物耶稣是基督而去信仰他,这并非基于实践中理性的要求,而是基于别的凭证,因此它从一开始就在它的来源、作用和流传中均有其局限性,并且所有人的命运都永远与耶稣这个人绑在一起。从这个思考出发,黑格尔先于克尔凯郭尔提出这样一个问题:永恒的拯救何以建立在一种历史性的真理上?但黑格尔从中看到的并不是一种深刻的悖论,而是完全不合情理。于是就只能两者取一,要么把大部分人都关在神恩之外,因为历史性的信仰"只赐给上帝的选民";要么我们就必须承认,耶稣根本就没有我们所赋予他的"巨大重要性",以至人们相信可以从他身上找到自己生活在世上的最终目的,能在神和理性面前拥有一种价值。然后基督教又进一步教导我们,有些东西是超越我们的理性和幻想的,于是理性及其洞见从原则上说对于每一个人都是可以接近的,但人们只是抛弃了它,只想在对人民和历史的信仰中记录它并给它盖上一个神圣的印章。于是今天人们还教导说,基督教是拯救我们的罪的宗教,并向那个为了我们而忍受惩罚的人表示感激之情——"好像事实上竟没有千百万人为了较小的目的已牺牲自己似的,好像他们没有面带微笑,不怕流血,快乐地为自己的君王,为自己的祖国,为自己的爱人已经牺牲似的……"[13] 由于历史上的基督教有那么多不可能和不可信之处,黑格尔就质疑道,它究竟是怎么战胜希腊和罗马人自然的民众宗教,并自认为比那些"盲目的"异教徒更优越,认为他们的美德不过是一种稍有闪光点的悖德?

一个千百年来在国家内已经固定下来,并且与政治制度有着

---

[13] 同上书,第59页。(译文沿用《黑格尔早期神学著作》,第65页。——译者注)

最密切联系的宗教，怎样会被别的宗教取而代之？对于这样一些神灵的信仰怎样会中止？对于这些神灵，许多城市和帝国的兴起都归功于他们，各民族人们日常给他们奉献祭品，他们举办一切事业都要祈求他们的保佑，只是在他们的旗帜之下，军队才取得了胜利，并且是为了自己的胜利而感谢他们，欢乐的歌唱、严肃的祈祷都是献给他们的，他们的庙宇和祭坛、他们的财富和雕像，都是民族的骄傲、艺术的光荣，对于他们的崇拜和庆祝竟成了举国欢腾的节日——像这样的对于神灵的信仰与人的生活之网有着千丝万缕的联系，何以这种联系又会割断呢？[14]

黑格尔给出的回答和他之前的历史学家爱德华·吉本（Edward Gibbon）是一样的：像基督教之侵入古代世界的这样一场革命，只有通过古代世界的衰落、它的公共生活中的政治和精神的自由的丧失，才能得到解释。

> 国家作为自己的活动的产物这一形象从公民的灵魂中消失了……现在一切活动、一切目的都是为了个人；不再有任何活动是为了全体，为了一种理想。要么每个人为他自己而劳动，要么他就被迫替另外一个人劳动。自由、服从自己建立的法则、在和平时期服从自己推选出来的领袖、在战争时期服从自己推选出来的统帅、实现自己参加决定的计划——所有这一切都一去不复返了，一切政治自由也一去不复返了。公民的权利只提供一种财产保障的权利，这种权利现在充满他的整个世界。死

---

14 同上书，第220页。（译文沿用《黑格尔早期神学著作》，第259页。——译者注）

亡摧毁了他对于他的目的的全部设想、摧毁了他的整个生命的活动，死亡这个现象，对他来说，必定是一种可怕的东西，因为人一死后什么也没有留存下来了，而一个共和国的成员死后，还存留着共和国。

在这种情形下，一个奴隶虽说就天赋才能和教育说，常常胜过他的主人，但是他也不复有获得自由和独立的展望。在这种情形下，提供给人们这样一种宗教，这个宗教或者已经适合于时代的需要，因为它是从一个具有相似的腐朽情况和具有相似的空虚和缺陷（只是色彩不同）的民族里产生出来的宗教，或者它是这样一种宗教，从其中人们可以形成他们所愿意皈依和满足他们所需要的东西。[15]

只有在这样一个各种坚固的东西都趋于瓦解的时代，基督教的教义才能从人性的道德败坏和他们对解放的渴望，以及他们从普遍的公共生活撤回到私人的个体性和灵魂得救的渴望中，找到让自己生根发芽的机会。但基督教早期共同体所盼望的革命，即上帝的王国的降临，并没有如期到来，"人们满足于等待在世界的终结处的全面革命"，同时，犹太教徒则回到了他们的弥赛亚希望。教会的专制取代了由自由公民组成的共同的国家，而绝对也遁入了超越尘世的世界即彼岸的神之中，人们只能依赖信仰、希望和渴慕才能和这个神联系在一起。神性中的这种"客体性"或"实证性"是与"人的道德败坏和奴隶制度同步产生的"，就好像人是由神根据自己的形象创造出来的这一表象始终都是与普遍的"时代精神"相符合，并且

---

15 同上书，第223页及以下。（译文沿用《黑格尔早期神学著作》，第263—265页，略有改动。——译者注）

是对它的表达。

> 当人们开始对于神有了异常之多的知识，当人们关于神的本性知道如许多的秘密，制定如许多的公式，而这些秘密并不像关于邻居的秘密那样须用耳语的方式透露给别人，而乃向全世界高声宣讲，并且要叫儿童们背得烂熟时——当这个时候，时代精神便通过它的客观的神来启示其自身。时代精神启示其自身于神的客观性里，当它并不从量上向着无限伸展，而是被放置进一个对我们陌生的世界之内时；在这个领域内我们什么也不能参与，对于这个世界我们不能用我们的行动做出任何贡献，而我们至多只能用乞求或者用魔术的方式沾一点边，因为当人自己是一个非我时，则他的神便是另一个非我。这个时代精神最明显地启示其自身于它所创造的一大堆奇迹里，这些奇迹于需要做出决定、建立信心的场合代替了个人理性的作用。但是最可怕的表现莫过于人们，以这个神的名义去作战、残杀、污蔑、在十字架上烧死人、偷窃和欺骗。在这样的时代里，神必定已经完全不复是某种主观的东西，而完全成为一个客体了。[16]

尽管耶稣由于他"与爱的活生生的联系"而让上帝变成他的父亲，让人类变成他的兄弟，黑格尔还是把他描绘为充满嫉妒的奴隶道德——这一点和后来的尼采一模一样——而想要扬弃他；但他的信徒们压抑自己，认为耶稣作为上帝派来的那个特殊的人，为他们制定了戒律，并且谦卑地放弃了自己的一切。但如果人性和神性如此截然

---

16 同上书，第228页。（译文沿用《黑格尔早期神学著作》，第269页，略有改动。——译者注）

区分开并直接对立起来了，并且只有在某一单个人身上以一种神秘的方式才能统一，那么基督教一开始的宣言也就颠倒为"刺眼的实证性"，这种实证性阻止了个人以主体的方式占有神性。于是情况就变成了人只能信仰，只能被命名，这是"两件非常实证的事"[17]，并且"基督徒又退回了犹太教徒的状态"。一切都建立在耶稣的全能之上，只有神的意志才受到重视，于是耶稣的戒律就失去了"出于必然性的内在标准"。

黑格尔批评"实证性"时认为，原则性的问题首先并非有限的人从他的尘世的世界中异化了[18]，而是从永恒的真理中异化了，用神学的话来说就是：信仰（fides quae）与信心（fides qua creditur）的关系。对于客观的真理和主观认定为真之间的思考，将黑格尔引向了关于"整体性"的问题，人在这个原初的整体中就它们的合一甚或分裂而言，都堪与神相比。如果实证的信仰所坚持的真理仅仅因为它是由神的权威所宣布的才成其为真，而"与我们是否认定它为真无关"，那么我们就无法看出，它究竟是"对我们而言的真理"还是"客观的"真理。[19] 如果一个人认为神对于我们的存在中所有的一切都是绝对的权威，而忽略了神是"为我们"[20]而存在的，并且它作为精神也只能为精神所认识，那么他就放弃了与神性的东西的"联系"，他也就无法逃脱一种单纯实证的信仰。但这样一种信仰会导致"自由和理性的丧失"、自我意识的独立性的丧失。于是神就与人和世界截然分离而且无法和解。但事实上，对神的信仰只有在具有以下想法后才是可能的："信者就是上

17　同上书，第164页。
18　卢卡奇、布洛赫和科耶夫都将这一较窄意义上的"实证性"与马克思联系在一起。
19　《黑格尔早期神学著作》，第233页。
20　参见费尔巴哈为了将神学还原为人类学而引用路德的话。

帝，因为在信仰中，人感受了他自己的本性"[21]而且发现，信仰并不一定需要意识，"因为找到的东西就是他自己的本质"[22]。"对神的信仰就出于人自己的本质中神性的东西"[23]，并且只有对神性的"修正"才能认识它——这种说法与费尔巴哈对宗教的人学还原并无二致，并且它的后果一直延伸到尼采[24]对基督教的批判，黑格尔已经提出了类似的批判，"我们时代的最重要的任务"就是"将曾经浪费在天上的珍宝作为人类自己的财富，尽可能地远离理论，并把它归还给人类"[25]。"尽可能地远离理论"是因为，究竟哪个时代能拥有足够的力量真正重新拿回神性的东西并将它转变为自己的东西，并重新占有绝对，这一点依然存疑。

由于黑格尔认为在基督教中存在着神性的东西的实证化，因此他只将耶稣的生活和命运看作异化了的人之重新占有自身过程中的初步

---

21 《黑格尔早期神学著作》，第 312 页及以下。

22 之后，黑格尔在《历史哲学讲演录》导论中，用理解（Vernehmen）这个概念总结了信仰和信心的关系："在精神理解其自身的过程中产生二元化，精神就是了解者与被了解者的同一。被了解的对象是神圣的精神；主观的精神即是能了解者。但精神不是被动的，被动性对于精神只能是暂时的，精神是一实质的统一。主观精神是能动的，但客观精神本身就是这种能动性。那能了解神圣精神的能动的主观精神，就其了解被动精神而言，就是神圣精神的自身。精神的这种仅自己与自己发生关系就是绝对的使命。神圣的精神是生活于并现实于它的教团里。这样的了解就叫作信仰。这却不是历史的信仰。我们路德宗的人——我个人是属于路德宗并愿继续属于这宗——只有那种本源性的信仰。这种同一性并不是斯宾诺莎式的本体，乃是在自我意识内能知的本体，这自我意识无限化其自身，并与普遍性相关联，奢谈人类思维的限制是浅薄无聊的；认识上帝是宗教的唯一目的。精神对宗教内容的证验就是宗教性本身。精神的证验是证明同时又是证明者。精神首先在证验中证明其自身。精神之被证明，只在于它自己证验、自己表示、自己显现其自身。"（《黑格尔全集》，第十三卷，第 88 页及以下。）（译文沿用《哲学史讲演录》，第一卷，第 72—73 页。——译者注）

23 《黑格尔早期神学著作》，第 313 页。

24 "我们所借出去的所有美丽和威严，我都想要收回，因为那是人自身的财产和创造，是他最美的辩护。人作为一个诗人、思想家、神、爱、权力——哦，他的国王的慷慨赠予让他被限制在事物中，让他变得贫穷而且觉得自己可怜！这是他迄今为止最大的自我丧失：他崇拜的、钦佩的和知道自己所隐藏的，其实是他自己创造的东西，这就是他所崇拜的东西。"（尼采，《尼采全集》，第十五卷，第 241 页）。

25 《黑格尔早期神学著作》，第 225 页；参见第 71 页。

阶段，而这一过程的最终目标是要在爱中重建人与神的关系的"整体性"。出于自己的本性，爱把自己提升为实证的宗教法则和实证的道德，它并不能从中产生某种类似于义务的东西。[26] 耶稣用整个人性反对犹太教中的实证性，并扬弃了"实证的人的非道德性"[27]。但耶稣依然受到犹太教命运的局限。为了在时代精神中保持自身的纯粹性，他必须只将神的王国保持在内心中，并在青年中培养他的信徒，"但在真实的世界中他必须避开一切活生生的关系，因为所有的东西都处在死亡的法则之下"[28]——美的灵魂从现实的世界逃向天上的世界。基督教团体向教会的进一步发展从一开始就是从神性的人的理念走向具有"历史的客观性"的人，也就是说，在培养一种实证的观点，并且世界始终无法与神和解，因为基督教始终无法让单个的和个别的个体——黑格尔之后称之为"这一个"——联合起来，也无法让他那作为神性的人的意识变成"完整的生活"。此后，基督教的所有变形——无论是与世俗生活联系紧密且主张极端禁欲的天主教教会派别，还是返回内在性的新教，都屈从于神性和生活的对立。在这种对世界的拒斥、逃离和冷漠中，"基督教会一直在原地打转"[29]，"但在非个人的生活的美当中寻找宁静，这与它们的本质特征是相反的；于是，教会和国家、侍奉上帝和

26　同上书，第267、296页。
27　同上书，第276页。
28　同上书，第325页及以下。
29　参见尼采："基督教的生活的全部可能性：最严肃的和最放纵的、最无害的和最无思想的，以及最具反思力的，全部被试过一遍了，现在是时候去发现一些新的东西了，不然的话人们就只能在旧的圈子里打转；当然，在经过了几千年的团团转之后，再想要从纷乱中走出来并不是件容易的事情。对基督教的嘲笑、讽刺和敌意都正在出现；就好像在渐暖的天气里看到冰河，到处的冰块都裂开了，沾满灰尘而毫无光彩，水在底下暗涌，非常危险。在我看来最好非常小心地只待在一个地方：如果这样的话我还是会敬重它是个宗教，尽管它已经行将就木了。我们所有人就像重症病人一样，不得不去抵抗那些最糟糕的江湖庸医（大部分学者都是这样的庸医）——基督教对于批判的历史来说，也就是说对教派来说，是已经过去的事情。"（《尼采全集》，第十卷，第289页）

十 黑格尔对基督教的扬弃

生活、虔诚和美德、精神的行动和尘世的行动永远都统一不起来,这就是它们的命运"[30]。

青年黑格尔走得更远,他还思考了整个世界历史的"绝对宗教"和"轴线",并在基督的自我意识的基础上建立起了关于精神的概念和精神的自由。从其关于耶稣和苏格拉底的比较中可以看出,他无疑认为是苏格拉底而非耶稣才体现了精神的自由。黑格尔从他们与学生的不同关系着手,论述了这两人各自的特点。[31] "基督有十二门徒",这是一个"固定的"、实证的和不变的数字,而这12个人为了追随他们的大师,必须放弃其他一切关系。基督并不满足于"和具有精神和卓越心灵的人"进行精神交流,"他们有自己的全新的理念,在自己的灵魂中闪现火花,如果他们自身中没有燃料,那么他们就会丧失自己",相反,他说,那些有信仰的人就得走进上帝的王国,并且门徒对这一点的理解与基督这个特殊的人格有关。苏格拉底则不同,他的朋友和学生并无定数,"第30个、40个等个人,都像之前来的人一样受欢迎",只要他们的精神和心灵是相通的。而且他也并不传教,"在希腊,苏格拉底那样一个人一般怎么可能想起要传教呢?"——相反,他只想给人们一点点指点,启蒙他们,让他们意识到自己的最高利益何在。这些人只有在以下前提下才能作为他的学生和朋友:"他们每个人还是保持过去独立自主的情形;苏格拉底并不生活在他们当中,也不是他们的首领,他们不是作为肢体从这一脑部取得活汁。"固然存在着苏格拉底学派(Sokratiker),但它和基督门徒组织非常不一样。他是从心灵中发展出的概念,这些概念本来就已经存在于心灵之中了,它们所需要的只是一个助产士而已。"苏格拉底不曾制作模式,以期把他的性格放

---

30 《黑格尔青年神学著作》,第342页。
31 同上书,第32页及以下,第163页。

到这个模式中去……他不曾想将一个小团体锻炼成自己的卫士,穿上一样的制服,作一样的操练,喊一样的口令,这些人凑在一起,又只能有一种精神,随后就永世荣膺他的名声。"[32]

> 他不使任何人有机会讲:啊,这不是索夫罗尼斯库的儿子吗?他从哪儿得到这样的智慧,以致敢于教导我们?他不曾妄自尊大地伤害过谁,或用神秘的高谈宏论伤害过什么人,这种谈话只能使无知和轻信的人拜服,(如不然)他在希腊早成为一种笑料了。[33]

但黑格尔的讲师资格论文《论行星的轨道》("De orbitis planetarum", 1801)的《引言》显示出,他在苏格拉底身上看到的只是一个人们的老师,他所关心的只是关于人类的事情。"西塞罗赞扬苏格拉底,说他将哲学从天上降到了人间,将它注入人们的日常生活中,这句话只能这样理解:如果哲学不从天上降下来、将它贯穿在所有的作品中,就无法对人们的生活做出任何积极的贡献。"这就是说:如果哲学不像宗教那样将自己提升到精神性的东西中去,那么它就不是它所应当是的东西,人们将这种神性的东西把握为物理性的宇宙,或者将它把握为超自然的世界"精神"。因为人也只有在最高的东西和整体之中才真正是他自身。

《体系残篇》也出自这一时期,在此文中,黑格尔将他青年时神学著作中的观点以成体系的方式总结为一个草稿。在此文中,"生活""爱"和"精神"三个概念具有相同的意思,黑格尔从"活生生的爱的关系"这个准备概念中还发展出了通向精神的中介道路,它同时

---

[32] 译文沿用《黑格尔早期神学著作》,第36—37页。——译者注
[33] 同上书,第34页。(译文沿用《黑格尔早期神学著作》,第37页。——译者注)

十 黑格尔对基督教的扬弃

也是"实证的",也就是说,它是非中介地、事先确定地被给出的东西,它必须被稀释和扬弃。本身就活生生的精神生活,首先在于它是一种运动,并且它会将一切都带到运动中,它否定并扬弃看似坚固的或"实证的"东西。由于黑格尔将它看作最高和最基础的洞见和真理,并从中衍生出其他的一切,因此黑格尔想做的从一开始就是要转变"抽象的东西",也就是说要改变片面的东西这种死的对象,因为它属于只会进行抽象行为的知性那一面,黑格尔想将这种片面的矛盾(存在和虚无的矛盾、生活和死亡的矛盾、有限和无限的矛盾、主体和客体的矛盾、意志和思维的矛盾、信仰和知识的矛盾、自由和必然的矛盾)既保存、又扬弃在思辨的合题那活生生的关系之中。只有当达到了"整体的东西"也就是"真实的东西"[34],并且我们不缺少对真实的东西加以把握的精神,不缺乏在他者中保持自身的自由时,我们才会认为与之相对立的实证性是"让人愤怒的",我们才会反对那些宗教的奇迹和规则,或者像在康德那里,用纯粹的道德法则对抗义务和爱好。真正的"生活"或"存在"不能是绝对区分和分离的东西。[35] 真正的存在是统一的存在,并且有许多种统一的方式,也有许多种存在的方式。对这种观念在语言上的表达就是系词"是"。[36] 黑格尔在讨论整体时,所意指的不是各个部分的总和,也不是由知性给出的合题,更不是某种单纯的"全面",而是从一个原初的"中心"中产生的经过中介的结果。整体就是"绝对"[37],它包括了世界的绝对精神,它将所有的变形或阶段都包括在运动中。《体系残片》就是在这一意义上讨论"生活的无限"或"关于整

---

34 黑格尔,《精神现象学》,霍夫迈斯特版,1937年,第21页。
35 《黑格尔全集》,第一卷,第168页及以下。
36 《黑格尔早期神学著作》,第379页及以下。
37 同上书,第288页。

体的精神"的,虽然人将它作为一种被局限的、有限的生活而放在自身之外,但这只是为了能自己从这种局限性解放出来,能从有限的生活中提升到无限的生活——但只有当这两种生活事实上是同一种生活时,这一提升才有可能。黑格尔将这种向着精神的无限活力的提升称为"宗教"和"对神的崇拜"。[38] 就这一点而言他和所谓的"泛神论"区别开来,因为没有哪个有理性的人会觉得随便哪个偶然地存在的东西都是上帝。

精神是一切"存在着的法则",就好像逻辑的科学是"对所有科学而言都存在的精神"。这种整体的活生生的精神就像区分、分裂和对立一样,都是活生生的联系和互相关系。

> 如果我说,生命是对立和联系的结合,则这种结合本身又可加以孤立并提出反驳说,这种结合是与非结合相对立的。因此我必须这样表达我的想法:生命是结合与非结合的结合。[39]

或者,就像黑格尔后来在《费希特与谢林哲学体系的差别》中所总结的那样:"是同一和非同一之间的同一",对立和统一都属于这种同一。活生生的精神的整体或绝对在某一个和另一个互为阐释,这一点之所以是可能的,是因为精神本身就是自我区分和分离的,而它的自我区分又是为了重新与自己统一在一起。

> 由于哲学进行分离,所以它不在绝对物中设置诸分离,它就不能设置它们;另外,因为这里所存在的纯粹对立物恰恰具有这样的特征:这一方存在,另一方就不存在。这种和绝对物的关系

---

38 同上书,第347页。
39 同上书,第348页。(译文沿用《黑格尔早期神学著作》,第403页,略有改动。——译者注)

十　黑格尔对基督教的扬弃

不再是对对方的扬弃（因为由此就不分离了）；相反，它们应该仍然是被分离物，而且就它们被设置在绝对物中，或者绝对物被设置在它们中而言，它们并没有丧失这种特征。如果双方必须设置在绝对物中，那么，一方有什么权力高于另一方呢？双方不仅同样有权利，而且同样有必然性；因为如果只有一方和绝对物有关，而另一方不和绝对物有关系，那么，它们的本质被设置为不同的，而且，对方的统一，即哲学扬弃分离的任务，就是不可能的了。[40]

黑格尔虽然设定了自我和世界，却还没有想清楚，绝对究竟是什么。在《体系残篇》中，黑格尔还没将关于绝对的思考贯彻到底。在那里，哲学[41]必须和宗教断绝关系，因为只有当它们断绝关系了，有限的、受到局限的生命才能从对整体的单纯感觉中跳出来，上升到无限，不然的话，哲学作为思想和非思想之间对立的思想，就不能从思想者和被思想的对象中走出来，因此，作为人的本性的原初需要的对有限的"完整化"，就只能是一个假设。黑格尔在下述令人印象深刻的例子中描绘出了有限的、受局限的个体的生活是如何自行参与到活生生的普遍整体之中。

> 约翰把接受他的精神教育的人浸入水中的施洗办法（耶稣没有类似这样的行动）是一个很有象征意义的做法。渴望无限、渴望沉浸在无限里的感情与渴望沉浸在大海里的感情在性质上是再相似没有了。投身于水中的人有一个异己的东西在他前面，这个东西立刻就把他整个淹没了，使他全身每一点都感觉到它的力量。

---

[40]《黑格尔全集》，第一卷，第246页及以下。（译文沿用《费希特与谢林哲学体系的差别》，程志民译，商务印书馆，1994年，第68页。——译者注）

[41]《黑格尔青年神学著作》，第348页。

> 他脱离了世界,世界脱离了他。他只不过是有感觉的水,无论他走到那里,都有水接触到他,他只存在于他感觉到水的地方。在汪洋的大海里,没有(无水的)空隙,没有限制,没有杂多性或者特殊的规定。这种汪洋大海的感觉是最简单的、最不支离破碎的。那投入水中的人也可以重新上岸走到空气中来,使自己与水相分离,就算脱离水了,不过水还在从他全身各处往下滴。一旦水一离开他,那围绕他的世界又表现出不同的规定性,而他返回到这世界来要强烈地意识到它的杂多性"[42]

这种描述和尼采绝望地想要找到一个能让个别的灵魂在其中"淹死"的大海,相距何其遥远![43] 黑格尔在《体系残篇》中已经触到了基督宗教[44]的实证性,即如果想要以基本概念的方式把宗教贯彻下去,那么关于基督教和人的关系的问题就必须深化为有限和无限的关系问题,关于这种关系,"人们可以说,它勾勒出了哲学自身的对象中的重点问题"[45]。但黑格尔只有在他的《宗教哲学》中才对这一主要问题进行了深入谈论,而在《信仰和知识》这篇论文中,他为之后的探讨做了一些准备性的工作。

信仰和知识(1802年)

黑格尔的文章旨在反对出于信仰和知识的对立而产生的对宗教的知性规定。如果我们不能认识上帝,如果它只能被信仰或者只是一个

---

[42] 同上书,第319页。(译文沿用《黑格尔早期神学著作》,第371页,略有改动。——译者注)
[43] 《查拉图斯特拉》,《预言者》篇。
[44] 《黑格尔青年神学著作》,第146页。
[45] 《一个黑格尔式的问题:关于精神的哲学》(*Ein Hegelsches Fragment zur Philosophie des Geist*),恩格斯(Eingel)和F.尼克林(F. Nicolin),载于《黑格尔研究》,第一卷,1961年,第9—48页;参见第28页及以下。

十　黑格尔对基督教的扬弃

实践理性的假设又或是单纯出于宗教感觉的确定性，如果理性没有能力将上帝作为"自在自为地就是真的"的东西去认识，那么就既不会存在严肃的信仰，也不会存在真正的知识，而只有宗教和哲学科学之间僵死的对立。相对于这种启蒙知性的立场，黑格尔主张，我们时代的先进教养已经相当超越于理性和信仰的区别了，因此这种区别就仅仅体现在哲学本身的范围之内，即体现为纯粹知性的思维和辩证理性的思维的区别。纯粹知性的思维需要宗教作为它的补充，辩证理性的思维则本身就已经是宗教了。另一方面，启蒙的知性也在宗教中主张了自己的权利，比方说，在对奇迹信仰的批判中，人们将它称为祛魅，现在已没有人认为应当像中世纪时那样把哲学弄成信仰的婢女。哲学已然完成了针对实证的奇迹信仰的斗争。康德想要从哲学出发复兴宗教中的实证信仰形式的尝试也没能成功，这是因为，实证的信仰已不再具有价值。五年后，黑格尔在《精神现象学》中一个名为"启蒙与迷信的斗争"的段落中分析说，这两者其实是相互联系在一起的，并且根据同一个原理运动。已经沦落为纯粹知性的理性将宗教把握为某种实证的东西，但这只是表现出了理性自身的无意义，因为它将所有超越了知性之外的东西都归入了彼岸，归结为一种在它之外并且超越它自身的信仰，其中没有理性并且反对理性。启蒙的知识和宗教的信仰之间截然对立着，前者认为后者是一种蒙昧的迷信，而黑格尔要将这两者一起扬弃在他称之为关于绝对的绝对知识之中，在其中，哲学的理性和基督教的信仰都只是同一个绝对内容的不同形式的"说法"而已，它们本身应当是相同的东西。[46] 康德的看法则相反，理性无法认

46　一位天主教哲学家 F. 冯·巴德（F.von Baader）也有类似的看法，它认为知识与信仰的分离要为我们的社会衰败负责，并且他尝试着指出，知识和信仰间的斗争只不过是某一种和另一种信仰之间的斗争而已。（《黑格尔全集》，第一卷，第 321 页及以下，第 357 页及以下）

识超感觉的、无限的和永恒的东西,因为它被局限在感性经验的范围之内,如果他的观点是对的,那么最高的理念——上帝或者绝对——就没有现实性,因为上帝不是某个事物,它根本不是和其他存在者并列的存在者。康德解构了关于上帝存在的本体论证明,即证明最高的理念必然同时也是最高的现实性,而黑格尔则以一种改变了的形式重建了它。[47] 如果理性想要成为哲学,而不仅仅是一种只会用主观的渴望、意见、信仰和假设去填满无知的知性的废话,而且将自己固定在无限的对立面因而将自身的有限性固着下来的话,它就不能放弃它"在绝对中的存在"[48]。这种知性无法进入理性的"自明而没有盲目渴望的"领域。它基本上只知道人类的事情,它对自然的看法也无非是各种可供利用的东西而已。[49]

> 因为,所有全能的时代及其文化为哲学所确定的立场,都是一种与感性纠缠在一起的理性,也就是说,由此产生的哲学并不承认上帝,而只承认人。这样一种人和人性就是它的绝对立场,也即理性那不可克服的有限性,理性并不是对作为宇宙中的精神焦点的那种永恒之美的反射,而是一种绝对的感性,但它拥有信仰这一财富,它和某种超感性的东西有着不可分割的关系。[50]

---

47 参见 D. 亨利希,《上帝存在的本体论证明》(*Der ontologische Gottesbeweis*),1960 年。
48 "思辨所承认的认识的真实性只是在总体中的认识的存在。对它来说,一切被规定物只在认识到与绝对物的关系之中,才有真实性与真理。因此,它也认识构成健康人类知性的陈述的基础中的绝对物。但是,因为对它来说,认识只是在绝对物中才有真实性,在思辨面前被认识与被知道的东西,由于它们是为了反思而被表达的,并因此具有一定的形式,就同时消灭了。健康人类知性的许多相对同一性,像它们所表现出那样,完全在它们被限制的形式上要求绝对性,成为哲学反思的偶然性。"(《黑格尔全集》,第一卷,第180页)(译文沿用《费希特与谢林哲学体系的差别》,第18页。——译者注)
49 《黑格尔全集》,第一卷,第138页;第十五卷,第520页。
50 《黑格尔全集》,第一卷,第15页。

十　黑格尔对基督教的扬弃

康德在《纯粹理性批判》中批驳了"关于［进行着观察的知性］的［绝对中心］的理念"，而费希特则在《人的规定》中试图在一种哲学的信仰中，为人的自然规定性和自我规定性之间不可调和的矛盾架起桥梁。

> 在思想面前的吃惊、对思想的憎恨，是一种可怕的自负和自我中的阴暗的东西的疯狂，但它会为以下情况感到可悲：它与宇宙是同一的，永恒的自然就在它内部运转；它的下场就是对自然的永恒法则的征服和厌恶，在自然面前感到吃惊和可悲；如果它没有在自然的永恒法则和陌生的必然性中感到自由，它就只能非常不幸地服从于自然——因为它已经从理性中夺走了对自然的观察和与个别性的关系；而这种观察对于主体和客体之间的绝对同一是彻底陌生的，它的原则是绝对的非同一性。[51]

很明显，黑格尔早期作品中的"绝对的中心"是从中产生的，因为从中不仅产生了分裂，也产生了中介，它不只被称为"上帝"，也被称为"永恒的自然"和"宇宙"，在几页之后，又被称为"存在着的生活经验中的常理"[52]。但同时他也注意到神的道成肉身的教义和由此体现出的神和人的关系，这是为了说明，除了费希特那里干巴巴的道德的世界秩序之外，根据基督教的学说，另有一种完全不同的拯救世界的方式。此文的结尾处，黑格尔将基督为拯救人类而死去的教义扬弃在"思辨的受难"的概念这一"哲学式的生存中"。[53] "神死了"这一无尽的痛苦同时也是最高的胜利，因为只有通过上帝被钉在十字架上死去，

---

51 同上书，第 138 页。
52 参见《黑格尔青年神学著作》，S.80，将"神性的精神"和"理性世界的精神"等同起来。
53 参见《精神现象学》，第 523 页；《宗教哲学》第三部分 /1，第 158、166、170、172 页。

神性的神才从他和个别的人的外在和有限的关系中解放出来，然后神才能在基督的团体即神的王国那普遍的和拯救性的精神中复活。"新时代的宗教"就建立在这种无尽的痛苦之上，而我们必须把这种"神死了"的痛苦的感觉以哲学的方式，也就是说，以概念的方式加以把握，必须将它仅仅当作绝对精神和绝对自由的最高理念中的一个阶段。神必须死去，这样神通过让基督化身为有限的人而在他身上设定的那种区分和分裂，才能重新建立一个整体。而与此相对的，关于神的永恒历史的实证的历史性和经验性的看法则是非本质的。黑格尔所讨论的这个上帝，就像帕斯卡所说的那样，不是亚伯拉罕、以撒和雅各的上帝，而是"哲学家的上帝"，是最高的理念，并且它作为最高的现实性，是必须先放弃自身，进入某个特定的他者中，然后又返回自身的精神。黑格尔在关于《论自然法的科学研究方法》[54]中撇开了与上帝之死和复活讨论了绝对：悲剧一直在具体的和有限的世界中上演，上帝一直在将自己交付给受难和死亡，并从尘埃中上升为崇高。在《费希特与谢林哲学体系的差异》[55]一文中黑格尔同样说，分裂本就是"生活"的一个因素，它一直在与自身相对立，而只有从最高的分离中才会重新建立起整体。整体就是绝对本身，是一个持续不断地远离自身和回复自身的过程，在其中，与自身的分裂总是一再地发生并成为中介。这一中介的过程在历史中表现为基督这一中介者，但这一中介过程自在自为地是匿名的。如果我们像黑格尔那样将基督教作为上帝的"逻辑本质"、作为绝对哲学加以把握，那么我们就能将绝对精神认作"上帝与自身的关系"，即"永恒的自在自为存在"，它始终展开着自身，先是与自身相区别，然后又取消和扬弃这种区别。黑格尔不断地在精神生活的各种具体

---

[54] 《黑格尔全集》，第一卷，第376页。
[55] 同上书，第170页。

表现形式中援引这种上帝的逻辑本质,或者说是自在自为地存在着的精神和它的形式化的运动结构,比方说,用它来解释语言和劳动,当然还用它进行对上帝作为圣父、圣子和圣灵的三位一体教义的哲学阐释。

《宗教哲学》中哲学与宗教的关系(1821—1831)

黑格尔的讲演目前只有一小部分以稿件的形式流传下来,而大部分都是作为不同课程的笔记汇编流传,这些讲演继续拓展了黑格尔的青年时代神学论著和第一篇论文中的看法,他此时回到了对基督教的批判,却更倾向于在概念式的思想中对宗教加以论证。希腊人自然的民众宗教的美好之处消失在关于精神的绝对宗教的光亮之下,那种绝对宗教就是基督教,但黑格尔在这一意义上收回了当时对苏格拉底和基督教的对比的观点,他认为,这种对比是一种"非宗教的"看法,他当时太过抬高基督作为一个具有非同寻常的力量的普通人的那一面,而忽视了他身上特殊的人之神性的那一面。只有对于没有信仰的人来说,生与死这两者才是可以比较的。[56] 就以精神的方式把握真理而言,只有通过基督,我们才达到了一个伟大的转折点,也只有在他身上,真理才成为自在自为地公开的,因为只有他作为圣子认识了圣父。我们需要以概念的方式对绝对宗教加以哲学的论证,因为作为一种单纯信仰的基督教,这种信仰是"有局限的东西和绝对的东西之间的关系"[57],这一点现在已不再是理所当然无须论证的,而只是在勉强维持下去,并且需要刻意加以强调,因为人们现在只是在表面上遵循它。[58]

---

56 《宗教哲学》,第三部分/1,第154页,第169页及以下。
57 《黑格尔全集》,第一卷,第181页。
58 《宗教哲学》,第三部分/1,第229页。

但是，通过哲学对基督教加以论证不是所谓的卫道，因为一般的卫道虽然通过知性进行，但它只是似是而非的和附带的东西，因为它唯一的办法是援引权威，除此之外什么都做不了。

然而，既然知性思维在此势必纳入无限性，至高的、神圣的权威则不可避免地成为需要论证并仰赖权威者。其原因在于：我们并未置身启示之下，也未目睹上帝如何赐予启示。我们无非是据他人的叙述以及他们的证实而获悉——正是这些人的见证，他们曾经历上述历史事件，或从目睹者那里对此有所闻；从上述护教的观点看来，应使我们对时间和空间同我们相隔遥远的内容的真实性确信不疑。然而，这样的中介，不可视为绝对可信的；一切在于：我们与内涵之间的媒介，即对他者的知觉，具有何种属性。知觉的能力要求散文式的知性及其培育，即未存在于古代的条件；其原因在于：当时的人们并未掌握认识有限性中的历史并揭示其内在意义的能力；对他们说来，尚不存在诗歌范畴与散文范畴之尖锐的对立。倘若我们将神圣者纳入历史，我们则陷入历史本身所特有的那种动荡和易变频仍的境地。使徒们所叙述的奇迹，为散文式的知性和不信教所否弃；而从客观的角度看来，奇迹与神圣者并不契合。[59]

问题的关键在于从《圣经》的历史和教会的学说中提取出内在的"意义"和僵死的文字中活生生的精神，以及排除掉那些与它的对象相比太过教条与卫道或者也可能太过历史的和批判的实证神学。那些博学的、"装腔作势的人"的历史批判对事情本身根本毫无认识，他们只是在和别

---

[59] 《宗教哲学》，第一部分，第290页。（译文沿用《宗教哲学》，第117页。——译者注）

人所拥有的以及为之辩护的思想和表象打交道，只是在和那些与我们自己的精神无关的历史打交道。"这种对关于对象的历史的热衷，并认为这就是精神本身的永恒的真理性，实在是让人无法苟同。"[60] 如果人们只是毫无批判地援引"上帝的语言"，就好像这些话是某种直接地、一劳永逸地被给出的、固定的和实证的东西，那么这无非是放弃了对基督的学说亲自加以把握，精神无法通过这种僵硬的复述进入自己的生命。

解经学接受那些已经写下来的文字，对它们加以解释，并且只满足于用知性的方式逐字逐句地理解它们并忠实于它们。但解释不是单纯的解释词句，而是对意义的讨论，因此很容易看出，这种讨论必须为已经放在那里的词句赋予自己的思想。单纯的词句解释只有在有些词的含义并不清晰时才存在；相反，探讨性的注经学则旨在生发出更多的思想，尽管它看上去好像满足于文本本身的意义。事实上，在评论中我们总是和当下时代的观察方式更为贴近，而不是拘泥于作品本身。评论应当为我们解释词句的含义；但这种对意义的说明指的是将意义带到意识中和表象中。在这里，我们就会根据时代的意识对表象进行不同的阐释，说明它在现时代应当具有怎样的意义。对于一个已经发展完成的哲学体系的阐释，比方说对柏拉图或亚里士多德的阐释也是一样的，根据各自采取的特定的表象方式，会产生不同的结论。也就是说，如果对《圣经》有更多的尊重或者真正是在非常严肃地对待它的话，自然就会在阐释时加入自己的思想；这种思想包括了在进行阐释活动时所采取的规定、原则和前提。从同一个文本出发，解经学的神学会得出各种互相对

---

60 第三部分/2，第51页，另参见第一部分，第27页及以下和第47页及以下。

立的意见,这样,所谓的神圣的文本就变得苍白无力了。所有的异端都和教会一样引证那些神圣的文本。[61]

由于没有自己的精神参与进去,就无法进行理解,因此黑格尔通过教会教父反对新教的偏见而为关于基督的原则的教养辩护,那些伟大的神学家只是让基督教最初的形象变得不纯粹了。

> 众所周知,路德在他的宗教改革中,曾这样规定了他自己的目的:应该把教会带回到它最初的纯洁性中去,恢复它在最初数世纪的那种形态;但是这个最初的形态,本身已显得是这种由烦琐复杂的教义构成的建筑物,是一种由许多关于上帝是什么和人对上帝的关系如何的学说构成的编织物。因此在宗教改革期间没有提出一个特定的教义系统,而只是把旧时的教义中后来附加的成分清除出去;它是一个混乱的建筑物,其中出现着最混的东西。这个针织物,在近代已完全被拆散了,因为人们想要回溯到上帝的话那条单纯的线上面去,像它在《新约》各篇中曾经存在的那个样子。这样一来,人们就放弃了那套教义的传播,而回到最初显现的那个方式上去(在这里面也经过挑选,看是否有可用的):所以现在只有关于最初显现的叙述才被认为是基督教的基础。[62]

由于精神伴随着对《圣经》和基督教的任何一种理解,因此某种解释是否是活生生的,就取决于人们带入这种解释的精神是怎样的。

---

61 《宗教哲学》,第一部分,第38页。
62 《黑格尔全集》,第十五卷,第96页。(译文沿用《哲学史讲演录》第三卷,第241页。——译者注)

十 黑格尔对基督教的扬弃

在公元第一个千年中,对《圣经》的解释和今天完全是两回事,比方说,那时的人们认为,我们显然还不能认识神自身,而"只能认识我们和它的关系",或者像今天的人们所说的,只能认识"它的存在"。每种神学都在一种前提性的"思想形式"中活动,这种思想形式关系到神的自然和人的自然以及它们的关系,并且,对它们的研究只适用于哲学,因为只有哲学才是思维本身的思想。

> 神学与哲学相对立,或者并未意识到:它本身诉诸这些形式,它本身在思,并力图借助于思有所前进,或者这对它来说实则无关紧要,纯属谬误,即它欲保留任何偶然的思的权利——而就此说来,它正是某种实证者。对思的真的自然的认识,有损于这一随意的思。这一偶然的思可以是任何的,亦即是纳入此的实证者。只有自为的概念,可完全摆脱这一实证者。其原因在于:哲学和宗教中,存在那种至高的自由——它便是名副其实的思本身。[63]

黑格尔为他的思想主张一种绝对-事实的必然性以及对绝对的界说,通过这种解说,绝对才能达到人类那里并因而达到它自身,对黑格尔来说,自我意识就是神和世界的精神的融合。[64] 这两者——神的精

---

63 《宗教哲学》,第三部分/1,第25页。(译文沿用《宗教哲学》,第605—606页,略有改动。——译者注)

64 在给亨利希(Heinrich)的信中,黑格尔对反对这一观点的人做出了以下回应:"别人似乎认为,好像在我的哲学中这才第一次尝试去把握绝对,关于这一印象有很多可说的;但简单说来就是,如果我们讨论的是哲学本身,而不是谈论我的哲学,那么可以说任何一种哲学从根本上说都是对绝对的把握,而不是对什么陌生的东西的把握。而且对绝对的把握首先是一种自我-把握本身——神学也是如此——当然那是在早些时候,神(学)比宗教更加像神学一些,也就是说,这种把握所说出的首先是它自身。但对此的误解是不可避免的,对于已经有了这样一种误解的人来说,无论是他自己还是别人,都没法将这种误解去除掉。"(《黑格尔通信集》,第二卷,第357页)

神和世界精神——在黑格尔的语言和思想中逐渐互相渗透，因为绝对精神在参与进世界的活动中将自己有限化，而认为神的王国和这个世界无关的说法则是黑格尔批评的对象，这种说法只是基督教早期的一种抽象、片面的规定，基督教的真理在拥有它自己的"肯定的存在"的同时[65]，也失去了自己的有条件的现实性，因为基督教的原则本就是这个世界的原则。[66] 尽管永远处于当下的精神在历史的时间中进行自我展开，但对于基督的原则的解释不是"历史地"进行的，而必须在形而上学的意义上理解它。基督宗教是绝对的东西，并不是因为上帝在2000年前，在"遥不可及的历史的远处"，"在巴勒斯坦的隐秘之地"[67]，在一个特殊的个人身上得到揭示，而是因为这个被揭示的宗教本身就是公开的，也就是说，因为它将自在自为的精神公开表述出来了，而从此以后对人类的精神来说就不再有什么东西是隐藏起来的和神秘的了。"对神来说无物神秘。"[68] 精神克服了所有局限性，并且把所有自在的东西都变成了精神而存在的东西。

> 精神对自己的这种知识，自为的是精神之自在自为的存在；完成了的绝对宗教向人们公开了，精神的东西就是上帝。这就是所有公开的东西，它不仅仅是公开的宗教，因为现在精神本身已经清楚地展现出来了，而之前它却只能在它的概念的规定中被把握，因此，它作为精神如果始终是隐蔽的和掩藏着的，它就不是在自己的真理之中……只有当时候到了，精神才被公

---

[65]《宗教哲学》，第三部分/1，第150页及以下。
[66]《黑格尔全集》，第十五卷，第94页。
[67]《黑格尔全集》第十三卷，第90页。
[68]《宗教哲学》，第一部分，第75页。

开；因为精神之走向目标的道路是在时间中展开的，并且必须落实到存在当中。[69]

但黑格尔影射原初的基督教的宣言，认为随着时间的推进，"通过概念进行证明成了一种需要"，于是基督教的信仰就不再是一种直接的宗教意识了。"人们会问，基督教信仰的这些内容中，究竟还有哪些是被人们当成真的并认真信仰的？""盐已变得无味"（智慧变成愚蠢），并且就像现代新教所解释的那样，如果人们"用历史的方式处理宗教真理，就远离了宗教真理"[70]。从历史和世界的角度看，基督教作为一种世界历史的形态对黑格尔来说已经走到头了。但这种衰落就像它的兴起一样，都只是一种偶然事件在历史中的外在表现，其中并不包括什么哲学上的意义，尽管在这种外观中，同时也体现出了时代的状况。[71]由于宗教已经从时间和世界历史的舞台上淡出了，并且它的形式也不再具有合理性，因此它现在就必须逃到哲学之中，但哲学永远只是少数人的存在，它不像宗教那样适合于所有人。[72]

黑格尔对于"外在性""偶然性"的不屑一顾也适用于所有单纯"历史的"东西，因为与真正的"上帝的历史"或绝对精神的内在必然性不同，它们无法避免其他情况的出现，而内在的必然性却是一个"永恒的"过程，而非一次性的事件。[73]但由于精神的东西首先是以外在

69　同上书，第 74 页。

70　《宗教哲学》，第三部分 /1，第 230 页及以下。

71　《宗教哲学》，第一部分，第 53 页。

72　同上书，第 69 页。奥利金在与哲学家塞尔苏斯（Celsus）论战时也援引了这一差异，并将它当作基督教的优势所在。

73　《宗教哲学》，第三部分 /1，第 96 页及以下，第 198 页，关于"偶然性与必然性"见第二部分 /2，第 134 页及以下，第 150 页及以下；第 3 部分 /2，第 88 页及以下，第 95 页及以下，第 124 页及以下。

的、感性的和历史学的方式,通过权威和传承到达我们这里的,因此绝对宗教首先也是实证的宗教,它会显得像某种一次性的东西。历史上的耶稣救世这样一种历史上的外化,以及耶稣这个人本身,相对于他的"绝对内容"来说自在在为地是无关紧要的。[74] 但由此产生的矛盾要如何调和呢?基督教中本身就有这样的矛盾:历史中的耶稣这个人作为神之子本就属于神的本质,因此他对于宗教的绝对内容也不是无关紧要的。黑格尔通过历史中的耶稣和预言中的耶稣间的区别和同一解决了这个问题,也就是说,他必须被当作精神的化身,因此耶稣这一历史形象不能理解为他的实证的、历史学中的特殊性,他必须被当作精神的东西加以把握。通过这种把握,特定的个人就展开了真理,并且同时又保持了它的外在性和历史性,因为耶稣的人格并非他的学说的绝对内容本身。因此,我们不能固执于教师本人,要认识学说的真理,而只有当我们"在精神和真理中"认识它时,这一点才可能。

同样的,对基督教的真理的真正论证也不能是"实证的"。感性的人追求某种简单明了的论证,他们去诸如奇迹之类的地方寻找这种论证。但这样的论证是缺乏精神的,通过它无法证明绝对宗教中的精神本质,因为精神的证明绝不会是这种感性的东西。"我信仰,就是对我的精神的证明",并且这种精神的东西只能在自身中并通过自身才能得到论证。[75] 但对精神的确证的最高形式就是哲学,就是本质性的思想,它发展了事物中的真理并在概念中认识它。宗教只能在思想中得到确证,而虔诚则只是一种"胡思乱想"而已。如果将这种对真理的思想与关于信仰或心灵和感觉的直接确定性对立起来,就无法理解它自身,

---

74 《黑格尔全集》,第十三卷,第 87 页及以下。
75 《宗教哲学》,第三部分/I,第 191 页及以下。

因为人的心灵和感觉并不是动物的心灵和感觉,而是人类所特有的、思考着的心灵和感觉,它的本质就是精神和认识自身。[76] 信仰是基督教的本质环节,其他宗教缺少这一环节,但对信仰的直接确证还不足以确保所信仰的东西的真理性。[77]

那么,自我证实的"精神"究竟是什么?有限的、人类的精神和作为绝对者的上帝的关系又该怎样理解?黑格尔对第一个问题的回答是:它本质上是一种自我外化、自我公开、自我展开的行动。"如果我们暂时问一下我们的意识,精神究竟是什么,那么答案就是,精神是一种展开自身的东西,它将自身展开为精神。对精神来说,精神不只是某种外在的、偶然的本质;而只有当它为了精神而存在时,它才称得上是精神;这一点就是精神自身的概念。"[78] 在自我展开中,就已经包含了有限的和无限的精神的关系了,并且黑格尔认为,这种关系就是基督教学说的本质内容,而它的中心就是神的道成肉身和人向神的上升。为了以哲学的方式把握这一学说并将它哲学化,所需要的并不是任何实证地给定的东西,也不是通过传统或说教而给予我们的东西。只要人们还想要在与永恒的东西的关系的基础上讨论宗教,而不是只满足于有局限的、有限的和表象的东西[79],那么唯一一种可能的方式,同时也就是基督教的真理所赖以建立的方式,也就是说,不要诉诸任何陌生的权威,而是自己去探究,上帝或者绝对是如何作为精神永恒地公开自身的,以及人的有限的精神中是如何拥有自我意识的。

---

[76] 同上书,第23页。
[77] 《宗教哲学》,第三部分/2,第29页及以下;参见第三部分/1,第141页;参见《哲学百科全书》,§63。
[78] 《宗教哲学》,第一部分,第50页及以下。
[79] 《宗教哲学》,第三部分/1,第199页。

通过对上帝在人群中公开自身这一教义进行哲学化的阐释，黑格尔从原则上指出，上帝的道成肉身中的人格和单一的特征是失策的——这是基督教所有奇迹中最为实证的一个。然后就产生了这样一个问题：无限的神和有限的人、人性和神性在多大程度上是一致的？而不一致的原因是否在于，任何一种关系，包括上帝与人的关系，都不是某种单向的联系，而是一种相互关系，因而本质上就具有两面性和双重意义？但如果说其中之一是无限的精神而另一方则是有限的东西的话，那么上帝和人的关系究竟是不是相互的？黑格尔并没有否认有限和无限、主体和客体或内在和外在之间的区别，因为"谁不知道这些"？但我们也必须看到，这些规定一方面彼此不同，同时却又密不可分。

> 我们是在讨论两种东西：它们的区别就像天空和大地的区别一样大。这一点没错，它们截然不同，但它们也不可分离。没有天空，我们就无法描述大地，反之亦然。想要和那些反对宗教哲学的人辩论是很困难的，因为他们以形式和范畴的方式，表现出了巨大的无知和彻底的盲目，并且他们用这种无知攻击和批判哲学。他们坚称，直接性和中介性是两种完全不同的东西。同时他们将一些琐碎的老生常谈当成新鲜的东西，而完全不对这些东西进行反思……就好像所有的规定都是现成的一样。对他们来说，现实性是完全不存在的，它完全是陌生的和不可理喻的东西。他们为反对哲学所说的那些都无非是学院派的废话，因为他们完全陷在空洞的、无内容的范畴里了；而我们在谈论哲学时，所指的却并不是所谓的学派，而是具有现实性的

十　黑格尔对基督教的扬弃

世界。⁸⁰

因此，如果把人从精神中抽象出来了，上帝也就不能被把握为精神，但对上帝来说，精神是精神的东西，上帝本身就是精神，并且在精神中证实自己就是上帝。

> 从神这方面说来，人认识神不可能有任何阻碍；人认识神的不可能性被扬弃，一旦世人承认神具有同我们的关系；既然我们的精神具有同神的关系，正如我们所说，神则为我们而存在，他向世人昭示自身和展示自身。人们断言，似乎神在自然中展示自身；然而，须知神不能向自然——岩石、植物、动物——展现，因为神是精神（灵），只能向人展现，因为可思之人为精神。由此可见，如果说从神这方面说来，并无有碍于识神者，那么，判定和断言：认识的有限性、人的理性、人的理性的界限只是出于神圣理性的对立面，是绝对不妥当的，此乃是人之随意、故作谦恭，如此而已。其原因在于：由此正是可以得出这样的结论——神与嫉妒格格不入，他向人昭示，并向人展示自身。（这一命题中）尤其包含这样一点：并非具有其（一切）界限的、所谓人的理性识神，而是圣灵在人中；依据前面所援引的、思辨哲学的表述，神的自我意识知自身在人的知中。⁸¹

而它根本不是所谓处于自己的限制之中、只能去认识上帝中的人

---

80 《宗教哲学》，第一部分，第60页。
81 《宗教哲学》，第三部分/2，第48页及以下。（译文沿用《宗教哲学》，第779—780页，略有改动。——译者注）

类理性，而是"位于人之中的上帝的精神"，或者用思辨的说法来讲，"正是上帝的自我意识，在人的知识中知道它自身"[82]。也就是说，"人知神，正是由于神在人本身知自身；此知乃是神的自我意识，然而也是神对人之知；这一神对人之知，亦为人对神之知。知神之人的精神，无非是神的精神本身"[83]。基督教的绝对宗教的出路和终点就像关于绝对精神的绝对哲学一样，都在于通过把人与上帝区别开，再参与到上帝中去，以便让人分享上帝的一切，从而将上帝从本质上展现和表达为精神。但绝对并不把自己分为以下两个对立的方面：一方面是神性的客体，另一方面是相信这一陌生的客体的主体。自在自为地存在着的精神作为同一的和整全的东西，会从自我区别和自我分化中又重新回到自身。因此，就好像人作为"普遍自我"[84]，即在上帝中认识到自身的普遍本质一样，另一方面，上帝的普遍精神也同样在人身上达到了自我意识。这种双重的"在他者中就是在自身中"就是自在自为地存在着的精神的"自由"。

对自身对立的他者的陌生性的占有越多，主体性自身就越得到发展，它的意志就越得以贯彻，也越能从自身分裂的处境中解脱出来。回顾法国大革命，那是人们第一次"从自己的头脑出发"并且质疑所有与自己的意志和精神不符合的东西，因此黑格尔将启蒙的法国哲学

---

[82] 参见《宗教哲学》，第一部分，第 257 页："首先，神学家们领悟这一观点的全部奥秘。而现今的基督教新教徒，只是执着于宗教学说的考证和沿革，而全然不关心哲学和学术。多明我会会士迈斯特·埃克哈特（Meister Eckhart）在其一篇讲道词中对这一奥秘做了如下阐述：'上帝用以视我之目，是我用以视他之目；我之目与他之目同一。理所当然，我在上帝中，他亦在我中。倘若没有上帝，也就没有我；倘若没有我，也就没有他。然而，知晓这些并无必要，因为此乃是事物，而事物的意义很容易被歪曲，而且事物只有在概念中始可领悟。'"（译文沿用《宗教哲学》，第 168—169 页。——译者注）

[83] 《宗教哲学》，第三部分/2，第 117 页；参见第 3 部分/1，第 6 和 14 页。（译文沿用《宗教哲学》，第 862 页。——译者注）

[84] 《宗教哲学》，第一部分，第 141 页及以下。

称为"精神王国本身"。因为紧随在解放之后,是无神论和唯物主义的后果,而自由也成了抽象的人性和对已经存在的东西的解构,并被当成了人的精神的本质。法国哲学是:

> 绝对的概念,反对一切现存观念和固定思想,摧毁一切固定的东西;自命为纯粹自由的意识。这种理想主义活动的基础是一种确信,认为凡是存在的东西,凡是被当成自在的东西,全都是属于自我意识的东西,那些关于善和恶、关于权力和财富的概念(支配现实自我意识的个别概念),以及那些关于对神的信仰、关于神与世界的关系、关于神的统治、关于自我意识对神的义务等的固定观念,全都不是什么在自我意识以外的真理(不是自在的)。这样,这一切形式,以及现实世界的实在本体,超感性世界的本体,就在这种自觉的精神里面被扬弃了。[85]

黑格尔将"此时你将会胜利"这句勇敢的话当作现代自由的旗帜和自己的信念,并为革命赋予了世界历史的意义——革命并不是反对基督教的,而正是出于基督教所主张的自由!

> 因为他们所注意的只是人们把那些在十字架标志下所做的事情弄成了信仰,弄成了法律,弄成了宗教——因为他们看到了十字架标志受到何等的轻蔑。因为在十字架标志下谎言和欺诈得到了胜利,在这个印记下各种制度都僵化成卑鄙龌龊的东西;这个标志被设想成为一切罪恶的总汇和根源。他们以另一种形式实行

---

85 《黑格尔全集》,第十五卷,第457页;参见《精神现象学》中关于自我异化的教化王国的段落。(译文沿用《哲学史讲演录》第四卷,第215—216页。——译者注)

了路德的改革。[86]

德国改革和法国革命都用权利取代了宗教的"实证性"和原来的政治状况。这些革命的根源与历史保持一定的距离,但都立足于当下,它们的目标都在于自我规定,黑格尔从中看到了一些与基督教颇有渊源的东西,而且他在谈论"现代"世界和"古代"世界的区别时,以及当他考察"古今之争"时,都将"现代"的开端定位于基督教。

> 当前世界之观点的伟大因而在于:主体沉入自身,有限者知自身为无限者,却又未摆脱对立——它亦力图解决之。其原因在于:这样一来,无限者与无限者相对立,从而自身设定自身为有限者;于是,主体因其无限性而不得不扬弃这一本身臻于其无限性的对立。对立在于:我是主体,我是自由的,我是自为的人,因此,我亦使居于另一方、依然如此的他者成为自由的。古人并未臻于对这一对立的意识,并未臻于这一二分性——它只是为自为存在的精神所具有。精神也只是在于:在无限的对立者中领悟自身。[87]

基督教是将人作为自身带回了与作为绝对的上帝的直接关系之中,因此它是第一次将自我的存在和自我意识带向世界历史的高度的尝试,从那以后,上帝出现在人的身上,就是所有后基督哲学的基础,哲学由此开始承认了,绝对的神性的真理是为人而存在的。

---

[86] 《黑格尔全集》,第十五卷,第473页及以下。(译文沿用《哲学史讲演录》,第四卷,第232页。——译者注)

[87] 《宗教哲学》,第三部分/1,第46页。(译文沿用《宗教哲学》,第612页。——译者注)

十 黑格尔对基督教的扬弃

> 基督徒的生活意味着：主观性的最高点是熟识这个观念。崇拜仪式、基督徒生活乃是：个人、主体本身被要求、被认为值得自觉地达到这个统一性，被认为能够使自己配得上使神的精神即所谓神恩存在于他身上。[88]

随着这一将实体拔高为主体的尝试，基督教就在世界历史中实现了一次革命性的"转折"。人不再是被视为必须在宇宙中加以把握的、与不死的神相区别的有死的存在，而且人与神一样都服从于最高的法则，也即它们都没有自由而是必须服从必然性。相反，基督教把神放在自我意识的顶端，并且将神本身加以人化。随着对神的人化，哲学就从希腊人的宇宙-神学转变成了人本学-神学。

> 希腊人也有过人形的神，有拟人论；他们的缺点在于他们就在这方面也还是不够的。希腊人的宗教是同时既太过也太不够拟人化：其所以太过，是因为直接的性质、形状、行为都被收容在神性中；其所以太不够，是因为人不是作为人而具有神性，而只是作为彼岸的形状，不是作为这一个和主观的人。[89]

黑格尔对基督教的解释的中心是上帝的道成肉身以及和圣父、圣子、圣灵的关系。黑格尔在《哲学史讲演录》中，从与新柏拉图主义的关系入手处理基督教哲学，新柏拉图主义固然也是精神的一个环节，但它缺乏主体性的高峰。只有到了基督教中，这一绝对本

---

[88] 《黑格尔全集》，第十五卷，第87页。（译文沿用《哲学史讲演录》第三卷，第233—234页。——译者注）
[89] 同上书，第88页。（译文沿用《哲学史讲演录》第三卷，第246页。——译者注）

质才变得清晰起来:"绝对本质是一个人,但他又根本不是人或自我意识。"但由于神的精神本质一开始只表现为对某一个人的实证的信仰,因而它还限于直接性,因此,这一阶段还不属于哲学,而属于宗教。

> 这个生活在一定时间和一定地点的个别的人,对于世界精神来说,就是这个绝对精神,但不是自我意识的概念;换句话说,自我意识还没有被认识。[90]

与新柏拉图主义不同,基督教的优势在于,它在直接的当下中将绝对的上帝的精神当作一个人加以直观,因而它就与哲学概念产生了关系,尽管它还缺乏对神的本质和人的本质之同一性的普遍本质的认识,而只是将这种同一局限于某一人格,即基督身上,它只在这一个人身上看到了神性和人性的统一。

> 上帝表现在感性的当下之中,它所采取的无非是精神那感性的形式,也就是单个的人,这就是精神的单个的感性形式。这就是我们所看到的伟大和必然性。它显示了,神的本性和人的本性并不是什么不同的东西,神就体现在人的形式中。真理就是,只存在一种理性,只存在一种精神。我们已经看到,作为有限的存在的精神,并不拥有真正的存在。[91]

人格的这种特殊性"太过脆弱",以至它拒绝走向他者,拒绝放弃

---

90 同上书,第7页。(译文沿用《哲学史讲演录》第三卷,第153页。——译者注)
91 《宗教哲学》,第三部分/1,第137页。

十　黑格尔对基督教的扬弃

和扬弃自身。[92]因此,圣父和圣子的关系也不能被想象为两个人格间的关系,而是要从精神的永恒和普遍本质出发加以把握,也就是说,在普遍性—特殊性—个别性这一逻辑的范畴中加以把握。

> 首先产生的东西是理念在它的简单的普遍性中的自为存在,它还没有走向判断,没有走向他者的存在,因而是封闭的——这就是圣父。第二步产生的东西是特殊的东西,是理念处在它的表象之中——这就是圣子。只要第一步是正确的,那么他者存在就已经包含在其中了;理念就是永恒的生命和永恒的展开。第二步产生的东西是处在外在性中的理念,因此它的外在表象是对第一步的颠倒,它被意识为上帝的理念,即神的东西和人的东西的同一。第三步产生的东西是对神就是精神的意识。这种精神作为存在着的和自身实现的东西,就是普遍物。[93]

如果用直接的、简单的和基本的方式去思考精神,那么它就不是精神了,因为它本质上是运动和活动的,是一个自行展开、区分和中介的东西。它在所有层面上都把对它来说自在地存在着的绝对的整体,实现为自为地存在着的东西。

> 不愿展开自己的精神,是一种死的东西。展开自身意味着变成他者,而变成他者则带来了对立、区别,因此也就带来了精神的有限化。一种为他者而存在的东西,在这种抽象的规定中就是有限的东西,它有一个他者与自己相对立,这个他者就是它的终

92　同上书,第80页。
93　同上书,第198页;参见第72页。

点、它的局限。精神之将自己展开、对自己进行规定、将自己变为定在、让自己具有有限性，这是精神的运动的第二步。而第三步则是根据概念展开自身，也即将展开的东西收回到自身中，扬弃自身和回归自身，它将自为地成为自己原本就自在地所是的那种东西。[94]

它是三而一的精神，没有了这一规定，精神就会变成一个"空洞的词"。并且，如果真正的精神就是对绝对真理的意识，即对于自在自为的神的意识，那么精神的永恒活力就会被概念—判断—推论把握为逻辑上的"节奏"，在其中逻辑运动的三个环节结合在了一起。"上帝在永恒性这一基本元素中就是和自身的联系，就是和自身相同一。"[95] 真理就在于，上帝的公开性在圣子和圣灵的降临中将自己公开化。但它所涉及的不只是作为自身的绝对，还有它的一切外在表现。因为精神的运动结构就是贯穿于它所有的外在表现的基本逻辑结构，并且它"在所有活生生的活动中都会展现出来"——在上帝的王国中，没有什么东西不是关于对立的扬弃和关于主体和客体的统一的上佳例证[96]——黑格尔还能以普遍的精神的完全不同的表现形式来解释基督教的三位一体学说：它是有机的生命的过程[97]，是它的进展和复归，是人类的精神在语言、劳动、爱和被爱中的外化[98]。

我们还会问，在黑格尔用"爱"来解释基督教的思路保留下来了吗？在他的早期文本中，这一做法具有重要的地位，当他讨论活生生

---

94 《宗教哲学》，第一部分，第65页。
95 《宗教哲学》，第三部分/1，第170页；参见第一部分，第66页。
96 《宗教哲学》，第一部分，第221页。
97 同上书，第70页。
98 《宗教哲学》，第三部分/1，第72页；参见第79页。

十　黑格尔对基督教的扬弃

的关系中的"整体"或"绝对"是如何建立起来时,他就会提到"爱"。爱是否像精神一样,能够对绝对的普遍性和存在的整体加以概念的把握? 黑格尔说,真正的爱只是针对单一的、特殊的人,而不能针对所有人和整体。想要爱全人类,这"完全是一个想象出来的空洞的神话,是爱的反面"。但如果人们去分析和把握爱,那么他就会证实,爱在自身的逻辑结构中就是精神本身。

> 当人们说:上帝是爱,蕴涵颇多,意谓真理;然而,倘若将此只是理解为一般的规定,而不分析何谓爱,是没有意义的。因为爱是两者的差别;然而,两者彼此又完全无差别。这一同一的感觉和意识是爱;爱意味着,我的自我意识并不在我自身中,而是在他者中;而此乃是这样的他者,我只有在其中可得到满足,我在其中可得到与自身的和睦;我之所以在,只是由于我中有和睦;倘若我中无此,我则是矛盾,我则分裂;这是他者,既然它正是如此外在于我,我只是在我中拥有这一自我意识,两者只不过是这一对其相互外在的存在及其同一之意识;这一对统一的直观、感受、知,乃是爱。[99]

"就感觉的方式"而言,人们可以将神圣的精神称为"永恒的爱",并且将上帝在圣子中那和自身的关系称为"和自己的爱的游戏",因为圣父、圣子和圣灵的三位一体的关系并不会"变成真正的他者存在、分离和二元化"[100]。

---

[99] 同上书,第75页。(译文沿用《宗教哲学》,第624页,略有改动。——译者注)
[100] 同上书,第93页。

存在-神-学的终结和世界整体的问题

黑格尔将基督教转化为思辨哲学的做法，在他在世时就已经引起了激愤，并且反对他的人不只是正统的神学家，不信宗教的哲学家也同样反对他。前者指责他说，一种如此哲学化的宗教，不仅仅改变了宗教的表象形式，而且破坏了基督的学说本身[101]；后者则说，黑格尔的宗教哲学在哲学的形式中又重建起了宗教正统，而罔顾历史上的宗教批判。这两种指责都源于黑格尔本身在原则上的双重性，也就是说，他对实证宗教的批判同时也是以概念的方式对它加以论证。黑格尔对这两种指责都有所表态。针对历史性的批判，他的答复是，搞清楚究竟是这样还是那样解读《圣经》中的这段或那段文本，并不是本质性的问题，那些伟大的教父究竟有没有为了理解他们的信仰而深入研究新柏拉图主义，有没有在阐释上帝的三位一体学说时使用亚里士多德的哲学，这也不是本质的问题。因为本质的问题在于，他们是否愿意让文本批判保持那种不确定性，是否愿意一直从"自在自为地为真的地方"走出来。但历史批判的神学恰恰没有研究过这个问题，尽管三位一体学说和创世、原罪、道成肉身和基督复活一样，都是基督教的基础所在。

  如果让很大一部分公众，甚至很多神学家扪心自问，他们是否认为关于信仰的教育对于永恒的拯救来说是必要的，或者不信仰就是永恒的诅咒本身，那么答案应该是毫无疑问的。永恒的诅咒和永恒的信仰是一些在一个好的社会中根本就不允许提起的词。

---

101 《宗教哲学》，第一部分，第 295 页及以下。

十 黑格尔对基督教的扬弃

如果人们不否认它,那么要人们把它说清楚,就会非常难堪。如果人们读过那些我们的时代所出版的教义和宗教书籍的话——这些东西本来应当阐明基督教的基本学说,人们就能判断,在其中是否每个学说都没有任何模棱两可或保留余地的地方,因此人们就不该问,究竟该如何回答这个问题了。如果神学对于这些学说来说不再具有重要性了,或者神学本身就陷入了重雾之中,那么它本身就为用哲学对教义进行把握扫除了障碍。如果教会学说如此多地陷于它自己的利益,那么就此而言,哲学就可以毫无顾忌地自行其是。[102]

这意味着,如果它的内容自在自为地就是真的,那么它就能让自己变得可以被把握。此外,它的瓦解完全无须哲学的参与,因为批判-历史的神学本质上对教会的学说更为接受。黑格尔理解的那种哲学,在他看来是真正的神学,因为它并没有放弃去认识上帝的逻辑本质。

从黑格尔将基督教扬弃在哲学之中的双重性中,产生了一种决定型的解构,这种解构不仅是针对基督教的,也针对由宗教所规定的哲学。D. F. 施特劳斯、费尔巴哈、B. 鲍威尔和 M. 施蒂纳却只接受了黑格尔对宗教的扬弃中否定的那一面,并将之推到极端,到了马克思那里,"对天堂的批判"变成了"对尘世的批判",对神学的批判也变成了对政治经济学的批判。因为,如果"人的自我异化的神圣形式"消失了,人们就必须揭开它的非神圣的形式的面具,它不再是出现在神的原罪的形式中的自我异化,而是物质上的剥削。但马克思对资本主义的生产过程,即对"劳动"和"产品"的分析中,始终贯穿了黑格

---

102 同上书,第47页。

尔关于精神的范畴,并且未来的"自由王国"也不外是黑格尔所说的意思:一个"最高共同体的自由"[103]、一种作为"在他者中为自身存在"的自由,它同样是在完整地重新占有一个异化了的世界的意义上谈论自由的。他对黑格尔的批判并不针对运动的形式结构(自我区分中的外化、对象化和复归),他很大程度上从黑格尔那里接受了这些,他的批判更多的是针对这一结构的逻辑上的普遍性。黑格尔将逻辑的抽象范畴以同样的方式应用到所有内容之上,并且跳过了外化和对象化的特定历史方式,并且让人的活动的各种对立的方面都消失在绝对的自我意识这一关于绝对的绝对知识之中,然后他将这种做法解释成人类的存在的本质。对黑格尔来说,批判本身不再重要了,因为逻辑的形式范畴是"在所有科学中都存在的活生生的精神",并且它为事物的普遍本质规定了内容。[104] 马克思用黑格尔的这些精神范畴来洞悉经济关系的本质,因而又证实和强化了这些范畴。而他和黑格尔的区别在于,黑格尔太现实了,他只想将这些"矛盾"加以中介和"扬弃",而马克思则相反,他虽然也说"扬弃",但在他那里扬弃的意思是想要在实践中完全取消它们,他将这种乌托邦的观点称为"科学的社会主义"。但尽管马克思将自己与《精神现象学》和存在-神-学的目标断然区别开,并且认为"在绝对中存在"完全是一种捏造,但他自己一点没有减少对绝对的前提的接受,他认为唯一"现实的"就是有限的人,他的"普遍自我"是一种社会意义上的"类本质",他的个别的本质的活动是"劳动",并且,首先是"对人而言的"自然——就像黑格尔那里是对精神而言的精神。因为对他来说,对宗教和形而上学的批判在费尔巴哈那里就已经完成了,剩下的任务就是让劳动着的人的现实而历史性

---

[103]《黑格尔全集》,第一卷,第231页。
[104] 参见《黑格尔全集》,第十三卷,第72页。

十　黑格尔对基督教的扬弃

的生存成为整体和绝对。"关于人类的恰当的研究就是人"，一百年前，A. 蒲柏（A. Pope）的诗《人论》（*Essay on Man*）就已经这么说了，而不是什么超越人而且与人无关的东西。在这种观点看来，黑格尔的"绝对理念"只是一种意识形态，宗教则只是一种"颠倒的世界"，只有当人在自己的尘世中感到陌生时，这一彼岸的世界才会存在。出路和目标不再是占据了人的本质的上帝或者绝对，而是人的极端的世界化，它与世界的极端的人化同步进行。

这一趋势从启蒙运动起就已经开始了，它一直延续到黑格尔时代的圣西门的《新基督教》（*Le Nouveau Christianisme*，1825）、他的学生A. 孔德的《实证哲学》（*Philosophie Positive*）之中，他们的看法是：最高的本质就是人——这一看法的影响深远且一直延续至今。黑格尔在这一普遍趋势中看到了对作为绝对的和无限的东西的神的知识的漠不关心。关于神的知识的领域越来越狭窄，同时关于有限的东西的知识却越来越扩张。中世纪时所有的科学本质上都与上帝和哲学神学有关，而在我们的时代，则显然"什么都想去探知，只除了神"。"我们的时代放弃了这种需求和努力，于是我们就完了。"[105] 现代人即使在礼拜天也没有时间去搞那些毫无用处的宗教，虽然它本身就是自己的最高目标，因为宗教不是为了对别的东西有用而存在的，它就像形而上学一样，没有目的也没有用处。"就好像我们处在山的最高峰，无论怎么看都远离了尘世，在单纯的天堂上，带着平静和遥远的心情看我们在尘世中有限的大地和世界"，"神学失业了"，因此人在宗教和哲学中用精神之眼解除了他自己的现实性所给定的目标。于是，对人来说，宗教不再与他自身的利益和不断变化的境况有关，而仅仅是在"宣布对神

---

[105]《宗教哲学》，第一部分，第5页。

的敬意"。于是黑格尔以他自己的方式达到了他一开始就为自己设定的目标：让"上帝之国"或者说永恒王国降临到当下，并且不再盲目地崇拜精神现实化，不再接近上帝或者说绝对。没有人会误以为，在这种不那么日常的说法中，所有宗教和哲学的"提升"的基本动机，听上去似乎是希腊的理论（theoria）的伦理，同时又是一种完全不同的基督教式的沉思的气氛，在这种气氛中，人从尘世的东西中解脱出来，进入了神性的领域。但同时，我们也无法回避以下问题：为什么想要将基督教再一次扬弃在哲学的存在中的这种伟大尝试，会在黑格尔这里走向终点呢？这种尝试所做的，不正是黑格尔在讨论康德那些野心没那么大的宗教论文时所说的，由于这种对神的崇敬不再有价值了，因此这种将历史性的信仰的实证形式以哲学的方式加以复兴的尝试"其实没有什么作用"吗？黑格尔的那些激进的学生只是将他的宗教哲学甚至整个精神哲学当作"站在神学的立场上的对神学的否定"（费尔巴哈）；要么认为黑格尔自己是个隐藏的"无神论者和反基督者"（B. 鲍威尔），要么认为它绝对"毫无意义"并且是个"虚幻的主体"（马克思），并且在黑格尔的整个哲学中看到这最后一次伟大的尝试，这究竟是个偶然，还是对他有缺陷的把握的必然结果？

  没落了的基督教重新地建立起来，而且还想用近代哲学一般所应用的方法，使基督教的否定与基督教本身同一起来。那个享有盛誉的、精神与物质的思辨的同一性，无限和有限的思辨的同一性，人和上帝的思辨的同一性，只不过是那个近代的不幸的矛盾，即信仰与不信仰的同一性、神学与哲学的同一性、宗教与无神论的同一性、基督教和异教的同一性，达到了它的最高峰，达到了形而上学的最高峰。这个矛盾在黑格尔哲学中之所以使人迷感，只是由于它将上帝的否定，将无神论当成一种上帝的客观特性，将上帝规定为一个过程，而将无神论规定为这个过程中的一个环节。但是从不信仰中重新建立起来的那个信仰，并不是一个真正的信仰，因为这始终是一种带着信仰的对立性的信仰；同样情形，一个从上帝的否定中重新建立起来的上帝，也不是一个真正的上帝，而只是一个自相矛盾的上帝了。[106]

与黑格尔那些激进的左派学生相比，20世纪初发生的对黑格尔主义的学院派"复兴"从一开始就是陈旧过时的。很长时间以来我们都不再能够像拉松那样作为一个黑格尔主义者和新教的传教士那样，将黑格尔的《宗教哲学》的出版看作一件功绩卓著的大事，并从中看到"新时代的最深刻的秘密"和"最具说服力的信仰"。我们也同样无法再像费尔巴哈那样，只是将哲学神学还原成"人本学"；或者像马克思那样，还原成关于社会生产关系的理论，也就是说，还原成某种对于黑格尔的整个哲学的"体系要求"来说无足轻重的东西。自然的人和社会的人类世界还并不是黑格尔所考虑的全部存在者的整体。黑格尔哲学的十字架并不在于其哲学是关于存在者整体的，并且依循着希腊人所说的"永恒的当下"的途径，是一种永远和实践的兴趣无关的纯思，是"理论"，而黑格尔想从这个整体的内部和外部去把握人的生存，他的"十字架"并不在于此。而是在于，黑格尔根据基督教的传统，将绝对当作一种超越世界的和超越自然的精神加以把握，这种精神应当在自然的世界和有自我意识的人当中将自己有限化。因此，黑格尔哲学的限度在于他那有限的自然概念和世界概念。

106　费尔巴哈《未来哲学原理》，1843年，§ 21。（译文沿用《未来哲学原理》，第36—37页。——译者注）

黑格尔的讲师资格论文的题目是关于物理世界的，康德也将感性的世界（manus sensibilis）和理智的世界（mundus intelligibilis）区分开，而物理的世界在黑格尔那"精神的眼睛"看来，并非真正的现实性。世界的真理在于它的"理念性"，也就是说，在于它是从绝对理念中产生出来的，对于永恒地创造和维持一切的神的精神来说，世界作为一种"其他的"和"外在的"东西被排除在外，因此只具有相对的独立性。对于超越世界的精神而言，世界是"外在性本身"。虽然上帝离不开世界，但这只意味着，如果上帝并不是一个进行着创造的、自我规定和自我区别的精神，那么它就只是一个空洞的抽象。为了成为上帝，它"不能缺少有限的东西"，它将自己有限化为自然的世界和有限的精神。它只是世界和人的创造者。[107] 人作为一种被创造的东西，他的本质是根据思想和精神决定的，他处在和作为无限的精神的上帝的本质关系中，而自然则只和人发生关系，"它和上帝本身并不联系"。在黑格尔那里，自然从一开始就是消极的，它被知道自身的精神规定为一种并不知道自身的外在性。[108] 它作为神的创造，自在地是符合理性的，因此有可能成为理性的知识的对象，但它自己并不是精神性和理性的存在。它属于"偶然性"[109]并且不像精神的存在那样具有内在的必然性；它缺乏精神的自我规定和自我意识[110]，并且"所有发生在天空和大地中的东西"都趋向于"向着精神前进"。[111] 根据真正的存在必须知道自身这一前提，黑格尔不仅属于笛卡尔哲学及之后的意识-存在的本体论传统，而且也完全符合基督教的这一教义：只是被上帝和他自己所知

---

107 《宗教哲学》，第三部分 /2，第 27 页及以下。

108 参见帕斯卡，《沉思录》，§ 793 和 347。

109 《哲学百科全书》，§ 248，此外参见 D. 亨利希（D. Heinrich），《黑格尔的偶然性理论》（*Hegels Theorie über den Zufall*），载于《康德研究》（*Kant-Studien*）第二册（1958/1959）。

110 《宗教哲学》，第三部分 /1，第 94 页及以下。

111 《黑格尔全集》，第十三卷，第 64 页。

道的人，才是按上帝的样子创造的，是人，而不是世界或自然，才是上帝的作品（natura ars Dei）。黑格尔通过用哲学为创世的历史做出论证，将世界和自然看成外在的和有限的东西，是绝对理念和无限精神的他者。作为一个基督教的思想家，黑格尔不再认为世界是希腊人所认为的永恒的宇宙，并且具有自己的逻各斯，而是某种本质上看来无精神的东西，因为它不像上帝或人那样知道自身。但我们是否有权利仅仅因为它们不像人那样知道自身，就认为所有有生命的东西都是无精神的？即使在人当中也有很大一部分东西是"本质上"并无自我意识的。[112] 并且，基督教之外的其他宗教也并不将自己提升为知道自己和意愿自己的精神，而是有意识地将自己沉入一种积极的"无"的整体中，这种"无"并不追求意识、知识和辩证。

黑格尔除了有一套关于知道自身的精神的逻辑学和哲学之外，还将自然哲学作为体系的一部分加以考虑，他认为有机的生命也属于运动的结构的一部分，而这种运动是有意识地对精神的生命进行规定；但这丝毫没有减少它对自然的深刻蔑视，这种蔑视让他说出，星星不过是一种"会发光的东西，它完全没有一个人或者一群鸟那么惊人"。马克思和黑格尔一样十分蔑视自然，因此他十分赞赏地引用了黑格尔那可怕的说法：整个星空的全部奇迹都比不上哪怕最肤浅的人类思想，只因为只有人作为精神是知道自身的！

尽管从积极的方面来说，黑格尔将创世的历史转译成了思辨哲学的语言，但他的结论没有超出神学的范围，而是属于神学的，也就是说，他认为人作为唯一与神相似的东西，在自然内部占有特殊的位置，

---

112 参见尼采对莱布尼茨的评论："莱布尼茨那无与伦比的观点。他用这观点不仅反对笛卡尔，而且也反对所有被认为是正确的哲学家前辈。这观点便是：意识只是观念的偶然，而不是观念的必然和本质，那么，我们称之为意识的东西只是我们精神和心灵世界的一种状态罢了（也许还是一种病态），而绝非世界的本质。"（《快乐的科学》，§357）（译文沿用《快乐的科学》，第351页。——译者注）

并且排除了人是属于自然的生命体的发展过程的,并且也许只是一种生物学上的偶然的可能性。在讨论康德对上帝存在的证明的批判时[113],黑格尔提出了这样一个问题:有机的自然要如何符合无机的东西,后者似乎是生命的先决条件。

> 植物、动物、人无非是自外加之于它;大地无植物界亦可存在,植物界无动物亦可存在,动物界无人亦可存在;这些方面呈现为自为独立的。我们拟依据经验予以阐述;存在山峦,其上并无植物、动物、人;月上没有大气,亦无作为植物之条件的气象过程;无任何植物的自然等,月亦存在。这样的无机者呈现为独立的,而人则被自外加之于此。于是,形成这样的表象:自在的自然是盲目产生、创造之力,植物亦即来源于此;继而,动物的本原,嗣后则是人及其思之意识,来自植物。[114]

人的存在似乎是继发的,非本质的和偶然的。世界上完全也可以没有人而不会有什么损失,就连整个有目的的各种生命序列的存在本身也是一种偶然,它是会继续存在还是走向毁灭,依赖于自然中的生存条件。对此,黑格尔提出了这样一个问题:是否存在一种真正的"概念规定",即认为人是一种有条件的依赖别的东西的存在?他的答案是否定的。尽管概念中的真正规定不能将经验排除在外,因为经验在自然中就像在人类历史中一样,它指出了许多发生的事情和它们的衰落,以及未被达到的目的,但对人来说,向着某个目的行动显然是他的另一种自然本性,这种自然本性就具有关于中介的规定,包括无机物向

---

113 《宗教哲学》,第三部分/2,第164页及以下。
114 同上书,第166页及以下。(译文沿用《宗教哲学》,第889页。——译者注)

有机物的发展也合乎这一自然本性。人对于自然界的整体来说并不是什么偶然的东西,并且有机的和无机的自然以及它们的关系的真理就是那种"第三者",这种第三者就是精神,人们通常也称之为上帝。相反,希腊的哲学家将整个世界中相互联系的原则称为奴斯、逻各斯和世界的心灵,柏拉图将神想象为一个巨大的生命体,因此他认为神是有生命力的;但他并不认为,世界的心灵作为精神与他的单纯生命力有什么区别。将宇宙看作有生命的东西的体系,也就是说看作 Kosmos,这样一种看法却还没有达到绝对精神的规定,这种规定要到基督教中才第一次出现。黑格尔写道:

> 希腊人具有人的一个重要部分,也就是,他们具有自由的精神,但他们还没有把握到自由精神的无限性——它还不是绝对的、神圣的精神,它被倾倒进希腊的世界中,希腊人对它有了某种认识。在希腊,自由精神作为人,在自然界的内部是自由的,并且这只是意识器官中所包含的东西,但希腊人也就局限在自然的范围内,希腊人只有在哲学中,而不是在精神中达到了纯粹思想,而这种思想无法摆脱抽象——这种思想中的直接性是与他们局限性相适应的,并且无法达到概念本身。[115]

黑格尔预设,基督教之侵入希腊-罗马世界是"向着对自由的意识的进步",并且真理也具有随着时间"发展"的倾向。但为什么,当人们不再知道"自然内部"的自由并且这只是意识器官中所包含的东西,而是开始在一种"神圣的"、超自然的精神的基础上浇筑一种对

---

115 《精神哲学》残篇(S. O. Anm. 43),第47页及以下。

"无限的"自由的信仰,将《新约》中伟大的历史加以哲学的阐释,以便为实证的信仰的丧失进行论证,这也是一种进步呢?但那个作为精神的外在于世界并超越世界的上帝是怎样创造人类的,我们不得而知;同时我们又不能接受,人是根据自己的意志而产生的,然后他就能存在了,而且他就是按照自然创造他的样子存在的。人的繁殖是一种生理性的繁殖,它并不需要"精神的生殖"[116]。自然这本"书"(现代自然科学刚诞生时人们用这样一个圣经式的比喻称呼自然[117])并不是用神圣的文字写成的,在它之上无法建立起某种绝对宗教,也无法建立起某种能够将信仰转译成思辨的哲学,自然并不是基督教式的东西,但是从基督教中诞生出来的哲学提供了信仰并不可靠的最有利的证据。黑格尔问:现在基督教的学说中究竟还有哪些内容是真正被人们信仰的,但就连这一问题都中断了,因为现在人们只谈论"消亡",也就是说,信仰以一个"不和谐音"结束。如今,距离尼采对"危机"和"关于无神论问题的最高决断"的说法已经过去了100年了,如果我们还想为基督教信仰和哲学问题的携手做出某种保证,那显然是一种错误的声音。

> 说过"上帝是个灵"的人——迄今为止,他在大地上跨了极大的一步,飞跃不到信宗教:这句话一说出口,在大地上是不容易再加以纠正的![118]

---

116 《黑格尔全集》,第十三卷,第89页。

117 参见 E. R. 克提乌斯(E. R. Curtius),《欧洲文学和拉丁中世纪》(*Europäische Literatur und lateinisches Mittelalter*),1948年,第321页及以下。

118 尼采,《查拉图斯特拉》,《驴子的庆典》篇。(译文沿用《查拉图斯特拉如是说》,钱春绮译,生活·读书·新知三联书店,2007,第382页。——译者注)

十一
黑格尔是如何走向《精神现象学》的

1964年

　　黑格尔首先在图宾根神学院接受了第一个科学上的教育,在那里他和谢林、荷尔德林是同学。他青年时代遇到的重大历史事件是法国大革命,成年以后则是拿破仑的崛起和垮台。他20岁时拿到了哲学硕士学位,然后又学了三年神学。他于1793年从神学系毕业。他在自己的简历中总结说:"我走向布道台是出于我父母的愿望,而我自己一直都出于爱好十分忠心地进行神学研究,因为它与古典文学和哲学有紧密的联系。"因此黑格尔一开始是从神学起步的——然后转向了哲学。这种二重性在之后的《宗教哲学》中达到了顶峰,也就是说,在其中黑格尔将宗教的"表象"转化成哲学的"概念",它作为宗教的哲学是对宗教的批判,而作为宗教的哲学又是对宗教的论证。黑格尔为了不依赖于"布道台的事业",选择了在伯尔当家庭教师,后来又去了法兰克福。之后他就决定转向哲学,并于1804—1806年在耶拿谋到了教职。他的第一个体系哲学的草稿就诞生在那里,之后1807年出版的《精神现象学》中的一部分就是由这个草稿修改而成。在这一重要著作之前,黑格尔还发表了两篇论文《费希特与谢林哲学体系的差别》和《信仰与科学》,在其中黑格尔通过分析他与康德、雅各布和费希特的关系,有意识地思考了他自己的哲学的一些基本概念。《精神现象学》之后，他又发表了《逻辑学》《哲学百科全书》（其中包括逻辑学、自然哲学和精神哲学三个部分）以及最后的《法哲学原理》（1820年）。其他的作品（哲学史、历史哲学、美学、宗教哲学）却不是黑格尔自己发表的，而是在他死后由他的学生根据课堂笔记整理出版的。他的思想成果的总结和顶点是逻辑学，其中的范畴把握了所有"存在"的东西的本质形式；它既是一种形式结构，又是具有内容的。黑格尔的逻辑学不同于传统的学院派逻辑学，而是一种关于运动的矛盾的辩证逻辑。作为所有存在的东西从逻辑上提取出来的一贯形式，这种逻辑是属于本体论的。并且，由于它也是存在着的神的始末或者说"绝对"，黑格尔的逻辑学是本体论，它同时也是神学：即本体-神-逻辑学，或者按照更流行的说法是：宗教哲学。很明显，黑格尔1829年在柏林进行的关于上帝存在证明的演讲是对他同时进行的关于逻辑学的演讲的补充，并且他在1831年关于上帝存在的本体论证明以"存在"和"概念"为主题。"如果上帝应当被认识，那么，作为能够使精神感兴趣的某种东西，给精神就只剩下了非神的、受局限的、有限的东西。"黑格尔也和自启蒙时代起就已经固定下来的"全能的时代和它的文化"的立场区别开。这一固定的、绝对的立场并非神或绝对，而是"人和人性"。但这里的人不是被感性所蒙蔽而只具有人类的理性的人，相反，它的本质在于"精神"，并且"关注着普遍"。世界上一切一贯的、永远现在的和关于上帝的精神，一切"普遍的东西"，也就是说，所有普遍内在的"自我"和"主体"都集中在人这一概念中。哲学唯一真正的兴趣就是"对上帝的阐释"以及对"上帝的逻辑本质"的认识，因为上帝作为绝对精神和世界的主人就是绝对真理，从真理中产生了自由，就好像从自由中产生了精神一样。（《哲学百科全书》，§382附释）对黑格尔的自

十一 黑格尔是如何走向《精神现象学》的

我意识来说，对绝对的理性把握让人自在自为地存在，它无非就是对上帝的精神和世界的把握。对于反对这一要求的意见，黑格尔在一封写给学生的信中如此回答：

> 别人似乎认为，好像在我的哲学中才第一次尝试去把握绝对，关于这一印象有很多可说的；但简单说来就是，如果我们是讨论哲学本身，而不是谈论我的哲学，那么可以说任何一种哲学从根本上说都是对绝对的把握，而不是对什么陌生的东西的把握。而且对绝对的把握首先是一种自我-把握本身——神学也是如此——当然那是在早些时候，神学比现在更加像神学一些，也就是说，这种把握所说出的首先是它自身。

但人们无法避免误以为这种独特的人格只是从脑袋中想象出来的。

黑格尔是从最为哲学化的福音书《约翰福音》中吸收了这种将"在天堂和尘世之间"、将上帝或绝对作为"精神"或逻各斯加以规定的想法的。他越来越强调，精神的概念属于一种"新的"时代，也就是说后基督教的时代，属于这种新时代的宗教，它本身就是绝对真理。同时，黑格尔也援引亚里士多德《形而上学》（XII.7）中思考着的奴斯的概念来对精神加以规定，他在《哲学百科全书》中简短地引用了亚里士多德并提出这一说法（于是亚里士多德和约翰就在同一个精神中互相和解了！），黑格尔所认为的精神并不是固定的实体，而是作为主体的实体，而主体也不只是人，而是"整体"的普遍运动和实践，它同时就是"真理"。所有具有普遍性的实践都是精神的外化和自我显示。精神只有通过离开自身、外化为某种别的东西，也就是与自身相异化，才能从他物和陌生的东西中回到自身，只有这样，它才是精神。精神的这种活生生的运动伴随着它的变动的每一阶段，它"在他者中就是在自身中"，也就是说，它在他者中是自由的；因为积极的自由无非是通过占有陌生的东西，而在他者中认识到他者就是自身。在这种外化和回忆的辩证运动中，精神就将自在的东西转变为自为的东西。黑格尔的哲学在普遍和整体中就像在每个个别的特殊性中时一样，就是一种关于绝对的、客观的和主观的精神的哲学——特殊的东西是通向人类的直接道路，又或者语言是通向权利和伦理、国家和社会的道路，又或者艺术、宗教和哲学都是概念的工作。对特定的、具体的现象加以概念的分析，无非证明了精神的运动结构和它的力量是如此之强大，它的外化和深度又是如此之深刻，以至它能够在自己的外化中拓宽自己，并敢于丢弃自己。但如果它固执于自身，那么"普遍的封闭本质"就没有力量了，正是这种力量让认识有了承担自己的对象的勇气。"它必然会向勇毅的求知者揭开它的秘密，而将它的财富和宝藏公开给他，让他享受。"[1]黑格尔在柏林的开讲词中这么说。

如果我们想要说清黑格尔自己的哲学，而不只是马克思对他的改造的话，我们就不可以认为，作为一种关于绝对精神的哲学，黑格尔的哲学的基本规定是围绕着"辩证法"进行的。今天关于黑格尔和马克思的关系的太多讨论都是一些误解，因为如果根据他们自己的观点，对哲学的"扬弃"就是哲学本身，但同时它又在事实上等同于取消哲学，那么哲学又怎么可能演变为它的社会"效果"呢？黑格尔哲学的复兴并非完全出于对黑格尔本身的历史兴趣，很大一个动力还来自马克思青年时期哲学文稿的公开，马克思在其中大量地讨论了黑格尔，但马克思将关于绝对精神的哲学还原为"主人和

---

[1] 译文沿用《哲学史讲演录》，第一卷，第3页。——译者注

十一 黑格尔是如何走向《精神现象学》的

奴隶"的历史,这一点不仅是对黑格尔的历史层面上的误解,而且几乎误解了黑格尔流传给马克思的全部思想。想要对黑格尔哲学内部的"死的和活的东西"或者"绵羊和山羊"不加区分,而将黑格尔形而上学的"真理形式"应用到"当代的意识"中去的企图(阿多诺),只要它还想保持"辩证的"思考,就首先会提出关于这种"当代的"意识的真理性问题,并且准备好承认,它在很大程度上远离甚至背离了黑格尔的思想。

通过精神的概念,黑格尔同样也和关于意识的本体论传统区别开了,这一传统从笛卡尔的"我思故我在"经由康德的超验的"我思"走向费希特的绝对"自我",它们的意识都是"非事实",但又是所有实际的东西的来源。黑格尔在海德堡的《哲学百科全书》(§332)中针对这种意识本体论谈到了他和康德的关系,他认为这种本体论只把精神当作了意识,因而只有现象学的规定,而没有哲学的规定。黑格尔在他的《精神现象学》中批判性地指出了其中的区别:黑格尔自己的现象学虽然是从经验、意识,并且首先是从感性确定性出发的,并在它前进的历史中制造了它自身和它的对象,但它的终点既不是意识也不是自我意识,而是精神的历史形态中的真理和客观理性。这种现实的形态并非意识的形态,而是"世界的形态",它将自己聚集到精神的"王国"中,这一王国是世界那被精神所把握的历史。黑格尔在青年时代写给谢林的信中已经谈到了"上帝的王国"的来临,这已经暗示了后来在这个王国中,人的本质才真正回到了它自身,因为它融入了绝对之中。意识的历程在绝对的绝对知识中完成它自身,从那以后它就不再有任何进步和辩证发展了。"对智慧的爱"(philo-sophia)的历史终结了,它变成了现实的知识,因此变成了智慧(sophia)本身的真理。而因此就产生了在自身中达到完成的"科学的体系",它的第一部分是《精神现象学》，也就是说，是首先显现为意识的精神。黑格尔所计划的科学的体系的第二部分是《逻辑学》，这一部分在五年后分别出版。黑格尔在耶拿战役的前夜完成了《精神现象学》的手稿，并在战局不定中将它寄给出版商。之后不久他就看到拿破仑的铁骑踏过耶拿的街道，黑格尔相信他在拿破仑身上看到了世界历史的"世界精神"体现在一个具体的人身上，这个人就是这个世界，并且他知道世界将会变成怎样。黑格尔在《精神现象学》的《导言》中将拿破仑事件表述为"一个时代的诞生和通向一个全新的时代"，在其中，迄今为止的世界都动摇了，并且"某种全新的东西正在降临"，然后，随着突然一道"闪电"，新世界的景象开始落成。"黑格尔和拿破仑"，这其中有一种惊人的亲缘性。拿破仑试图建立一个统一的欧洲，但他失败了，而黑格尔关于欧洲精神的天才而诱人的哲学著作也没能在他生前出版。在《哲学百科全书》（§393附释）中黑格尔通过讨论"自我意识的理性"把欧洲的精神和东方的精神区别开。欧洲的精神把一切都设定为与自己对立的对象，并通过分割和区别的精神能力占有他者，并且对自身有一种信任，它不相信会存在什么不可克服的局限。于是，为了让自己在场显现，它攻击其他的一切。

> 欧罗巴精神把世界放在自己对面，使自己从世界解放出来，但又扬弃这种对立，把它的他物，即杂多东西纳回到自身，即它的简单性中。因此，在这里占支配的是其他种族所陌生的无限的求知欲。世界对于欧罗巴人是有趣的，他要认识这个世界，要占有跟他对峙的他物，要使自己在世界的种种特殊化中看到类、规律、普遍、思想、内在的合理性——欧罗巴精神在实践方面也正如在理论方面一样，追求那在他和外部世界之间必须予以产生的

十一 黑格尔是如何走向《精神现象学》的

统一。他以一种保证了他对世界的统治的能力来使外部世界从属于他的目的。[1]

这就是亚洲的王国被欧洲征服的命运的原因所在,而中国也总有一天会服从这种命运。但这种服从同时也表示,东方并不"征服",而是接受现代欧洲的精神,并努力达到西方的高度。

黑格尔的《精神现象学》在当时所得到的反响和现在的一模一样:人们一方面盛赞其辩证思想的深刻,但同时又抨击它艰深难解。但逐句地理解黑格尔之所以那么困难,并不在于要做到像黑格尔那样思考并被他攫住,而是相反:真正困难的是从他的思想中挣脱出来并赢得一段与他的思路中思辨的圆圈的距离。我们在从黑格尔那里学会了怎样辩证地反思之后,还须有勇气变得不那么反思,不那么深刻和不那么充满精神。这就是费尔巴哈的功绩了,他在《未来哲学原理》(1843年)中就展现了从黑格尔首次以"本体-神-学"的方式描述的形而上学的高峰上走下来的勇气——而且并不是走向黑格尔斥之为最空洞的和什么都没说的那种关于无规定的存在的所谓"超物理",而是走向了关于自然的感性经验的世界,如果人类不属于超越尘世的上帝的超验的顶峰的话,他就只能是属于上述感性经验世界的。于是,与黑格尔的思路相反的问题就是:上帝和世界之间、无限的和有限的精神之间,以及归根结底是精神和自然之间的关系问题。在黑格尔的体系中,自然是"外在性"本身,因为它与绝对之间并不存在它们自己的关系,而且自然并不像精神那样知道自身。

黑格尔的哲学作为一种不断完成自身的哲学,它趋向终点的趋势

---

[1] 译文沿用《精神哲学》,第60页。——译者注

不只体现在逻辑学上的"结论",也就是说,不只在于开端和终点在百科全书的"体系"中的结合,还在于哲学的历史和历史的哲学的"终结"处,并且,在精神(艺术、宗教和哲学)的绝对形式在历史的终结处所显现的结构会不容误解地表达出来。因此,黑格尔事实上是一个无法超越的并且可让人不断地更深入发掘的终点。20世纪初学术界对黑格尔的"复兴"也证明了这一点,因为,除了黑格尔之外,别的还有什么可复兴的呢?事实上,它只是从黑格尔的绝对精神的历史的形而上学中提取出了一种历史的意识,而没有保留世界那永远处于当下的精神中的时代精神,这种时代精神当年却被黑格尔的学生们绝对化了。黑格尔尝试将精神和历史联系在一起思考,他将"真理"当作一种拥有在时间中发展自身的"趋势"的东西,而现在的哲学依然靠着黑格尔的这一尝试勉强维持着,因此哲学已经变成了"精神的历史"。费尔巴哈和马克思则在100多年前就以不同的方式从精神的自我完成的终结中引出了这种后果。

十二
卢梭、黑格尔和马克思论人权和公民权

1966年

《人权和公民权宣言》(即《人权宣言》)的问题中,包含了一个很不显眼的连词"和",它将人(homme)和国家中的公民(citoyen)连接起来的同时,又把它们区别开来。但由于《人权宣言》的重点并不在于公民和国家的关系中的义务,而在于每个人相对于共同体的权利,因此这种权利所涉及的人,指的并非公共的国家公民,而是作为自己生活着的私人,这种私人和国家的关系仅仅是"政治的联结"(association politique)。"主权本质上全属于国家。任何团体、任何个人、任何政治结合都不得行使主权所未明白授予的权力。"[1]这对于更早的美国《独立宣言》和《权利法案》也是一样的。对美国的《独立宣言》来说,国家也是一个"社会的国家",人们作为个体的私人人格参与其中,因此可以再退出来。市民社会的国家并非城邦(Polis),这种国家中的人也并非从本质上就是"政治的动物"。这两个宣言的目标都是要保证单个个人的自由不受国家权力的侵犯,他的私有财产和法律所规定的独立不受强制,并且也保证他"在追求幸福中的""生活享受"——

---

1 译文沿用《人权和公民权宣言》。——译者注

即保证所有特殊市民层面的善和目的。通过将人当作本身更高的本质而预设他的不可转让的权利，《人权宣言》想要在国家和人之间划定一道不可逾越的界限。而别的和外在的东西对如此这般被理解的国家中的人来说，是一种公开的强制力量。

预设的人的概念、他的自由和平等虽然被设定为自然权利["所有人生而自由"（les hommes naissent libres et égaux）]，但这种自然权利的断言，背后的基础则是基督教神学中对人在上帝面前一律平等和每个信基督的人在世界上都拥有自由的信念。如果不考虑争取宗教信仰自由的斗争这一背景，就无法理解对政治上的自由权利的主张。

在美国的《独立宣言》中，洛克对"上帝的和自然的法"的呼吁将上帝和自然奇特地交融在一起，并且因此而限制了自己。《权利法案》中，这一关系由耶利内克（Jellinek）的改革而令人信服地得到证明。而不那么令人信服的则是，他想要消除卢梭关于人权的主张之文章的意义，因为《社会契约论》（1, 6）完全放弃了个人的权利并将它转让给了共同体。但卢梭不只是《社会契约论》的作者，他还是《论科学和艺术》《论人类不平等的起源》和《山中书信》的作者，而《人权宣言》中所体现出的人和市民的区别与联系的问题，在卢梭那里就已经出现了。如 J. 施特劳斯[2]所说，在他的思想中，存在着回到自然状态和回到希腊城邦这两种不同倾向间不可调和的矛盾。但这种矛盾并不是卢梭的弱点而正是他的优点：他认识到了，"自然的"人和市民社会的国家之间、消极自由和基于积极自由的公共强制之间那错综复杂的基本关系，因为他并没有掩盖对人的这种压制，而是认识到这种错误的关系，并将它上升为一个专门的论题。

---

2 列奥·施特劳斯，《自然权利和历史》，斯图加特，1956年，S.265。

十二　卢梭、黑格尔和马克思论人权和公民权

卢梭的政治哲学中人和公民的区别的来源

卢梭的文章中包含了对市民社会中的人的问题的第一次和最有意义的概述。这个问题在于，市民社会中的人并非统一的和整体的东西。他一方面是私人，另一方面又是国家中的公民，因为市民社会和国家间的关系本就是充满疑问的。自卢梭以后，这种复杂的关系就成为所有现代国家和社会学者的基本问题。这两者的统一看似是不可能的，因为那样的话我们就必须在教育问题上做出选择，究竟是想把人塑造成"人"还是"公民"，塑造成一个个人还是一个国家中的公民："凡是想在社会秩序中把自然的感情保持在第一位的人，是不知道他有什么需要的。如果经常是处在自相矛盾的境地，经常在他的倾向和应尽的本分之间徘徊犹豫，则他既不能成为一个人，也不能成为一个公民，他对自己和别人都将一无好处。我们今天的人，今天的法国人、英国人和中产阶级的人，就是这样的人；他将成为一无可取的人。"[3] "在我们的时代"，关于人的问题还在于，现代资产阶级市民既不是古代城邦意义上的国家公民，也不是一个完整的个人。他的人格具有双重性，他一方面属于他自身，另一方面又属于"社会秩序"。

卢梭在《社会契约论》中提出，"每个结合者及其自身的一切权利全部都转让给整个集体"，即在共同体面前完全放弃了个人，因为对他来说国家的原型是古典城邦。但卢梭对于自己的最高表达又是以奥古斯丁为蓝本创作的《忏悔录》。于是，规定了整个欧洲文化基调的基督教的和古典的传统之间的对立，在卢梭那里就表现为基督教的"人性"（humanité）和古典的"爱国主义"（patriotisme）之间的非此即彼，这

---

[3] 译文沿用《爱弥儿》，李平沤，商务印书馆，1978年，第13页。——译者注

两者也正是打上了现代资产阶级社会烙印的"人"和"公民"之间的矛盾。

1750年和1754年的《论科学和艺术》和《论人类不平等的起源》虽然都是对现代文明的批判,但它们所批判的出发点是完全相反的。第一篇文章提出了一个完全市民社会的草图,它的蓝本是斯巴达和罗马的爱国主义;第二篇文章的蓝本则是黄金时代,它与基督教关于天堂的神话十分相似。第一篇盛赞真正的市民;另一篇则认为原初的人才是非资产阶级的人性的蓝本。而试图解决这个二律背反的第一次尝试则是《论政治经济》,但即使在这篇文章中,人权也没有与公民的义务协调起来。而协调的可能性在于《社会契约论》和1762年《爱弥儿》所提出的问题,为了建立起两者间的协调,所有单个人的意愿(volonté des tous)必须与公意(volonté générale)相符合,这种公意非常不同于只搞理论的人的空谈,它并不是单纯的多数人的意志。同时,"公意"也必须与"宗教良心"(conscience divine)相符合,也就是与单个人的宗教良心同一。而最终为政治共同体和基督宗教、爱国主义和人道主义的同一提供保证的,则是"民众宗教"(religion civile)。

卢梭从一开始就意识到了上述问题,这种敏锐的洞察力也逼迫他在问题产生之处寻求解决之道,也就是在国家和宗教的关系中寻求解决。他在《社会契约论》中指出:一开始,任何政治上的统治都是以宗教的方式建立起来的,并且任何确定的宗教也都受限于国家,在国家的范围内宣传自己的教义。国家的命运与国家中的神的命运休戚相关,而这种协调一致的关系随着基督教侵入古典世界而改变了。基督教将宗教从政治中区分开,并宣布在任何世俗的统治之上都存在着一个天国的王。从此以后,基督教自身就以罗马天主教会的形式政治化了,欧洲开始生活在国家和教会的分裂之中。一个属于基督教会的人无法完全地成为一个国家的公民,因为他的宗教上的良心与他的公民意义上的良心相对峙。据此卢梭区分了两种宗教:第一种是"人"的宗教,它没有国界的限制和特殊的文化界限,它符合《爱弥儿》中的信仰;第二种是有国界的、多神论式的国家宗教。国家与宗教的关系根据宗教在国家中的作用的不同而有所不同,而人们根据真理规定这种作用。情况就是:人的普遍的宗教是真实的,但它对国家没有用;实用的、异教的国家宗教有用,但不真。卢梭试图在"民众宗教"中解决这一矛盾。它既不是教义意义上基督的公开宗教,也不是异教的国家宗教,而是作为人的公民或作为公民的人的宗教。但卢梭这里所达到的统一也只是表面上的。他一会儿为人性的宗教说话,认为它超越了所有民族性;一会儿又为排他的民族教育和民族宗教说话。而据说应当兼备这两者的好处的民众宗教,却只是一个空洞的计划和妥协的产物。并且,卢梭对基督教的态度备受指责,因此,他对自己的立场的保卫注定是失败的:"爱国主义和人性是两个不兼容的美德,特别是在全体人民那里。"无论谁想要将这两者等同起来,最后都只能两者取一。因此他也质疑公意和公共权力之间"兼容"(conformité)的可能性。他将对这一问题的解决比作所谓方的圆,并将它描绘为"宪政国家中的政治深渊"。

黑格尔和马克思对人权的批判

黑格尔将理性的意志的自由当作法国大革命的原则,这一原则通过"在头脑中"建设,创造了一个属于自己的世界。即使是作为普鲁士的官方哲学家,黑格尔依然每年都会庆祝法国大革命的纪念日。但是,他并不是在最后一部著作《法哲学原理》(1821年)中才第一次批评法国大革命的原则的不彻底性;事实上,他在《费希特与谢林哲学体系的差别》(1801年)和《论自然法的科学研究方法》(1802年)就已经开始了对法国大革命的反思。黑格尔批判革命的标准就是,革命所宣称的人权的蓝本是希腊城邦中的基本伦理,而革命之后基于主体性的自由意志建立起来的理智国家,却倒过来将标准变为对仅仅是对实体性的古代共同体的批判,在其中生而自由的状态将权利和义务变成了政治的统一,"在人民中、同人民一起并且为了人民而生存的东西,对整个公共生活说出了引导它前进的普遍性"[4]。政治阶层的人是天然自由的,它支配着生来并不自由的奴隶、农民和手工业者等从属阶层,因为他们并不依赖他们的生命、私有物和财产,而是在战争中直接面对死亡的危险。而降低这一阶层的地位会让各阶层趋于等同,"停止自由的同时必然就会停止奴役"。只有在新时代中,才由基督教提出了这样一个前提,即每个人都只是作为人而与作为绝对的上帝有一个绝对的关系,于是所有信仰基督的人也就有了普遍的自由和平等。在现代市民-基督教国家中,私有财产权和安全是固定在一个经济需要的普遍体系之中的,在其中每个人都与其他人在形式上平等,并且在实践上依赖其他人。个体的人的伦理作为一个民族的伦理的"整个体系的脉搏",就变成了市民式的私人道德,它有别于神圣的风俗。作为资产阶级意义上的市民,每个人对于整个伦理世界来说都是一个"政治上的零",他只是为了自己和私人的目的而生活的私人,他所追求的也是和平的利益报酬和私有财产的安全,而不愿冒什么生命危险。但这个首先是关于利益和私有财产的市民权利和需要的体系不断地深化和扩展自身,因此它就成了一个无条件的集权,并展现出它的实用主义和内在的否定性,

---

[4] 《黑格尔全集》,第二版,1854年,第一卷,S.371。

十二 卢梭、黑格尔和马克思论人权和公民权

以及市民社会中的人权和普遍政治的人民国家的抽象与空洞性——一种没有伦理的活力和精神的个体性的抽象和形式主义。[5]

对黑格尔来说，问题的关键是调和古希腊国家中实体性的伦理原则和现代后基督教时期的主体性原则，并将市民社会的主体性原则引回到伦理的政治普遍性之中。因此黑格尔在《法哲学原理》中提出了双重批判：一方面批判卢梭的《社会契约论》，另一方面批判柏拉图的《理想国》。卢梭固然在将理性的意志提升为国家的原则方面有很大的功绩，但他误解了国家和社会的关系。他无法扬弃单个人的意愿和公意之间的矛盾，因为他只将公意理解为由单个公民组成的共同体的意志，而不是理解为真正的具有普遍性的意志。因此，使人们统一在国家中的就是一个赤裸裸的社会契约，它赖以存在的基础则只是个人人性的单个意志。由此就产生了对于自在自为的国家的破坏性结果。法国大革命后所诞生的国家不再与自由的意识相符合，它打碎了一切权利，却没有为权利提供新的基础。由于它只是建立起了对私人所有权和对个人安全的保护，因此它把国家和市民社会混为一谈。而国家的最终目的也就变成了为它的单个成员的特殊利益服务，而不是为普遍本质本身服务。于是，资产阶级的愿望就似乎成了变为国家的成员。对于市民社会而言，国家就是一个为需要服务的理智的国家，而没有它自身的实体性意义。它只是一种由特殊利益和个人组成的形式上的同一和普遍性。尽管国家的本质也渗透了市民社会的宪法，但这只是因为要和普遍整体有所联系，市民社会才能证明自己的特殊目的。如果不知道或不追求这种联系，市民社会中的个人就会将他们个人的利益当作普遍的东西去追逐。黑格尔认为，现代国家不仅能让主体性原

---

5 同上书，S. 411。

则发展为特殊性的一极独立和发展自身，因为它另一方面也能够回到国家的实体性的统一（《法哲学原理》，§ 260）。黑格尔认为，这种合题不仅是可能的，而且在普鲁士国家中达到了现实。市民的和政治的生活之间的对立以及资产阶级和公民之间的对立都在"普遍阶层"中达到了整体，并减轻和扬弃了它们之间的广泛差异。但普遍阶层无非是进行着集权统治的国家中的公务员。尽管黑格尔自己已然十分激进了，但马克思沿着黑格尔所指出的方向，在分析黑格尔所论述的现代国家和古代城邦的和解以及公民和资产阶级的和解时，试图证明与共产主义社会中的人比起来，资产阶级所拥有的只是市民的特权而已。在马克思的阐释中，黑格尔所做的事实上只是贯彻了市民社会和国家的冲突而已。"黑格尔法哲学中比较深刻的地方在于把市民社会和政治社会的分离看作一种矛盾，而黑格尔的错误则在于：矛盾的克服或解决仅只是表面上的。"市民社会中的基础是它的私人特征，这一点已经由黑格尔发现了，并被马克思提到了中心地位。市民社会中的阶层只是私人阶层，而不是政治阶层。

马克思认为，特殊利益和普遍利益的分离，以及人首先将自己作为一个私人而从自己的公共生活中抽离出去，这本身就是人的自我异化，因为资产者作为一个国家的公民——因为他对自己来说是一个私人——必然就变成了某种其他的、外在的和陌生的东西，就好像国家对于私人生活来说也是完全陌生的。国家是一个"抽象的"国家，因为它作为一种官僚机构，是从现实的也即私人的生活中抽象出来的，就好像个别的人也从国家中抽象出来了。因此市民社会就完全为个人主义的原则所贯穿，只有个人的存在才是它的最终目的，而其他的一切都是达到目的的手段。只要个人生活和国家生活之间的分离已然在现代生活关系中现实地存在，人作为国家成员的规定性就必然也只是一个抽象的规定性。[6]作为与公共的普遍性相区别的私人,这样一种人只是人的存在的一种私下的形式。而在共产主义的共同体中,情况则完全相反:在共产主义社会中,作为私人的私人恰恰是在参与到作为他的共有物(res publica)的国家中去时,才实现了自己的最高人格。市民社会中的人的这种私人的人性必须在共同体中扬弃自身,因为只有共同体才能实现人的整个本质,将它彻底变为它本身就是的那种共产主义式的、社会性的"类本质"。

"人权"(droits de l'homme)根本就不是人的权利,而是市民的特权,因为它所规定的是历史上作为公民的人,它与资产阶级的人截然不同。《人权宣言》把作为资产阶级的人,即私人,当作真正的人,并确立为人权的前提。"可见,任何一种所谓人权都没有超出利己主义的人,没有超出作为市民社会的成员的人,即作为封闭于自身、私人利益、私人任性、同时脱离社会整体的个人的人。在这些权利中,人绝不是类存在物,相反地,类生活本身即社会却是个人的外部局限,却是他们原有的独立性的限制。把人和社会连接起来的唯一纽带是天然必然性,是需要和私人利益,是对他们财产和利己主义个人的保护。"[7]

而人的真正解放此时才被提出了。真正的解放绝不能满足于给予市民社会中的私人以一些宗教信仰上的自由和私有财产上的自由;而是必须把人从宗教、私有财产和抽象的国家中解放出来。现代市民社会的抽象国家所反映的无非是相应的私人生活中的公共抽象。

"政治解放一方面把人变成市民社会的成员,变成利己的、独立的个人,另一方面把人变成公民,变成法人……只有当现实的个人同时也是抽象的公民,并且作为个人,在自己的经验生活、自己的个人劳

---

[6]《马克思恩格斯全集》, I, 1, S. 538。
[7] 同上书, S. 595。(译文沿用《马克思恩格斯全集》,第一卷,第439页。——译者注)

动、自己的个人关系中间，成为类存在物的时候，只有当人认识到自己的'原有力量'并把这种力量组织成为社会力量因而不再把社会力量当作政治力量跟自己分开的时候，只有到了那个时候，人类的解放才能完成。"[8] 马克思关于解放的理念中的自由，其实是黑格尔意义上的自由，也就是说，是"最高普遍性的自由"，它不同于单个个人表面上的自由。

对于那些迄今为止的、有限的和确定的人类生存方式的极端解构，我们很难认为它的目标是很积极的，并且，对于人的社会类本质也即共产主义的毫无矛盾的自由，也只能描绘出大致的轮廓。假设个人的、市民-私人的活动的自由被整个共同体的共同活动吞没，而这种个人自由的缺失却不再被视为一种欠缺，那么即使消除了资产阶级和公民的区别，付出的代价也是失去我们现在所理解的自由。我们在这里所偶然发现的是我们历史经历中的界限，但这并不意味着，未来社会中的自由和平等是某种与现在的概念不同的东西，尤其是托克维尔已经指出了，民主的平等的维持总是以自由的丧失为代价的。

与非市民的自由相似的东西，在我们的社会中也有出现，却又相对独立于社会，它是一种依宗教秩序组织起来的共同体的内部和外部体制：它不仅放弃了私有财产，还放弃了私人的意见，它服从于共同体的权威，并将自己理解为在它的共同体的自由中只为了普遍的目标努力，而这一普遍的目标压倒了所有私人的和有限的目标。于是，耶稣会的成员德日进（Teilhard de Chardin）愿意冒险在原则上赞同我们时代的集权主义倾向，并将这种倾向和基督教末世论的普遍期待调和起来。德日进并不想提出什么"所有人中最人性的"，他们努力在他们

---

[8] 同上书，S. 599。（译文沿用《马克思恩格斯全集》，第一卷，第439页。——译者注）

的希望和本能冲动中走向现代科学技术可能性的极端发展。现代的集权主义原则之所以让人吃惊和愤怒，只不过是"因为据说它是对奇迹思想的一幅讽刺漫画，因为它很接近真相"，也就是说很接近"世俗的精神"的现实化倾向的不断进展这一真理。德日进相信世上的个人精神那不断增长的力量是如此之强（或者说盲目），以至它可以表现为通过标准化和模式化的人性，将世界历史的趋势引向趋同和解构的状态，并且在积极意义上是一种同一化、精神化和基督化。他认为，孔德、E. 勒南（E. Renan）和整个19世纪的思想家一直在谈论一种科学和宗教，这一点本身并没有错。他们的错误在于，他们没有看到，正是科学的进展才需要精神力量的重获新生，即使这种新生采取的是一种更新了的形式，但他们误以为自己可以从精神的东西中脱离出来。

与此相应的，德日进在1947年一篇关于人权的评论中写道，人权不过是意志在个人的自主中的表达，但它的前提由于生物学、心理学和技术上的现象而从根本上改变了。无论我们想不想，人性都在行星的秩序下，在物理的和精神的力量的影响下统一起来。这就解释了现代在越来越往前发展的条件，以及延续下来的个体的自我意识之间的分裂。但这种分裂只是暂时的和表面上的，它会过渡到新的生存条件。一旦人们认识到，只作为自治的个体是无法感到满足的，这种分裂就会消失。只有与他人互相映照、反思，才是人变得具备完全的自我意识和人性化的唯一方式。"全部的困难只在于，不要把人的整体以一种外在的和机械化的方式加以安排，而是要充分发挥内在的同情的现实性。从这种新的观点出发就能看到：对人的权利的全新定义的目标不能再像以前那样确保社会中的元素具有最大程度的独立性，而是要确定，那种不可避免的整体性在怎样的条件下才能充分实现；我并不是在谈自治的问题，而是在谈如何（和自治正相反的）打破我们所身处的存在那不可言传的唯一性,是在谈,通过这种方式,人的存在扩展着它自身。"[9]

在这种面向过去的展望中,就像在现代沉浸于个人的自由权利和最为个别化的"我"之间的拉平,它预示着某种整体气氛改变,而整个问题就在于,这种改变了人的存在方式的集权主义会把我们引向哪里:是引向世界的人性化和精神化的高度,还是引向对人性的匿名化和去人性化?德日进说,最为简单的答案,就是存在主义者所给出的答案,他们写下对未来的悲观预言和隐秘希望,并把它灌输给绝望的读者:"这让我害怕!"

---

[9] 德日进,《人的现象》(*L'avenir de l'homme*),巴黎,1959年,S. 247f.。参见我的论文《德日进》(*Pierre Teilhard de Chardin*),载于《洛维特全集》第三卷《知识、信仰和怀疑》,斯图加特,1985年,S. 305ff.。

十三
黑格尔、马克思和费尔巴哈的中介与直接性
1966年

黑格尔对哲学的完成和马克思对它的扬弃

就黑格尔在更高的意义上充实了精神的历史而言,他让精神的历史达到了完善,也就是说,他将迄今为止发生的全部事件和全部思想都在哲学的同一中加以把握;但同时,他对历史的完成也意味着历史的终结,在这个终点处,精神的历史对自身进行了最终的把握。[1]

在《历史哲学讲演录》中,黑格尔在结尾处和一开始都表明了他想要对哲学加以完善、将思想的王国带向它的最终结论的立场。他把哲学史分为三个时期,并将自己的体系置于它的末端,也就是置于"精神的黄昏"处。根据这种结构性的时期划分,黑格尔的精神历史不仅刚好在某个点上有一个暂时性的终点,而是具有严格意义的和有意识的终结。而它的逻辑形式也会具有一个基于历史根据的"结论"[2],即一个将开端和结尾联系在一起的终点。这种哲学史上的终结,

---

[1] 我的《从黑格尔到尼采》一书中对此有更为完整的表述,S.44ff.(也收录于《洛维特全集》,第四卷)。

[2] "Schluß"一词,既有"终点"的含义,也有"结论"的含义。——译者注

就像《精神现象学》《逻辑学》和《哲学百科全书》中的结尾部分一样，它们都不是偶然地处于之前的内容的后面，而是先前的一切的"目的"——因此也就是它们的"结果"。

黑格尔采用同样的思路，论述了具体的、有机的理念之绝对整全如何从基督教的逻各斯的世界中产生出来，并且用它来总结哲学史的三个时期。只有理解了这种历史的终点的结构，我们才能理解，黑格尔为哲学史的终点赋予了多么巨大热情和重大意义："到了现在，世界精神到达了。那最后的哲学是一切较早的哲学的成果；没有任何东西失掉，一切原则都是保存着的。这个具体的理念是差不多 2500 年来（泰勒斯生于公元前 640 年）精神的劳动的成果——它是精神为了使自己客观化、为了认识自己而做的最严肃认真的劳动的成果。认识自己的心灵是那样费力的事（*Tantae molis erat, se ipsam cognoscere mentem*）。"[3] 黑格尔将完成和终结结合在一起的双重性，是对维吉尔那里的在"认识心灵"中认识"罗马"的一种变形。改变后的表达变成了：为了把握罗马帝国的本质，必须首先努力让自己最终达到精神的帝国。

黑格尔死后 10 年，23 岁的马克思在博士论文中从黑格尔所开启的状况出发阐释了伊壁鸠鲁和德谟克利特的哲学。他的问题是：在黑格尔之后，究竟要怎样才能赢得一种真正哲学的立场，而它既不是对前人的工作的简单重复，也不是一厢情愿的幻想？唯一的办法就是彻底理解已然变成了黑格尔的体系的整个哲学，以及对黑格尔哲学的"扬弃"以及"实现"。当哲学从抽象的原则展开为彻底的具体性时，它总会面临这样的"转折点"，在亚里士多德处是如此，在黑格尔处也是如

---

3 译文沿用《哲学史讲演录》，第四卷，第 373 页。——译者注

此。于是,连续的进程就中断了,因为圆圈运动总是首尾相连的。如果看不到这种必然性,那么就会导致:认为人们在哲学达到完成后,就无法再拥有精神的生活了。这样我们才能理解,为什么在亚里士多德之后出现了芝诺、伊壁鸠鲁和塞克斯都·恩皮里克;在黑格尔之后"所出现的大部分对新哲学的寻求都显得极其贫乏"。与那些只想对黑格尔加以改造的青年黑格尔派不同,马克思从历史中得到了一种洞见:问题的关键在于哲学本身。"模棱两可的智者们的观点"——他指的是卢格——"同全体统帅们的观点是对立的。统帅们认为,裁减战斗部队,分散战斗力量并签订符合现实需要的和约,可以挽回损失,而泰米斯托克利斯(Themistokles)"——也就是指马克思本人——"作为一个雅典人"——也就是指哲学——"在雅典城遭到毁灭的威胁时,却劝说雅典人完全抛弃这个城市,而在海上,即在另一个原素上建立新的雅典"——也就是指转向政治和经济的实践,只有它是按照其本来面目去把握当下的——"泰米斯托克利所建立的是一个全新的雅典"——也就是指一种和现在的哲学截然不同的全新的哲学。"如果这个时代以伟大斗争为标志,那它是幸运的;如果这个时代像艺术史上跟在伟大的时代之后跛行的那些世纪那样,那它是可悲的,因为这些世纪只会从事仿造:用蜡、石膏和铜来仿造那些用卡拉拉大理石雕刻出来的东西。"[4]

费尔巴哈在马克思和黑格尔的阴影下的研究,有得也有失。说他正确,是因为他的自然主义从概念上追溯到了黑格尔的精神哲学和马克思的劳动哲学;说他不正确,则是因为他对自然主义的强调恰恰又放弃了黑格尔和马克思的优点,他以"自然"的名义回到了直接性和

---

[4] 译文沿用《卡尔·马克思传》,戴维·麦克莱伦著,王珍译,中国人民大学出版社,2005年,第28—29页。——译者注

基础主义。但是，从直接性和基础主义上升到中介性和具体展开，总是比从各种中介回到简单的和直接的东西来得容易。因为对于黑格尔的学生费尔巴哈来说，自然的直接性只有通过对中介性的批判才能达到，因此我们必须讨论在黑格尔和马克思那里，辩证的中介性是如何开始的。

马克思的功绩在于，他看到并且明确地指出了，黑格尔认为形而上学就是迄今为止的所有哲学的完成，因此未来的哲学不会再是过去意义上的哲学。[5] 它会变成某种截然不同的东西，即变成马克思主义或者说科学社会主义，它从理论上彻底让实践指向了激进地改造人类社会的目的。黑格尔的理论则热衷于"认识存在的东西"，而非假设某种东西应该是怎样的，而马克思的主题则是改造世界而非仅仅以不同的方式解释世界，这两者的差异无法调和。这种决定性的区别并不在于改造世界的实践中就已经包括了理论的理解和对存在的东西的批判。一个人不可能既是马克思意义上的马克思主义者，同时又是到黑格尔为止的意义上的哲学家。[6] 马克思在早期哲学文稿中谈到了对哲学的"扬弃"，这个词承袭了黑格尔那里的双重意义；他还讨论了黑格尔所提出的市民社会的矛盾性质，当然这种讨论依然采用了黑格尔式的语言；但他真正思考的和想要达到的，并不是既保存又否定某物，然后将它们提升到更高的整体意义上的"扬弃"，而是——这听起来很不辩证——

---

5 在我们当代，海德格尔也出于类似的动机，试图从黑格尔的"形而上学的高峰"处降下来，以便实现对形而上学的"克服"和开启一个新开端。就这一点而言，他的思想不再是哲学、形而上学和本体论。

6 参见 E. 布洛赫的《希望的原理》(*Das Prinzip Hoffnung*)，1954 年，I, S.298ff.，此书中认为，任何一个改变了世界的人，都可算是"哲学家"，比方说马克思、列宁和斯大林。

十三 黑格尔、马克思和费尔巴哈的中介与直接性

彻底取消市民社会的矛盾。[7] 马克思接过了在黑格尔那里走向终结的哲学的任务,并且用致力于理性的实践应用的革命性的马克思主义,取代了迄今为止的哲学传统。于是,由亚里士多德奠基并一直延续到黑格尔的理论相对于实践的优先地位就被颠覆了,并且理论本身也被社会-历史实践揭示为一种神学。[8] 像马尔库塞、阿多诺和霍克海默那样乌托邦式的马克思主义者,他们并不做出任何实践上的抉择,而只是从文化上不停地批判所有现存的东西,只有他们才会沉浸于幻觉之中,误以为可以在黑格尔辩证法的土地上做什么、可以将马克思的现实关怀以某种升华的方式实现出来。

尽管哲学的思想和马克思的思想从原则上说无法统一起来,但我们不能忘记,马克思哲学中的批判-革命意志是按照黑格尔的概念塑造出来的,而他本人也在某种意义上是黑格尔的学生,哪怕是在他"清算"自己的哲学倾向和写作《资本论》时,都是如此。对商品拜物教特征的分析就是应用黑格尔辩证法的典型例子。[9] 问题在于:马克思究竟在多大程度上是黑格尔的学生?这里的"学生",当然不是指他像个好学生一样重复大师的作品,或者对它进行卖弄学识的历史-哲学解释

---

7 马克思的辩证法已不是黑格尔意义上的辩证法,因为他的辩证法的运动原则只是对否定的否定,而没有在扬弃中同时否认和保存的环节。他的目标是毫无保留的"取消"异化——无论是宗教的,还是经济-政治的异化。他用作为全世界的人道主义的彻底无神论取代了黑格尔那里宗教和哲学的双重性:取消神,就意味着取消人本身的异化。参见《马克思恩格斯全集》I. Abt. Band III, S.164, 166, 168。此外还参见 K. 伯克穆尔,《肉体性和社会》(*Leiblichkeit und Gesellschaft*), 1961 年, S.212ff.。

8 参见笔者的《论文集》, S.247ff. [《人和人的世界》(*Mensch und Menschenwelt*), Absatz IV;也载于《洛维特全集》,第一卷,斯图加特, 1981 年, S.319ff.] 以及 M. 里德尔,《黑格尔思想中的理论和实践》(*Theorie und Praxis im Denken Hegels*), 此书中第一次论证了,对黑格尔来说理论和实践同样都是原初的,因为精神作为意志就是让人自由的东西,并且是所有历史实践的根源。

9 商品拜物教指的是,对人的崇拜变成了对商品的崇拜的工具,于是商品就变得人化了,而生产商品的人则变得物化了。这一颠倒类似于意识和对象之间的的关系的形式结构,这两者互相转化为对方,而商品拜物教则是它的具体-经济学表现形式,其中相互转化的双方分别是作为商品生产者的人和对商品的社会拜物教特征。

而完全没有自己的立场；他也没有从"意识的经验"出发，将怀疑主义最终带向关于绝对的绝对知识。相反，他的出发点是社会生产关系的经验，他的目标则是共产主义社会。而马克思和黑格尔共有的，同时也是把他和费尔巴哈区别开来的两个基本出发点分别是：首先，对历史本身的历史性[10]意识[11]；其次，中介性这一辩证方法。

历史唯物主义中的历史意识和辩证中介

首先，马克思的学说具有一个包容全部内容的整体性框架，这个框架就是历史的理念和对历史的信仰。他不像黑格尔那样经常思考自然的世界，而是把关注点集中在世界历史的视域中，并且十分关心能够改变这种历史的人类。共产主义是一种无阶级的社会，它属于全新的社会中的全新的人，对他们来说，迄今为止的历史都只是一种"史前史"而已。

在《德意志意识形态》的第一部分，马克思用几页篇幅概括了他对历史的基本看法。它的第一句话是："我们仅仅知道一门唯一的科学，即历史科学。"[12] 马克思之所以认为它是唯一的科学，是因为它是人类本质的全部表现的总和；它也是"人真正的自然历史"，因为人本身并不符合作为社会性的类本质的人。"进入人类的历史中的自然才是真正的自然。"[13] 马克思不只是抛弃了神在历史中展现自身（也就是救赎的

---

10 此处的 Geschichte（历史）和 historisch（历史的）在德文中很容易区别，但在中文中则容易混淆。前者是指整个历史本身，后者则是指某个时代、某个人在历史中的位置，以及表示时代和人们都是被历史规定的，类似于"时间性"。但译作"时间性"似乎也不妥，因此姑且酌情将前者译作"历史"或"历史本身"；后者译作"历史的""历史性"或"历史中所罗列的"。——译者注

11 参见本书第六章。

12 引文沿用《马克思恩格斯全集》，第三卷，第20页。——译者注

13 《马克思恩格斯全集》I. Abt. Band III, S.122.。

历史)这一信仰,他还完全抛弃了关于自然的历史的说法。对他来说,自然只是"另一个自我",是某种为人类的历史活动所规定的东西,它无非是人类活动的范围内的地理和气候条件。马克思语带讽刺地评论说,自然相对于人的历史具有优越性,这只有在"澳洲新出现的一些珊瑚岛"上才有可能出现。马克思对一个苹果的兴趣,绝不在于那是个长在树上的果子,而在于这个自然的产品在某个特定的时间、根据特定的经济关系进口到了欧洲,然后在那里作为商品被卖出去换钱。而作为历史的产物的人,也绝不是什么自己塑造自己的人造人,而是和那些自然的产物一样,他对于这种彻底的历史思想来说只有一个毫无趣味的外表,而这个外表的内在本质则是通过改变世界的劳动而产生出来的世界历史自身的产物。"可以根据意识、宗教或随便别的什么来区别人和动物。一当人们开始生产他们所必需的生活资料的时候,他们就开始把自己和动物区别开来。人们生产他们所必需的生活资料,同时也就间接地生产着他们的物质生活本身。""因此第一个历史活动就是生产满足这些需要的资料,即生产物质生活本身。同时这也是人们仅仅为了能够生活就必须每日每时都要进行的(现在也和几千年前一样)一种历史活动,即一切历史的一种基本条件。"[14] 但这种生产不仅仅是人的物理存在的再生产,而始终是一种为历史所规定的生活方式的再生产。而且,就好像个人是通过自身之外的东西创造自己的生活的,生活方式的再生产也是一样。"他本身是什么,和他生产什么及如何生产紧密相连。"根据不同的生产方式和生产关系的分布,就有了与世界市场相应的关于世界史的历史。

《德意志意识形态》出版后两年,马克思出版了《共产党宣言》,

---

14 译文沿用《马克思恩格斯全集》,第三卷,第24页、第31—32页。——译者注

此文完全就是根据历史哲学的概念写成的。其主要论点是，人类历史的道路就是一个斗争的历史，统治者和被统治者的斗争越来越激烈，最终演变为资产阶级的市民和不占有任何财产的无产阶级之间的决定性斗争。马克思认为，在这个斗争的最后是对共产主义的历史展望，届时，共产主义将取消一部分人统治另一部分人的私有制经济。共产主义不啻为"历史之谜的解答"——马克思对出于自然的东西本身是怎样的、它为什么不是别的样子并没有多少好奇。他想要根据如下要求改造世界：只要"世界"变成了人的世界，"自然就会变成人化的自然"。马克思很喜欢引用黑格尔的一句话：即使是最有罪的思想，都比星空中的全部奇迹更加伟大和崇高，因为自然是不知道它自身的，因此完全外在于它自身。黑格尔在《美学讲演录》中也说过同样的意思。一般说来，只要是从人的头脑中产生出来的想法，哪怕再糟糕也高于任何一种自然的产物，因为人的想法总是体现着精神性和自由。

在关于哲学的历史的看法上，马克思也和黑格尔相契合，虽然哲学史对于历史唯物主义来说，不像对黑格尔来说是一种"世界历史中最为内在的部分"。黑格尔关于历史是一种向着预先确定的目标前进的必然过程的观点，不只吸引了马克思，海德格尔关于存在历史的结构的想法也深受其影响，他对于存在的思考和黑格尔关于思想的运动过程的看法非常类似，都认为它是世界历史的内在核心。区别只在于，海德格尔对于这一进展方向的预测是消极的，认为它是一种不断恶化的堕落的历史[15]，向后看的话，它有一个未被充分挖掘的开端；向前看的话则有"另一种开端"，这一开端必须为存在问题做好准备。

我们一开始就说到，马克思的功绩是，"如果承认"黑格尔的哲

---

15 参见《林中路》，第204、272页。此外，F. 奥弗贝克（F. Overbeck）首先将原初的历史之堕落作为一种原则提出来[《基督教和文化》(*Christentum und Kultur*)，1919年，Kap.I]。

十三 黑格尔、马克思和费尔巴哈的中介与直接性

学是迄今为止的哲学的完成,那么他就进一步揭示了这种完成的后果。但我们真能这么承认吗?事实上黑格尔所提出的关于哲学的普遍历史结构所涵盖的只不过是很有限的一段时期,也就是从康德经过费希特和谢林最后到达他自己的过程。[16]但在哲学的历史中,这种直接的、个人的继承关系反倒是例外情况,它是学院派研究格局的产物。从康德到黑格尔的哲学其实是德国哲学教授们的哲学。F.培根和笛卡尔、斯宾诺莎和莱布尼茨、霍布斯、洛克和休谟都不是职业哲学家,而且他们的思想也无法按照"从某人到某人"这样的关系排序。因此,马克思真正开始他的思考的地方、黑格尔真正完成的东西,并不是哲学的历史,而是德国唯心主义的历史。[17]马克思曾经在黑格尔对哲学的完成中取得了某种魔力,这种魔力让他以自己的方式论证了历史的必然性,但现在这种魔力消失了,人们不再认为黑格尔的精神历史是一种必然的进程,他们更倾向于用冷静的眼光看待历史中的联系,哲学家按照他之前2000年的哲学的本来面目接受它:过去的哲学是事后才对之前发生的历史进行合法性论证,事后才猜测它一开始就具有某种目的。哲学的历史既不像黑格尔所说的那样走向完成,也不像《共产党宣言》所说的那样走向一个具有世界历史意义的终点。但这并不意味着,《共产党宣言》就不是一个伟大的关于现实性的预言式文献,也不意味着黑格尔之后哲学史就不能再有任何进展,就不能和黑格尔的哲学史在深度和广度上、在概念的洞察力上以及在辩论的艺术上相提并论。

第二,《费尔巴哈论纲》格外明显却又间接地显示出,对于在与环

---

16 参见费尔巴哈,《费尔巴哈全集》,1856年,Band II, S.193ff.,第207页、第215页及以下。
17 德国唯心主义传统的地位十分特殊,以至像A. N. 怀特海这样著名的形而上学家和哲学家在谈论哲学史时直接略过了它,因为它和科学毫无关联。他更加关注的是笛卡尔、莱布尼茨、洛克和休谟等人。参见《科学与现代世界》,第九章。

境和人群的互动中进行着生产活动的人来说，他们所经历的辩证中介究竟具有怎样根本的重要性。马克思以他在黑格尔那里学到的辩证法为基础，批判了费尔巴哈那非历史的唯物主义。尽管他认为费尔巴哈的作品是黑格尔之后"唯一做到了理论革命的思想"，但他从费尔巴哈那里接受的，只是他对宗教的批判，也就是说，他把形而上学的本体论还原为社会的人本学。因此，费尔巴哈作为黑格尔的学生，并不是我们今天所理解的马克思主义者或黑格尔主义者，因为他完全脱离了黑格尔体系的彻底中介性这一圆圈，因为他远没有达到他的老师的反思水平。W. 哈利希（W. Harich）在为费尔巴哈关于黑格尔的文章所撰写导论[18]中指出，费尔巴哈开启了19世纪40年代以来的哲学绝望地每况愈下这一"运动过程"。H. G. 伽达默尔[19]指出，任何对黑格尔的批判都不可能打破反思哲学的"压倒性的"力量和真理，除非他们也反对他们自己或者完全放弃哲学。于是，问题就在于，辩证的思辨运动之所以能够不断向前发展，能有具压倒性的思想力量，其哲学的（而非仅仅历史的）原因究竟是什么？对于马克思主义者哈利希来说，原因就在于思辨运动是向着非异化的运动过程，也就是向着自然和社会之经过了中介的普遍性的进展过程，青年马克思假设这一过程是实现了"人道主义"和"自然主义"的中介过程。[20]对伽达默尔来说，黑格尔的思考的基础在于，没有什么东西会不包括在"意识走向自身"的反思运动之中。但伽达默尔想要避免思辨的唯心主义那狂妄的结论并且认真地对待青年黑格尔派对它的批判，但从本质上说，他的普遍解释学的理念和黑格尔的历史-辩证中介及其思维方式一致，尽管他的解释

---

18 费尔巴哈，《黑格尔哲学批判》，1955年，S.10.。
19 《真理与方法》，第一版，S.324ff. 和 472f.。
20 《马克思恩格斯全集》，I. Abt, . Band III, S.144.。

十三　黑格尔、马克思和费尔巴哈的中介与直接性

学并没有思辨中介中的本体论基础。因此对我们而言，黑格尔那里自在自为地存在着的真理，就瓦解为同一个真理的许多个可变的方面。[21]

但无可争议的是，黑格尔思维方式的"阿基米德点"已经被彻底改变，我们无法再在"反思的内部"看到它的踪影——根本就不存在这个阿基米德点了！——但我们能在反思的外部找到这个关键点。因此反思之外的东西就不再是哲学了，除非我们把哲学理解为超验的和思辨的反思哲学，并且它倾向于走向彻底的中介。伽达默尔说，费尔巴哈对直接性的坚持总是在不停地反对他自己，因为需要援引直接性这个概念的并不是直接的行动，而是一种反思的行动。[22] 他还说，需要援引自然去加以说明的，既不是自然本身，也不是自然的行动。[23] 这句话不同于这种同义反复：每种反思都是有意识的思想进行的，因此它就不是自然的直接产物。但从中并不能得出，自然本身就是所有自然性的标准，也不能得出我们关于它的有意识的行为就是某种人所拥有的自然力量，且这种力量是在我们自身中进行着感觉和思考的东

21　参见本章附录 I。

22　如果没有不经过任何感觉和想象、回顾和反思的"直接性"，人们就不可能和任何事物发生关系。直接性是一种无意识的惊呼、一种压倒性的情绪、一种不可抗拒的冲动，但它和任何东西都不发生关系。另一方面，反思的思想却能把自然的直接性变成知觉的对象，并且人们思考得越清晰，就越能发现，它不同于人的行为之"关于某事"（Wozu）的特征。无论是自然对待我们还是我们对待自然，都不是一种"关于"的关系，但它们自然地互相协调和互相规范。它是与自身的唯一而完整的基本关系。如果让我们描述自然的话，就会和海德格尔描述"存在"差不多：自然就是它本身。海德格尔那彻底无自然的、生存本体论的思想最终走到了对自然的无关系性的洞见。我曾经质疑过海德格尔的《存在与时间》中缺乏自然，对此他的回答是，自然既不会与现成在手的周围世界接触，也并不优先于我们与之发生着关于关系的东西，它更多的只是统领着我们的此在。（《论根据的本质》，1929 年，S.95）但它不只是以情绪（Bestimmtsein）的方式统领我们此在，它还作为自然而然（natura naturans）统领着所有生成者的东西。从自然中甚至还产生出了海德格尔这么个人，无论他自己是不是知道。

23　黑格尔也说过类似的话："只有人才思考……自然并不思考，因此这两者是异质的。"参见附录 II。

西。[24] 反思的意识并不是独立的和基础性的东西，而且也并不是说，人们在脑袋里决定要反思了才会开始反思，事实上，反思只不过是从外在的世界和事物中回到我们自身的运动。[25]

自然的直接性的优先地位对于辩证法来说是难以达到的，因为自然并不直接对我们说话，其根据在于，自然与人的所有产品和人造物不同，我们和它的关系并不是一种生产关系。自然的世界并不是我们的世界，也就是说，它只是因人的活动而与人发生中介关系的单纯环境而已。它的根据只在于它自身，即原因本身（causa sui），按斯宾诺莎的说法，它是一切的基础，且不以自身外的任何东西为目的，费尔巴哈把这种观点称为"现代唯物主义的先驱"。和我们人类相比较之下，自然是某种超人类的东西，它不仅仅与人不同，而且超出人类之外。用歌德的伟大自然主义说法来讲，"自然永远正确，而错的总是人类"[26]。

费尔巴哈反对黑格尔，同时也间接地反对马克思，是为了在直接性中重新运用自然这一概念，他试图重拾形而上学最初的含义，这种

---

[24] 从有机自然到有意识地进行反思活动的人之间的过渡并不构成与完全人化的生活本质之间的绝对区别。因为，即使我们不认为自然本身就是生产性的和创造性的，并且它已经进行了上千次试验，但如果我们想要创造出一些新的东西，我们也依然可以把人看作自然的繁衍过程所有意识地创造和生产出来的某种产品。德日进说，脊椎动物张开四肢，长出羽毛以便飞翔，而人通过技术和反思制造飞机以便飞翔，这两者都说明了，身体是具有逻辑的——无论是否有意识而为之。

[25] "我们通过反思变得清醒，也就是说，通过被迫返回我们自身变得清醒。但没有对立就没有返回，没有对象就无法想象反思"（谢林，《谢林全集》，第一卷，第325页）。但我们首先是通过基督教返回自身的。如果没有基督教的自我意识，我们根本就无法想象以下整个自我反思的历史：从笛卡尔，经过超验的唯心主义，直到胡塞尔的《笛卡尔式的沉思》中对此在的分析。"唯心主义完全是属于新时代的，完全不必隐瞒，是基督教为它打开了之前关者的入口。"（谢林，《谢林全集》，第五卷，第649页）

[26] 《歌德谈话录》（*Gespräche*），彼德曼编，Band IV, 69; vgl. II, 40 以及《歌德的格言和感想集》和《威廉·迈斯特的漫游时代》中所说的："因为法则将人托付给他自身，而不让他知道，他究竟在那些方面拥有法则；但诸神安排着自然。人所拟定的法则总是无法明确，究竟哪些是对哪些是错；但诸神所定得到法则，对错始终显而易见。"

十三 黑格尔、马克思和费尔巴哈的中介与直接性

含义一直保持到了卢克莱修为止，形而上学在一开始其实是一种关于物理的科学，即关于自然母亲的科学。"哲学是关于现实性的真正的和整全的知识，而现实性的全部则是自然（这里的自然指的是这个词的普遍意义）。""哲学必须重新和自然科学联系起来，反之自然科学也必须重新和哲学联系起来。这种相互的需要是基于内在必然性的联系，它远比迄今为止的哲学和神学的不幸结合更为坚固和富有成果。"[27] 停留在费尔巴哈那种粗鄙平庸的自然主义（"吃的是什么，决定人是什么"）上是没什么意义的，因为它的缺点显而易见。就连对"感性"的坚持和强调本身也没那么重要，它只是通过我们那肉体性的、向世界开放的感官而走向自然的世界的桥梁而已。人的感性所具有的并不只是"人类学的"意义，它还具有"本体论的"意义。[28]

所有事物的都有同一种自然本性，也就是希腊人所说的那种生产一切事物的力量，这种力量在自身中运动并从自身中产生出来，而不像人工的产品那样，需要其他的制造者作为中介。对黑格尔和马克思来说，自我生产的东西却不是自然，而是运动着的精神或者劳动的人——它恰恰是和自然对立的，而自然本身只是一种非精神的和非人的外在的东西，它只有通过人类活动才开始具有精神性和人性。人通过改变世界的活动和劳动生产出了他的世界，也就是说，生产出了他的环境，这种观点也是马克思从《精神现象学》中解读出的一个基本洞见。但黑格尔和马克思都完全没有想过去解释一下，人——作为运动着的主观精神，或是作为具有肉体性和生产性的人——的这种生产能力是从何而来的，尽管他们都认为，正是这种生产力让人能够对自然进行加工和文明化，并让自然符合自己的目的，从而将世界改造成

---

27 同上书，S.231 和 267。
28 同上书，S.324。其与斯宾诺莎的"神即自然"（Deus sive Natura）的关系参见 W. 8, S.116f.。

他的世界。他们只是将一开始只是作为自然的自然,即自然的本性,归结为活动着的精神或者生产着的人。[29]

马克思对费尔巴哈的批判

《关于费尔巴哈的提纲》[30]的第一句话是:"从前的一切唯物主义(包括费尔巴哈的唯物主义)的主要缺点是:对事物、现实、感性,只是从客体的或者直观的形式去理解,而不是把它们当作感性的人的活动,当作实践去理解,不是从主观方面去理解。"[31] 费尔巴哈的唯物主义将对立的现实性视为某种对对象的感性直观或某种对象性的东西,因为他并没有将感性直观当作"感性的人类活动"或实践加以把握,用黑格

---

29 参见穆伦(Meulen)的《黑格尔,断裂的中心》(*Hegel, die gebrochene Mitte*),S.245ff.。他以极具说服力的方式解释了,尽管康德就已经在有机的生命本质即"精神"中发展了一套关于有机体的学说,即"精神"就是自我生产、自我保持和自我区分,并且黑格尔也对这套学说进行了概念式的思考,但为什么黑格尔依然必须从自我设定的精神出发来规定自然。黑格尔接受了康德的洞见,但对他来说,自然在与精神的关系中依然是一个"他者"。他在耶拿时期的手稿《逻辑、形而上学和自然哲学》(*Logik, Metaphysik und Naturphilosophie*) S.189 中就说道:"自然,作为一种被规定为他者的东西,它的生命在于它自己的他者之中,而不在自身中。"参见《逻辑学》,第 105 页:"这样的他物,就其规定说,是物理的自然;物理的自然是精神的他物;所以自然的这种规定首先仅仅是一种相对性,通过这种相对性所表示出来的,并不是自然本身的质,而只是一种外在于自然的关系。但是,由于精神是真的某物,而自然本身因此又只有与精神相对才是自然,所以,就自然本身而论,它的质也就恰恰是这样的东西,即在它(自然)自身中的他物,也就是(在空间、时间、物质等规定之中的)外在之有的东西(Ausser-sich-Seiende)。"(译文沿用《逻辑学》上卷,杨一之译,商务印书馆,1982 年,第 112—113 页。——译者注)作为一种意识本体论,黑格尔的体系一开始就预设了,一种自我的体系化发展,只有在存在精神和意识的地方才能产生,也就是说,它不会出现在自然的世界中,而只会出现在世界历史中。参见加布勒《意识的批判》(*Kritik des Bewußtseins*),1901 年,S.195ff.,以及 M. 里德尔《黑格尔思想中的理论与实践》(*Theorie und Praxis im Denken Hegels*),1965 年。参见费尔巴哈 W.8, S.26f. 和 111。

30 关于对马克思的《关于费尔巴哈的提纲》的进一步阐释,请参见 N. 罗腾施特莱西(N. Rotenstreich)的《法哲学和社会哲学文集》(*Archiv für Rechts- und Sozialphilosophie*),1951 年,XXXIX, 3 和 4;E. 布洛赫《希望的原理》I, S.270ff.。

31 译文沿用《马克思恩格斯全集》,第三卷,第 3 页。——译者注

十三 黑格尔、马克思和费尔巴哈的中介与直接性

尔的话来说,他并没有将感性确定性当作"自身的他者"加以辩证的把握。根据马克思的看法,发现了生产对象的活动的,并不是迄今为止的唯物主义者,而是诸如康德、费希特和黑格尔等唯心主义者,虽然他们只是将生产活动理解为知性概念的活动,理解为行动着的自我和将自己外化为世界的精神。费尔巴哈的唯物主义反而比这种基于神学的唯心主义实践概念退步了;他并没将那种唯心主义的实践活动理解并转变为现实的和物质的活动,因为他并没有认识到,人的活动是一种"批判",是对对象的改造,也就是说,实践活动就是生产自己的对象。马克思第一次认识到了这种历史生产中的"实践-批判"和"革命"活动,他第一次达到了一种唯物主义的唯心主义。因此,他称这一认识为"历史的"或"实践的"唯物主义,并且偶然地将它等同于"共产主义"。相反,费尔巴哈的唯物主义则只是一种关于人类社会的无中介的自然主义,因为他缺乏对历史和中介活动的认识。"当费尔巴哈是一个唯物主义者的时候,历史在他的视野之外;当他去探讨历史的时候,他不是一个唯物主义者。"[32]并且,马克思认为历史是政治的社会史,因此他尤为不满费尔巴哈过多地谈论自然而很少谈论政治,但只有通过与政治结合,当今的哲学才有可能成为真理。

由于费尔巴哈将自然的存在当作感性直观的对象,因此,从表面上看,我们以为对象是某种神学上的东西,但其实它是人类工业的产物,并且也并不存在一个独立于人类活动的、预先给出的自然世界。马克思那种唯物主义的唯心主义实践观的最终目的是,在实际存在的历史现实性中发展出它本身所缺乏的理性,并且将黑格尔关于"凡是现实的必定是合乎理性的"这一说法变为现实。马克思沿着黑格尔的

---

32 《马克思恩格斯全集》I, 5, S.34。

方向所开创的辩证中介的领域并不是自然的世界，而是历史的世界以及人的世界。对于马克思的实践的唯心主义来说，一开始就存在的那种自然的世界只是某种外在的和偶然的东西，就这一点而言他和黑格尔的看法是一样的，这样一种自然对如今工业化时代的人来说，就像是"原始的澳洲珊瑚岛"一样陌生而毫无所谓，马克思大概是从达尔文那里知道了所谓"澳洲的珊瑚岛"的。[33]

对黑格尔和马克思来说，自然的世界并不拥有理性，因为它没有自我意识。它只在较小的程度上具有现实性，因为它是通过人才被中介和被赋予现实性的。马克思所说的"现实性"是人所要求的东西。

而实践行为的结果却不只是产生了我们周围的世界，还产生了神学的知识。《关于费尔巴哈的提纲》的第二条是："人的思维是否具有客观的（gegenstandliche）真理性，这并不是一个理论的问题，而是一个实践的问题。人应该在实践中证明自己思维的真理性，即自己思维的现实性和力量，亦即自己思维的此岸性。关于离开实践的思维是否现实的争论，是一个纯粹经院哲学的问题。"[34] 只有实践才能给出并验证神学知识的真理性，也就是说，人只有亲自去行动并生产了某物，才能认识此物的现实性——这一论点在神学中找到了它遥远的源头：一切事物都是由神所创造并为神所认识的。马克思在《资本论》[35]中又一次回到了这条提纲：他在一条注释中引用了维柯关于真知等同于亲自创造的说法。因此，真理不再被认为是物与知的符合（adaequatio rei et intellectus），而是人通过实践活动创造自己的对象，并因此获得了符合它的知识。但马克思并没有像维柯那样提出，人要怎样认识那些并不

---

[33] 《马克思恩格斯全集》，I, 5, S.33f.。
[34] 译文沿用《马克思恩格斯全集》，第三卷，第 3 页。——译者注
[35] 《马克思恩格斯全集》，第一卷，第四段，第十三章。

是由自己创造的事物的问题，因为这个问题并不属于马克思的人本学-社会学和实践兴趣的范围。只有恩格斯尝试过，将辩证法推广到自然的领域中。

费尔巴哈对黑格尔感性确定性辩证法的批判

现在我们把关注点集中在对黑格尔和马克思都非常重要的中介性问题上，并讨论关于这一问题的历史。费尔巴哈坚持自然的"直接性"和感性的世界经验，但其实这个词具有某种误导性，并且过多地与它的对立面相混淆。像通常情况一样，他在这里所采用的语言并不是指那种惯常的意思，即某种积极的和特殊的东西。如果说非中介所指的只是没有或者还没有被中介，那么就是把辩证法想得太简单了。因为黑格尔意义上的直接性本身只能理解为一种中介了的思想。语言本身的不充分性表现在诸如"无限""无条件""无意识"等词汇中。[36] 其实，使用诸如自-我-指涉（Sich-selber-zeigende）、直接-给出自身（Sich-direkt-gebende），或者使用胡塞尔那里的原初的自身被给予（originäre Selbstgegebenheit）这样的词语，会比使用直接性更能准确地表达费尔巴哈的意思。

费尔巴哈指责黑格尔的体系原则，即思维和存在的同一性原则。这一原则是辩证中介的出发点和终点。在《精神现象学》中，通向同一性的过程是一个主体的方面和客体的方面不断互相符合的过程，而这首先表现为感性的意识和它的对象之间的关系。一个直接给出的对象符合于直接的意识和它的感性确定性。在感性确定性中，意识只是

---

36 如果说无-限只是指没有终点、无-条件只是指没有条件、无-意识只是指没有意识，那么这些词本身就没有特殊的、积极的意义。

一个作为"纯粹这一个"的自我,同样的对象也是一个"纯粹这一个"。个别的意识知道一个个别的对象(这里和现在的这一个),这与整个经验道路的结尾处,绝对知识之符合绝对是一样的。就好像直接的意识是关于直接的东西的意识一样,绝对知识也是关于绝对的知识。[37] 在这一说法中,黑格尔将思维和存在的区别当作知识,并将它与被意识到的东西做了比较,并且它们之间不只是一种互相的关系,还是一种自身关系。在关系环节的辩证中介过程的第三个步骤中,这种关系符合黑格尔体系中从一开始起主导作用的原则:"同一和非同一之间的同一"。这种直接的意识=关于直接性的意识,以及绝对知识=关于绝对的知识,相当于一种同义反复,而从这种同义反复中就引出了辩证中介的整个问题,即它本身一点儿也不思辨和辩证,因为它把原本分离的东西拉到了一起,并且不让它们重新分裂开。[38] 如果读者不加批判地陷入了这个同义反复的怪圈,就再也出不来了。只有通过一次彻底的跳跃,才能从这个反思的牢笼中跳出来,达到自由。费尔巴哈就做出了这样的跳越,他于 1839 年在《哈雷年鉴》上发表了《黑格尔哲学批判》("Kritik der Hegelschen Philosophie"),之后又发表了《哲学改革的暂时性议题》("Vorläufigen Thesen zur Reform der Philosophie",1842年)和《未来哲学原理》(1843 年)。

与黑格尔的思辨同一性原则不同,他坚持思维和存在、存在和虚无、个别和普遍的关系中的区别是不可扬弃的,因为存在(esse)不是

---

[37] 在宗教哲学的辩证原则中,这种符合也有非常明显的表现:"上帝在多大程度上从人身上认识到它自己,人就在多大程度上认识上帝;这种知识是上帝的自我意识,但同时也是人对自身的知识,并且上帝对人的知识就是人对上帝的知识。人的那种能够认识上帝的精神,就是上帝本身的精神。"(III/2,117; vgl. III/1,6 及 14);又参见 W. 帕普思(W. Purpus)的《黑格尔之后的意识辩证法》(*Zur Dialektik des Bewußtseins nach Hegel*),1908 年,S.20。

[38] 参见第五章。

十三　黑格尔、马克思和费尔巴哈的中介与直接性

单纯的思维存在，而是实际中的生存，用谢林的话来说，是"无前提"（unvordenklich）。现实的存在是一种有规定的生存，是这时和这里的存在，而思想和词语是抽象的普遍的东西。某物的实际存在向我展示它自身，同时我也能将思维指向它，而从单纯思维的存在出发则不能证明任何东西的实际生存——尽管黑格尔在这方面给出了一个经过某种修正的上帝存在本体论证明。如果想要理解费尔巴哈对黑格尔基于绝对中介性的体系的批判，那么就必须详尽地阐述黑格尔对感性确定性[39]的论述，以及费尔巴哈对此的观点。我们在这里的讨论是非常简单扼要的，但足以说明辩证法[40]的问题和说明费尔巴哈的批判正确在哪里。

对感性的意识来说，它的对象首先就像它自己一样，是直接地被给予的。我，将我自己当作一种可见的东西，对自己进行感性的意识，因此我和我的对象，两者都具有直接性的形式。它们看上去就好像是互相完全对立着的，并且处于两者之间的本质关系之外。一方面是我们的知识，另一方面是对我们而言陌生的对象，尽管我们知道它的存在，但它依然是一种独立的存在，即使它自己没有意识到这一点。它是一种真正的、本质的和感性的确定性，却不是知识，因为知识只能

---

[39] 参见 W. 帕普思，引文同上注，以及加布勒尔（Gabler）对辩证和意识的注释：《意识的批判》（Kritik des Bewußtseins）1827 年，新版 1901 年。

[40] 海德格尔将辩证法描述为一种"哲学的真正的耻辱"（echte philosophische Verlegenheit）。但他放弃了辩证法中的中介性，因此将它简化为"符合"。有一个例子能够很好地说明这种字面意义上符合论的辩证法：正在到来的存在等待着我们，就好像我们为存在准备了一个未来并期待着它；存在允诺我们，就好像我们维护着存在；我们自身作为存在的守护人和牧羊人的职责，符合我们之通过存在的守护而照看存；赫拉克利特关于存在的"瞥见"或"闪过"符合对存在的东西的"一瞥"或"一闪"；真理本身是关于存在的双重真相；存在就是对我们身上无蔽的和开放的东西的照亮和打开，而它的遮蔽则是无，同时也是正在无化的东西；存在的"时代"特征，也就是说存在那和自己打交道的特征符合此在的"绽出性"（ekstatischen）特征；人的自我理解符合存在的自我遮蔽的光；我们倾听和诉说的能力符合存在的主张和未说出的"存在的话语"；语言作为人的家符合语言作为存在的家；我们的历史符合存在的历史；我们的命运符合存在的命运。哲学本身无非是"存在和存在者之间的符合"。

认识放到它面前的对象。

　　黑格尔充满怀疑地探究，感性确定性以及它所包含的关于对象的真理究竟是确定的，还是仅仅是一种对它的存在的猜测。我们完全不需要为了这个目的进行反思，我们只需对感性确定性对象本身的确定性进行观察，就已经足够了。因此问题就在于：什么才是这一个、这里和这时？比方说，这里的这一个是一棵树，但只要我转个身，这一感性确定性的真理就消失了：现在这里不再是一棵树了，而可能是一座房子。对于普遍的"这一个"而言，这一棵树和这一幢房子是完全没有差别的。尽管我们可以猜测它就是这一棵确定的树或者一座确定的房子，但我们完全不能说出我们所想的是什么，因为一旦我们说出来之后，我们的语言就背离了我们的想法，因为说话的那一瞬间，感性确定性的真理就不再是某一个确定的这一个了，而变成了抽象普遍的这一个。无论我们观察的是这里的这一个，或是这时的这一个，比方说中午、白天、晚上之类，情况都是一样的。所谓的现在，并不是什么直接的东西，而是经过中介的东西，因为抽象普遍的现在，并不是白天或者晚上，这种否定性正是它的规定。现在是一个非-这一个，它对于这一个或是那一个来说都是无所谓的，它只是彻底的普遍性。对它来说，直接而具体的白天和晚上都只是顺带出现的东西，只是一些例子。由于感性确定性本身证明了普遍的东西才是它的对象的真理，因此这里的树和这时的白天就不是直接的东西，而是本质上否定的和经过中介的东西。

　　于是，如果我们比较一下知识和知识的对象一开始出现时的关系，就会发现这一关系最终却颠倒了：对象一开始似乎是本质的东西，后来却变成了非本质的东西，因为普遍性现在不再站在对象那边，因为对象始终是一个假设的东西，并且我们对它也没有意识；现在，普遍性转

十三 黑格尔、马克思和费尔巴哈的中介与直接性

移到了我们的知识那边,虽然之前它显得是非本质的东西。对象只是我所知道的东西。感性确定性的真理只在于我,只在于我所看到的东西的直接性。但这个我是指普遍的我。尽管我的"我"始终都是个别的我,但当我们说"我"时,不像在说这里和这时那样谈论它的个别性,因为每当我说起"我"时,指的都是我的全部。"因此感性确定性经历到:它的本质既不在对象里也不在自我里,它所特有的直接性既不是对象的直接性也不是自我的直接性。因为在双方面,自我意谓的都是一种非本质的东西,并且对象和自我都是共相,在共相里,我所意谓的这时、这里和这一个都是不能持久的,或者,都不存在。"[41]感性确定性的整个真理——且只有整体才是真理——并不在于意识和对象之间的直接等同,而在于它们的互相关系,根据这种关系,意识和对象互相变成对方。这种关系就成为将两者联系在一起的第三方,并且将它们带向了最终的"终点"。感性确定性将它表面上的真理弄得十分单一,因为这里和这时的"这一个"是一种直接、简单和单调的东西,它最终证实自己是一种"经过中介的简单性或普遍性",而它的中介正是思想和语言。"但是……语言是较真的东西:在语言中我们自己直接否定了我们的意谓,并且既然共相是感性确定性的真理,而语言仅仅表达这种真理,所以要我们把我们所意谓的一个感性存在用语言说出来是完全不可能的。"[42]但费尔巴哈所反对的恰恰是这一点。他认为,如果黑格尔真的设身处地地从感性确定性出发考虑问题,并且没有把《精神现象学》的重点放在现象的逻辑方面[43]的话,他就会意识到,感性确定是绝不会只因为它被思考了或者被说出了而有所改变。

---

41 引文沿用《精神现象学》上卷,第80页。——译者注
42 引文沿用《精神现象学》上卷,第78页。——译者注
43 关于海德格尔关于现象概念的分析,见《存在与时间》,§7,见《附录III》。

"在这里，语言绝不属于事物"[44]——"这里"指的是感性的领域。"如果感性意识不能说出单个的存在，那么它又要怎样发现自己的自相矛盾呢？感性的意识发现的毋宁说是语言中的矛盾，而不是感性确定性的矛盾。事实上，感性确定性在它的领域内是完全正确的，除非我们在生活中不是与事物打交道，而是在和语言打交道。因此，对于感性的意识来说，《精神现象学》的第一章无非是已经在自身中知道了真理的思想与自然的意识玩的文字游戏。"感性的意识绝不会承认，通过否定的中介就能从普遍的这一个过渡到它的对象。"黑格尔所反驳的，并不是'这里'，不是感性确定性的对象以及对我们来说与纯粹思想有区别的对象，而是逻辑上的这里和这时。他反驳的是关于这一个的思想，是'此性'（Haecceitas）。""《精神现象学》无非是关于现象的逻辑学——只有从这个观点出发，才能解释关于感性确定性的章节。但正是因为黑格尔没有真正深入感性的意识之中进行思考，因为感性的意识只是就其本来的样子被当作对象，当作自我意识和思想的对象，因为他只是把感性意识当作确定性内部的思想的外化：《精神现象学》或《逻辑学》的开篇都是如此，所以造成的结果就是，黑格尔先是设定了一个直接的前提，然后又走向了它的反面，因此他与感性的意识截然断裂开。由于《精神现象学》和《逻辑学》并

---

[44] 试比较费尔巴哈，引文同上注，第312页："我们在现象学的开始中，只不过见到普遍的语词和永远是与个别的事实之间的矛盾。而思想只是建立在语词上面的，不可能超出这个矛盾。但是语词是事实，说出的或思想中的存在，也同样不能说是实际上的存在。如果有人辩驳道：黑格尔关于存在的说法和这里不一样，不是从实践立场说的，而是从理论的立场说的，那么就该回答他说：这里正好是应当从实践的立场说话的地方。关于存在的问题，正是一个实践的问题，一个涉及我们的存在的问题，一个关于生死的问题。""纯粹建立在这种'不可言说'上面的存在，因此本身就是一种'不可言说'的东西……语词失去作用的地方，才是存在的秘密揭开的地方。因此，如果不可言说就是非理性，那么一切存在都是非理性的。因为存在永远始终只是这个存在。但是存在并非如此。存在虽则不能言说，本身依旧是有意义和合理性的。"（译文沿用《未来哲学原理》，第47—48页。——译者注）

十三 黑格尔、马克思和费尔巴哈的中介与直接性

不是从思想的他者开始,而是从关于思想的他者的思想开始的,因此思想从一开始就压倒了它的对立面,也就是情绪。只有通过情绪,思想才最能把握住感性的意识。这样一来思想也就不会背离它的对象了。"

因此,费尔巴哈和黑格尔的体系关于绝对中介的分歧之处就在于——与谢林和克尔凯郭尔的情况很相似——黑格尔作为一个思想者,是从思想出发,而不是从那些先于反思的东西出发,并且《精神现象学》之从描述对最为简单的现象的直观出发,只是一种具有迷惑性的做法,事实上,它的出发点是《逻辑学》中的逻各斯,即思考着自身的思想。[45] 黑格尔从哲学的直接前提即本体论出发,因此它是一种本体-神学。[46] "在整个自然科学中,都存在一种不可避免的断裂,但这种断裂并非必然是未经中介的。哲学通过从非哲学中引出这种断裂,从而对它进行了中介。"[47] 哲学必须坦率地追问其自身,而不只是去展开已经事先设定好的东西。"哲学家必须在自己的文本中接受人们身上与哲学无关的东西、反对哲学的东西以及与抽象思维相对立的东西,而这些东西在黑格尔那里完全被扔进注脚里了。只有这样,哲学才能变成一种普遍的……不可抗拒的力量。因此,哲学就不能从自身出发,而要从它的对立面,即从非哲学出发。我们身上的这种与思想不同的、非哲学的、绝对非反思的本质,就是感觉主义的原则。

费尔巴哈回到感性直观,想要重新赢得通向自然的直接道路,这并不是因为他对中介性缺乏了解,他承认这种中介性在在世关系

---

[45] 参见 H. G. 伽达默尔,《黑格尔和古典辩证法》(Hegel und die amtike Dialektik),载于《黑格尔研究》(Hegelstudien),1961 年,Band I,S.193ff.。

[46] 费尔巴哈(《未来哲学原理》,第 6 条)用这个词描述形而上学的基本特征。

[47] 费尔巴哈,同上书,S.211,Anm.。

（我和你）的领域以及文化历史的诞生中具有其特殊的真理性。相反，费尔巴哈想要回到感性直观，是为了打破囿于反思的思想的包围。此外他还认为，让我们能够感知到对象的那种感性，并不是思辨哲学意义上"直接的"东西，也就是说，它不是无思想的和自己理解自己的东西。直接的感性直观毋宁说是在幻想和想象之后才产生的。一般的直观并不会直观自在的事物本身，而是在对对象加以加工和想象之后，才直观到它。真正的感性直观将那些对于单纯眼睛而言不可见的东西变得可见。"人们只会见到事物向他显现的样子，而不是它们本来的样子，人们在事物中看到的也不是事物自身，而是自己对它的加工，人们将事物各自的本质赋予事物，并且并不区分对象和自己加予对象的想象。对于未经教化的、主体的人而言，想象比直观来得更加切近，因为在直观中，人离开了他自身，而在想象中人处在自身之中。""只有在新时代中，人们才像当初在希腊那样通向了东方的梦中的世界，通向了感性的世界，也就是说，通向了的不会出错和客观的感性直观，亦即，对现实的东西的直观，也只有这样，人才回到了他本身。"[48]

黑格尔则相反，他要求人们从看和听中走出来，进行真正的思想，于是人们就会自问，一种并不永远固执于通过对事物的直观以便校正自身的思想，究竟是如何产生的？另一方面，费尔巴哈很清楚我们的感觉是属于人的，就这个意义来说，它也是"精神的"东西，哪怕是最低级的味觉和嗅觉也是一样。[49] "普遍的感性"本身已经是"精神性"，人的感觉本身就是有意义的。在美学[50]的领域中，

---

48 试比较黑格尔，《哲学百科全书》，§449，附释"关于直观和想象"。
49 同上书，S.342.《黑格尔全集》第四卷，188页及以下。与笛卡尔的"我思"的关系。
50 此处的 Ästhetik（美学）翻译为"感性学"更为恰当。——译者注

十三 黑格尔、马克思和费尔巴哈的中介与直接性

黑格尔并不否认这一点，而是像这样认为的："'敏感'这个词是很奇妙的，它用作两种相反的意义。第一，它指直接感受的器官；第二，它也指意义、思想、事物的普遍性。所以'敏感'一方面涉及存在的直接的外在的方面，另一方面也涉及存在的内在本质。"[51]但是肉体性的人的感性的自然向人展示出自然的世界，因而它是经过了黑格尔称之为"精神"的东西的中介的，因此就从自然中摆脱出来了。

思辨的和唯物主义的唯心主义的可疑之处在于它对自然的态度。理论的和实践的中介的模式并不是未经人类中介的、自我生产和再生产的自然的第一世界，而是实际的精神的第二世界以及人类劳动的世界，人们将这个世界变成自己的世界[52]，也就是说，变成周围世界（环境）。形而上学究竟是从自然的世界中产生的，还是从经过历史中介的人类世界中产生的，构成了两种截然不同的思想方式。如果说这两者在方法论上的出发点相同，也即都是从我们自己的意识对世界的反思中产生的，那么上述区别就显得更加明显。黑格尔和笛卡尔的区别就属于这种情况。他们两人都为了将怀疑推到极致而质疑感性确定性的真理，此外，两人都用极端的例子来表述这种怀疑：黑格尔用的是此处的树木在彼处消失，笛卡尔用的是某一块蜡的消失。[53]

---

51 《全集》，第七卷，第182页及以下。（译文沿用《美学》，朱光潜译，商务印书馆，1996，第166—167页。——译者注）

52 这两种规定指的是同一回事。在黑格尔看来，劳动是人的精神自然的标志（动物就不劳动），并且，黑格尔讨论"概念的劳动"时，并不是在进行什么比喻，而是指将概念把握的结果加以"占有""搞透"，并将它带进"普遍性"的形式之中。（《宗教哲学》，第三部分，第126页）

53 参见笛卡尔，《第二沉思》。

笛卡尔对感性确定性的非辩证的批判

笛卡尔对感性确定的真理的怀疑,并不像在黑格尔那里那样,涉及人为的反思运动和语言歧义,他没有像黑格尔那样将此时此处的存在称为"此处""此时""我"。在笛卡尔那里,他所说的和想的具有同样的意义。他所表述的一切,都具有简单、清晰和明确的特征,绝无自相矛盾之处和多余的修辞效果,因此会给读者们一种印象:笛卡尔所说出的就是他所想到的,并且完全符合普遍的"健全理智"(bon sens)。

笛卡尔所举的例子不仅在这种情况下有效,因为他的思路并不会上升到独立的思想运动的思辨高度。"我思故我在"(Je pense donc je suis)。我们很难放弃以下想法:只要把意识的行为贯彻到底,我们通过感官所认识到的物体性的事物,就要比我们那不可见的自我更有意义,思想着的自我存在的确定性并不会阻止我们这样想。人的精神倾向于转向外部,而不是将自己局限在自我确定性的真理中。"就是这样!让我们把缰绳弄松一点,以便在合适的时候重新系紧,以便更好地驾驭它。"我们再来观察一下那些看得见摸得着的、已知的外在对象。但并不是把它们当作普遍的东西加以观察,而是当作观察一个非常具体的对象,比方说一块蜡。"举一块刚从蜂房里取出来的蜡为例:它还没有失去它含有的蜜的甜味,还保存着一点它从花里采来的香气;它的颜色、形状、大小,是明显的;它是硬的、凉的、容易摸的,如果你敲它一下,它就发出一点声音。总之,凡是能够使人清楚地认识一个物体的东西,在这里边都有。可是,当我说话的时候,有人把它拿到火旁边:剩下的味道发散了、香气消失了,它的颜色变了,它的形状和原来不一样了,它的体积增大了,它变成液体了,它热了,摸不得了,

十三 黑格尔、马克思和费尔巴哈的中介与直接性

尽管敲它，它再也发不出声音了。在发生了这个变化之后，原来的蜡还继续存在吗？"[54] 如果把所有的属性（气味、颜色、形状等）都去掉，一块蜡还剩了什么呢？就只剩了物体性的广延，但如果将蜡块进行不同程度的加热，广延也会产生相应的变化。于是我们必须承认，蜡的持续存在的本质并不是由感官把握的，而是由思想把握的。但我们的思想又会受到词语和语言使用的误导。即使我们不说话，而只是默默沉思这块蜡究竟是什么，我们也依然要依赖语言。我们对自己说的是，我看到一块蜡，而不是我在思考（solius mentis inspectio）中判断，这样一个具有颜色、气味和形状的物体是蜡。因此我们倾向于得出这样的结论：我们是通过眼睛的视觉，而不是通过知性的洞见来认识一块蜡的。"从这里，假如不是我偶然从一个窗口看街上过路的人，在我看见他们的时候，我不能不说我看见了一些人，就如同我说我看见蜡一样，那么我几乎就要断定说：人们认识蜡是用眼睛看，而不是光用精神去观察。可是我从窗口看见了什么呢？无非是一些帽子和大衣，而帽子和大衣遮盖下的可能是一些幽灵或者一些伪装的人，只用弹簧才能移动。不过我判断这是一些真实的人，这样，单凭心里的判断能力，我就了解我以为是由我眼睛看见的东西。"[55] 如果我们把蜡上的各种属性的外表皮去掉，只观察剩下的东西，就会发现，只有通过思想才能认识到蜡的存在，也就是物的存在（res extensa）。然后，笛卡尔就把之前解松的缰绳又系紧了，重新回到思考着的我，并且用数学的理念重构已经消失了的、由感性可见的事物所组成的世界。我能够通过感性看见一块蜡，这说明我是一个正在看的存在，甚至哪怕我在关于蜡的事情上弄错了，也说明了我能够看到自己的自我意识，因此我思（cogitatio）

---

54 译文沿用《第一哲学沉思集》，庞景仁译，商务印书馆，1986年，第29页。——译者注
55 译文沿用《第一哲学沉思集》，第31页。——译者注

就证明了我是一个思考着的存在者。我们对于蜡的观察也适用于其他所有我之外的事物。因此，对蜡的存在的分析所揭示出的是我们自己的精神："可是，我终于不知不觉地回到了我原来想要回到的地方；因为，既然事情现在我已经认识了，真正来说，我们只是通过在我们心里的理智功能，而不是通过想象，也不是通过感官来领会物体，而且我们不是由于看见了它或者摸到了它才认识它，而只是由于我们用思维领会它，那么显然我们认识了没有什么对我来说比我的精神更容易认识的东西了。可是，因为几乎不可能那么快就破除一个旧见解，那么我最好在这里暂时打住，以便我能经过这么长的沉思，把这一个新的认识深深地印到记忆里去。"[56]

我们来总结一下笛卡尔和黑格尔对于感性确定性的真理的不同怀疑：他们都认为，为了找到感性确定性的真理，必须让它消失；并且两人都要问，当感性的东西消失后，还剩下些什么。黑格尔的答案很抽象：剩下的只有相对于所有此时和此处都一样的"普遍"，并且最终会显示为以下关系环节的真理，即意识和对象，以及第三者即上述两者间的关系。黑格尔关于感性确定性的辩证法是与我们的直观意见相反的，它诉诸的是语言的真理性，也就是说，即使是讨论个别的事物时，语言所讲述的都只是普遍的东西。

笛卡尔是从数学和物理学出发，因此他绕过了语言的问题，他所给出的答案是，剩下的不是抽象的普遍。抽取了一切感性特征后剩下的，是物体的广延，而广延并不是用眼睛看到的，而是由思考着的我通过思想认识的，这个思想着的我是一个非辩证的、单义的和单面的基础，在它的基础上，能够从数学的理念中重构出物理的世界。笛卡尔的沉思将

56　译文沿用《第一哲学沉思集》，第 33 页。——译者注

他的结论引向了现代物理学和自然科学技术的建立,并且他对感性外表的解构受到普遍数学科学的促进,同时,笛卡尔认为,并没有充分的理由证明物质和世界机械结构的相关规定,并且随着科学的进步,自动论(Automatismus)的概念沿着他所指明的方向进一步发展。[57]

黑格尔关于感性确定性的辩证法并没有留下什么科学的后果。他的目标并不是根据知性的规则为科学的发展奠定新的哲学基础,而是在关于绝对的绝对知识中将怀疑的精神推到极致。黑格尔所论证的正确性和真理性并不能由科学的进步加以证实或否定。意识经验意义上的"科学"就像费希特的科学学说一样,完全是思辨的,因此与科学意义上的科学没有任何关系,黑格尔只是用"他者"代替了"非我"而已。最后,人们就会问,如果说感性确定性消失在真理的整体之中的话,那么这种真理的整体究竟是什么呢?但这个问题没有答案。它是一个人为的体系建构,是一种不可超越的关于概念反思的教化,在其中就只有无可避免的扩张和进步,以及大量和人的精神世界有关的真正现象学洞见。因为只有整体才是真实的,因此那些拒绝在这一整体中追随克罗齐(狄尔泰、N.哈特曼和Th.里特就追随他)并且拒绝对死的东西和活的东西加以区分的人,也就会背弃那些更多的是掩盖体系而不是承担体系的真正洞见。

相比于笛卡尔和黑格尔,我们会发现自己处于一个双重的困境之中,我们既不相信感性及其开创世界的力量可以有助于进行数学-物理学建构,又不想和黑格尔一起"进入头脑深处",并且我们只能将具有说服力的道路寄托于思辨的反思,这一点似乎是十分迫切的。迫切,但并非强制,这只是一种非中介的自明的东西。并且,由于

---

57 参见瓦莱里,《作品集 I》(*Œuvres*, La Pléiade I), 834 ff.。

人的感性就像向它展现自身的东西一样，本身就有其源头，因此我们就必须接受，感性在每一种有生命的本质中都和相应的表象相一致。[58]

附录 I

A.格林（A. Gehlen）在两篇文章[59]中否定了关于自然和自然性的说法的可靠性，他否定的理由是，所有的自然都是相对于文化而言的，并且人自身"作为自然就是一种文化的存在"。我们从来没有直接面对过人的自然，而是始终经过了特定的传统的和保守的东西、原初的和古代的东西，或者高度文化的东西的中介，才能接触到"人"。对于人之外的自然来说，也是一样的，也就是说，文化从自然和自然的东西中创造出自身，这就是所谓的"世界图像"。但这一事实经常被掩盖起来，因为每一种尚未被历史的反思所打破的传统，都会认为它自己的标准和判断才是唯一自然的东西。对于我们今天，技术的科学是一种自然的东西，它规定了我们的世界图像和日常认知；而对于别的时代或者别的人群，也许诸如图腾体系或神话的世界图像才是自然的，它们确立了诸神的世界，在其中，自然的东西、非自然的东西和超自然的东西并没有截然区分，因为只有在科学启蒙的自然概念确立之后，这三者间的区别才被确定下来。希腊的自然哲学家走出了为自然的世界祛魅和祛神话的第一步，从那以后，人们才开始理所当然

---

[58] 参见 A. N. 怀特海，《过程与实在》，1929 年，S.219f.："如果现实的整体将它们揭示给它自己的结构，那么就只会有一个现实整体的世界。"

[59] 《自然和现实世界》（*Natur und Faktenwelt*），载于《水星》（*Merkur*），H. 1；《关于文化、自然和自然性》（*Über Kultur, Natur und natürlichkeit*），载于 E.罗特哈克（E. Rothacker），《具体的理性》（*Konkrete Vernunft*），S.113ff.。

十三 黑格尔、马克思和费尔巴哈的中介与直接性

地认为,自然是一个由自然事物的关系所组成的自足的领域,它通过单纯的、自然而然的存在就能得到证明。与此相对的是一种原初的世界图像,对这种世界图像来说,一切都具有比事物对我们所呈现的更多的意义,比方说,一个动物不仅是一个动物,它还可能是诸如某个死去的精神的化身之类的东西。因此格林的论点对于现代的历史意识来说是具有启发性的,并且人们所想象的自然关系也具有无数种形式,只有当人们没有意识到我们的自然观是否具有真理性这一问题时,当我们满足于历史上出现过的如此多种各不相同的自然图像时,才会认为我们自己的自然图像的确定性是毫无问题的。但格林在讨论图腾的、古代的和神话的自然观时,依然有很多猜测的成分,其猜测的基础是亚里士多德或笛卡尔对此问题的认识。而且他认为,关于自然的世界的科学"自然主义"是基于观察、实验和预言的"事实世界",他很难否认这样一种观念相较于其他可能性所具有的优势。他认为科学的自然主义的优势在于,它能够证明自己是符合事物的真理的,而不仅是一种单纯的世界图像和想象。一旦人们发现了,地球是一个在空间中运动的球体并且准确地计算了它与月亮间的距离,他们就不会再以其他方式"解释"地球与月亮的自然了,而是会在任何情况下都将它看成一种得到证明的、颠扑不破的事实。而类似这样的发现,则会在历史上和某一个文化相联系,比方说希腊的文化或者新时代欧洲的文化。也许有一些物理学家认为,关于自然本身及其结构的科学只是由我们对它的认识所建构出来的,我们只是碰巧这样建构了[60],但这种观点并不是我们关于自然的典型看法和图像。我们现在所理解的自然一直就是这个样子,从亚里士多德到笛卡尔、牛顿和

---

[60] 参见 Th. 里特对海森堡的批判,载于《普遍研究》(*Studium Generale*),1956年,S.351ff.。

爱因斯坦,它从来没有因为我们不断变化的视角的标准、我们的错误和我们持续存在的洞见而改变。没人会反对,天体根据同一种自然法则运动,鱼自然就是会游的,而人自然就是会走的,因为这样的运动方式符合它们的自然,因此这就是自然和自然的尺度。以下情况并不与自然相矛盾,而是就包含在自然之中:人的行为方式和原始驱力中所表现出的人类的自然,是为社会传统所规定的,并且,只要长久以来都有人那样做,就没有什么行为是"不正常的",例如一夫多妻制和一夫一妻制、男色和鸡奸、母系氏族和父系氏族等。人们可以有各种各样"自然的"方式,这一点并不与人的自然本质相违背,而恰恰是符合人的自然的,就像尼采所说的,人是一种"不确定的动物"(unfestgestelltes Tier)。

附录 II

伽达默尔相信,将我们对自然的呼唤与某种特定的历史情况联系起来,并且将历史当作人与自然之间的中介,这也会削弱我们对于自然的呼唤。"显然,现代作者如同他的希腊先驱一样,对于自然过程的兴趣只不过是把它当作人类事物绝望的非秩序的对立物……他对历史的拒绝是一种宿命论的反映,亦即对这种此在之意义的绝望。"[61] 与此相对的说法就是,在黑格尔之前有哪个哲学家曾经试图在历史中寻找我们生活的意义,思考过所有非持存的东西中最为稍纵即逝者的变迁?它也完全与对历史的"拒绝"无关(按照黑格尔主义者克罗齐的话来说,这种拒绝是对于已然现代化了的历史信仰的反动),相反,它所

---

[61] 《真理与方法》第二卷,S.503。(译文沿用《真理与方法》,洪汉鼎译,上海译文出版社,1999年,第702页。——译者注)

十三 黑格尔、马克思和费尔巴哈的中介与直接性

涉及的是世界与世界历史之间真实而自然的关系的重建。[62] 即使是那些不相信历史而且认为我们的此在只有通过历史性地生存才有意义的人,也不得不经历历史。关于历史的经历——这里指的并不是"哲学式的世界历史"(黑格尔),也不是超形而上学的"存在历史"(海德格尔),而是某种彻底日常的和粗浅的东西——对于我们现代人来说却是转向全面和信赖的契机与动力,它仿佛就是历史那不断变化的命运的起落。[63] 又有哪些配得上哲学家这一名称的哲学家,不曾转向那些一直存在的或者持久不变的东西呢?但"现代人"之转向自然的世界,只是因为自然就意味着按顺序自然而然地发生、存在和过去;意味着它与人类事务的混乱无序"不一样",所以才对自然的持续进程感兴趣吗?如果世界是从自然中产生的同一和整体,那么它就不是相对我们而言

---

62 笛卡尔和我主张一种关于历史性的意识和历史的沉淀(Depotenzierung),Th. 里特批判这种观点,而支持《历史意识的复活》(*Die Wiedererweckung des geschichtlichen Bewußtseins*,1956)中的观点。作为狄尔泰的学生,他认为对历史的背离和反历史主义是一条灾难性的道路,因为它否认了人类生存的基础,并且,它完全是与"我们的时代"和"我们的民族"当下所急需的东西相对立的。由此,他认为一个民族与一个时代的历史需要,与哲学地认识存在的整体这一任务是同一回事,尽管存在的整体绝不会上升为一个历史的时代那不断变化的迫切需求。他说道:"当我们考察到宇宙的时间和空间维度时,人类的整个历史就是在不断消失和收缩。但如果所有的事情都在不断走向一个世界历史的决定,那么我们就很难同意……在这种对比的基础上评价此种义务……的重要性。我们必须期望的恰恰相反,也就是说,我们必须期望国家统治者中的最高法官说出决定性的结论,我们对这一洞见的依赖不能小于对宇宙的命运的依赖"(同上书,S.36)相反,我们要问的是,如果一个政治家将自己交付给幻觉的话,他是否就只能做出历史性的行动,因而宇宙的命运就依赖于时代的条件和不断变化的决定。但在伟大的政治家和历史学家(例如修昔底德、波利比乌斯、塔希图;伯里克利、大西匹阿、恺撒;马基雅维里和卡尔五世)那里就很少看到这种自负。他们在记述政治的历史和进行历史性的行动时,总是带着对人类事务的弱点的清晰意识,因为他们绝不会将世界也就是宇宙以及创世的秩序和"世界历史"混淆起来,而且他们都有一种尺度的观念。他们也不会幻想人的自由是某种理所当然的事情。恰恰是在历史上意志力最强的人那里,更容易看到对命运的残酷和天命的信仰。

63 参见作者的《论文全集》S. 91f. [《M. 海德格尔和 F. 罗森茨威格》(*M. Heidegger und F. Rosenzweig*)一文的结尾,现收录于《洛维特全集》第八卷《海德格尔——贫乏时代的思想者》(*Heidegger - Denker in dürftiger Zeit*),斯图加特,1984 年,S.99ff.]。以及在新版中被删除的《从黑格尔到尼采》第一版的序言的结尾部分(将作为《全集》的第四卷出版)。

的"他者";它并不属于我们,相反,是我们属于它。黑格尔说服我们,所有"自在"的存在都只是"为我们"的存在,它无非是绝对自主的东西的相对性,因为它是在自身之内并且通过自身而存在与持续的:它是不断存在着的世界的持续。没有与绝对的联系,也就没有关系、相对性和远景。这恰恰就是人的有限性和前提,而它的动机是无条件的整体,并且它并不需要什么神学,而只和整个自然的世界最初的起始状态有关。但我的同时代人为什么如此确定他们对自然的兴趣?或者他们只是在误解我的时候,才"理解"我?如果我们遵循解释学的原则,要求自己像理解自身那样去理解他者,尤其是当它的自我理解遭遇到欺骗的时候,我们要怎样才能避免误解呢?

如果现代的作家并没有对自柏拉图[64]以来愈演愈烈的对宇宙的秩序和人类世界的无秩序之间的错位感到"怀疑",并且没有在世界历史的进展和过程中逐渐走向"斯多葛主义",那么他就没法冷静地讨论它。伽达默尔相信,我关于亚里士多德的伪作《论世界》(*Über die Welt*)的论文就会因此而贬值:因为这篇论文被打上了"希腊-斯多葛主义"的印记,因此现代作家的意图就是希腊式思想的后裔。但我们忽略了这样一个问题:亚里士多德是否像后古典时代的(当然也是古典的)文章那样精确地描述了宇宙,这个问题已经涉及了对古典和后古典时期在关于对实际的描述的那些事实上恰当或不恰当的区别的历史反思。"研究的动力并不是出自哲学家,而是出于事实和问题。"[65]世界的真理本身和人在世界中的地位,在我们已经历史性地改变了的世界观中不再是它原来的样子,除非世界本身是人的"语言的世界",而不是其法则并非人的语言的那种物理的宇宙——固然,尼采通过"权力意志"

---

64 Gesetze 903 c;参见色诺芬 Mem. I, 4, 8。
65 胡塞尔,《哲学作为严格的科学》。

和"永恒轮回"对世界进行了新的解释,但我们无法按照它字面的意义接受这个学说;我们更多的是出于现代的、反基督教的动机批判性地谈论他的学说[66],而且尼采并没有简单地重复希腊的宇宙学和亚里士多德的世界观。

此外,伽达默尔希望将历史的经验转向自然并因此将它相对化,但这种历史的经验除了非常不现代地回到所有事物的自然(比方说宗教)以外,还会产生别的后果。人们在面临历史失去神圣性时,可以遁入修道院并将自己奉献给上帝的意志;同时代人中走上这条道路的也为数不少。即使排除了基督教信仰,排除了对共产主义社会秩序的失落的期待,人们还是可以坚持某种"原则的希望",或者干脆将自己奉献给某种恶行。人们也可以像 J. 布克哈特(J. Burckhardt)那样从历史的经验中走出来,回到它自己的观察之中,他并没有反思过去和未来的东西,而是将关注点集中于"重复自身的、连续的和典型的东西"之上,以便通过认识克服所有"尘世的"东西的虚弱无力,并且"通过经验,不仅变得聪明(暂时地)而且变得智慧(永恒地)"。

附录Ⅲ

黑格尔的《精神现象学》是精神本身。通过精神的概念,黑格尔也将自己与从笛卡尔的"我思故我在"经过康德的超验性的"我思"直到费希特的绝对"自我"的意识本体论区别开,对他们来说意识是一种"非事实",却是所有事实的东西的源泉。和这样一种意识的本体论相反,黑格尔在海德堡的《哲学百科全书》(§332)讨论康德时说,

---

[66] 参见尼采《相同者的永恒轮回的哲学》,S. 124ff.(《尼采全集》,第6卷,斯图加特,1987年,S.[...])。

他们都将精神把握为意识,因此只包含了现象学的规定,而没有包含哲学的规定。根据这种不同,黑格尔批判性地阐释了他自己的《精神现象学》:它是从经验出发的,它的意识首先是作为感性确定性,然后随着自己的历史进程为自己制造出对象;但它的目标既不是意识也不是自我意识,而是历史性的精神形态中的客观理性的真理。这种现实的形态不只是意识的形态,而且是"世界的形态",它集中在精神的"王国"中,而精神的王国就是被概念性地把握的世界历史。

根据费尔巴哈的看法,这样一种现象学从一开始就具备以下特征:黑格尔的《逻辑学》中的逻各斯作为哲学科学中生成着的精神,早就已经决定了现象的内容。《精神现象学》就是现象-逻辑学。

海德格尔对现象学概念的截然不同的分析也同样强调逻各斯和现象之间的关系。尽管他的出发点是现象本身,也就是说,是无蔽的真(a-letheia Wahre)意义上的在-自身中-显现或者展开,但显然一个存在者是通向某种"作为"将自己指向某物的东西的,而这种"作为"中就已经包含了理解和思考。现象通过逻各斯,就其能够被看见的意义来说,是通向某物的或者自行展开的。因此逻各斯的真实存在就意味着:将存在者从它的遮蔽中拉出来,并作为无蔽的东西被看见和去-蔽(ent-decken)。去蔽将发现和遮蔽当作对立的概念。因此可能的虚假存在和错误也都属于真理的本质。"被展现出来的"现象就是那些首先必须通过逻各斯被遮蔽的东西,因为它首先甚至大部分情况下都是隐而不显的。不-展示-自身却又在和公开的存在者的关联中才成其为"存在"。这需要作为现象学方法的本体论,因为被展现出来的现象,即存在,恰恰是并不公开的。

海德格尔的分析的结果是悖论性的,也就是说,"彻底超越性的""存在"恰恰不像存在者那样展现自身,因此它无法被看见和指出,而只能在揭示的意义上被解释为现象,为了追问存在,我们就必须给出一个现象学的假象。只有到了《存在与时间》中,海德格尔才放弃了和胡塞尔有关的关于表象的现象学方法。[67] 因为在胡塞尔关于"原初的"和"直觉的"或者对现象学的直接把握的理念中,恰恰有着"直接的"和未加思想的"直观"之单纯性的对立面。对海德格尔来说,考虑到存在和存在者之间的本体论差异,现象学的"单纯"意义就转向了一种反思的意义,这一意义涉及了黑格尔的辩证主体,也就是说,所有直接的东西都通过思想被中介。但对海德格尔来说,对存在自身的"思想"是为了人而存在并对人有所回应的。海德格尔在《什么是思想》中就用这一论点解构了流传下来的关于逻各斯和现象的概念。

---

67 参见 G. 布兰特(G. Brand),《世界、我和时间》(*Welt, Ich und Zeit*),根据胡塞尔未公开发表的手稿,1955 年,S.7f.。

十四
黑格尔的教育概念

1968 年

黑格尔在《逻辑学》的《前言》中说，他自己的哲学是一种本体-神-学，在我们的时代，人们已经很少想到，人之所以和动物有区别，是因为人有思想。我们必须反复回忆这句已然变得平淡无奇的话，因为普遍的思想并没有认识到，思想并不是什么和人类的其他能力并列的某种特殊能力，而是贯穿着人类所有活动的本质，同时也是现实的世界的永恒理性。哲学之所以和一般的思想相区别，也就是说，和我们的想象、感觉和追求相区别，是因为唯有哲学将关于事物的思想变成了思考的对象，并且将之提升为思想的形式。

《逻辑学》的《前言》中关于"我们的时代"的暗示所反对的是，当时人们呼吁一种直接的和反智的直观、无思想的信仰和纯粹的感觉，也就是说，是在反对一种针对理性的浪漫主义式反动。理性的思想作为一种对于绝对的思考，既不是单纯的知性，也不是一种无规定的对隐秘的存在的"沉思"，而是对事物的本质所进行的概念式的展开：是对思想中的上帝或世界的绝对精神进行反思和解释，从而把握它们。黑格尔认为，扬弃纯粹的直观以及纯粹的意见、猜测、想法，将它们提升为科学的概念，这就是哲学的任务。这一任务归根结底就是一种神学的"概念的劳作",是要以概念的方式揭示出事物本身所包含的种种区别。哲学向着科学的提升可谓"正当时",因为我们的时代的一种普遍趋势就是,人们不再想知道事情实际上是怎样的,而只想研究事情应该怎样而它有没有做到,并追求对这种"应该"的虔诚向往。人们不想通过有针对性的理解的力量去揭开和扩展隐蔽的宇宙;相反,人们只是将各种特殊的思想灌注进苍白无力的时代精神当中,人们为这种对本质的东西的无规定性的感觉沾沾自喜。但哲学必须避免自己变成虔诚,避免自己上了"神圣的诱饵"的钩。虔诚纯粹是一种神性的东西和人性的东西合一的感觉;它所包含的东西,就和其他所有人性的东西一样,是一种沉思默想,但也只不过是纯粹依赖感觉的"自我沉思"而已。但哲学自身的形式是纯粹的、抽象的和概念的思维,它不仅仅假设了神的东西和人的东西的同一,还要去认识这种同一,并且用概念把握它。作为概念的思想,哲学是神秘的思想的对立面。黑格尔引用亚里士多德的话:"那些进行神秘的哲学思考的人,不足以和他认真共事。"黑格尔很警惕这种纯粹的和神秘的思想,与此相关的是,他也反对哲学中的所谓深邃含义。"深邃"极有可能是一种没有根基的东西,它显得隐蔽而神秘,只因为它后面其实什么都没有,毫无进一步解释和展开的可能。黑格尔早期有一条笔记这样写道:"说某物具有深邃意义,其实毫无用处。"也就是说,意义不能只体现为它暗示或隐射了什么东西,而不把它说清楚,我们必须将事物的意义以概念的方式加以展开。基督教的上帝也一样,它不只是能够公开认识而已,事实上,它本身就是一种公开的东西,也就是说,如果人们真的把握了它的逻辑本质,就会发现它没有任何秘密。真正深刻的思想,恰恰会表现为非常清楚明白的东西。在《精神现象学》的《序言》中,有一句非常具有黑格尔特色的话:"精神的力量只能像它的外在表现那样强大,它的深度也只能像在它自行展开中敢于扩展和敢于丧失其自身时所达到的那样深邃。"[1] "空的深邃"和"空的广阔"只会让人不再渴望将它充实起来,在黑格尔看来它们都是平淡无聊的东西。"只有完全规定了的东西才是公开的、可理解的,能够经学习而成为一切人的所有物。科学的知性形式是向一切人提供的、为一切人铺平了的通往科学的道路,而通过知性以求达取理性知识乃是向科学的意识的正当要求;因为知性一般说来即是思维,即是纯粹的自我,而知性的东西则是已知的东西和科学与非科学的意识共有的东西,非科学的人通过它就能直接进入科学。"[2] 问题就只在于去认识那些已经为人所知的东西。

黑格尔自己非常清楚,人们与这样的知识并非漠然无关,人们必须"生活在知识之中",而且每一种真正的知识,之所以和历史-哲学的单纯积累和学究式知识不同,是因为真正的知识需要一种"存在主义式的投入",这种说法让人联想到不久以后的克尔凯郭尔。黑格尔在《哲学史讲演录》的《导论》中详细地谈到了这一点,在此文中,他反对以一种单纯历史叙述的方式解释哲学史,因为历史的方式意味着一种不偏不倚的态度,但这种态度是出于它对自己的前提的无知。相反,黑格尔认为,人们在作为一个进行哲学思考的个体表达自己的意见时,必须是有所偏袒和取舍的,我们必须站在真理那一边,而不该采取一种貌似公正的姿态只求掌握一些关于哲学的历史的知识,因为这些东西并没有被当作真理加以认真的思考和表达。人们只有通过自己的精神进行认识,才能认识到真理,因此我们就必定会有自己的立场和取舍。

---

[1] 译文沿用《精神现象学》上卷,第7页。——译者注
[2] 译文沿用《精神现象学》上卷,第9页。——译者注

十四 黑格尔的教育概念

　　就像在其他历史中一样，我们在哲学史中也首先要做到中立：许多人都将这一点作为首要的要求，因为人们必须从自己的体系中走出来，然后才能判断其他人。这似乎是一个最起码的要求。但在论及哲学时，中立性的情况有所不同——就像在论及历史时一样。如果我们要对诸如罗马、恺撒的状况做一历史的传记或描述，我们就有了一个特定的对象，我们必须判断，哪些东西是正确的、本质的，是能够达到我们的目标的，并且剔除掉那些与目标不符的东西。此外还有关于正当与非正当的问题，我们必须站在正当的和善的东西的立场上。不然就整个乱套了。如果没有判断和立场，整个历史就会失去意义。同样的，在处理哲学史时，我们也应该有确定的立场，有一些前提条件，有一个最终目标，这个目标就是纯粹的、自由的思想。凡是与此目标相关的东西，都应该被包括进来。但哲学的历史本身并没有这样一个目的，它本身应当受到中立的对待。如果我们想要在哲学史中寻找中立性，那么我们所找到的就无非是，中立性本身是一种无思想无内容的东西——一种单纯的罗列和陈述，而无法把各个不同的部分联系在一起。但我们想要做到的是，整理出哲学的历史中所出现过的诸原则的秩序，并且试图发展出其中的必然联系。

克尔凯郭尔反对黑格尔的方式，他扮演着一种"存在着的思想者"的角色，但这是对黑格尔哲学的误解，甚至是对哲学本身的误解。因为世上根本就不存在什么并未参与"存在"的思想者，也就是说，虽然思想者拥有其与众不同的思想，但一个思想者主要是作为一个存在着的人而生活的，也就是说，他不只是生活在思想里，还生活在其他的一切事务和关系之中：例如他与异性的关系、与旁人的关系、与自己的财产和所有物的关系、与工作和职业的关系。如果我们简短地考察一下黑格尔的私人生活,就会发现,尽管他作为一个特殊的人,其生活乏善可陈,但他自己的生活依然是建立在他对"所是"的理解之上的。"所是"所指的并不是现在的、这一刻存在的东西,并非仅仅自为地或为我们而存在,这些东西同时还是自在存在着的。黑格尔在耶拿当讲师时写过这样一段笔记,这段笔记后来经罗森克朗茨的工作而为我们所知(《黑格尔的生活》,1844 年,S.539),他的措辞甚至有些粗俗:

> 哲学家非常熟悉的那些无穷的东西,其密切程度甚至超过家庭主妇熟悉动物和小孩。柏拉图和斯宾诺莎对他来说如此亲近,仿佛他们是过世的兄弟叔伯:两者同样都具有现实性,但柏拉图和斯宾诺莎比动物和小孩更具永恒性。

如果我们要以现代心理学的方式研究黑格尔的生平,恐怕不会发现什么有趣的东西。他和 F. 施莱格尔、诺瓦利斯、施莱尔马赫、谢林和荷尔德林不同,他没有什么有趣的生平。私人生活中的他只是个普通公民,而在公共生活中,他是个公职人员,并且他认为这种公共性是和他所鄙视的"无世界的生存"正相反的,因此他总是很认同自己的公共身份。在《近代哲学》的《导论》结尾处,他这样写道:

> 在中世纪,研究哲学的主要是教士们、神学博士们。在过渡时期,哲学家们是置身于斗争之中的,对内与自己做斗争,对外与环境做斗争;他们的生活是以粗犷的、动荡的方式度过的。
>
> 近代的情况则不同。我们再也看不到那样一种哲人,哲学家并不形成一个阶层。我们发现他全都是一举一动无不与世界相联

系，全都是在国家里面与其他的人处在相同的地位上，他们并不是特立独行的和了无挂碍的。他们生活在公民关系中，也就是说，过着政治生活，换句话说，他们虽然也是私人，他们的生活却并不与其他关系隔绝。他们是包括在当前的条件中的，是包括在时间的工作和进展中的……我们看到了一种普遍的、理智的联系；这是世俗原则与自身取得和解的结果，这样，各种世俗关系就以合乎自然的、合理的方式结成了。随着内在世界、宗教的建成，以及外部世界与自身的和解，个性也获得了另外一种性质。这个普遍的、理智的联系有极大的势力，是每个人都受它的支配，但同时也能为自己建立一个内在世界。由于外在的东西与自身和解一致，内在的东西也就可以与外在的东西同时彼此独立，互不依赖，而个人在这种情况下，则可以把自己的外在方面交给外在秩序去管。与此相反，在那些古代独特人物身上，外在的东西是只能完全为内在的东西所决定的。现在则相反，个人有了更高级的内在力量，就可以拿外在的事情委之于偶然——如穿衣戴帽可以听从时俗，不值得在这上头多费心思。他可以不管外在的事情，听任那个异物——所处环境的秩序——去决定它。近代世界就是这样一种基本的联系力量，它包含着这样一层意思：个人绝对必须参与这个外在生活的联系。在这一方面，只有斯宾诺莎是一个例外。所以，在过去，勇敢是个人的勇敢，近代人的勇敢则不在于人人以各自的方式行事，而在于信仰那个与别人的联系——就是这种联系是人们立下了全部功勋。哲学家并没有像僧侣那样组成一个阶层。科学院士们是组成这样一个阶层的，但即便是这种院士地位——这种地位的取得，是外在条件所决定的——也沉没在通常社会关系的汪洋大海里了。最主要的事情在于始终如一地忠于自己的目的。[3]

在黑格尔的生活中,并不存在什么复杂的、多变的或神秘的东西。他在 40 岁结婚时致友人的信中这样写道:"当一个人找到了一份喜欢的工作,娶了一个喜欢的太太时,这一生的大事就算完成了。"罗森克朗茨在描述黑格尔的癖好的章节中也说,黑格尔除了喜欢抽烟和打牌之外,根本别无嗜好。他最喜欢的是与简朴、本分的普通人交往,人们很容易和这些普通人结交,不会发生任何悲剧性的事情。就连费希特与当局的那种关系,也离他很远。和早慧的谢林不同,黑格尔是个慢性子,他只是持续却缓慢地走向成熟。通过这种方式他很快就赶上了谢林,并且让谢林感受到某种阴影的烦恼。黑格尔 61 岁时染上霍乱后不久便去世了。他生前最后的工作是为《逻辑学》的第二版做修订。

他生前经历的重大历史事件是法国大革命和拿破仑的崛起与垮台。由于政治事件的影响,他放弃了在耶拿的助教生涯,那时他正在为 1807 年出版的《精神现象学》做准备,并且想要成为班贝格一家报纸的编辑。1808 年他的一位朋友为他谋得了纽伦堡一所中学的校长职务。他在该校做了五篇学期结束时的讲话,这些讲话可算是关于黑格尔对于精神概念的最易理解的论述了。他还为中学里的哲学课编写了《哲学概论》(*Philosophische Propädeutik*),在黑格尔死后 10 年,罗森克朗茨在整理黑格尔遗物时发现了这份文献。在纽伦堡时代则诞生了黑格尔的第二部重要著作《逻辑学》,此书中发展了所有可供思考的范畴,并将"绝对理念"作为所有现实的事物中最现实的东西确定下来。黑格尔将自己的哲学成为本体-神-学,而逻辑学就是它的开端和结尾。

---

[3] 译文沿用《哲学史讲演录》,第四卷,第 14—15 页。——译者注

但黑格尔的逻辑学和传统的学院逻辑已经没有任何关系了。叔本华觉得黑格尔的逻辑学根本就毫无意义，一直到了1923年，此书才在经历了长时间的误解后，重新再版。为了在其确定的意义下理解《逻辑学》中形式范畴的轮廓——存在与无、自在存在与自为存在、自在且自为的存在、自身的存在与他者的存在、否定性、辩证中介与直接性等范畴——需要经过卓绝的专注力和反复研究，同时也就有了这样一种危险：人们太过沉浸于黑格尔思想的辩证圆圈运动之中，却没有办法从这里面走出来，因此成了一个彻头彻尾的黑格尔主义者，而无法脱离他的本体-神-学前提。

直到1816年，黑格尔才有了另一份职业。他到了海德堡，在那里他有了四个听众。1818年，他接替了费希特所空出的教席到了柏林，而柏林是一个充满活跃动力的地方。黑格尔在一封信中写道，柏林的土壤远比海德堡的浪漫主义森林更容易接受哲学。1821年，黑格尔出版了他自己的最后一部著作《法哲学原理》，他以《家庭、市民社会和国家》为题论述了他的政治哲学，并探讨了这种政治哲学在历史中的演变。而关于历史哲学的讲演、关于哲学史的讲演（这两者本质上说是联系在一起的），以及关于宗教哲学和美学的讲演，一直要到黑格尔死后才由他的学生根据课堂笔记和演讲稿整理出版。1830年，黑格尔已经是柏林大学的校长了，并且离他生命的最后时期也不远了。那时，在拿破仑倒台后进行了艰苦斗争的欧洲秩序，因为巴黎"七月革命"而重新受到震动。黑格尔年轻时有过革命倾向，但此时他极为惊慌，并且他从"七月革命"中只能看到煽动和"底层的勇气"。在《逻辑学》的新版《导言》中，他表达了以下担忧，即一个如此亢奋的时代中究竟还有没有进行严肃而热情的知识研究的空间。关于黑格尔的死，法恩哈根·冯·恩瑟（Varnhagen von Ense）写道：

> 我们所面临的是可怕的损失……他是整个大学的基石。在他身上树立着整个科学，在他心中则是全部坚定。现在，各个方面都面临着崩溃的威胁。现在我们丧失了最深刻的普遍思想和所有经验知识领域内的全部科学之间的纽带。现在，所有幸存的东西，都只是各自为政。即使是他的敌人，也会感受到，他的去世意味着多大的损失。

黑格尔关于他的同时代人所说的，也适用于他的追随者："一个伟大的人，迫使人们去解释他。"马克思和列宁也体会到了这种强迫。现在我们重新产生了对黑格尔的兴趣，是和20世纪末发现了马克思的早期哲学文稿脱不了干系的，在那些手稿中，马克思解释了黑格尔的精神哲学，并且针对关于绝对精神的形而上学式的神学，建立了他自己历史的和无神论的唯物主义。相反，如果只对黑格尔进行哲学史意义上的研究，就是件合情合理但毫无创造性的事情，因为这种方式无法为黑格尔研究带来新的动力和视角。由于青年马克思在130年前所采取的那种从"唯物主义"的视角出发批判黑格尔的做法，已经流传了太久，无数的出版物都在传播这一观点。它被改编和重复了太多次，以至我们没法再指望它能为黑格尔的解释提供什么新的东西。

之后，黑格尔关于"精神"的基本概念符合以下研究任务的目标：他将这一目标描述为研究在文理中学开设哲学课的一般方法。黑格尔在纽伦堡担任编辑时期，就已经在他的公文中阐述过，他是怎样理解哲学的入门课，以及哲学作为一门专业该怎样进行教学的。他认为，哲学是一门可以教授而且可以学习的科目，这一点是毫无疑问的，而且黑格尔非常厌恶那种自认为是"哲学思考"的似是而非又云蒸雾绕的空谈。"哲学要想成为一种可以习得的知识，就必须得到充分的规定，也就是说，必须进行清晰的、中介性的以及充分达意的表述，这样哲学才能成为一种公共的财富。"但哲学之成为公共财富并不是自然而然地发生的，因为每个人都具有理性，他们必须像学习其他科学一样，亲自去专门学习哲学知识。它的普遍中介性让它"对超验头脑深恶痛绝"。哲学就其自身的概念而言，并不是应该变得更少规定性，而恰恰是应该比专门科学更具有规定性。黑格尔建议，人们应该先学习古典语文学以作为学习哲学的准备，因为在哲学中比在其他任何一门科学中都更要求语词的确定性。如果没有关于这门积极的科学的知识，哲学就只能沦为似是而非的空谈，其后果就是"谁最不学无术，谁就会变成哲学家"。仅仅有对哲学的兴趣而没有科学性，就像仅仅有科学性而毫无哲学兴趣一样，都是非常空洞的东西。黑格尔进一步建议，第一堂哲学课不该由逻辑学开始，而该先讨论法哲学、义务哲学和宗教哲学，因为关于法权、道德和宗教的生活内容具有一种直接的现实性，并且人们早已对它有了一定的了解，因此从这些开始就能无须接触其他麻烦而和哲学产生联系。至于逻辑学和形而上学则跟在上述学科之后。

若是想要绕过具体的内容而进行哲学思考，就像是一个人想要旅行，却不知道任何一个国家或城市一样。人们并不是为了想要旅行而去旅行的，而是在拜访某一具体的国家的过程中，自然而然地就学会旅行了。而想要了解一门具有具体内容的哲学，唯一的途径就是：学习。我们能够而且必须像学习别的科学一样学习哲学，就连学习自己独立思考，都必须从学习别人的思想内容开始，然后对之进行反思，这样才能习得自己独立思考。人们必须从掌握他人的思想开始，并且放弃自己的胡思乱想。"先学会闭嘴"是任何一种教育的前提条件。将学习和独立思考结合起来，才使得这两者上升为研究。而学习者是能够自行总结出所学的东西,还是只能照搬重复,就衡量了学习者能否自如地运用知识。而让学生自如运用知识,就是课堂教学的任务。在黑格尔看来,现代教育学中有一个非常错误的观点,即现代教育学关心的并不是让人的精神受到教养,让人们掌握那些具有教养作用的具体知识材料,而只关心自由地进行独立思考的能力,就好像学习知识和独立思考是互相矛盾的事情。但事实上,自己的思想只有在学习和练习既有的知识材料时,才能得到培养。哲学的历史本身就包含了以下思想:它是关于本质的东西的思考,而不是未经教育的年轻人能随随便便想出来的。不经学习自己想出来的东西,基本上是一些不确定的意见。

> 只有当头脑中充满了思想,一个人才有可能进一步发展科学和真正掌握科学;但这不是一般文理中学的课程的任务,其实,哲学研究才更需要从本质上把握这一思想,即想要习得哲学,就需要将人们的无知驱赶掉,往头脑中装进思想和内容,并且将思想本身的性质,也就是它的偶然、任性和意见的特殊性驱赶出去。

黑格尔关于哲学是一种可以习得的知识的观点至今仍发人深省。黑格尔主张,哲学讲演以及文理高中课程中的"主要任务"是哲学的抽象形式,我们现在在贯彻这一点时,依然会遇到一些障碍。年轻人必须先"越过视觉和听觉",因为只有这样他们才能学习思想。他们必须从具体的、感性的表象中跳出来,并返回到精神的内在黑夜之中,才能在其抽象性中以一种不同的而又明确的方式学习思想的规定性。这样一种将具体的、感性的内容抽象为思想的要求,似乎与哲学必须进行明确的、有意义的和清晰的思考的要求是矛盾的。因为人们一般认为，具体的思想是把握住可见的感性对象，而不是对它们加以抽象。人们希望自己能够为抽象的思想想象出一些具体的内容，或者就像人们常说的，能够针对具体的东西进行一些抽象的思考。关于哲学的入门课的要求似乎也印证了以上说法：哲学应从自然的途径着手，即从感性-确定的东西开始，然后通过对它们加以分析而将之上升为抽象的东西，最后，我们就可以掌握关于具体对象的抽象思想规定性。因此我们很容易联想到，比方说，人们必须先对某一个具体的居住空间或教学空间有个直观认识，然后才能发展出关于空间性本质的认识；必须先看到某个确实存在的东西，然后才能发展出关于存在一般的问题。黑格尔并不想否认这看似是一种自然的途径，但他依然坚持认为，这并不是科学的途径，因为关于一幢房子的科学思想是一种抽象的东西，而抽象的思想只有通过同样抽象的思想才能学到，也就是说，这世上并没有从感性-具体的想象过渡到科学-抽象的思想的自然道路，而只存在一种跳跃：想要进行哲学思考，就必须下定决心"走向头脑"。黑格尔举例说明了，从具体的圆圈过渡到圆的概念是不可能的。一个人可以在锯断的树干上看到一个圆盘，他可以认为，通过越来越精确的切割能让这个圆盘不断接近抽象的圆形，但他总是预设了，几何学对圆有一种确定的规定，而自然界中的东西无论如何也达不到这种几何学的纯粹性。而这种规定背后的东西，并不是某种人们可以在自然界中找到的不精确的、圆形的对象，而是关于圆的纯粹的、抽象的、数学的理念。想从具体的、感性的"例子"出发去学习抽象的思想，是一种无谓而分心的方法，因为我们最终还是必须抛开这种感性-具体的东西，然后才能在其抽象的简单性中理解和把握关于圆的思想。当然，每个人都可以认为自己已经有了关于世界的具体表象，因为他们每天都能看到这个世界；但如果想要认识这个习以为常的世界的真理，人们就必须"在头脑中获得关于宇宙的思想"。抽象的思想并不意味着一些没有内容的胡说八道，而是指把握事物中所包含的思想，把握"事物的概念"。去把握那些包含在事物的感性-具体外表下的真理，就意味着通过分析将之展开。黑格尔所主张的使人们得以走上哲学的土地的抽象思想，就包括了以下两个环节：抽象和分析。比方说，当我们说"这是什么或者什么"，其中虽包含着关于存在的完全抽象的范畴，但它并没有说出任何关于思想的主题。如果我们要把握存在究竟是什么，就必须将所有关于"是什么"的规定性抽象掉。关于在抽象思想中会遇到什么、在分析中又存在什么的问题，黑格尔写过一句非常有名的话：谁在进行抽象思想？他的答案是，恰恰是那些在否定的意义上彻底抽象的思想，才能将自己塑造成具体的思想。只有那些没受过教育的人，而不是受过教育的人，才进行抽象思想。黑格尔举了这样一个例子：某地发生了一桩谋杀。那些没受过教育、不喜欢分析的人，在谋杀者身上就只能看到"谋杀者"，这看似是最具体和最简单的东西。但是，在谋杀者身上，除了这样一个抽象的说法之外一无所知，认为一个谋杀者除了是谋杀者之外什么都不是，这可不是具体的思想。一个知识丰富的法官、一个深知人性的人或者一个神职人员，则会在谋杀者身上看到更多别的东西，但又不会因此而把他是一个罪犯的事实抽象掉。那些将一个人的一切都归入一个简单的、未经分析的概念"谋杀者"之中的人，并不是在进行具体思考，而恰恰是最为抽象的思考。因此就存在两种形式的抽象：第一种是积极的，它能够从各种直接的东西中跳出来，一边达到一种纯粹的思想规定；第二种则是消极的，它只是忽视了更多的规定性，但这些规定性之缺失从本质上就属于对象的，就好像人们只有在与天空的联系中，才能将土地作为土地本身加以思考。哲学的思考必须避免第二种消极的抽象，并以具体的认识取代它。

具体的抽象的第二个阶段是，将我们从直接给定的对象中外化和异化出去。黑格尔在第一次纽伦堡文理中学讲话中说，从习以为常的东西中外化和异化是任何一种理论教育的前提条件。自我外化和自我异化的概念都是将自己外在化，它们对黑格尔的精神概念及其内在的自由而言，都是构成性的东西。但为什么如果我们想要达到真正的知识，就必须从惯常的和貌似熟知的东西中外化和异化呢？因为貌似的熟知还不是真知。只有当我们从貌似早已熟知的东西中外化和异化了，才能重新占有这一已变得陌生的东西，或者说才能将之把握为精神的东西。只有那些和自己与世界都保持距离的人，才能将自己和世界视为自己的客体，或独立自存的东西。正是异化了的外在化，使客体性的自存成为可能。而如果不将世界和自己视为某种不同的与陌生的东西，就无法理解世界和自己。希腊人建立起了某种至今为欧洲所独有的力量，那就是客体化的力量，我们今天已不再尊重这种力量了，但正是它培育了科学技术。我们不能缺少这种技术以及它赖以建立的科学的客体性，多亏了这种客体性，人们才能够改造大地，建立文明。通过外化和异化的行为，人们才能够从自身中走出来并面对世界，于是人们才能够问出"这是什么"，并意识到事物之间的区别。黑格尔在《哲学科学百科全书》§393的《附录》中专门描述了欧洲的这种客体性精神的优越性：欧罗巴精神把世界放在自己对面，使自己从世界解放出来，但又扬弃这种对立，把它的他物即杂多东西，纳回到自身即它的简单性中。世界对于欧罗巴人是有趣的，因为他要以科学的方式认识世界，要占有跟他对峙的他物，要使自己在世界的种种特殊化中看到普遍的和思想的东西。他以一种保证了他对世界的统治的能力来使外部世界从属于他的目的。[4] 欧洲对于对象性的要求和能力不只是欧洲哲学和科学的条件，它对于好学的年轻人来说也是必要的。他们努力对遥远和陌生的东西感兴趣，并反过来影响自己与切近的东西的关系。黑格尔说，对年轻人来说，离开家乡并像鲁滨孙那样居住在一个遥远的岛上，是一种权利和幸运。由此，在遥远的和陌生的形式中找到深度，就必然是一种幻觉。我们所需要的深度和力量只能通过广度来衡量，我们在这种广度中离开了自己的中心并走向远方。人类精神中的这种离心力也就造成了这样一种必要性：我们必须离开自己直接的自然状态，而将自己年轻的精神建立在一个陌生的和遥远的世界中。这种陌生的、遥远的、对象性的世界首先体现在古典的、希腊的和拉丁的人道主义的文理中学教育中。这种教育将我们和自身区分开，以便把握那些异己的和陌生的东西。因为没有异化就没有真正的占有。真正的占有并不是同化或者吸收；它需要的是离开自身和自我外化，并且只有在将他者作为对象加以占有时，才能够建立自身。

黑格尔认为这一原则性的思考切中精神的结构，他在此基础上提出了关于哲学课程的具体内容，尤其强调了古典语言在语言课程中的意义。学习拉丁语和希腊语要求大量的机械式工作，如记忆、背诵和专注的能力。这种机械的记忆对精神而言虽说是陌生的东西，但这种陌生是"对精神有兴趣的"，也就是一种"对未被领会的东西加以领会"的兴趣，并且是为看似机械的、无生命的和无精神的东西注入生机和精神。因此，正因其抽象性，语法的研究恰恰成为对精神加以教养的优越方式。语法研究是一种"基础性的哲学"，它使我们熟悉精神的语言和简单抽象的本质。古典世界的陌生性、它的语言和语法共同构成

---

4 译文沿用《精神哲学》，第60页。——译者注

了人本主义的研究的教养性的力量，因为它们使得人的精神与自身拉开距离，并因此解放了人的精神。科学教育的原则同时也是人的行为的原则，因为人只有和熟悉的关系拉开距离后，才能做出理性的行为。"科学的教育对于精神具有很大的作用，它让精神得以和自身相分离，让它超越了直接的、自然的此在，也就是说，超越了非自由的感觉与欲望的环境；它让人们能够有意识地排除了对外界刺激的本能反应而自由地行动，从而将精神建立在思想之中。通过这种自由，精神就赢得了超越直接感觉和想象的力量，它也是道德的行为的基础所在。"这样一种让人们通向精神和自由的教育，并不局限于哲学教育。事实上，一个精神受到了良好教养的人，会有能力进入任何一种对他而言陌生的科学和职业。在一件事情上受到充分教养的人，也就能胜任其他任何事情。针对某一特殊事物的教育，同时也是针对普遍事物的普遍教育。人们通过受教育而进入其中的那个世界，并不是某个人的私人世界，而是容纳了所有公开生活的普遍世界。黑格尔所理解的这种人道主义的教育理念，就其参与了公共的普遍物的养成而言，当然也是具有政治意义的。我们通过分享共同的伦理和共同的语言，参与政治当中。通过教育，单个人的特殊性、个别的自我成为"普遍的自我"。和后来的马克思一样，黑格尔也意识到了，在现代市民社会中，私人生活被限制在"需要的体系"中，而无法参与公开的公共生活，并且，现代的职业生活也远较古希腊城邦时代更为封闭。但正因如此，黑格尔才格外重视人道主义的研究，因为它至少提供了通向人类整体的道路，在这一政体中，私人的教育才不至于和公共生活相割裂。黑格尔对于现实性的现实主义立场让他抛弃了"永恒的少年"，"少年"一般都不愿意将自己特殊的自我外化出去，因为他们不愿意参与到世界和现实性当中。他们总觉得自己比这个世界更为美好，并且他们只想在事物的秩序中撞出一些"洞"来。但黑格尔认为，事物的秩序不只是自然界所独有的，在历史中显然也存在着自己的秩序。他认为，将私人生活吸收进共同秩序的典范就是古典世界。在这个意义上黑格尔是人道主义的文理高中的守护者，而反对单纯的现代人所主张的时政教育。但问题的关键不是单纯的教育材料，而是任何一种教育本身都必须出于对卓越的追求，必须贯彻自己的彻底性，并将这种彻底性传递给受教育的人。黑格尔坚信，只有在希腊世界才达到了这种彻底性，因为人们必须深刻融入他们周围的氛围、他们的伦理想象，甚至他们所犯的错误当中，才能接受教育，因为没有任何其他民族像希腊人那样，创造了如此多原初的、卓越的和丰富多彩的东西。此外，这个世界也因为基督教"道德二重性"的世界而获得了自由，虽然基督教的世界根本谈不上是"世界"，因为在基督教中精神的东西和政治的东西完全是分离的。因此，一个人如果不了解希腊，就完全不会体会到什么是美。

黑格尔在讨论文理中学的课堂目标时，同时还论及了哲学概论的课程，他以"义务学说或道德"（Pflichtenlehre oder Moral）（§41ff.）为题进一步确立了旨在将人培养成合格的人的教育的精神基础。动物的自然天性就决定了，它们自然而然地就已经得到了充分的教养。动物并不需要再接受什么额外的教育，因为它自然而然就已经会做所有它能做的事情。一个驯狗师没法把狗变成所谓更好的狗，但一个人只有在受到养育后才会变成真正的人。对人来说，放纵自己的愤怒或按照冲动行事，固然是一种自然的方式，但这并不是人的方式。此外，坚持某种于我们无益或者我们无法达到的利益，也是一种无教养的行为。同样的，在遭遇命运时变得毫无耐心，在一些关系到世界的总体走向的问题上，让自己的私人利益压过了公共事务，也是无教养的行为。

十四 黑格尔的教育概念

知识的多样性和规定性都属于理论教育的范围，同时，教育还应当提供一种具有普遍性的视角，人们可以据此对事物做出判断，并因而能够区分出某个事物中，哪些东西是本质的，哪些是非本质的。任何一种理论教育的前提条件都是，人们必须承认事物"本身的自由的独立自存"，并且放弃我们因为自己不断变化的暂时利益而产生的偏见。黑格尔这样解释道：对于教育来说，仅仅根据暂时的外部情况去认识事物是远远不够的，仅仅根据自己当下所面临的特殊利益去判断也是远远不够的。我们必须得到关于事物的客观而多样的认识，但这并不是为了追求多样性本身，而是因为只有这样才能得到一种普遍的知识，并将这种普遍的认识与别人分享。如果人们超越了他所直接经验到和看到的东西，也就是说，超越了他所熟知的东西，他就会了解到，事情还会有各种不同的情况，而他自己所熟知的并非唯一可能和有效的东西。

于是，人就可以从自身中跳出来，分辨出哪些是本质的，哪些是非本质的。认识到事物的规定性意味着，能够将此物与彼物区别开，而只有学会了区分的人，才能做出判断和抉择，该怎样和各种事物、各种人以及各种书籍打交道。这种抉择性的区分要求有一个特定的视角。而各种视角并非自然而然地就给予我们的，必须通过经验和反思才能习得。没有教养的人只能停留在直接的直观，他对自己所面临的事物没有开阔的眼界，因为他只能看到事情对他自己有好处还是有坏处，而看不到事情本身就其独立自存而言，究竟是怎样的。有些人优柔寡断不知抉择，相应的，没有教养的人就会鲁莽冒失地乱下判断。一个鲁莽冒失的判断固然也有自己的视角，但那是一种十分肤浅、片面而自私的立场。优柔寡断和鲁莽冒失都会阻止人们基于事情自在自为的样子进行观察和处理。让人们能够按事物本身的样子看待它，能够对它具有一种非占有性的和实用目的的兴趣，就是教育和科学伦理的旨要。但同时，非占有性的兴趣也属于实践教育的范围，比方说，它也与满足自然需求有关。教养在此同样表现为抽象和外化的能力。以一种人类的、有教养的方式满足自己对吃喝的需求，要求一种保持距离的矜持审慎，它让人类有教养的饮食和动物式的进食区别开。只有人能够根据自己抽象的思想，为了更高的目标而牺牲自己的自然需要甚至是自己的肉体存在。只有人能够克制自己，延迟满足，放弃欲望和做出计划。人的精神自由并不体现在人没有任何自然的欲望，而在于人知道自己的欲望是什么，并且可以控制和引导自己的欲望。一个动物既不能克制也不能升华自己的欲望，而只能被本能驱使着行动，毫无主导力。审慎、节制的能力必须建立在对"人应该做什么"的意识上，而这种自知意味着和自己保持距离，意味着一种距离感和外化。我们作为人类，能够和自己拉开一定的距离，因此我们能够从自己直接的存在中抽离出来，因此我们不会迷失和背弃自己的立场。审慎的人能够脱离自己的自然状态，并且能够违背自然本能行事。而动物则被自己的自然状态完全控制住，因为动物不会思考并且没有精神和自我意识，因此动物就无法从自身以及从这个世界中抽象出来。人必须亲自去把握自己的规定性，他可以而且必须将自己自然就具备的一切塑造成真正属于自己的，或者用否定的方式说：他将所有给定的东西理解为非中介的形式。只有这样，他才能占据那些"与自己不同的东西"，或者才能变得"自由"。

就其原则而言，任何事情都属于"教育"的范围，因为黑格尔是从精神出发理解什么是教育的。教育既不是某种强加的、从自然状态中派生出来并且硬要去自然化的东西——就像卢梭对文化的批判中所显示的那样，也不是为了别的目的而暂时一用的手段；事实上教育属于

十四 黑格尔的教育概念

人的本质,因为人的"自然"就是必须带着自我意识生活和思考,这就意味着人必须将自己从所有东西中外化、异化和抽象出来。作为一种必须脱离自然生活并且必须进行精神生活的本质,人并不是一种简单的、自我同一的存在,而是"双面的""二重性的"存在,是一种自身内就包含了矛盾的存在。用黑格尔的话来说,人并不直接就是他所是的东西,而是不断地被中介和进行着中介的存在。其实,劳动作为一种只属于人的活动,也是一种精神的生产和教养。动物并不思考和劳动。教育是一种精神的艰苦劳动,它对抗着自然本性中的肤浅和直接性、主体行为的自私自利,以及愿望的任性。教育塑造的是精神的普遍性,这是整个普遍的世界的根本元素。

十五
黑格尔的复兴?

1970 年

在 1816 年,黑格尔在发表了《精神现象学》和《逻辑学》很久以后,终于得到了来自海德堡大学的第一份教职,一开始他只有 4 个学生,后来增加到 20 个。《逻辑学》一直到一个世纪之后才发行了新版本,这多亏了拉松的努力。到黑格尔于 1831 年去世时,他已经不仅统治了柏林的大学,也统治了德国的整个哲学思辨。黑格尔去世时,法恩哈根·冯·恩瑟写道:"我们所面临的是可怕的损失。……他是整个大学的基石。在他身上树立着整个科学,在他心中则是全部坚定。现在,各个方面都面临着崩溃的威胁。现在我们丧失了最深刻的普遍思想和所有经验知识领域内的全部科学之间的纽带。现在,所有幸存的东西,都只是各自为政。即使是他的敌人,也会感受到,他的去世意味着多大的损失。"

10 年之后,黑格尔曾经的朋友和之后的敌人谢林开始在柏林大受欢迎——巴枯宁、恩格斯、克尔凯郭尔和布克哈特都是他的忠实听众——他关于肯定的哲学的讲座专门针对黑格尔那旨在通过辩证理性改善知性的否定哲学。这段时间,费尔巴哈和马克思分别做出了他们对黑格尔的阐释:费尔巴哈的阐释以《改变的必要性》(*Notwendigkeit*

einer Veränderung）和《未来哲学原理》为题；马克思则批判了黑格尔的法哲学和现象学。

数年后（1844年），老年黑格尔派成员K.罗森克朗茨发表了他的黑格尔传记，在其中他总结了黑格尔去世后的德国哲学版图。他写道，我们现在似乎只是"思想里程碑建立者的掘墓人"，我们在18世纪后半叶出生，只是为了在19世纪初死去。他自问，是否年轻的一代已然厌倦了辩证思考，他们是否还愿意通过实际行动实现他们的理念，或者他们只是在以一种世故的态度为眼下的胜利者大吹法螺，而不再拥有那种创造未来的力量，他们也没法坚持自己的立场，而只是在飞快地耗尽自己。"固然，他们似乎还是临时起意地参与了哲学的改革和革命，但他们在自己的世界历史进程中从没有体会过这种革命。"虽然罗森克朗茨承认这一代人扩展并改变了"哲学与现实的关系"，但黑格尔早已在这方面贡献良多，因为黑格尔早已论证了理论和实践在概念和事物的同一、事物的本质和外部定在的同一中所达到的统一。

黑格尔主义的左派激进团体在青年身上投注了"巨大的同情"，但罗森克朗茨对此却只是解释说，打破迄今为止的一切并且在现存的一切都瓦解后去信任新创造出来的东西，这是一种最简单的做法。罗森克朗茨自己坚信，以后我们会步入另一个更具持久性的、鼓励自由的教学活动的新时代，届时黑格尔的方法就会贯彻科学的所有领域，而现在这种从黑格尔哲学中产生出来的极端主义会重新衰落下去。

1853年，黑格尔主义者和无神论者布鲁诺·鲍威尔出版了关于"俄国和日耳曼性"（Rußland und das Germanentum）的文章，在其中，他在与世界政治格局的联系中解释了"形而上学的终结"，并且将黑格尔的历史地位阐释为基督教-日耳曼世界的终点以及对俄国的兴起的某种预见。康德曾在法国大革命的框架下思考，并且将大革命中的最高原则市民性视为人性的道德基础，并且他也基于自己的经历完成了自己的历史使命。费希特将德意志描述为极具创造性的先民，并将对德意志特有本质的自我肯定与整个人性联系起来，从而大力鼓吹德意志民族。黑格尔对这一观点的完善则是对精神的历史的回溯，并且走向了这一思路的终点。他不愿发出对一个新的时代的召唤。"所有这些德国的哲学家都为自己的民族奉上最高评价，他们都只想到了西方——对他们来说东方好像根本就不存在——日耳曼世界和俄国的关系对他们来说也根本不存在。但其实卡特琳娜女王在康德的时代就已经建立了对整个大洲的独裁统治，她的力量和她对世界历史的重要性已远超过当时的西班牙的查理五世和路易十四。"

当代的问题在于，日耳曼世界是否能安然度过古代文明的衰落，或者说俄国是否能独自建立一种新的文明。鲍威尔将哲学的终结和古代欧洲的瓦解联系起来，因而认为哲学的终结是一种历史发展的终结，并且它还意味着向一种政治和精神世界的新的组织形式的过渡。"形而上学在精神上的统治走向终点，一个国家对整个欧洲的统治走向衰落——而这个国家自诞生起就和西方的哲学著作有着紧密的联系，这两件事刚好同时发生，难道是一种巧合吗？"鲍威尔接着说道，大学也变得不再令人振奋，大学中的哲学教育变成只是对古典体系的重复念叨；它不再能带来什么新的思想，不再像以前那样能够引领整个世界前进。"一个想要最终征服自然的民族，需要的只是一些工程师，他们能将工业设施建立在新的和更完善的原则上，或者能克服迄今为止制约着通信工具发展的技术困难；整个民族都将自己的希望全部寄托在能和时间与空间斗争的人身上。"

四年后，海姆发表了《黑格尔和他的时代》，在此书中他将黑格尔之后所产生的状况归结为哲学的普遍疲敝。"大厦将倾，因为整个建筑部门都走下坡路了。……我们忽然之间就发现，我们已处于精神和对精神的信念的彻底沉沦之中。"一个史无前例的变革于19世纪上半叶拉开序幕。"这不再是一个体系的时代，不再是诗歌或哲学的时代。取而代之的，是由于一个世纪以来技术的巨大进步而越发变得活力充沛的物质的时代。我们的肉体和精神生活的基础都因为技术的凯旋而面临崩解和重建。个人以及民族的存在都将建立在新的基础上，建立起新的联系。"理念的哲学无法理解这个时代的基本形态，当代的利益和需求都远远超出了哲学的理解范围。哲学不只是被驳斥了，它甚至还被审判了，世界的日新月异和活生生的历史的权利打败了哲学，事实上，黑格尔自己也将这种历史视为末日审判，但同时它也正成为对黑格尔的体系哲学的绝对要求的彻底否认。当代的任务只能是，一方面把握黑格尔哲学的历史性，但另一方面又不能搞出一个死板的新体系，因为体系哲学显然无法再承担形而上学的立法者的任务了。因此黑格尔哲学的唯一地基只能是历史科学。

　　海姆的论述激起了巨大的反响，罗森克朗茨也对此给出了详尽的回应。黑格尔诞辰100周年纪念时，也就是在1870年，出版了两份怀念黑格尔的文献，其一是保守主义者C. L. 米歇莱特（C. L. Michelet）出的一套黑格尔作品集，它的题目是《黑格尔，一位不可辩驳的世界哲学家》(*Hegel, der unwiderlegte Weltphilosoph*)，其二则是罗森克朗茨的恰如其分的文章《作为国家哲学家的黑格尔》(*Hegel als Nationalphilosoph*)。在《作为国家哲学家的黑格尔》中，罗森克朗茨这样评价黑格尔的体系："我们必须相信，在经历了那么多次波及方方面面的失败后，在我们听到黑格尔的对手说着必须彻底摧毁黑格尔的体系之后……这一体系却依然不断受到关注；并且它的对手也在与它的论战中获益良多。没有一个体系像黑格尔的那样至今与各种思想保持广泛的联系;没有一个体系像它那样至今仍一视同仁地吸收其他思想的影响而不断修正自己;也没有一个体系像它那样乐意而又善于接受科学的所有进步。"

罗森克朗茨自己就孜孜不倦地学习和接受所有科学的进步,并把这些进步都归结为黑格尔的思想方式。就连技术的进步和第一次世界博览会,罗森克朗茨都将之视为"人性"的进步,并且以一种在费尔巴哈看来非常不黑格尔的方式讨论这些事件。因为对黑格尔来说"人"不是一种概念,而是一个"表现",它只在经济需要的领域起作用。人就其本质而言是精神。因此他就和那些自启蒙以来就确认自己处于"全能时代"的哲学的立场区别开了。因为对启蒙而言,绝对的立场不是上帝或绝对,而是"人和人性"。但人并不是为伦理所规定的东西,因而也不只是人的理性,而是人的精神本质,并且它本身就是"宇宙的中心"。在人之中,还集中着贯穿一切并且永远与当下世界有关的上帝的精神,这是一种"普遍的东西",也就是说,是共同的"自我"。对黑格尔来说,哲学唯一真正的兴趣就是"对上帝的阐释"以及对上帝的"逻辑本质"的认识,因为上帝作为绝对精神和世界的主宰就是绝对真理,而真理产生了自由,就好像自由也产生着真理。

对罗森克朗茨来说,国际间的交通、书籍和媒体的不断扩张也意味着人性提升为普遍的立场和"我们的文明的不断趋向一致"。某种特定的意识的封闭性必须让位于"思想者的精神的理性主义及其平均化"。对托克维尔和泰纳(Taine)、布克哈特和尼采、孔德和克尔凯郭尔来说,平均化是这个时代最糟糕的东西,但对一个深受黑格尔主义影响的人来说则是一种积极的提升,因为它将现存的"特殊性"提升为一种自由的、为人类所理解的普遍地基。像蒸汽机、铁路和电报等,它们本身虽然并不是教育和自由的进步的保证,但也至少是在为"人性的人化"服务。就像媒体和世界范围的交通日复一日地强化人类的自我意识一样,与之相关的商业也带来了一种现实的世界意识。在世界海洋贸易中,"精神的海洋"也证实了自己的存在。通过以上方式,罗森克朗茨得以在黑格尔关于永恒当下的精神之普遍概念的基础上,以哲学的方式论证了19世纪所发生的各种事件。

但他对黑格尔的哲学产生第二波自由主义影响的期待没有实现。在19世纪后半叶,产生了"回到康德"的呼声。在40年代,与政治革命运动走向结束同时发生的是哲学运动的终结。"回到康德"使人们从当年青年黑格尔派所提出的问题中退了回去。青年黑格尔派曾经动摇了市民-基督教世界的根基,但在新康德主义的历史中它似乎获得新生,并且,直到新康德主义受到批判,复兴黑格尔主义的尝试才得以进行。马堡学派最重要的人物H.科恩认为,回到黑格尔的趋势是一个对整个德国哲学的进步至关重要的问题。他写道:"对德国哲学的进步来说,关键的问题并不是精神的健康,而是德意志精神究竟是否还具有生命力这一问题:究竟是要康德还是要黑格尔。这导致了我们的道路是不确定的,我们现在正处在德国唯心主义的十字路口,而无法做出清楚的决定。"因为伦理的理性绝不会被国家、法权和社会的历史现实性所掩盖,因此,康德关于伦理上的应该的教导就比黑格尔诉诸现实性的理性中介更为正确,因为伦理上合乎理性的东西,绝不会是现实的,而只是一个假设。

在我们的时代,克罗齐和狄尔泰所引领的对黑格尔的革新则只是学术界的事情,这种对黑格尔的新兴趣并不是从哲学内部诞生的,而是由于外部事件的逼迫才产生:由于20世纪末马克思的早期文稿被公开发表,人们才重燃了对黑格尔的兴趣。马克思和马克思主义的关系是一个悖论,马克思主义重新开始了对黑格尔的研究,但我们搞不清楚事情究竟是怎么回事，因为就马克思自己的本来意思来说，马克思主义并不是一种新的哲学学派，而是对哲学本身的扬弃和瓦解。根据马克思本人的意思，他结束了迄今为止的整个历史，包括它的整个哲学的"史前史"。历史上所流传下来的哲学被当作一种多余的东西，并且被一种关于社会实践及其生产关系的批判-革命理论所代替。只有这样，我们才能理解恩格斯在关于费尔巴哈的论文结尾处所说的话，这句话对市民立场的耳朵来说却是彻头彻尾的悖论：恩格斯说，德国的劳工运动是德国古典哲学的继承人。

关于马克思主义和哲学的关系的第一次阐述来自柯尔施，它的题目就是《马克思主义和哲学》，发表于1930年——比马克思对黑格尔的阐释晚了整整100年！它的意图在于，不再从理念的历史或精神的历史的角度出发理解德国唯心主义的瓦解，而是从社会的、马克思主义的角度去理解。柯尔施引用黑格尔的那句很容易引起误解的话"哲学无非是把握在思想中的它的时代"，他想通过这句话说明，海姆所观察到的哲学的疲敝的原因就在于，哲学的社会历史承担者，也就是市民阶层，不再像一开始那样进取和革命。"的确，正是这一点解释了19世纪资产阶级哲学发展和哲学史研究不可避免地面临的命运。在19世纪中叶，这个阶级在它的社会实践中不再是革命的了，并且，由于一种内在的必然性，它也因此再不能在思想上把握观念和现实的历史发展之间尤其是哲学和革命之间的辩证关系了。在社会实践中，资产阶级的革命发展在19世纪中期衰退和停止了。这一过程在哲学发展的明显衰退和终结中得到了意识形态上的体现；对于这一点，资产阶级的历史学家们至今仍在考究着。"[1]

---

[1] 译文沿用《马克思主义和哲学》，卡尔·柯尔施著，王南湜、荣新海译，重庆出版社，1989年，第12页。——译者注

十五 黑格尔的复兴？

于是，自 30 年代开始的关于哲学和马克思及马克思主义的讨论就被国家社会主义禁止了。直到战争结束，才开始涌现了大量关于马克思和黑格尔的文献，并且，只有将纳粹和战争的影响考虑进来，我们才能理解为什么战后会召开那么多关于黑格尔的会议。20 年代黑格尔会议依然是在哲学的传统下进行讨论的，而战后的讨论则转向马克思主义，这对我们来说已成为一种不言自明的创新。随着黑格尔研究中的马克思主义视角的爆发，以下问题就必然产生：究竟什么是黑格尔哲学中死的东西和活的东西？ 20 世纪初克罗齐就已经提出了这个问题，但当时他提出这个问题并不涉及马克思，而是涉及黑格尔关于矛盾的概念，克罗齐针对自然和历史哲学，提出了自然科学和历史科学的独立性。

对克罗齐来说，黑格尔哲学中活的东西仅限于关于客观精神的学说，并且仅仅当客观精神的体系性的要求让位于历史性的要求时，它才有可取之处。阿多诺作为一个学识渊博的黑格尔学者和非庸俗的马克思主义者，他拒绝克罗齐关于黑格尔的死的和活的东西的区分，因为这种区分基于一种独断的观点：我们判断的标准在于黑格尔对我们来说意味着什么，而不是扪心自问，从黑格尔自己的立场出发的话，他会怎样判断我们。"黑格尔的哲学和所有辩证思想如今都面临一个悖论：和科学相比，它们是过时的，但同时它们又比科学更为现实。"

但即使是阿多诺也必须面对克罗齐和狄尔泰那过时的黑格尔革新，就像他在黑格尔去世 125 周年时的纪念演讲中所说的，对黑格尔的"当代意识"必须掌握一种具有真理性的内容，而这种内容是"能有所作为的"，也就是说，能适应当下状况。阿多诺衡量黑格尔哲学中的真理性内容的标准就是，看它是否具有一种当下的、活生生的意识，对于这种意识他不再有所质疑。有人问阿多诺，他要怎样把他的当下意识和克罗齐那种过时的区别区分开？阿多诺的回答是：通过20年代兴起的新马克思主义，比方说，他的朋友本雅明。根据新马克思主义的思想，阿多诺认为，黑格尔哲学中与当下紧密相关的真理性内容主要在于，黑格尔第一次揭示了市民社会的矛盾，马克思则进一步推进了这种分析。可是就像大多数马克思主义者一样，阿多诺虽然有许多深刻的反思，但他对《法哲学原理》第二十段中关于"需要的体系"的处理非常天真，并且将《精神现象学》中关于"主人和奴隶"意识的整个章节（这种意识要么取消了斗争，要么取消了统治关系）当作黑格尔关于绝对精神、客观精神和主观精神体系的核心主题。但如果我们认为《精神现象学》的本质性结论并不是关于精神的绝对形式（也就是说，艺术、宗教和哲学），而是人们通过社会劳动生产整个世界和生产自己，那么我们所讨论的就不是黑格尔，而是马克思了。

马克思主义者阿多诺将黑格尔对市民社会矛盾的中介及和解转化为一种对"和解了的世界"中所有肯定性的存在的"潜在"批判。而黑格尔所理解的作为在他者中存在于自身的自由，也被转化为对未来得到解放的人类的"自我确证"——而他所指的解放意味着没有非理性，没有矛盾，也没有异化。自我外化的精神的行动也被转化为社会生产的劳动；绝对整体则转化为"对二元化的整全"。黑格尔对精神的力量的无条件信仰，在阿多诺那里则变成了对以下经验的解释：根本就不存在什么与社会劳动无关的东西。黑格尔的话"只有全体才是真理"则被转化为以下论断：全体是一种"蒙蔽人的关系"，因为在真理中全体处于它的当下存在中，而当下的东西完全就是非真理的。简短说来，阿多诺那种马克思主义的黑格尔解释完全依赖于一种时代性的历史状况，而这一状况对于130年前的马克思是现实的，但如果想要让它适合现在的情况，则必须对其加以修正。因为1820年时黑格尔所分析的

十五 黑格尔的复兴？

"市民社会"和马克思所针对的市民社会，并不是1950年时的市民社会，它也不再能归结为"无产阶级"和工业企业形式的"劳动"。而国家所面临的情况是社会学家们所没有想到的，它也和马克思的估计不同，它在那些已经实现共产主义的国家也完全没有死亡，而是变得比以前更为强有力，并且也依然控制着人们的思想。

阿多诺那种马克思主义取向的黑格尔解释和20世纪初学院派的黑格尔复兴有所不同，但他也没能阻止叔本华基于对黑格尔的误解所产生的鄙视：黑格尔只是在为事物的关系做论证，哪怕是以否定的方式进行的；与之相对的则是一种从研究的角度出发的思考，就像他自己把握黑格尔的方式那样。而从哲学史的角度出发，对黑格尔进行逐字逐句的解释，尽管对于帮助人们进入和理解黑格尔的思路大有助益，却仍然是一种外部的研究，因为它没能从那种辩证的恶性循环中走出来。这种学院派的方式无法把握黑格尔的体系，因为它缺乏自己的哲学立场；但同时它又无法放弃黑格尔的体系，因为它不愿承认，那个对黑格尔来说本质性的问题——"上帝的逻辑本质"和对它的存在神学解答，在我们的时代已经变得非常陌生而且没有意义了。它只是根据这么一条原则来阅读黑格尔：越难的东西就越好，越无法理解的东西就越深刻，而且黑格尔的每个句子都一定有什么值得反复咀嚼的深意。

19世纪的黑格尔左派的一个很大的优点就是，费尔巴哈、马克思等人既能进入黑格尔的思路，又能从中跳出来，并且从黑格尔对2500年来哲学传统的完善中得出新的结论。如果说黑格尔始终具有现实意义，那是因为，是他结束了后基督的形而上学的整个传统，因此我们才能够而且必须提出以下问题：黑格尔之后，形而上学或者哲学究竟如何可能？23岁的马克思在他的论文中提出了这个问题，这是一个伟大的功绩。马克思之后，再没有人提出过这样决定性的问题——只有一个例外：海德格尔。他澄清了"哲学的终结"和科学的完成，并对思想在未来的任务做出了消极的判断，也就是说，只有从形而上学的高峰处降下，从科学身边越过，我们才能有一个新的开端，尝试一种"开端的"思想。马克思已经完成了对形而上学的颠倒，而这已经是哲学最后的可能性了。如果还想进一步拓展哲学思想，我们所能得到的就无非是一种模仿式的复兴和变种。

十六
哲学的世界历史？

1970年

I

根据黑格尔自己的观点，他的哲学是一个"体系"，也就是说，是一个自足的整体，其中的任何一个部分都预设着这个整体中的其他部分。我们不能将他的自然哲学和精神哲学分割开，也不能脱离了与主观精神和绝对精神的联系去理解他的客观精神学说，也即把握政治、社会和伦理生活的精神。黑格尔体系的最初和最根本的基础就是精神的生产性。但这仅仅是精神本身所是的样子，精神要真正是其所是，就需要它自身被意识到，或者知道它自身就是精神。精神作为一种行动着的和在世界中不断发展的精神，它拥有一部历史，它本身就是世界历史性的。而就其思考和知道自身而言，它同时又具有了哲学史的规定。对黑格尔来说，哲学思想和知识的历史就是"最内在的世界历史"——这种观点非常类似于海德格尔所说的，对"存在"这个词的理解贯穿了世界的整个进程。在黑格尔的体系中，世界的历史和哲学的历史是不可分离的，并且他将这两者都称为"世界精神"（他最初使用这个词是在关于自然权利的论文中）。但由于哲学的历史是最为内在

的世界历史,他就将思辨哲学的任务引向了世界历史中的拿破仑。他于1806年发表的耶拿讲演是以这样的话结束的:

> 我们正处于一个重要的历史时期,处于一场大骚乱的中央,在其中,精神面临着从它过去的形式中走出来,并取得一种新的形式。迄今为止的全部想象、概念、世界的界限都像一个梦幻一样瓦解并坍塌了。精神正在准备一次新的崛起。哲学尤其欢迎这种新的形式;而其他学科还多少软弱地回避和反对新事物,并且大部分还故意对自己看到的现象视而不见。哲学却意识到了这种变化是永恒的,因而对它非常尊敬。[1]

我们要问:这一体系想要把握不断发展着的真理的整个历史,即把握"精神"和精神整体"是什么"的这样一种要求,在今天依然具有活力吗?假设黑格尔所激发起的这种历史的思考始终是有活力的,它在历史上的精神科学中以"理念""问题"和"概念史"的形式被建立起来,随后又纷纷瓦解和消失,那么问题就变成了,哲学和历史的结合究竟是一个真理还是一个错误?这种错误我们已经可以从出自黑格尔学派的哲学历史学家[J. E. 埃德曼(J. E. Erdmann), E. 策勒(E. Zeller), K. 费雪(K. Fischer)]身上看到,他们将哲学简化为哲学史。

作为主体和实体的精神对我们来说不再是一个永恒当下的形而上学基础,最多不过是一个问题。黑格尔所说的思想的历史之开端和结尾都是绝对知识,随着精神"走向自由的意识",也即精神在他者中回到自身的过程,这种绝对知识会把所有他者和陌生的东西都收入自身;

---

[1] 罗森克朗茨,《黑格尔的生活》,1844年,S.214f.

十六 哲学的世界历史？

关于精神科学的历史的知识是一种相对的"理解",它缺乏对时代性的判断和哲学实践的批判的标准。这样一种在哲学中包含历史的做法,不仅仅拥有历史,而且自身就是历史的,对我们来说,这两者的结合已经变成了自明的东西;但对古典希腊哲学而言,甚至是对新时代的哲学而言,它直到康德的时代都是不可想象的。康德草绘了一部关于历史的哲学,但他真正感兴趣的不是历史,而是理性的原则究竟是怎样的;相反,黑格尔则在法国大革命中和拿破仑身上看到了世界精神的自由意志。对黑格尔来说,将伦理和法权学说汇入历史很正常,但对康德来说这么做是荒谬的。事实上,那种不断前进的哲学历史(也即一种本身就已经是哲学的关于哲学的历史,而不仅仅是按历史时间对哲学进行的成问题的罗列)是从黑格尔开始才出现的。但即使是对黑格尔来说,哲学与它的历史的结合以及这两者与世界历史的结合都还是一个问题,因为他将哲学和历史之间的争端视为这一问题的出路,而不是像我们这样视其为一致。

黑格尔左派以及如今大部分马克思主义者的使命都可用《法哲学原理》序言中那句著名的话来描述,那就是"哲学是把握在思想中的它的时代[2],并且不能跳出它的时代",但如果人们由此得出一种哲学的精神可以简单地被它的时代所定义的结论,那就是对这句话的巨大误解。哲学是把握在思想中的它的时代,这句话在黑格尔那里的意思是,哲学的任务是去把握"存在的东西",也就是说,去把握现实的和当下的东西,而不是仅仅去假设它应该是什么样子——"把它当成一种软趴趴的材料,可以随便任人塑形"。但是,真正可称作现实的和当下的东西,也不是随便什么偶然地存在于现在的东西,而是指那些从本质

---

[2] 参见 R. 布博纳(R. Bubner),《哲学是,将它的时代把握在思想中》(*Philosophie ist ihre Zeit, in Gedanken erfaßt*),载于《阐释与辩证》(*Hermeneutik und Dialektik*),I,1970 年。

上讲就始终属于当下的东西,即精神和自然世界中的普遍理性。"(这种普遍理性是一种)处于作为自我意识的精神的理性和作为当前的现实性的理性之间的东西,是将这种理性和那种理性区别开,并且在它们两者中都找不到满足",黑格尔如此这般解释"随便一种无法上升为概念的抽象"。

黑格尔说任何一种哲学都不能跳出它的时代,指的也不是精神本身是什么有限的和时间性的东西,而是指它自在自为地是永恒当下的,无限的精神在不同的时代中集中体现为当时特定的历史形态。可是,哲学作为对时代的本质的意识,就已然超越了自己的时代了,并且绝不会仅仅是对时代中的社会-历史关系的简单反映。因为意识区分了自为的东西和为我们所意识到的东西,并且,只有当将它自己和它所知道的东西区别开时,精神才会在历史中发展出它的新形态[3]。就是说,哲学一方面与时代精神的所有表象处于同一时间,具有同一形态,但另一方面它又作为一种与自身相区别的科学超出了它的时代,因而并不仅仅是时代精神。

与精神和时代的关系一样,哲学和历史的关系对黑格尔来说也并不是毫无疑问的等同关系。他提出了更多的问题:人们从来就期待哲学致力于寻找那些永远都为真的东西,那它该怎样与那些变动不居的、需用历史加以描述的东西协调起来?"哲学究竟要怎样才能拥有一个历史?"如果我们仅仅以时间顺序罗列的方式看哲学的历史,那就只能看到一堆互相矛盾的意见的集合,哲学看起来就像是一个过时画作的陈列馆,丝毫没什么重要的。一个哲学立场反对另一个立场,一个错误的说法紧接着另一个,30年前风靡一时的东西,30年后就被淘

---

3 W(1832)XIII, 70, 118; XIV, 276。

十六 哲学的世界历史？

汰了。哲学的历史似乎只是在证明科学是件很无谓的事情，因为各种哲学的多样性和差异性只不过显示了，所有试图寻求认识真理的努力都是徒劳的。但它们所处理的都是最普遍和最高的东西——关于上帝、世界和人，然而如果一个人去学一下哲学的历史，立刻就会发现，他根本不知道该从历史上存在过的那么多哲学中选择哪一个。哲学致力于去认识什么是真的；而它的历史却只展示了，什么曾经被当作是真的而之后又被当作是错的。但关于上帝、世界和人的真理只可能有一个，而不会分裂成好几个互相矛盾的真理。因此，就只有一种哲学才是讲述了真理的哲学。[4] 但究竟是哪一种？对于这个问题，哲学的历史没法提供答案，因为从时间次序罗列来看，所有的哲学都同样是一些观点、解释和构思。"一个在其身后有如此大量的哲学体系的时代，它必定会好像生活在尝试了一切花样之后所达到的那种冷淡状态。……僵化的个性试图通过它所具有的东西的多样性，造出它所不是的东西的外表。"[5]

将哲学和它的历史联系在一起思考似乎是一个无法解决的困难，因此，黑格尔提出了一个问题：有没有可能存在这样一种观点，我们可以从它出发证明，那种充斥着不同意见的和非理性的历史其实是一段一脉相承的和理性的历史。为了赢得这样一种观点，黑格尔采取了这

---

[4] 试比较黑格尔致亨利希（Heinrich）的信［《黑格尔通信集》（*Brief von und an Hegel*）卷二，Nr. 357］："别人似乎认为，好像在我的哲学中才第一次尝试去把握绝对，关于这一印象有很多可说的；但简单说来就是，如果我们是讨论哲学本身，而不是谈论我的哲学，那么可以说任何一种哲学从根本上说都是对绝对的把握，而不是对什么陌生的东西的把握。而且对绝对的把握首先是一种自我-把握本身——神学也是如此，当然那是在早些时候，神（学）比现在更像神学一些——也就是说，这种把握所说出的首先是它自身。但对此的误解是不可避免的，对于已经有了这样一种误解的人来说，无论是他自己还是别人，都没法将这种误解去除掉。"

[5] 《费希特与谢林哲学体系的差别》，1962年，S.8.（译文沿用《费希特与谢林哲学体系的差别》，第5页。——译者注）

样一种具体的立场：他假设，不仅仅是在自然的世界中，而且主要是在精神的世界中，本质的意志和自由都是走向理性的。用黑格尔自己的话来说，这是基督对天意的信仰，并且在其他一些非直接的宗教形式中也有同样的信仰。在历史中——世界历史或者哲学历史都一样——统领一切的最高原则就是理性，是世界的普遍精神，它同时也是人的本质。黑格尔想要论证这种对统领一切的世界精神的预设，尤其是想在历史的哲学和哲学的历史中论证它。

作为一种永恒活动着的精神，它不是一种已然存在的和完成的东西，而是始终都在生成着自身，改变和发展着自身的东西。世界的精神不断地在历史中前进，从一个尚未有任何展开的开端，走向一个完全发展完善的目标，走向自己的完成。如此看来，精神的历史发展并非什么外在的东西或是和哲学相矛盾的东西，而是哲学自身之发展出它全部意义的最终目标。精神的这种自我发展需要时间，但它也确实拥有时间——"在它面前千年就如一日"——因为它自己是永恒的，并且是落在时间内的。世界精神随着时间的推移不断降落到体现为人的精神的无限精神中，并且不断回到自身；它从自身发展的自在存在一步一步地走向不断发展的自为存在。

哲学的历史虽然看上去似乎和哲学正相反对，但它就是哲学的、理性的和充满精神的，就好像从另一方面看哲学本身也就是历史。它不再是一个不断变化的意见的罗列和单纯的史学兴趣和好奇心的对象，而是"发展中的体系"，因为真理自身就具有随着时间而"发展"的"趋向"。相反，如果一个人在许多种哲学的历史中看不到哲学的一致性，那就好像是见树不见林。但事实上，不同哲学体系之间的前后相继所依据的是它们的逻辑原则，反之亦然。要想洞见到这一点，人们就必须对哲学的历史加以辩证的和理性的把握，并且在它们不同的历史形态中发现它们精神方面的基本规定;此外还要将本质的东西和非本质的东西、内在的必然性和外在的偶然事件区分开。"哲学的观察无非是将偶然的东西去除掉。偶然性就像是外在的必然性,也就是说,这是一种可以归结为某种原因的必然结果,只不过原因是某种外部状况而已。……我们必须将这样一种信念和思想带到历史中:世界将会变成怎样,是不能交托给偶然性的。"也只有在拥有了这样一个信念之后,对哲学史的研究才是哲学研究本身,因为对历史的正确理解就是,它是真理在历史表象的领域中发展自身。

黑格尔之后,再没有一个人对历史的理性和精神的力量有这样的信念。黑格尔在1816年海德堡哲学史的导论中(之后他在1818年柏林的入职演讲中重申这个话题)这样说:"追求真理的勇气和对于精神力量的信仰是研究哲学的第一个条件。人既然是精神,则他必须而且应该自视为配得上最高尚的东西,切不可低估或小视他本身精神的伟大和力量。人有了这样的信心,没有什么东西会坚硬顽固到不对他展开。那最初隐蔽蕴藏着的宇宙本质,并没有力量可以抵抗求知的勇气;它必然会向勇毅的求知者揭开它的秘密,而将它的财富和宝藏公开给他,让他享受。"[6]

上述思路有以下三种预设,它们对这一思路而言具有本质的意义,但也都是值得疑问的:1.它假设了有一种超出人类的、神性的世界精神,它规定了世界历史和哲学史的走向;2.它假设了我们之外的自然领域从属于我们心中的精神领域;3.它假设了意志的世界服从内在的必然性,并且不会受偶然性支配。

1.黑格尔的形而上学中最高的、统治一切的原则并不是推动自己

---

6 译文沿用《哲学史讲演录》第一卷,第3页。——译者注

运动的物理学法则，而是活动着的精神或理性以及具有本体论背景的"理念"，而它们贯穿于所有自行生成的东西和现实的东西之中。这种精神不是单纯的人类知性和单纯的意识。通过精神这一概念，黑格尔将自己和之前的关于意识的本体论区分开了，意识的本体论自笛卡尔的"我思故我在"一直发展到康德的超越的"我思"并最终抵达费希特的绝对"自我"，这一绝对自我的意识是所有实践的东西的源泉。他在海德堡发表的《哲学百科全书》（§332）中针对这种本体论说道，意识的本体论将精神把握为意识，因此它只包含了现象学的规定，而没有哲学的内容。黑格尔用这一差异描述他的《精神现象学》：它虽然来自经验，而经验将意识首先作为感性确定性，随后在历史的进程中，又将意识塑造为自身和自身的对象，但它的出发点既不是意识也不是自我意识，而是处于精神的历史形态中客观理性的真理。这种实在的形态是"世界的诸形态"，这些形态都集中于精神的领域，而这个领域，就是被把握了的世界历史。精神是世界的精神，即"世界精神"。黑格尔将它等同于绝对精神，有时也称它为上帝，这让我们想起了《约翰福音》中的话，其中说道，基督的上帝是精神——用尼采的话说来，这样一种对上帝的定义没有任何好处，因为它是通向无神论的一大步。[7]绝对的、超越人类的世界精神就会变成用概念式的语言转译神性的天命或世界秩序的宗教形象（《哲学百科全书》§6;《历史中的理性》, 5.Aufl. 1955, S.20, 28, 30, 38f., 48以及《哲学史讲演录》最后一句话）。因此黑格尔就可以将他的历史哲学解释为一种神正论。他称自己是宣扬绝对的神父，"是上帝要求他，去成为一个哲学家"。但我们现代人，还有谁仍然信仰这样一个经过了世界精神的中介的、为神所统治的世界秩序和天命呢？

---

7 《查拉图斯特拉》第四卷,《驴子的庆典》。

2. 普遍的、神的精神的世界尽管从形式上包括了自然的世界，但自然界仍需经过一段过程才能变成理性的和充满精神的，因此我们应当研究已经灭亡了的东西的运动法则和依然存活着的自然界的发展法则，但自然与历史中的精神世界有着本质的不同，自然是"理念的他者"或者说精神的他者，是一种外在的东西，而精神的历史中发生的则是内在的发展过程。自然并不是自在自为的，而是只为我们而存在的，并且它没有精神，因为它没有自己的意识和自我意识。在自然被创造出来之后，人类就诞生了，人类始终是自然的世界的对立面，人就是本质，这种本质在两个世界中都呈现着自身。

> 试想一个盲人，忽然得到了视力，看见灿烂的曙色、渐增的光明和旭日上升时火一般的壮丽，他的情绪又是怎么样呢？他的第一种感觉，便是在这一片光辉中，全然忘却了他自己——绝对的惊诧。但是当太阳已经升起来了，他这种惊诧便减少了；周围的事物都已经看清楚了，个人便转而思索他自己内在的东西，他自己和事物之间的关系也就渐渐被发觉起来了。他便放弃了不活动的静观而去活动，等到白天将过完，人已经从自己内在的太阳里筑起了一座建筑；他在夜间想到这事的时候，他重视他内在的太阳，更过于重视那原来的外界的太阳。因为现在他和他的"精神"之间，结成了一种"关系"，这一种"自由的"关系。我们只要把上述想象的例子牢记在心，我们就会明白这是象征着历史——"精神"在白天里的伟大工作——的路线。[8]

---

8 《历史中的理性》，S.242。（译文沿用《历史哲学》，黑格尔著，王造时译，上海书店出版社，2001年，第106页。——译者注）

将自我意识视为内在的太阳，它由于自己的活动而处于自身的光明照耀下，这样一种隐喻是黑格尔的精神哲学的重要特征：对自我意识而言，并不是第一位的自然的世界，而是由人所创造的第二位的精神世界，才是意识走向自身的方向。[9]并且，由于精神作为绝对是对神的界说，黑格尔就可以说，一个自然科学家可以满足于从一根芦苇中认识上帝的存在，而精神的任何形象，例如一种最为偶然的情感和任何一个词语都会比自然界的对象更容易让人认识到上帝的存在。黑格尔在另一处还有个更为直白的说法——马克思继承了黑格尔对自然的轻视，所以那段话也是马克思很喜欢引用的——他是这么说的：哪怕是最罪恶的思想都比星空的壮丽更为卓越，因为只有思考着的人才知道自身。因此，对黑格尔来说，真正的世界并不是自然界，而是世界精神的世界历史，它和自然界的区别并不在于一些外在的偶然情况，而在于，精神的世界秉承其内在的必然性一步一步走向对自由的意识。

　　自从黑格尔确立了对两个不同领域即自然界和精神世界的区分之后，其影响延续至今。但这种区分的问题在于，精神的"世界"是一个隐喻，就好像"意志的世界""语言的世界"等一样，反之，现实的世界却只是那一个自然的世界，人们发展他们自己的精神和历史也是在这同一个世界中进行的。我们很难接受以下想法：这个自有其太阳、各种植物的世界竟会哪怕有一点点考虑我们自己的历史事件、我们的

9　试比较《法哲学》序言："关于自然界我们承认：哲学应该照它的本来面貌去认识它……自然界本身是合理的；知识所应研究而用概念来把握的，就是现存于自然界中的现实理性……即自然界的内在规律和本质。与此相反，伦理世界、国家不应该享有如下福分：事实上正是理性在那种要素中达到力量和权力，并在其中主张自己而成为它的内在东西。据说精神世界毋宁受偶然和任性的摆布，它是被上帝遗弃的；所以按照精神世界的这种无神论说来，真的东西是处于精神世界之外的，但同时因为那里也应该有理性存在，结果真的东西仅仅成为一个待决的问题。"（译文沿用《法哲学原理》，第4页。——译者注）

十六 哲学的世界历史？

决定和命运。就好像我们现在也很难相信，地球是世界的中心，并且这还是因为人们希望是这样子，我们作为生活在黑格尔之后两百年的人，也很难接受，基督教的欧洲是世界历史的中心，我们同样不再接受，因为上帝化身为人了，所以基督教就是一个绝对宗教。事实上，黑格尔已经做出了非常值得敬佩的洞见：他在1820年欧洲中心的思想背景下认为，将来时代的世界精神很可能会走向俄罗斯和美洲。

我们现代人，有谁还会相信意识的优先地位以及对存在的自我认识呢，谁还会相信这种意识在人的自然及其历史中是一种能够发挥作用的东西，甚至它还会推动历史的发展呢？黑格尔用意识到自身的意志和精神来阐释历史哲学，而他的同时代人 W. v. 洪堡（W. v. Humboldt）在《关于世界历史动因的思考》(*Betrachtungen über die bewegenden Ursachen der Weltgeschichte*) 一文中质疑了将自然和精神区分开的观点，这也是非常值得敬佩的。因为在现实性中，精神对自然来说是一种开创性的力量，并且自身中就包含了自然。想要从一种视角出发解释世界的创生，这样一种"所谓的哲学式的历史"的尝试注定是要失败的，而且它差一点就将真正的历史和历史的意义都挤走了。但我们必须相信的一点是，向着文明的不断进步并不是"几乎没人提到的"，因为文明自身就一直在将自己埋进坟墓，相反，自然的生殖力和想象力始终是无穷无竭的。"人类历史的命运滚滚向前，就好像河流从山上流向大海……就好像各民族进行着征服并且被征服，被消灭和被摧毁。"

对洪堡来说，哲学式的世界历史最关键的错误在于：它把人的繁衍完全看成一种理性的本质，而不是自然的产物，因此它就只能看到文化和文明，并且只在文化和文明中寻找前进和发展，却忽视了历史发展的最为原始的萌芽和动力。我们可以将这样一种对世界历史的观察称为物理本身,因为它揭示了自然的现实力量,这种力量无须任何精神、意志和意识,就能和人类那种任性的和有意识的行为意图发生关联。历史的这种动力可以分为三个方面:首先是事物以及人类的自然;其次是人的有意识的行为意图;第三是偶然和运气在历史进程中不可忽视的作用。

3. 接着,我们就能得出黑格尔的历史概念中第三个成问题的地方。也即,他的历史观是怎样将偶然的东西从历史事件的进程中排除出去,并让它符合一种内在必然的、理性的发展,以至这些事件都不是自然地根据自己的状况发生,而是被人的行为促成的,尤其是被那些在世界历史中具有突出作用的个人所促成的?人的决心、行为和行动都来自意志,但任性和偶然也同样属于意愿的一种,因为我们又怎么能够否认,所有被意愿的事情,也有可能根本没有被意愿过,或者是被意愿为别的样子的,因此,历史上发生的一切其实都可以有别的可能。如果不是这样的,那么黑格尔想要在历史的进程和走向中证明理性和内在必然性的决定力量的尝试,就并不一定会和非理性的任性和偶然性的东西相矛盾。但我们要怎样才能"带着信仰和思想",并且将"意愿的世界并不会屈从于偶然"的信念带进历史研究中呢?这并不是一种思想,而是被带进哲学之中的、经过了转译的对天命的信仰。如果没有这种信仰,那么人们的日常生活和世界历史就只能在偶然性这一基本因素的海洋里飘荡。

黑格尔是这样解决关于偶然性的问题的:他首先将行为和事件分为两类,本质的和非本质的、必然的和偶然的、核心的和外壳的、内部的动力和外部的表象。黑格尔认为,那些已经被灭绝并且永远消失了的历史中曾有过的世界及其文化,都并不具有决定性的影响。因为世界历史并不会保护那些"外在的偶然的东西",精神最终会彻底走向和实现它自己的目标,并且,在这一目标之上并没有任何更高的判断事情对错的标准。"世界历史就是世界法庭。"它具有最高的权利,因为在各民族和各国家间没有一个更高的普遍法官,能够裁决各民族或国家间的冲突。"唯一最高裁判官是普遍的绝对精神,即世界精神。"[10] 在艺术、宗教和哲学中显现着的绝对精神,就是在世界历史中"贯穿整个内部和外部范围的精神的现实性"。它的力量贯穿了所有特殊的民族、国家和市民社会。但它并不仅仅是普遍精神的权力的裁判,也就是说,它不是盲目的命运的毫无理性可言的必然性,而是理性诸阶段的必然发展和普遍精神的自行展开,而每一个发展阶段作为某一种特殊的民族精神却只会在历史上统治一次,只建立一次属于自己的时代。"它具有绝对权利成为世界历史目前发展阶段的担当者,对它的这种权利来说,其他各民族的精神都是无权的,这些民族连同过了它们的时代的那些民族,在世界历史中都已不再算数了",[11] 而且,即使那个民族或国家可能还会继续存在一段时间并为了一些偶然的东西而争斗,但就其历史意义而言,一旦它的时代过去了,它就会从世界历史中消失——整个民族尚且如此,就更不用说个别历史人物的命运了。个人的特殊目标对于引导历史发展来说是无足轻重的,黑格尔对于那些具有世界史意义的个人的核心观点是,他们之所以变成了历史的"主宰",并不是因为他们自己知道并且想要引领历史,而只是因为他们恰恰成了世界精神的代理,因此只能如此这般行动,他们几乎是出于自己最深的激情和欲望行事,追求自己的特殊目的,殊不知那是历史的意志。恺撒和拿破仑都不知道,也不可能知道,他们在建立自己的统治时究竟做到了些什么,但他们确实在欧洲的历史中促成了世界史的目的。

---

10 译文沿用《法哲学原理》,第412页。——译者注
11 译文沿用《法哲学原理》,第416页。——译者注

黑格尔在1806年拿破仑进入耶拿时写道:"我看见拿破仑,这个世界精神,在巡视全城。当我看见这样一个伟大人物时,真令我发生一种奇异的感觉。他骑在马背上,他在这里,集中在这一点上他要达到全世界、统治全世界。"[12]这句话让我们联想到罗森克朗茨所搜集的另一句话:"你一觉醒来,就看到了所有的事情并对所有人说这件事意味着什么:这就是世界的理性和主宰。"这句话包含了黑格尔的整个想法以及他对拿破仑的亲近之感,但对于法国大革命,他在青年时代视之为统治世界的日出而对它大加欢迎,因为那是人类第一次"用自己的头脑建立一切",但他在成熟时代开始拒斥大革命中的恐怖,并认为是拿破仑将革命拉回了合法的地基中。即使是在拿破仑失败后,黑格尔都坚持认为,世界历史前进步伐中的意识和自由是站在拿破仑一边的,对他的反动只不过是虚骄的大惊小怪而已。

> 普遍的世界局势让我有了这样一些想法,我想将一些个别的和切近的东西从思想中排除出去。我认为,时代的世界精神已经下达了一个命令,人们却抵制这个命令;但事实上这种命令就像一个前进的方阵那样根本无法阻挡,就好像一轮太阳正一点一点升起,它会穿透一切或厚或薄的遮挡;无数无足轻重的人想要抵挡世界历史的方阵,却只会被它挤到一边,大部分人都并不知道,我们的时代究竟发生了什么……所有的口舌之利都抵挡不了历史;也许那些吹牛皮的人能够得到历史这个巨人的鞋带,能给它糊上一些鞋油或者烂泥,但不可能阻挡这个巨人的前进……我认为,反动的人也希望有自己的权利;真理厌恶这种做法,有些人却欢

---

[12] 译文沿用《精神现象学》上卷,第3页。——译者注

迎这种做法（la verité en la repoussant, on l'embrasse）……他们的愿望已经降低为，他们对自己的对手的看法完全是出于一种虚荣的心态，他们对发生的事情都有一种巨大的仇视，想要否认别人的胜利，可以这样解读他们的想法：这件事是我们做成的；现状必须维持不变……[13]

黑格尔也认为，"伟大"的事件和历史人物败给偶然性是一件毫无意义的事情，因为他作为一个历史的哲学家，只对那些有名有姓并且引起了更广泛的后果的事情感兴趣，而对无名的和无后续效果的事情没多大兴趣。就和任何一种实用主义的历史描述一样，历史哲学，无论它自己知不知道或者是否有意为之，都是一种效果历史，而效果总是在为自己说话。但这并不能证明以下思想：所有的东西都有可能具有和已经实际上发生的事情截然不同的效果。拿破仑有可能在担任第一执政时期就被谋杀了，或者也有可能在某一次战役中受重伤；如果某个长官能够及时集结他的部队和拿破仑会和的话，他也有可能在滑铁卢大获全胜。希特勒有可能丧命于第一次世界大战，于是世上再没有人会知道这个人；但他也有可能真成为欧洲的统治者，于是世上再没有人会谈论什么"尚未被克服的过去"。对于个人的私人生活来说，情况也是一样的。偶然性会让事情就是如此这般发生，然后继续发展下去。人们出于偶然认识了这些或那些人，娶了这个或那个太太，从事这种或那种由当时的社会所规定的职业；人们出于偶然知道了这本或那本书，然后深受它的影响，然后由于这种或那种判断和信念而得到了相应的处境。我们可以不夸张地说：整个个人生活都充满了偶然性，

---

13 黑格尔致尼塔默的信，1816年7月5日。

我们全然屈从于它,并把它称为命运。因此,我们从历史中可以学到一切,也可以完全学不到任何东西,因为历史总是充满了所有可能的例子。历史绝不会告诉我们,明天或者十年、百年后会发生什么。尽管黑格尔坚持一种历史哲学的立场,但他也会承认历史学的意义:"人们惯以历史上的经验教训,特别介绍给各君主、各政治家、各民族国家。但是经验和历史所昭示我们的,却是各民族和各政府没有从历史方面学到什么,也没有依据历史上演绎出来的法则行事……"[14] 上述这一切和历史学的源初及字面上的意义并不相悖,只要历史学所描述的是在某一段时间内发生了什么,就像修昔底德所展示的,已经发生过的事情会在未来以非常类似的方式一再重演,因为人的本性并不会发生本质的改变。那些不断改变着自己、塑造了历史的根本特征的东西,其实是统治关系中无法预见的变迁。因此,塔西佗在他的《编年史》中论及罗马帝国时期时得出结论:"我越是反复思考古时候和现在所发生的事情,我就越体会到,在所有谈判和事件中都充满了幻象,在所有人类事务中都充满了不可靠性。"[15] 黑格尔也同样没有轻视不带哲学色彩的历史学。黑格尔在他的《哲学史讲演录》导论中将他的"哲学的世界历史"和单纯的或者原始的历史学区别开来,后者的代表是希罗多德的《历史》、修昔底德的《伯罗奔尼撒战争史》、波利比乌斯的《罗马帝国的崛起》和恺撒的《高卢战记》。包括马基雅维利的《佛罗伦萨史》和弗里德里希二世的《今世通史》(*Histoire de mon temps*)也是从历史学的角度对发生在不久之前的政治历史事件加以描述,其目标和意义在于将它们联系为一个整体,并通过思想的把握,为未来的人们保留关于当下事件的记录。这些历史中所描述的整体只是一个非常有

---

14 译文沿用《历史哲学》,第6页。——译者注
15 《编年史》III,18;试比较波利比乌斯,《历史》,XXIX,21。

限的经验领域,并且正是由于它的局限,才显得引人注目而又富有教益,因为它们只讲了那些作者本人作为一个进行研究的旅行家、一个政治家或一个统帅亲眼观察到的和亲身经历过的事情,或者是描述他们自己在历史事件中的作为。"如果一个人想要研究这些基本的历史,他就必须深入学习这些原始的历史作家并长久地浸淫其中,而且对它的研究永远都不嫌太多;我们可以从这些作品中找到关于一个民族或政府的历史的鲜活生动的第一手资料。"黑格尔补充道,即使一个人并不想做一个博学的历史学家,也可以满足于阅读这些作品。但为什么黑格尔自己并不采取这样的立场和观点呢?为什么他之后甚至越来越远离这一立场呢?因为他认为,在这些原始的历史中缺乏"理性的眼睛",而唯有这"理性的眼睛"才会把世界历史的进程视为一个"走向意识和自由的过程",由此,世界历史中所有恶劣的事情、历史这个诸民族和个人在其中碰运气和亲身献祭的屠宰场以及时代的幸运这张"白纸"才能在最后达到和解。而对惯常的历史考察的实用主义反思却显然不能看到这一最终的和解;它放弃了对意义和"历史事件中的精神"的引领作用的追问。

尽管历史的"第一范畴"是变化和永不停歇的变迁,是诸民族、国家、文化的不断兴起、上升和衰落,是一个波澜起伏的戏台,每一个浪头依次统治世界然后又归于消失。人们如果看到了这样一个各种事件、局势和偶然的巨大戏剧,不带偏见地观察那些破坏和痛苦,就会认为,历史仿佛就是从毫无意义的事情中又生发出同样没有意义的巨大后果,而最后我们什么都没有达成,这样的话,历史看起来似乎就像是一个非理性的和暴力的大杂烩,在其中好的东西和坏的东西根本没有什么区别。但正因如此,就必然有了这样一个问题:这一切事件的最终目标究竟是什么。这一思想涉及"必然",也就是说,是"为我们的",因为我们作为欧洲的基督徒,和别的东方民族不一样,那些东方民族能够满足于事情本身是怎样就怎样，而不去追问目标和意义。"在民族的事件中存在一个起支配作用的最终目的，在世界历史中存在着理性——并不是某个特殊的主体的理性，而是神的、绝对的理性，这是我们所预设的一个真理；而对它的证明就是世界历史这部巨著本身。"如果不考虑到黑格尔从图宾根时期作品中就已出现的基督神学背景，不考虑后来他关于基督教是"世界历史之轴"的说法的话，我们就没法理解上面那句话。黑格尔的逻辑科学是一种"本体–神–学"（费尔巴哈第一次提出这种说法并将它表述清楚）。它是"最后一次想要通过哲学重新建立已然失落了的基督教的伟大尝试"，黑格尔试图通过宗教和哲学、信仰和非信仰在形而上学的顶峰中的辩证统一重建基督教。黑格尔的最后一次讲演的内容是证明上帝存在，并且他向听众们建议，用上帝存在的证明补充他关于逻辑科学的讲演！

II

本文一开始提出的问题是：黑格尔关于不断发展着的精神的体系中，有哪些内容在今天还是活生生的？这一问题首先涉及了他的历史哲学，总的来说是他的整个关于历史的思想。我们还要问：黑格尔的体系在精神的绝对形式的所有领域中，将西方世界的历史以概念的形式加以把握和完成，这一点对我们来说意味着什么？黑格尔死后，他遗留下来的对我们当下的现实性，很久以来都不再是建立在他的绝对体系、本体–神–学的要求上；先是他的学生，然后是R.海姆以及之后的克罗齐和狄尔泰，都为了获得一种历史性的思考方式而放弃了这种体系的要求。他的现实意义也并不建立在被马克思所接受的那种表面上的辩证思维上，特伦德伦伯格（Trendelenburg）、E.

v. 哈特曼（E. v. Hartmann）和克罗齐对这种辩证思维的真理进行了一种并不容易接受的批判。也许，黑格尔的现实性在于，他始终具有一种当下的意义，因为他对整个西方国家的传统加以加工、完善和完成，因此他就引出了这样一个问题：在黑格尔之后，哲学或形而上学究竟要如何可能？因为关于事物的"概念"的历史，连同关于绝对思想的事物一起，到了黑格尔那里，就走到终点了。23岁的马克思的功绩在于，他在论述两位古代唯物主义者的博士论文中提出了这一决定性的问题。和那些只想对黑格尔加以改革的青年黑格尔派不同，马克思从历史中成功地取得了一种洞见，这种洞见关乎的是哲学本身。

> "模棱两可的智者们的观点"——他指的是卢格——"同全体统帅们的观点是对立的。统帅们认为，裁减战斗部队、分散战斗力量并签订符合现实需要的和约可以挽回损失，而泰米斯托克利斯（Themistokles）"——也就是指马克思本人——"作为一个雅典人"——也就是指哲学——"在雅典城遭到毁灭的威胁时，却劝说雅典人完全抛弃这个城市，而在海上，即在另一个原素上建立新的雅典。"——也就是指转向政治和经济的实践，只有它是按照其本来面目去把握当下的——"泰米斯托克利所建立的是一个全新的雅典"——也就是指一种和现在的哲学截然不同的全新的哲学。"我们还不应该忘记，在这些大灾难之后的时代是铁器时代——如果这个时代以伟大斗争为标志，那它是幸运的；如果这个时代像艺术史上跟在伟大的时代之后跛行的那些世纪那样，那它是可悲的，因为这些世纪只会从事仿造：用蜡、石膏和铜来仿造

那些用卡拉拉大理石雕刻出来的东西。"[16]

马克思之后再没有人提出过这个决定性的问题：在一个依然彻底完成的哲学之后，未来的人们还可以怎样思想——只有一个例外，那就是海德格尔！这一论断乍看起来是让人惊讶的，因为海德格尔和马克思没有什么直接的关系，只是偶尔会有人把他们两个联系起来。对于海德格尔在《存在与时间》之后的思想来说，如果有哪个19世纪的思想家具有本质的意义的话，那也不是马克思，而是尼采。但在海德格尔看来，尼采想要克服欧洲虚无主义的尝试也不是什么新的开端，事实上，除了尼采的历史之外，形而上学背后的世界已经在它的历史和对存在的遗忘的历程中变成了一个寓言。我想要尝试论证这个看似让人惊讶的论断，即，只有海德格尔以一种不同的方式接过了青年马克思所提出的黑格尔之后哲学将何去何从的问题。这就首先需要简短地论述一下海德格尔和黑格尔的关系。

对海德格尔来说，"思想的事物"就是存在。但他所说的存在并不是希腊人所理解的"不可动摇的"存在，不是那种静观着宇宙并为它"稳固地奠基"的东西，而是指一种不断急剧变化着的存在的命运，并且它本身就是历史性的和世界历史性的。因此，我们从一开始就可以猜测，海德格尔与黑格尔的世界历史思想具有一种非常切近的，当然也是批判性的关系，他们之间的关联会远远超过海德格尔与巴门尼德的关系，因为巴门尼德关于存在的说法和历史根本就毫无关系。海德格尔第一次论及黑格尔是在他的教授资格论文中。他在此文的结尾

---

16 译文沿用《卡尔·马克思传》，第28—29页。——译者注

处就提到，对黑格尔关于活生生的精神的历史世界观加以阐释是一件非常有必要的事情。"只有当精神的全部成果，也就是说它的历史在精神自身中被扬弃的时候，精神才能被把握，随着这些成果的不断增加，我们就得到了不断增加的中介和内容，这些中介增进了对神的绝对精神的活生生的把握。"[17] 与活生生的精神概念相伴随的，是我们必定会看到历史和哲学、变化和绝对效用、实践和永恒之间的内在联系。10 年后，在《存在与时间》中，海德格尔不再讨论"永恒"了。恰恰相反！诸如永恒或永远存在这样的概念，也只不过是时间性的一种变种。《存在与时间》的倒数第二段所处理的就是黑格尔那里精神和时间的关系，他那关于流俗的世界时间的世界历史思想始终是受到限制的东西。时间之时间性原初地存在于无限地生成着的此在之中，它的生存论的时间是世界历史之所以可能的基础。在黑格尔那里，精神是处在时间中的，但这是为了让精神能够在时间中展开；精神实际上自在自为地是非时间的，是永恒的，也就是说，是一直处于现在的。时间并不拥有超越"概念"的力量，相反，概念才是时间的力量，而在黑格尔那里，真正的时间更多的是亚里士多德所理解的当下，而不是轮回的永恒。海德格尔的看法和黑格尔恰恰相反，他认为，并不是精神首先落于时间中，而是精神的存在生成本身才是原初时间性的时间化。尽管海德格尔那里有这种对世界历史的存在论降格，但对他来说对世界历史的操心是存在的天命。

《存在与时间》之后 15 年，也就是在第二次世界大战期间，海德格尔发表了《黑格尔的经验概念》一文，这篇文是在以海德格尔式的对存在发问的方式解读《精神现象学》的导论。在我们身边在场，这

---

17 《邓·司各脱关于范畴的学说和意义的理论》，1916 年，S.241。

本来就属于绝对的本质；但绝对也只能在我们身边在场，因为人的本质本来就属于绝对的"基督再临"。[18] 在阐释黑格尔的同时，海德格尔与世界历史状况的关系开始走向一种末世论的预言。一些伤感的词，诸如"这个时代的人们""对世界的一瞥""世界的天命""世界的急迫""机械化的世界之夜"等，都是在描述一种绝对的、存在历史式的历史主义。黑格尔的历史意识是，在绝对精神的永恒现在性中依然存在一种尺度，有了这种尺度，黑格尔就可以把时间中的事件理解成一个以绝对知识为目标的序列，而海德格尔的想法则超越了黑格尔的这种历史意识。尽管黑格尔也像海德格尔一样讨论"什么存在"，但对海德格尔来说，存在的东西绝不是绝对精神的永恒现在，而是存在的天命意义上现在的和未来的东西。海德格尔在这一点上很接近马克思：他也将黑格尔所总结的迄今为止的形而上学历史都解释为某种史前史，这种想法的深远影响至今仍然存在，并且他也要求彻底地改变"迄今为止的"人和"迄今为止的"思想。因为存在的天命就在于，长久以来人们就把人的本质和存在之间的原初关系彻底忘却和禁止了。这种关系的缺席和对缺席本身的遗忘无形中规定了整个现代。这种对存在的远离和遗忘在将来还会进一步地加剧遗忘，尽管它还是会带有自己的一些尺度，比如人们将形而上学看作动物的理性或工匠的活计和劳动的产物——无论是个体劳动还是共同劳动——并始终围着自己打转。根据海德格尔的论述，形而上学远没有走到它的终结，它甚至现在才刚开始达到在存在者中的无条件的统治，也就是说，在"现实性的无真理的形式中"及其无数的客体中的统治，人们将那些客体想象和建立为主体，并错误地将它们当作真实的事物。所有在场的东西都通过

---

18 《林中路》，S.120，143，176。

它自己的意志互相对立着，这种意志最后希求的是权力和统治，其最终的后果就是，主体性的形而上学让大地荒芜，而且我们完全有理由猜测，形而上学的完成会持续得比它迄今为止的历史都还要久。但这一存在的历史不是从现代工业和技术的后果呈现出来以后才开始的，而是随着存在的真理的没落就已经开始了，存在的真理没落，意味着我们将存在者当作一切事物的尺度，将它当作存在和现实存在。

对海德格尔来说，形而上学正在走向它的克服，它的历史形态正处在一些个别的，"但也许也是西方国家的必然灾难"以及它对整个星球的统治的前提条件之中。但如果历史的意思是"天意的命运"的话，那么相反就不会存在任何更高的评判者，于是，历史主义就会是一种绝对的东西，因而看上去就显得和它的对立面非常相似。因此，海德格尔就可以一方面拒斥黑格尔那种将思想的法则变为历史的法则的历史思想体系，另一方面又认为，黑格尔将历史规定为精神的发展，这是说出了整个主体性形而上学的真相，他将这种形而上学的本质清楚明白地表达了出来。如果说存在就其本身来说只能被打上历史的烙印，并且人们只能在西方国家思想史的历程中经历到存在，那么对于思想的真理的追问就会在对因其去蔽而具有真理性的历史的各阶段的不加区分的承认当中走向瓦解。从柏拉图直到尼采都拒斥存在的真理的形而上学，这属于真理事件的历史，在这一历史中，真理被给出但又被拒斥。这种历史相对主义在黑格尔那里就已经存在了，事实上黑格尔是第一个在存在历史的意义上彻底确立这种相对主义的人，因为他将精神和历史联系在一起加以思考，并且让同一个真理在历史的进程中"发展"。

战后不久（1947年）海德格尔就在反对人道主义的文章中论证了一个新的开端的必要性，而这种人道主义正是来自黑格尔对形而上学的完成。

> "只要思想安于其任务，则它就在现在的世界天命的时刻给人一种指引，即把人指引到他的历史性逗留的原始维度中去。由于思想如此这般道说着存在之真理，思想已然信赖于比一切价值和任何存在者更本质性的东西了。当思想还更高升上去，超过形而上学并且把形而上学扬弃到无论何处的时候，思想并没有克服形而上学；不如说，当思想回降到最切近者之切近处时，思想才克服了形而上学。尤其是当人已经在攀登时误入主体性中时，这种下降就比那种上升更为困难、更加危险。……未来的思想将不再是哲学了，因为未来的思想比形而上学思得更源始些，而形而上学这个名称说的就是哲学。但未来的思想也不可能再像黑格尔所要求的那样，放弃'爱智慧'这个名称而自身却变成了绝对知识之形态中的智慧。这种思想正在下降而进入它的暂时的本质的赤贫中去。这种思想把语言聚集到简单的道说之中。"[19] 但精神的语言碰上了辩证法，所以这是"哲学的真正耻辱"。

10年后（1957年）在《形而上学的存在-神-逻辑学机制》中，海德格尔讨论了黑格尔那里的"思想的事物"，并将它和他自己试图将存在和存在者区分开的尝试加以区分。

> 对黑格尔来说，思想的事情乃是存在——鉴于在绝对思想中并作为这种绝对思想的存在者的所思状态来看的存在。对我们来

---

[19] 译文沿用《路标》，海德格尔著，孙周兴译，商务印书馆，2001年，第415、429页。——译者注

说，思想的事情是同一东西，因而就是存在，但这就是存在与存在者的差异而言的存在。说得更明确些：在黑格尔那里，思想的事情乃是作为绝对概念的观念。在我们这里，暂时可以说，思想的事情乃是作为差异的差异（die Differenz als Differenz）。[20]

与此相应的还有海德格尔和哲学史的关系。黑格尔固然看到了过去的思想家的力量，但仅限于他自己对这些人的思想加以思考并将它们当作过去的一个阶段并在绝对思想中扬弃他们。

> 但只有已被思的东西才为尚未被思的东西做好准备，后者总是重新栖留于其流溢中。未被思的东西的尺度并没有导致把先前被思的东西包括在一种始终还更高的、超过先前被思的东西的发展过程和系统中，相反，它要求把传统思想释放到它的还依然被贮存下来的曾在者（Gewesenes）中。这个曾在者原初地贯通并支配着传统，始终先行于传统而现身，但又没有合乎本己地得到思考，没有被思考为开端者（das Anfangende）。[21]

取代了在思辨概念中的扬弃的，是一种"后退"，它退回了所有超越了形而上学的领域，而在那些领域中，人们才开始能够思考真理的本质（无蔽性）。哲学的时代在当时跳出了险峻的存在的天命；人们没法以一种必然的辩证过程的方式推论出这种后退，以便将它在关于绝对的绝对知识中加以完善。

---

20 译文沿用《海德格尔选集》，海德格尔著，孙周兴选编，上海三联书店，1996年，第824页。——译者注

21 译文沿用《海德格尔选集》，第825页。——译者注

一年后，在《黑格尔与历史》的讲演中，海德格尔虽然承认黑格尔对西方形而上学的完成本身的价值，但他又通过回到希腊这一开端，质疑黑格尔的做法。

> 由"黑格尔与希腊人"这个标题，在其历史中的哲学整体便对我们说话，并且就在现在，在哲学的崩溃变得显而易见的时候；因为哲学迁移入逻辑斯谛、心理学和社会学中去了。这些独立的研究领域为自己确保了它们不断升高的有效性和多层面的影响，作为政治——经济世界（亦即在某个根本意义上的技术世界）的功能形式和效果工具。不过——从深远处得到规定、并且不可阻挡的哲学之崩溃并非就是思想的终结，而毋宁说是另一种东西，但却是不具有公开的可确定性的东西。[22]

认为那两位反黑格尔主义者克尔凯郭尔和马克思恰恰是最伟大的黑格尔主义者这样一种说法和论断，在六年后题为《哲学的终结和思的任务》的演讲中得到了进一步的阐述。在之前的《存在与时间》演讲（1962年）中，海德格尔已不再将辩证法描述为哲学真正的耻辱，而是最终将辩证法瓦解了。他以提问开始和结束这篇演讲，这提问虽然是在强为之说，但他的本意并不是要真的去说什么，而只是想要指出，他的意思是根本无法用语言说清楚的。用以引出话题的问题和《存在与时间》的开篇问题是一样的：存在总是被理解为在场的或者当下的东西，也就是说总是在一种时间的模式中得到理解，反过来此处的存在也应如此。但存在或时间本身并不是存在者。

---

[22]《路标》，S.255。（译文沿用《路标》，第 502—503 页。——译者注）

十六 哲学的世界历史？

存在不是物，因此它就不是时间性的东西，然而它还是被时间规定为在场状态。时间不是物，因此它不是存在者，但是它永恒地处在它的流逝中，它自身并不像那些处在时间中的存在者那样是某种时间性的东西。存在与时间交互规定，但却是以这样的方式进行规定的：既不能将前者——存在——称为时间性的东西，也不能将后者——时间——称为存在者。在思考这些东西时，我们是在各种矛盾的陈述中东奔西突。对这种情况，哲学知道一条出路。人们让矛盾存在，甚至使其尖锐化，并且试图把自相矛盾的、从而破裂的东西共同编排在一个无所不包的统一体中。人们把这种方法叫做辩证法。假如关于存在和关于时间的相互矛盾的陈述通过一个包罗万象的统一体而被置于一致中，那么这当然会是一条出路，也就是说，是一条道路，一条逃避事情和实情（Sachverhalt）的道路。因为它既不致力于存在本身，不致力于事件本身，也不致力于它们二者的关系。[23]

在前言中海德格尔这样描述他的尝试：越过存在者而直接将存在思考为一种陌生的然而必要的东西，因为不然的话，我们就完全看不到存在"就是今天遍布整个大地的东西"的可能性，更不用提对人和我们迄今为止称之为存在的东西的关系加以规定了。关于存在的问题与世界历史的关系如今以一种全球化的形式呈现出来，它正应了35年前《存在与时间》中出现了两次的那句话：现在正在发生的是，只"为它的时间"存在"一瞬间"。海德格尔自始至终都在从时间出发思考存在，也在从存在出发思考时间。他是一位显得不合时宜的、在贫乏的

---

23 译文沿用《海德格尔选集》，第664页。——译者注

时代彻底具有时代性的思想家。最后他在 1964 年的《哲学的终结和思的任务》的演讲中重新提起了他的时间和存在的历史的思想，以便将哲学的可能性和不可能性的最终后果从世界历史的状况中拉出来，海德格尔将这种状况提升为存在的历史。这个演讲可以用两个问题加以规定：当代的哲学在多大程度上已经走进了它的终点？在哲学终结之后，还给思想保留了什么任务？海德格尔首先做出了这样的解释：

> 哲学即形而上学。形而上学着眼于存在，着眼于存在中的存在者之共属一体，来思考存在者整体——世界、人类和上帝。形而上学以论证性的表象思维方式来思考存在者之为存在者。因为从哲学开端以来，并且凭借于这一开端，存在者之存在就把自身显示为根据（arche，Prinzip 原理）。根据之为根据，是这样一个东西，存在者作为如此这般的存在者由于它才成为在其生成、消亡和持存中的某种可知的东西，某种被处理和被制作的东西。[24]

哲学的"终点"的说法究竟是什么意思？它指的不是单纯的结束，而是形而上学的完成，但它指的也不是最高的实现，因为在海德格尔那里不像在黑格尔那里，存在一个从未经发展的开端走向彻底完成的目标的真理的进步过程。最后尼采将整个形而上学的历史作为柏拉图主义的堕落的历史加以颠倒，也就是说，是将理念的真实世界加以形象化，于是就用"真实"的世界把"表象"的世界仅仅当成一个虚假的世界，从而将它取消了。马克思就已经完成了这种颠倒并将黑格尔的体系头足倒置了，尼采也通过这种颠倒达到了哲学最大的可能性。

---

[24] 译文沿用《海德格尔选集》，第 1243 页。——译者注

十六 哲学的世界历史？

但形而上学的终点并没有让思想也一起结束，它更多的是转向了科学的发展。

> 科学之发展同时即科学从哲学那里分离出来和科学的独立性的建立。这一进程属于哲学之完成。这一进程的展开如今在一切存在者领域中正处于鼎盛。……现在，自我确立的诸科学将很快被控制论这样一门新的基础科学所操纵。我们并不需要什么先知先觉就能够认识到这一点。控制论这门科学是与人之被规定为行动着的社会存在者这样一回事相吻合的。因为它是关于人类活动的可能计划和设置的控制的学说。控制论把语言转化为一种信息交流。……哲学之发展为独立的诸科学——而诸科学之间却又愈来愈显著地相互沟通起来——乃是哲学的合法的完成。……任何一门科学都依赖于范畴来划分和界定它的对象领域，都在工具上把范畴理解为操作假设。这些操作假设的真理性不仅仅以它们的在研究之进步范围内所带来的效果为衡量尺度。科学的真理是与这种效果的功效相等同的。……表象-计算性思维的操作特性和模式特性获得了统治地位。……哲学之终结显示为一个科学技术世界以及相应于这个世界的社会秩序的可控制的设置的胜利。哲学之终结就意味着植根于西方欧洲思维的世界文明之开端。[25]

以上就是海德格尔对哲学达到终点所面临的第一个问题的回答。当我们在从希腊的形而上学和物理学直到控制论中看到了一种连续性的结构时，就会发现这个问题能够澄明很多事情，希腊的形而上学和

25　译文沿用《海德格尔选集》，第 1244—1246 页。——译者

物理学使新时代的数学式的物理学成为可能，但希腊人并没有预料到后者的出现。接下来的第二个问题就是，在属于科学的哲学走到自己的终点后，思想的任务还剩下些什么。但对这个问题的回答远没有那么澄明。因为如果留给思想的东西既不是形而上学又不是科学，那么它究竟应该是什么呢？具有说服力的只是一些否定的说法，那就是：关于存在的思想作为一种"光照"，并不像形而上学和科学的思想那样，能够直接或间接地有什么效用，也不会改变世界或者仅仅是把握世界。尽管如此，海德格尔在形而上学和科学面前的高傲态度只是一种表面的东西。事实上，我们对这种思想的了解比对那些伟大的哲学家和自然科学中的伟大发明的了解要少得多，因为思想放弃了贯穿整个烙上了科学技术印记的工业时代的公开成果。海德格尔的"思想"只是满足于唤起对某种可能性的准备，但没人知道它什么时候会来，它的具体情形也依然晦暗不明。同样搞不清楚的，还有世界文明究竟是会马上被摧毁，还是会稳定地继续持续很长一段时间。

海德格尔所处理的"事情本身"并没有超过黑格尔所讨论的范围，相反，它就是知道自身的、被光照的、被启蒙的东西，总之就是那些被照亮了的东西：那就是存在自身的光线，这种光线第一次使真理有可能成为无蔽的东西。海德格尔认为，关于存在的光线的本质思想会克服形而上学并且超越那些关于现实存在者的科学。

海德格尔在存在者和存在之间预设了一种根本性的差别，这种差别中就包含了历史学和本质性的历史之间的差异。因为，如果没有存在者，要怎么可能思考存在；同样，如果没有历史学的意识，要怎么思考本质性的历史？关于世界理性的"本质道路"的结构，无论是黑格尔那种辩证-理性的解释还是海德格尔那种存在历史的解释都没法做到，一方面对世俗的或者也包括思辨的事件做出预测，这些事件更多的是将人们引向历史学并且将自己展览在"历史形象的柜台上",另一方面又从这些实践的事件中提取出某种思想性的本质内容。[26] 去说一些诸如欧洲和西方国家、希腊、罗马、基督教、新时期等的词语;去以批判和历史学的方法出版一些偶然找到的前苏格拉底时期的只言片语,并且基于这些片段进行哲学的解释,这就足够在历史学的传承领域中活动了。并且,黑格尔在法国大革命这一事件中辨认出那种自我建立的世界理性的意志,并且在拿破仑身上辨认出世界历史的世界精神,或者是海德格尔在希特勒和国家社会主义中看到"德意志的此在"的存在的天命,实际上都是在将一些局部的事件和"哲学的世界历史",和一种本质性的"存在的天命"混淆起来。拿破仑的同时代人认为拿破仑将欧洲历史的概念推向完成,因而将他看作对一个未经发展的开端的完善;希特勒的同时代人却将西方的精神的同一段历史看作虚无主义的扩散过程。从原则上讲,黑格尔和海德格尔的论述结构并无不同。他们都迷失在绝对的历史主义之中,而这种历史主义恰恰是彻底不历史的。

即使是《共产党宣言》这样历史唯物主义的文本,都是从头至尾都建立在一种世界历史的概念之上的,它也和黑格尔与海德格尔一样,分享一种对历史本身的信仰。《德意志意识形态》的第一句话是这样的:"我们只知道唯一的一种科学,那就是历史科学。"历史对马克思来说是唯一的科学,这是因为历史就是贯穿全部人类活动的东西,也就是说,是生产劳动。它也是"人类的真正自然历史"。"在人类的历史中诞生的劳动,就是人类的真正自然。"根据马克思的看法,只有"在

26　参见 W. 穆勒-劳特（W. Müller-Lauter）,《当代哲学中的历史主义的后果》(*Konsequenzen des Historismus in der Philosophie der Gegenwart*), 载于《神学和教会杂志》(*Zeitschr. F. Theologie u. Kirche*), 1962 年, H. 2, S.248ff。

澳大利亚的一些珊瑚岛上"上，人类的自然才会具有比历史更重要的地位。黑格尔和马克思所感兴趣的，并不是活生生的自然的最初生产，也不是人类从中产生的那个自然，而是自我生产的精神，或是改变人类历史的劳动。与《精神现象学》中的"精神领域"相对应的是马克思那里未来的共产主义中的"自由王国"："它是人和自然之间、人和人之间的矛盾的真正解决，是存在和本质、对象化和自我确证、自由和必然、个体和类之间的斗争的真正解决。它是历史之谜的解答，而且知道自己就是这种解答。"[27] 但在马克思看来，这种历史之谜是一种日常的和常见的事情，即人将自己外化和异化在他自己的产品之中，并且从来不会——或者只是在很少几个瞬间——在他者的存在中处于自身之中。马克思没有沉迷于这样一种观念：将来的人即使是作为个人也会是一种社会性的类本质，而这种类本质会通过一种纯粹"人的"解放，而不仅仅是政治的解放，取消自我存在和普遍本质之间的矛盾。那么他就一定会看到，自我和其他所有东西之间的区别并不是施蒂纳的小资产阶级幻象，而是一种本质的和无法扬弃的东西。

如果哲学想要让自己进入历史本身的历史，关于史学想象的世俗历史就不能和那种对世界精神和存在的经过进行思考的历史脱离开——这种历史本身的历史是一种单一的主体，它本身会将我们引向错误的道路。但人们应当怎样在一个不断变迁的历史以及各种崇高与苦难的起落中找到正确的方向呢？对于事件的史学把握与那些对事件的不同评价、解释和判断不同，关于后者已经有了同时代人和之后的历史学家的各种讨论了，但前者很难和那种没有明确日期的精神或者存在的历史性规定结合在一起。历史哲学和历史学之间的困难的关系，

27　译文沿用《马克思恩格斯全集》第一卷，第185—186页。——译者注

非常像形而上学和物理学或科学之间的关系。尽管没有哪种关于存在者整体的哲学思考能够不必放弃自己就可以追随实证科学的不断进步，但它也很难"绕过"科学，并且回到世界精神及其民族精神的形而上学领域，或者是回到存在之光的事件中去。

尽管如此，我还是相信，海德格尔试图通过一次跳跃回到迄今为止的思想进程中，以便重新开始对科学和形而上学的思考，并且他希望能以一种比黑格尔更为"原始"的方式思考哲学的希腊开端，这是一种如此志向伟大、具有新意且激进的尝试，以至黑格尔都该给他颁发一个黑格尔奖。但黑格尔不会想要这样做的。因为一个完成了2500年的历史的人绝不会承认，他其实已经为自己的后继者设定了一个终结，而这个终结要求的是一个新的开端。我们可以说，海德格尔的这样一种没有走上"理性的康庄大道"，而是走了一条原野路和林中路的尝试是一种反动。但诸如进取的和反动的这样的词其实都是对等的，并且都离以下思考非常远：哲学在面对它流传至今的一切意义时，究竟是否以及怎样可能。

十七
黑格尔的现实性和非现实性

1971 年

1870 年,黑格尔诞辰 100 周年时,有两部纪念文集出版了:其一是米歇莱特正统的《黑格尔,一位不可辩驳的世界哲学家》,这本书里完全没有提到黑格尔死后发生的那些深刻的变化;其二是 K. 罗森克朗茨的《作为国家哲学家的黑格尔》,我们值得花一些时间简短地讨论一下这本书,因为它直面了与黑格尔的对手的争论,就像罗森克朗茨之前在回应 R. 海姆的《黑格尔和他的时代》时所做的。关于和黑格尔的体系的关系,罗森克朗茨这样写道:

> 我们必须相信,在经历了那么多次波及方方面面的失败后,在我们听到黑格尔的对手说着必须彻底摧毁黑格尔的体系之后……这一体系却依然不断受到关注;并且它的对手也在与它的论战中获益良多。没有一个体系像黑格尔的那样至今与各种思想保持广泛的联系;没有一个体系像它那样至今仍一视同仁地吸收其他思想的影响而不断修正自己;也没有一个体系像它那样乐意而又善于接受科学的所有进步。(S.317)

十七 黑格尔的现实性和非现实性

罗森克朗茨自己就孜孜不倦地学习和接受所有科学的进步,并把这些进步都归结为黑格尔的思想方式。就连技术的进步和第一次世界博览会,罗森克朗茨都将之视为"人性"的进步,并且以一种在费尔巴哈看来非常不黑格尔的方式讨论这些事件。因为对黑格尔来说"人"不是一种概念,而是一个"表现",它只在经济需要的领域起作用。人就其本质而言是精神。对罗森克朗茨来说,国际间的交通、书籍和媒体的不断扩张也意味着人性提升为普遍的立场和"我们的文明的不断趋向一致"。某种特定的意识的封闭性必须让位于"思想者的精神的理性主义及其平均化"。像蒸汽机、铁路和电报等,它们本身虽然并不是教育和自由的进步的保证,但也至少必须为"人性的人化"服务。就像媒体和世界范围的交通日复一日地强化人类的自我意识一样,与之相关的商业也带来了一种现实的世界意识。在世界海洋贸易中,"精神的海洋"也证实了自己的存在。通过以上方式,罗森克朗茨得以在黑格尔关于永恒当下的精神之普遍概念的基础上,以哲学的方式论证了19世纪所发生的各种事件。但他对黑格尔的哲学产生第二波自由主义影响的期待没有实现。在19世纪实际后半叶,产生了"回到康德"的呼声。在40年代,与政治革命运动走向结束同时发生的是哲学运动的终结。"回到康德"使人们从当年青年黑格尔派所提出的问题中退了回去。青年黑格尔派曾经动摇了市民-基督教世界的根基,但在新康德主义的历史中,它似乎重获新生,并且,直到新康德主义受到批判,复兴黑格尔主义的尝试才得以进行。

在我们的时代,克罗齐和狄尔泰所引领的对黑格尔的革新则只是学术界的事情,这种对黑格尔的新兴趣并不是从哲学内部诞生的,而是由于外部事件的逼迫才产生:由于20世纪末马克思的早期文稿被公开发表，人们才重燃了对黑格尔的兴趣。马克思和马克思主义的关系是一个悖论，马克思主义重新开始了对黑格尔的研究，但我们搞不清楚事情究竟是怎么回事，因为就马克思自己的本来意思来说，马克思主义并不是一种新的哲学学派，而是对哲学本身的扬弃和瓦解。根据马克思本人的意思，他结束了迄今为止的整个历史，包括它的整个哲学的"史前史"。历史上所流传下来的哲学被当作一种多余的东西，并且被一种关于社会实践及其生产关系的批判-革命理论所代替。关于马克思主义和哲学的关系的第一次阐述来自柯尔施，它的题目就是《马克思主义和哲学》，发表于1930年——比马克思对黑格尔的阐释晚了整整100年。于是，自20世纪30年代开始的关于哲学和马克思及马克思主义的讨论就被国家社会主义禁止了。直到战争结束，才开始涌现了大量关于马克思和黑格尔的文献，并且，只有考虑了纳粹和战争的影响，我们才能理解为什么战后会召开那么多关于黑格尔的会议。随着黑格尔研究中的马克思主义视角的爆发，就必然会出现20世纪初克罗齐就已经提出的这个问题：究竟什么是黑格尔哲学中死的东西和活的东西？

我在这篇文章中对这一问题的回答和我在斯图加特的黑格尔会议上所做的发言是一样的。黑格尔的现实性在于，他第一次将历史的精神带进了哲学本身。其次也在于，他将绝对精神的思辨发展的历史带向了完成，同时也带向了终点，因此他的学生就一定会面临这样一个问题：黑格尔之后，流传至今的哲学究竟该如何可能？

本文的第一部分想简短地论述精神的时间性以及它在它自身的总问题中是怎样达到完成的；第二部分则想探讨陶伊尼森（Theunissen）对黑格尔的阐释。

十七　黑格尔的现实性和非现实性

I

根据黑格尔自己的观点,他的哲学是一个"体系",也就是说,是一个自足的整体,其中的任何一个部分都预设着这个整体中的其他部分。[1] 我们不能将他的自然哲学和精神哲学分割开,也不能脱离了与主观精神和绝对精神的联系去理解他的客观精神学说,也即把握政治、社会和伦理生活的精神。黑格尔体系的最初和最根本的基础就是精神的生产性。但这仅仅是精神本身所是的样子,精神要真正是其所是,就需要它自身被意识到,或者知道它自身就是精神。精神作为一种行动着的和在世界中不断发展的精神,它拥有一部历史,它本身就是世界历史性的。而就其思考和知道自身而言,它同时又具有了哲学史的规定。对黑格尔来说,哲学思想和知识的历史就是"最内在的世界历史"——这种观点非常类似于海德格尔所说的,对"存在"这个词的理解贯穿了世界的整个进程。在黑格尔的体系中,世界的历史和哲学的历史是不可分离的,并且他将这两者都称为"世界精神"(他最初使用这个词是在关于自然权利的论文中)。但由于哲学的历史是最为内在的世界历史,他就将思辨哲学的任务引向了世界历史中的拿破仑。他于1806年发表的耶拿讲演是以这样的话结束的:

> 我们正处于一个重要的历史时期,处于一场大骚乱的中央,在其中,精神面临着从它过去的形式中走出来,并取得一种新的形式。迄今为止的全部想象、概念、世界的界限都像一个梦幻一样瓦解并坍塌了。精神正在准备一次新的崛起。哲学尤其欢迎这

---

[1] "体系的根本意义就是整体。"《哲学的体系和历史》,霍夫迈斯特编,1940年,S.118。

种新的形式；而其他学科还多少软弱地回避和反对新事物，并且大部分还故意对自己看到的现象视而不见。但哲学意识到了这种变化是永恒的，因而对它非常尊敬。[2]

我们要问：这一体系想要把握不断发展着的真理的整个历史，即把握"精神"和精神整体"是什么"的这样一种要求，在今天依然具有活力吗？假设黑格尔所激发起的这种历史的思考始终是有活力的，它在历史上的精神科学中以"理念""问题"和"概念史"的形式被建立起来，随后又纷纷瓦解和消失，那么问题就变成了，哲学和历史的结合，究竟是一个真理还是一个错误？这种错误我们已经可以从出自黑格尔学派的哲学历史学家［J. E. 埃德曼（J. E. Erdmann），E. 策勒（E. Zeller），K. 费雪（K. Fischer）］身上看到，他们将哲学简化为哲学史。

作为主体和实体的精神对我们来说不再是一个永恒当下的形而上学基础，最多不过是一个问题。黑格尔所说的思想的历史之开端和结尾都是绝对知识，随着精神"走向自由的意识"，也即精神在他者中回到自身的过程，这种绝对知识会把所有他者和陌生的东西都收入自身；关于精神科学的历史的知识是一种相对的"理解"，它缺乏对时代性的判断和哲学实践的批判的标准。这样一种在哲学中包含历史的做法，不仅仅拥有历史，而且自身就是历史的，对我们来说，这两者的结合已经变成了自明的东西；但对古典希腊哲学而言，甚至是对新时代的哲学而言，它直到康德的时代都是不可想象的。康德草绘了一部关于历史的哲学，但他真正感兴趣的不是历史，而是理性的原则究竟是怎样的；相反，黑格尔则在法国大革命中和拿破仑身上看到了世界精神

---

[2] 罗森克朗茨，《黑格尔的生活》，1844 年，S.214f.。

的自由意志。对黑格尔来说，将伦理和法权学说汇入历史很正常，但对康德来说这么做是荒谬的。事实上，那种不断前进的哲学历史（也即一种本身就已经是哲学的关于哲学的历史，而不仅仅是按历史时间对哲学进行的成问题的罗列）是从黑格尔开始才出现的。但即使是对黑格尔来说，哲学与它的历史的结合以及这两者与世界历史的结合都还是一个问题，因为他将哲学和历史之间的争端视为这一问题的出路，而不是像我们这样视其为一致。

黑格尔左派以及如今大部分马克思主义者的使命都可用《法哲学原理》序言中那句著名的话来描述，那就是"哲学是把握在思想中的它的时代，并且不能跳出它的时代"，但如果人们由此得出一种哲学的精神可以简单地被它的时代所定义的结论，那就是对这句话的很大误解。

黑格尔说任何一种哲学都不能跳出它的时代，指的也不是精神本身是什么有限的和时间性的东西，而是指它自在自为地是永恒当下的，无限的精神在不同的时代中集中体现为当时特定的历史形态。可是，哲学作为对时代的本质的意识，就已然超越了自己的时代了，并且绝不会仅仅是对时代中的社会-历史关系的简单反映。因为意识区分了自为的东西和为我们所意识到的东西，并且，只有当只是将它自己和它所知道的东西区别开时，精神才会在历史中生发出它的新形态。[3] 就是说，哲学一方面与时代精神的所有表象处于同一时间，具有同一形态，但另一方面它又作为一种与自身相区别的科学超出了它的时代，因而并不仅仅是时代精神。

与精神和时代的关系一样，哲学和历史的关系对黑格尔来说也并

---

[3]《黑格尔全集》第十三卷，1833 年，S.70,188; Bd. XIV, 1833 年，S.276;《哲学的体系和历史》, S.148ff.。

不是毫无疑问的等同关系。他提出了更多的问题：人们从来就期待哲学致力于寻找那些永远都为真的东西，那它该怎样与那些变动不居的、需用历史加以描述的东西协调起来？"哲学究竟要怎样才能拥有一个历史？"如果我们仅仅以时间顺序罗列的方式看哲学的历史，那就只能看到一堆互相矛盾的意见的集合，哲学看起来就像是一个过时画作的陈列馆，丝毫没什么重要的。一个哲学立场反对另一个立场，一个错误的说法紧接着另一个，30年前风靡一时的东西，30年后就被淘汰了。哲学的历史似乎只是在证明科学是件很无谓的事情，因为各种哲学的多样性和差异性只不过显示了，所有试图寻求认识真理的努力都是徒劳的。但它们所处理的都是最普遍和最高的东西——关于上帝、世界和人，然而如果一个人去学一下哲学的历史，立刻就会发现，他根本不知道该从历史上存过的那么多哲学中选择哪一个。哲学致力于去认识什么是真的；而它的历史却只展示了，什么曾经被当作是真的而之后又被当作是错的。但关于上帝、世界和人的真理只可能有一个，而不会分裂成好几个互相矛盾的真理。因此，就只有一种哲学才是讲述了真理的哲学。[4]但究竟是哪一种？对于这个问题，哲学的历史没法提供答案，因为从时间次序罗列来看，所有的哲学都同样是一些观点、解释和构思。"一个在其身后有如此大量的哲学体系的时代，它必定会好像生活在尝试了一切花样之后所达到的那种冷淡状态。……僵

---

4 试比较黑格尔致亨利希的信[《黑格尔通信集》(*Brief von und an Hegel*)第二卷，Nr. 357]："别人似乎认为，好像在我的哲学中才第一次尝试去把握绝对，关于这一印象有很多可说的；但简说来就是，如果我们讨论的是哲学本身，而不是谈论我的哲学，那么可以说任何一种哲学从根本上说都是对绝对的把握，而不是对什么陌生的东西的把握。而且对绝对的把握首先是一种自我-把握本身——神学也是如此，当然那是在早些时候，神（学）比现在更加像神学一些——也就是说，这种把握所说出的首先是它自身。但对此的误解是不可避免的，对于已经有了这样一种误解的人来说，无论是他自己还是别人，都没法将这种误解去除掉。"

化的个性试图通过它所具有的东西的多样性，造出它所不是的东西的外表。"[5]

将哲学和它的历史联系在一起思考似乎是一个无法解决的困难，因此，黑格尔提出了一个问题：有没有可能存在这样一种观点，我们可以从它出发证明，那种充斥着不同意见的和非理性的历史其实是一段一脉相承的和理性的历史。为了赢得这样一种观点，黑格尔采取了这样一种具体的立场：他假设，不仅仅是在自然的世界中，而且主要是在精神的世界中，本质的意志和自由都是走向理性的。用黑格尔自己的话来说，这是基督对天意的信仰，并且在其他一些非直接的宗教形式中也有同样的信仰。在历史中——世界历史或者哲学历史都一样——统领一切的最高原则就是理性，是世界的普遍精神，它同时也是人的本质。黑格尔想要论证这种对统领一切的世界精神的预设，尤其是想在历史的哲学和哲学的历史中论证它。

作为一种永恒活动着的精神，它不是一种已然存在的和完成的东西，而是始终都在生成着自身，改变和发展着自身的东西。世界的精神不断地在历史中前进，从一个尚未有任何展开的开端，走向一个完全发展完善的目标，走向自己的完成。如此看来，精神的历史发展并非什么外在的东西或是和哲学相矛盾的东西，而是哲学自身之发展出它全部意义的最终目标。精神的这种自我发展需要时间，但它也确实拥有时间——"在它面前千年就如一日"——因为它自己是永恒的，并且是落在时间内的。世界精神随着时间的推移不断降落到体现为人的精神的无限精神中，并且不断回到自身；它从自身发展的自在存在一步一步地走向不断发展的自为存在。

---

[5] 《费希特与谢林哲学体系的差别》，1962年，S.8。（译文沿用《费希特与谢林哲学体系的差别》，第5页。——译者注）

哲学的历史虽然看上去似乎和哲学正相反对，但它就是哲学的、理性的和充满精神的，就好像从另一方面看哲学本身也就是历史。它不再是一个不断变化的意见的罗列和单纯的史学兴趣和好奇心的对象，而是"发展中的体系"，因为真理自身就具有随着时间而"发展"的"趋向"。相反，如果一个人在许多种哲学的历史中看不到哲学的一致性，那就好像是见树不见林。但事实上，不同哲学体系之间的前后相继所依据的是它们的逻辑原则，反之亦然。要想洞见到这一点，人们就必须对哲学的历史加以辩证的和理性的把握，并且在它们不同的历史形态中发现它们精神方面的基本规定；此外还要将本质的东西和非本质的东西、内在的必然性和外在的偶然事件区分开。"哲学的观察无非是将偶然的东西去除掉。偶然性就像是外在的必然性，也就是说，这是一种可以归结为某种原因的必然结果，只不过原因是某种外部状况而已。……我们必须将这样一种信念和思想带到历史中：世界将会变成怎样，是不能交托给偶然性的。"[6] 也只有在拥有了这样一个信念之后，对哲学史的研究才是哲学研究本身，因为对历史的正确理解就是，它是真理在历史表象的领域中发展自身。

黑格尔之后，再没有一个人对历史的理性和精神的力量有这样的信念。黑格尔在1816年海德堡哲学史的导论中（之后他在1818年柏林的入职演讲中重申这个话题）这样说："追求真理的勇气和对于精神力量的信仰是研究哲学的第一个条件。人既然是精神，则他必须而且应该自视为配得上最高尚的东西，切不可低估或小视他本身精神的伟大和力量。人有了这样的信心，没有什么东西会坚硬顽固到不对他展开。那最初隐蔽蕴藏着的宇宙本质，并没有力量可以抵抗求知的勇气；

---

6 《历史中的理性》，霍夫迈斯特编，1955年，S.29。

它必然会向勇毅的求知者揭开它的秘密，而将它的财富和宝藏公开给他，让他享受。"[7]

上述思路有以下三种预设，它们对这一思路而言具有本质的意义，但也都是值得质疑的：1. 它假设了有一种超出人类的、神性的世界精神，它规定了世界历史和哲学史的走向；2. 它假设了我们之外的自然领域从属于我们心中的精神领域；3. 它假设了意志的世界服从内在的必然性，并且不会受到偶然性支配。

1. 黑格尔的形而上学中最高的、统治一切的原则并不是推动自己运动的物理学法则，而是活动着的精神或理性以及具有本体论背景的"理念"，而它们贯穿于所有各自生成的和现实的东西之中。这种精神不是单纯的人类知性和单纯的意识。通过精神这一概念，黑格尔将自己和之前的关于意识的本体论区分开了，意识的本体论自笛卡尔的"我思故我在"一直发展到康德的超越的"我思"并最终抵达费希特的绝对"自我"，这一绝对自我的意识是所有实践的东西的源泉。他在海德堡发表的《哲学百科全书》（§332）中针对这种本体论说道，意识的本体论将精神把握为意识，因此它只包含了现象学的规定，而没有哲学的内容。黑格尔用这一差异描述他的《精神现象学》：它虽然来自经验，而经验将意识首先作为感性确定性，随后在历史的进程中，又将意识塑造为自身和自身的对象，但它的出发点既不是意识也不是自我意识，而是处于精神的历史形态中客观理性的真理。这种实在的形态是"世界的诸形态"，这些形态都集中于精神的领域，而这个领域，即被把握了的世界历史。精神是世界的精神，即"世界精神"。黑格尔将它等同于绝对精神，有时也称它为上帝，这让我们想起了《约翰福音》

---

[7] 柏林文稿，霍夫迈斯特编，1956 年，S.8f.；参见《哲学的体系和历史》，S.5f.。（译文沿用《哲学史讲演录》第一卷，第 3 页。——译者注）

（4，24；6，63）中的话，其中说道，基督的上帝是精神——这样一种对上帝的定义，用尼采的话说来，没有任何好处，并且它是通向无神论的一大步。[8]绝对的、超越人类的世界精神就会变成用概念式的语言转译神性的天命或世界秩序的宗教形象[9]。因此黑格尔就可以将他的历史哲学解释为一种神正论。他称自己是宣扬绝对的神父，"是上帝要求他，去成为一个哲学家"。但我们现代人，还有谁仍然信仰这样一个经过了世界精神的中介的、为神所统治的世界秩序和天命呢？

2.普遍的、神的精神的世界尽管从形式上包括了自然的世界，但自然界仍需经过一段过程，才能变成理性的和充满精神的，因此我们应当研究已经灭亡了的东西的运动法则和依然存活着的自然界的发展法则，但自然与历史中的精神世界有着本质的不同，自然是"理念的他者"或者说精神的他者，是一种外在的东西，而精神的历史中发生的则是内在的发展过程。自然并不是自在自为的，而是只为我们而存在的，并且它没有精神，因为它没有自己的意识和自我意识。在自然被创造出来之后，人类就诞生了，人类始终是自然的世界的对立面，人就是本质，这种本质在两个世界中都呈现着自身。

> 试想一个盲人，忽然得到了视力，看见灿烂的曙色、渐增的光明和旭日上升时火一般的壮丽，他的情绪又是怎么样呢？他的第一种感觉，便是在这一片光辉中，全然忘却了他自己——绝对的惊诧。但是当太阳已经升起来了，他这种惊诧便减少了；周围的事物都已经看清楚了，个人便转而思索他自己内在的东西，他自己和事物之间的关系也就渐渐被发觉起来了。他便放弃了不活动

---

[8] 《查拉图斯特拉》第四卷，《驴子的庆典》。
[9] 《百科全书》§6；《历史中的理性》，S.20，28，30，38f.，46以及《哲学史讲演录》最后一句话。

十七　黑格尔的现实性和非现实性

的静观而去活动，等到白天将过完，人已经从自己内在的太阳里筑起了一座建筑；他在夜间想到这事的时候，他重视他内在的太阳，更过于重视那原来的外界的太阳。因为现在他和他的"精神"之间，结成了一种"关系"，这一种"自由的"关系。我们只要把上述想象的例子牢记在心，我们就会明白这是象征着历史——"精神"在白天里的伟大工作——的路线。[10]

将自我意识视为内在的太阳，它由于自己的活动而处于自身的光明照耀下，这样一种隐喻是黑格尔的精神哲学的重要特征：对自我意识而言，并不是第一位的自然的世界，而是由人所创造的第二位的精神世界，才是意识走向自身的方向。[11]并且，由于精神作为绝对是对神的界说，黑格尔就可以说，一个自然科学家可以满足于从一根芦苇中认识上帝的存在，而精神的任何形象，例如一种最为偶然的情感和任何一个词语都会比自然界的对象更容易让人认识到上帝的存在。黑格尔在另一处还有个更为直白的说法——马克思继承了黑格尔对自然的轻视，所以那段话也是马克思很喜欢引用的——他是这么说的：哪怕是最肤浅的思想都比星空的壮丽更为卓越，因为只有思考着的人才知道自身。因此，对黑格尔来说，真正的世界并不是自然界，而是世界精神的世界历史，它和自然界的区别并不在于一些外在的偶然情况，而

10　《历史中的理性》，S.242。（译文沿用《历史哲学》，第106页。——译者注）
11　试比较《法哲学》序言："关于自然界我们承认：哲学应该照它的本来面貌去认识它……自然界本身是合理的；知识所应研究而用概念来把握的，就是现存于自然界中的现实理性……即自然界的内在规律和本质。与此相反，伦理世界、国家不应该享有如下福分：事实上正是理性在那种要素中达到力量和权力，并在其中主张自己而成为它的内在东西。据说精神世界毋宁受偶然和任性的摆布，它是被上帝遗弃的；所以按照精神世界的这种无神论说来，真的东西是处于精神世界之外的，但同时因为那里也应该有理性存在，结果真的东西仅仅成为一个待决的问题。"（译文沿用《法哲学原理》，第4页。——译者注）

在于，精神的世界秉承其内在的必然性一步一步走向对自由的意识。

自从黑格尔确立了对两个不同领域即自然界和精神世界的区分之后，其影响延续至今。但这种区分的问题在于，精神的"世界"是一个隐喻，就好像"意志的世界""语言的世界"等一样，反之，现实的世界却只是那一个自然的世界，人们发展他们自己的精神和历史也是在这同一个世界中进行的。我们很难接受以下想法：这个自有其太阳、各种植物的世界竟会哪怕有一点点考虑我们自己的历史事件、我们的决定和命运。就好像我们现在也很难相信，地球是世界的中心，并且这还是因为人们希望是这样子，我们作为生活在黑格尔之后两百年的人，也很难接受，基督教的欧洲是世界历史的中心，我们同样不再接受，因为上帝化身为人了，所以基督教就是一个绝对宗教。事实上，黑格尔已经做出了非常值得敬佩的洞见：他在1820年欧洲中心的思想背景下认为，将来时代的世界精神很可能会走向俄罗斯和美洲。

我们现代人，有谁还会相信意识的优先地位以及对存在的自我认识呢，谁还会相信这种意识在人的自然及其历史中是一种能够发挥作用的东西，甚至它还会推动历史的发展呢？黑格尔用意识到自身的意志和精神来阐释历史哲学，而他的同时代人 W. v. 洪堡（W. v. Humboldt）在《关于世界历史动因的思考》（*Betrachtungen über die bewegenden Ursachen der Weltgeschichte*）一文中质疑了将自然和精神区分开的观点，这也是非常值得敬佩的。因为在现实性中，精神对自然来说是一种开创性的力量，并且自身中就包含了自然。想要从一种视角出发解释世界的创生，这样一种"所谓的哲学式的历史"的尝试注定是要失败的，而且它差一点就将真正的历史和历史的意义都挤走了。但我们必须相信的一点是，向着文明的不断进步并不是"几乎没人提到的"，因为文明自身就一直在将自己埋进坟墓，相反，自然的生殖力和想象力始终是无穷无竭的。

十七 黑格尔的现实性和非现实性

"人类历史的命运滚滚向前,就好像河流从山上流向大海……就好像各民族进行着征服,并且被征服,被消灭和被摧毁。"

对洪堡来说,哲学式的世界历史最关键的错误在于:它把人的繁衍完全看成一种理性的本质,而不是自然的产物,因此它就只能看到文化和文明,并且只在文化和文明中寻找前进和发展,却忽视了历史发展的最为原始的萌芽和动力。我们可以将这样一种对世界历史的观察称为物理本身,因为它揭示了自然的现实力量,这种力量无须任何精神、意志和意识,就能和人类那种任性的和有意识的行为意图发生关联。历史的这种动力可以分为三个方面:首先是事物以及人类的自然;其次是人的有意识的行为意图;第三是偶然和运气在历史进程中不可忽视的作用。

3. 接着,我们就能得出黑格尔的历史概念中第三个成问题的地方。也即,他的历史观是怎样将偶然的东西从历史事件的进程中排除出去,并让它符合一种内在必然的、理性的发展,以至这些事件都不是自然地根据自己的状况发生,而是被人的行为促成的,尤其是被那些在世界历史中具有突出作用的个人所促成的?人的决心、行为和行动都来自意志,但任性和偶然也同样属于意愿的一种,因为我们又怎么能够否认,所有被意愿的事情也有可能根本没有被意愿过,或者是被意愿为别的样子的,因此,历史上发生的一切其实都可以有别的可能。如果不是这样的,那么黑格尔想要在历史的进程和走向中证明理性和内在必然性的决定力量的尝试,就并不一定会和非理性的任性和偶然性的东西相矛盾。但我们要怎样才能"带着信仰和思想",并且将"意愿的世界并不会屈从于偶然"的信念带进历史研究中呢?这并不是一种思想,而是被带进哲学之中的、经过了转译的对天命的信仰。如果没有这种信仰,那么人们的日常生活和世界历史就只能在偶然性这一基本因素的海洋里飘荡。

黑格尔是这样解决关于偶然性的问题的：他首先将行为和事件分为两类，本质的和非本质、必然的和偶然的、核心的和外壳的、内部的动力和外部的表象。黑格尔认为，那些已经被灭绝并且永远消失了的历史中曾有过的世界及其文化，都并不具有决定性的影响。因为世界历史并不会保护那些"外在的偶然的东西"，精神最终会彻底走向和实现它自己的目标，并且，在这一目标之上并没有任何更高的判断事情对错的标准。"世界历史就是世界法庭。"它具有最高的权利，因为在各民族和各国家间没有一个更高的普遍法官，能够裁决各民族或国家间的冲突。"唯一最高裁判官是普遍的绝对精神，即世界精神。"[12] 在艺术、宗教和哲学中显现着的绝对精神，就是在世界历史中"贯穿整个内部和外部范围的精神的现实性"[13]。它的力量贯穿了所有特殊的民族、国家和市民社会。但它并不仅仅是普遍精神的权力的裁判，也就是说，它不是盲目的命运的毫无理性可言的必然性，而是理性诸阶段的必然发展和普遍精神的自行展开，而每一个发展阶段作为某一种特殊的民族精神却只会在历史上统治一次，只建立一次属于自己的时代。"它具有绝对权利成为世界历史目前发展阶段的担当者，对它的这种权利来说，其他各民族的精神都是无权的，这些民族连同过了它们的时代的那些民族，在世界历史中都已不再算数了"[14]，而且，即使那个民族或国家可能还会继续存在一段时间并为了一些偶然的东西而争斗，但就其历史意义而言，一旦它的时代过去了，它就会从世界历史中消失——整个民族尚且如此，就更不用说个别历史人物的命运了。个人

---

12 《法哲学原理》，§339 附释。（译文沿用《法哲学原理》，第 412 页。——译者注）
13 同上，§441。
14 同上，§347。（译文沿用《法哲学原理》，第 416 页。——译者注）

的特殊目标对于引导历史发展来说是无足轻重的,黑格尔对于那些具有世界史意义的个人的核心观点是,他们之所以变成了历史的"主宰",并不是因为他们自己知道并且想要引领历史,而只是因为他们恰恰成了世界精神的代理,因此只能如此这般行动,他们几乎是出于自己最深的激情和欲望行事,追求自己的特殊目的,殊不知那是历史的意志。恺撒和拿破仑都不知道,也不可能知道,他们在建立自己的统治时究竟做到了些什么,但他们确实在欧洲的历史中促成了世界史的目的。

黑格尔也认为,"伟大"的事件和历史人物败给偶然性是一件毫无意义的事情,因为他作为一个历史的哲学家,只对那些有名有姓并且引起了更广泛的后果的事情感兴趣,而对无名的和无后续效果的事情没多大兴趣。就和任何一种实用主义的历史描述一样,历史哲学,无论它自己知不知道或者是否有意为之,都是一种效果历史,而效果总是在为自己说话。但这并不能证明以下思想:所有的东西都有可能具有和已经实际上发生的事情截然不同的效果。拿破仑有可能在担任第一执政时期就被谋杀了,或者也有可能在某一次战役中受重伤;如果某个长官能够及时集结他的部队和拿破仑会和的话,他也有可能在滑铁卢大获全胜。希特勒有可能丧命于第一次世界大战,于是世上再没有人会知道这个人;但他也有可能真成为欧洲的统治者,于是世上再没有人会谈论什么"尚未被克服的过去"。对于个人的私人生活来说,情况也是一样的。偶然性会让事情就是如此这般发生,然后继续发展下去。人们出于偶然认识了这些或那些人,娶了这个或那个太太,从事这种或那种由当时的社会所规定的职业;人们出于偶然知道了这本或那本书,然后深受它的影响,然后由于这种或那种判断和信念而得到了相应的处境。我们可以不夸张地说:整个个人生活都充满了偶然性,我们全然屈从于它,并把它称为命运。因此,我们从历史中可以学到一切，也可以完全学不到任何东西，因为历史总是充满了所有可能的例子。历史绝不会告诉我们，明天或者十年、百年后会发生什么。尽管黑格尔坚持一种历史哲学的立场，但他也会承认历史学的意义："人们惯以历史上的经验教训，特别介绍给各君主、各政治家、各民族国家。但是经验和历史所昭示我们的，却是各民族和各政府没有从历史方面学到什么，也没有依据历史上演绎出来的法则行事……"[15]

尽管历史的"第一范畴"是变化和永不停歇的变迁，是诸民族、国家、文化的不断兴起、上升和衰落，是一个波澜起伏的戏台，每一个浪头依次统治世界然后又归于消失。人们如果看到了这样一个各种事件、局势和偶然的巨大戏剧，不带偏见地观察那些破坏和痛苦，就会认为，历史仿佛就是从毫无意义的事情中又生发出同样没有意义的巨大后果，而最后我们什么都没有达成，这样的话，历史看起来似乎就像是一个非理性的和暴力的大杂烩，在其中好的东西和坏的东西根本没有什么区别。但正因如此，就必然有了这样一个问题：这一切事件的最终目标究竟是什么。这一思想涉及"必然"，也就是说，是"为我们的"，因为我们作为欧洲的基督徒，和别的东方民族不一样，那些东方民族能够满足于事情本身是怎样就怎样，而不去追问目标和意义。"在民族的事件中存在一个起支配作用的最终目的，在世界历史中存在着理性——并不是某个特殊的主体的理性，而是神的、绝对的理性，这是我们所预设的一个真理；而对它的证明就是世界历史这部巨著本身。"[16] 如果不考虑到黑格尔从图宾根时期作品中就已出现的基督神学背景，不考虑后来他关于基督教是"世界历史之轴"的说法的话，

---

15 《历史中的理性》，S.19。（译文沿用《历史哲学》，第6页。——译者注）
16 同上，S.29.

我们就没法理解上面那句话。黑格尔的逻辑科学是——费尔巴哈第一次提出这种说法并将它表述清楚,一种"存在-神-学"。它是"最后一次想要通过哲学重新建立依然失落了的基督宗教的伟大尝试"[17],黑格尔试图通过宗教和哲学、信仰和非信仰在形而上学的顶峰中的辩证统一重建基督宗教。黑格尔的最后一次讲演的内容是证明上帝存在,并且他向听众们建议,用上帝存在的证明补充他关于逻辑科学的讲演!

本文一开始提出的问题是:黑格尔关于不断发展着的精神的体系中,有哪些内容在今天还是活生生的?这一问题首先涉及了它的历史哲学,总的来说是他的整个关于历史的思想。我们还要问:黑格尔的体系在精神的绝对形式的所有领域中,将西方世界的历史以概念的形式加以把握和完成,这一点对我们来说意味着什么?黑格尔死后,他遗留下来的对我们当下的现实性,很久以来都不再是建立在他的绝对体系、本体-神-学的要求上;先是他的学生,然后是 R. 海姆以及之后的克罗齐和狄尔泰,都为了获得一种历史性的思考方式而放弃了这种体系的要求。他的现实意义也并不建立在被马克思所接受的那种表面上的辩证思维上,特伦德伦伯格、E. v. 哈特曼(E. v. Hartmann)和克罗齐对这种辩证思维的真理进行了一种并不容易接受的批判。也许,黑格尔的现实性在于,他始终具有一种当下的意义,因为他对整个西方国家的传统加以加工、完善和完成,因此他就引出了这样一个问题:在黑格尔之后,哲学或形而上学究竟要如何可能?因为关于事物的"概念"的历史,连同关于绝对思想的事物一起,到了黑格尔那里,就走到终点了。23 岁的马克思的功绩在于,他在论述两位古代唯物主义者

---

[17] 费尔巴哈,《未来哲学原理》,1843 年,§ 21,载于《小论文》(*Kleine Schriften*),洛维特编,1966 年,S.176。

的博士论文中提出了这一决定性的问题。和那些只想对黑格尔加以改革的青年黑格尔派不同,马克思从历史中成功地取得了一种洞见,这种洞见关乎的是哲学本身。

II

> 怀疑是通向哲学殿堂的第一步。(狄德罗)

陶伊尼森的《黑格尔的绝对精神学说》(*Hegels Lehre vom absoluten Geist*, Berlin, 1970)引用阿多诺的一句话作为全书的题记:"黑格尔的绝对精神学说是在面对观念论的诽谤时的一种疗愈式的纠正"。[18] 但这句话在阿多诺那里只是一句尖锐的论战式格言,而陶伊尼森却将它发展为基于基督教的主要内容和学说。他的功绩在于,他有胆量将黑格尔的绝对精神体系的主要原则作为一个话题,并在此意义上对黑格尔进行评论和一种"对神学批判的批判"。他意识到了自己所做事情的不合时宜之处,但他依然因为对《哲学百科全书》§553到§577的一贯阐释而坚信,黑格尔始终对当下有意义,并且存在一种活生生的黑格尔主义。如果有谁相信,我们可以抛弃黑格尔继续前进,那他就会面临失去哲学立场的危险。我自问:出于哲学的意识的当代立场究竟何在?究竟是否还存在一种普遍联系的立场?并且,如果说存在这样的立场,它难道不正是建立在黑格尔的学生所开创的那条道路,即建立在与观念论决裂和建立在对实证的、实践的和无法想象的预先规定之上吗?黑格尔一度坚信,在基督教的时代不可能再有柏拉图主义者

---

18 阿多诺,《黑格尔研究三则》(*Drei Studien zu Hegel*),1963年,S.55,参见14。

和亚里士多德主义者。他的学生也坚信,在后基督教时代中,在黑格尔之后也不可能再有黑格尔主义者,因为如果还有黑格尔主义者存在的话,人们就得满足于重复对黑格尔已经想过的东西进行一种历史学-语文学的反思,也就是说,用黑格尔自己的话来说,人们只能满足于对陌生的、已经过去的事情进行一种死亡的、掉书袋式的钻研。黑格尔耶拿时期的日记中有这样的话:"对于那些太久以前发生的事情,施瓦本有一句俗语:事情过去得太久了,以至它几乎不再是真的。对我们的原罪来说,基督也已经死去太久了,以至它几乎不再是真的。"[19] 如果没有我们自己的精神的参与,我们就没法重新经历那些过去的事情,而我们自己的精神则始终是一种时代的精神。

显然,黑格尔的所有后继者都没有超过黑格尔自己的概念反思水平,但人们是否就应该超过它,以便继续进行那种对绝对的绝对思考呢?那些受过黑格尔主义严格训练的学生诽谤关于绝对的绝对知识,讨论"绝对精神的瓦解过程",自然不是因为他们只是一群肤浅的读者并且缺乏智慧所以误解了黑格尔,而是因为,对他们来说,那些关于神、永恒、无限和绝对的说法都已完全变成了不可相信的东西。我不知道当时的"左派"的黑格尔解释究竟"从地上连根拔起"了些什么东西(IX),我只是猜测,自从与绝对观念论决裂,并且关于绝对精神及历史精神的形而上学转向了历史学的精神科学之后,就没有人再站在黑格尔的地基上思考关于理念、问题和概念的历史了。如果有人认为我们可以将形而上学批判和宗教批判从黑格尔左派的思想中排除出去,那么这种看法不仅落后于一些具有创建的黑格尔解释,而且还落后于从斯宾诺莎的《圣经》批判开始,经由皮埃尔·培尔(Pierre

---

[19] 罗森克朗茨,《黑格尔的生活》,1844年,S.541。

Bayle)、18 世纪的百科全书派和莱辛直到现在的对一神论和无神论同时进行质疑的整个启蒙传统。因为也只有在某种一神论存在时，才谈得上有某种无神论。因此尼采的野心就是，从无神论中引出一种彻底的转折。费尔巴哈在 1830 年的《改变的必要性》中所主张的和认为具有根本的重要性的那些东西，今天也不再被接受了。海德格尔想问的是，为了实现对形而上学传统的彻底批判，为了重新获得它的本体-神学论述，我们究竟该怎样将上帝彻底移到哲学中？人们又该怎样从"辩证法那毫无意义的空忙"中走出来？

陶伊尼森坚持，黑格尔的形而上学中充满了基督教-神学的传统，并且他主张黑格尔的哲学仅仅建立在《圣经》的基础上。但黑格尔自己至少还像考虑基督教一样频繁地思考希腊的哲学，并且他希望将基督教神学和希腊-辩证精神调和在一起——他认为希腊哲学和宗教是基督教神学和对启示的信仰的一个准备阶段，因此它们两者间的距离并不像雅典和耶路撒冷的距离那样遥远。德尔图良采取一种"非此即彼"的态度；黑格尔则采取了一种辩证的"不仅-而且"的态度，因此他那里有一种双重意义，[20] 也就是说，他通过哲学式的宗教对宗教的表象方式进行批判，同时将它转译为一种概念式的思辨，从而对宗教进行合法性论证并保存宗教；我们在康德那里也能看到类似的做法，他主张一种不需要信仰的参与的理性宗教[21]。黑格尔在一篇早期的自传草稿中就已经提出了这种双重意义：

> ……我走向布道台是出于我父母的愿望，而我自己一直都出于爱好十分忠心地进行神学研究，因为它与古典文学和哲学

---

20 参见 H. 昆根（H. Küng），《上帝的人化》(*Menschwerdung Gottes*)，1970 年，S.495，参见 178。
21 同上，109f.。

有紧密的联系。[22]

因此黑格尔一开始是从神学起步的——然后转向了哲学。并且，因为哲学的思想并不是起于思辨的教会教父的思想，因此我们就不可能根据基督教的逻辑进入希腊的地基中，也不可能复辟黑格尔那种哲学的基督教，在这种哲学的基督教中，对神学家来说，上帝的语言终于变成了成问题的东西。相反，我觉以下情况是十分值得关注的：K. 巴特（K. Barth）在他的《19 世纪新教神学》（*Protestantische Theologie des 19. Jahrhunderts*）中如此严肃地对待费尔巴哈和施特劳斯；并且 A. 施韦泽（A. Schweitzer）在他的《耶稣的生平和工作》（*Leben-Jesu-Werk*）中说，鲍威尔对新教历史的批判具有类似于耶稣的门徒的重要性，因为这种批判是对耶稣生平中的困难之处的最具天才和最全面的论述，也就是说，他提出了这样一个疑问：耶稣这个人究竟是否存在？我们直到今天才终于认识到了这一点。鲍威尔的同时代人显然不能理解，他的解决方案的不同寻常之处就在于他提问的方式。除了费尔巴哈、施特劳斯和鲍威尔之外，天主教的神学家施陶登迈尔（Staudenmaier）和新教神学家艾森梅耶（Eschenmayer）[23] 也在黑格尔去世后不久，就他的宗教思辨的反宗教后果达成了一致，虽然他们各自的立场是完全不同的，这种一致不是建立在并不充分的认识和误解之上，而是建立在事实之上的。如果人们像巴特那样承认了黑格尔的思想成就那超乎寻常的伟大之处，那么我们就会对他说：

> 让人惊讶的并不是黑格尔将他的哲学当作一个不可逾越的高

---

22 《青年神学著作》，H. 诺尔编，1907 年，S.IX。
23 参见昆根对他的黑格尔批判的简短总结，S.508f.。

峰和终结，而是……19 世纪的人们并未将黑格尔对思想领域的关切（这是他的核心问题）当作最终的东西而给予真正的尊重，他们没有——就好像一切都没有发生过那样——从每个方向突破和撕裂它，并不满足于反思黑格尔的智慧……为什么黑格尔对于新教世界的关系不像托马斯·阿奎那之于天主教那样？……为什么一个纯粹的黑格尔主义者……竟像野山羊那样罕见……[24]

巴特对此的回答是：因为黑格尔的上帝只是一种无限的精神和知道自身的自我意识，是思维和被思维的东西之间的辩证统一，以及因此产生的对上帝的无条件信仰和对人类精神的无条件的自我信仰之间的统一。但我们不能意识到上帝那道成肉身为语言的天启，而只能信仰它并且在忏悔中决定服从它。信仰了才能理解（credo ut intelligam）这一旧的神学的原则并不能进行辩证的颠倒，也不能变成以理性的方式接受绝对，从而变得中立化。同样，"只有上帝的真理使我们自由"这句话，也不能加以黑格尔式的颠倒而变成了"只有自由使我们真实"[25]——从中完全可以看出，《新约》中所理解的真理和自由，和黑格尔所说的自由和真理完全不是一回事。同样天差地别的还有《新约》中宣布上帝之国是一个理性和自由的国度时所指的意思，和黑格尔说同样的话时所指的意思[26]之间的区别。如果我们不理解，耶稣基督那里那个公开的、真实的上帝并不是黑格尔那里那个彻底公开的即没有任何秘密的上帝——因为一个了解和洞察一切的上帝就是形而上学——那么我们就很难理解，为什么在黑格尔去世 140 年以后，都还会发生

---

24 《19 世纪新教神学》，1960 年，S.343。
25 《哲学百科全书》§ 382 附释，并参见 § 24 附释 2。
26 《哲学的体系和历史》，S.4。

他的宗教哲学的复辟，就好像伏尔泰、霍尔巴赫、狄德罗、莱辛、圣西门、克尔凯郭尔和尼采这些人的思想从来没有发生过似的。但让人印象深刻的是，陶伊尼森的事业其实并不孤单，坎培尔（Chapelle）、布劳伊尔（Bruaire）和法肯海姆（Fackenheim）的作品都在辅助他，天主教神学家昆根和新教神学家帕能贝格（Pannenberg）也都与他是同路人。相反，克尔凯郭尔对原本属于一种信仰的基督教已经变成了世界历史的攻击和对黑格尔的哲学式的基督教的攻击却似乎已经被遗忘了；就好像 F. 奥弗贝克（F. Overbeck）100 年前所发表的反对"作为神学的基督信仰"的小册子也同样被遗忘了。

陶伊尼森所做的是，通过暗示性地引用黑格尔的地位（42ff.），并且主要的是对黑格尔加以忠诚的评价，让人觉得他自己非常认同黑格尔的观点，以此来颠倒黑格尔的宗教哲学中对基督信仰的质疑。但他对黑格尔的引用显然是一种误解和误用，因为他将这些句子从整个辩证思路中抽取出来了，并且对它们进行了某种筛选、强调和偏离。

> 无论是公开的神学还是哲学都不能"在大部分程度上和从整体上"赞同黑格尔的思辨内容，而同时又在某些地方对它进行修修补补；反之，它们也都不能既拒绝黑格尔的整体但又从中寻找一些合适的部分。因为个别就已经是整体，整体又只有在个别意义上才是具有当下意义的。

总结说来，我们必须对黑格尔采取一种非批判的态度，这一点显然是致命的。这样做的结果更多的是，那些批判想要有意义，就只有从内容转向手段，而所谓手段，指的就不是黑格尔那些一时一处的零散观点，而是他一贯和普遍使用的整个方法（52，试比较Ⅷ）。

"手段"就是辩证的方法,它扬弃了单方面的抽象的知性规定及其矛盾,尤其是扬弃了有限和无限、时间性的和永恒的精神、此岸和彼岸、神和人之间的对立。但陶伊尼森从未质疑过这种普遍辩证中介的欺骗性手段。但这恰恰是一个关键点,从这里我们能够打散黑格尔的整个体系。如果真理只是整体并且是一个辩证的圆圈运动的体系,在其中终点又回到了开端,并且其中的每个部分都是对其他部分的证明,那么事实上任何对单独一个句子的引用就都是非常多余的事情。人们就只能从字面上去理解每一句话,只能通过简单地重复它本身来对它加以评论,而无法对整体有任何质疑。这样一个构造完善的辩证法,从理性上讲是无法辩驳的,因为它能够将所有的异议和理解上的矛盾都包括在自身之内并扬弃它们,尤其是其中的所有关键词都可以进行思辨的解释。[27] 黑格尔说,思辨的概念能够理解普遍知性和宗教表象,但后者并不能理解前者。比方说,我在《黑格尔对基督教的扬弃》[28]一文中一开始就引用了这样一段话:

> 既然在历史上两者不是互不干涉,所以我们也不能置两者的关系于不问。……对于两者的关系,我们必须明确地、公开地、诚实地加以说明,像法国人称为"aborder la question"那样。我们用不着顾虑,好像这问题太微妙,亦用不着说空话塞责,更用不着规避躲闪,使得到后来别人不知所云。我们不可以装出对哲学不闻不问的样子。这种伪装没别的,只不过想掩盖哲学曾经反对宗教这一事实罢了。[29]

27　参见昆根, S.518。
28　《黑格尔研究》(Hegel-Studien),增刊 I, 1964 年, S.193—236(收录于此卷 S.116ff.)。
29　《黑格尔全集》第十三卷,第二版, 1840 年, S.80。(译文沿用《哲学史讲演录》第一卷,第 65—66 页。——译者注)

十七　黑格尔的现实性和非现实性

这样一段引文并不会因为黑格尔也说过一段貌似意思相左的话而失去效力，他也说过，真正的、绝对的哲学是"为上帝服务"，并且除了基督教的公开宗教及其教会教义之外，别无其他内容。就连宗教表象和思辨概念之间的原则性区别，都被黑格尔的虔诚信徒哥舍尔解释成可以接受的，他将从宗教表象向着思辨概念的上升过程和从后者向前者的下降过程解释成非常相似的东西，就好像在荷马那里同一个星星的名字既可以用来命名不会死的神又可以命名会死的人那样。关于这种双重语言，黑格尔安慰那些虔诚的听众说，正是抽象的概念的运动中更大的稳固性使我们能毫无顾虑地抵抗表象的诱惑并将它置于概念的统治之下；而另一方面，已然在对上帝的信仰中取得的安全感，又能让我们在概念面前保持镇静，并且能在进入概念时对它的后果并无忧虑。[30]

为了走出这种似是而非和循环，就只能寻求这种帮助：用一种辩证的方法质疑体系整体，即使它的许多观点单独看来都非常有道理，但它的另一些话的说服力又是诡辩式的，就像那种异化的教化语言一样，这种语言明知道自己所不断反思的只是一些非常简单的、单一意义的和单调的说法。[31]

如果这种复杂的整体不是本体-神-学的话，它又该是什么呢？——尽管我们不能就此说，逻辑的科学的中心其实就是基督的逻辑。并且，如果我们不考虑耶稣基督而只采用《新约》中的语言和意义的话，黑格尔那种用哲学的方式去把握基督教的做法又究竟意指些什么呢？并且，黑格尔曾经断言，他是一个路德教徒，因为他接受路

30　试比较昆根，S.495。
31　参见《演讲和论文集》，"对基督教传统的批判"，斯图加特，1966年，S.166f.（现收录于《黑格尔全集》I，"人和人的世界"，斯图加特，1981年，S.395f.）。

德关于基督信仰和哲学之间的关系的看法，这种说法又意味着什么呢？黑格尔曾经在论及康德的宗教论文中说过，康德想要用哲学去复兴历史上的信仰的实证形式，但他的尝试完全失败了，因为就连哲学都似乎丧失了人们的尊敬了。其实这种评价也适用于黑格尔自己想要用哲学赋予基督教新生的尝试。仅仅是反对黑格尔的理性的基督教固然不足以让人转向一种非理性的基督教，或者像德尔图良和克尔凯郭尔那样因其荒谬而信仰之，但我们必须通过"与精神的根本性差别"（也即通过《新约》与黑格尔的宗教哲学的差别）看到关于宗教的整个预先的判断。如果我们已经面临这种判断，那么我们就必须自问，一个哲学的思想者，只要他还在思考并且还没有远离一个尚值得信仰的基督，他应当怎样理解以下说法：上帝已经化身成了人，因此从那以后人就在一种不确定的意义上具备神性甚至人就是基督本身？因为这就是关于有限的和无限的精神的辩证中介的必然后果。[32] 这是"上帝的自我意识，它在对人的知识中知道自身"。这就是说："……上帝在人身上认识它自己，人只在这一意义上认识上帝；这种知识是上帝的自我意识，但它同时也是人自己的知识，并且上帝对人的认识就是人对上帝的认识。"[33] 或者换句话说："听见了神的精神的那个主观精神，本身就是神的精神。这就是精神与其自身的真实关系的基本规定。"[34] 这是一种

32　参见昆根，S.200f 和 A. 卡拉乔洛（A. Caracciolo），《宗教和伦理》（Religione ed etica），1969年，S.194。

33　《关于证明上帝存在的演讲》（Vorlessung über die Beweise vom Dasein Gottes），拉松编，1930年，S.49—117。黑格尔非常赞同地引用了通过巴德（Baader）而为人所知的埃克哈特大师（Predigt Meister Eckhart）的话："上帝看到我的那双眼睛，也就是我看到上帝的那双眼睛；我的眼睛和上帝的眼睛是同一双。如果没有上帝，那么也就不会有我；如果没有我，那么也就不会有上帝。"〔《关于宗教的概念》（Begriff der Religion），拉松编，1925年，S.257〕黑格尔补充说，有一些事情是非常容易误解并且只能通过概念去把握的。

34　《哲学的体系和历史》，S.177。

路德式的信仰：我们与上帝之精神的信仰的关系，就是"我们与自己的关系"。拯救的精神对主观精神来说是"内在的"，是他自己的精神。这种活生生的精神同样也是一种可以燃烧的材料，它的外部和内部都可以燃烧，它的外部是由于对宗教内容的感觉和想象而燃烧，内部是由于自我点燃而燃烧。[35]

黑格尔无数次地用到"上帝"和"精神"这两个词，但很少提耶稣基督，他对耶稣基督的论述大部分都在青年时代的文本中，并且总是带着讽刺和反感的语气。就这一点看来，昆根对黑格尔的描述远比陶伊尼森来得尊重原文，因为他也引用了那些和他自己的观点不相容的句子，将那些"未来的基督学的绪论"从黑格尔的宗教哲学中剔除出去了。至少他肯定了，黑格尔在图宾根时期从未表现出对基督信仰和耶稣这个人的重视（75ff.）。在《耶稣传》中他是在康德的《单纯理性限度内的宗教》的影响下论述耶稣的生平和教义的，而人和上帝之间的关系也被视为一种相对平等的关系，因此人的负担和原罪都只是他的整个生活中的一个特殊的方面而已，而这个生活的整体才是人出于他自然的神性走向他自身的过程。《精神现象学》中则完全没有提到基督本人，关于神的化身为人，黑格尔也只是说这意味着绝对精神具有了自我意识的形式。《哲学百科全书》中同样没有出现耶稣基督的名字，相反，圣父、圣子和圣灵的三位一体关系只是在精神的普遍范畴内被把握为同一性的自我区别和回归（343f.）。《法哲学原理》中则压根儿没有提到耶稣基督。昆根从这些文本中得出，黑格尔本人虽然没有简单地放弃真实的人子与神子的学说，但他在自己的哲学体系中放弃了这一理论。

---

35 同上书，S.182。

尽管如此，正是由于黑格尔的形而上学中的那些基督教的基本概念，他对耶稣基督这个名字的"隐瞒"才是"症状性的"（symptomatisch）（380）。我们必须清醒地意识到，事实上黑格尔没有隐瞒任何东西，相反，他最终是对上帝的思辨概念感兴趣，而不是对耶稣这个历史中的人物感兴趣。黑格尔自己的主观意识就是根据"基督"来规定的，这一点是显而易见的。对黑格尔来说宗教依然是值得信仰的，因而他与奥古斯丁、路德、帕斯卡及克尔凯郭尔的区别并不在于他经历了某种宗教危机，这一点也是很显然的。但昆根作为一个神学家，他的观点和黑格尔那种把握"上帝的逻辑本质"非常不同，他在第五章（302）的结尾处说，我们不能拒绝承认，黑格尔尽管通常采取一种体系化的观点，但"最后"更多的还是以信仰的方式而不是以思辨的方式进行哲学思考的，并且正因如此，他才能如此勇敢地宣布他想以思辨的方式把握上帝的本质，因为他的思辨的方式事实上已经被扬弃在"他的存在的最深处"和他的信仰之中了，并且，黑格尔也许比他自己所以为的更加信仰上帝（302），因此我们就可以对着他那让人遗憾的辩证法不以为然地摇摇头便罢。昆根想要像对待 D. F. 施特劳斯的《耶稣传》和对待克尔凯郭尔对信仰的悖论性的区分那样对待黑格尔的宗教哲学思辨，因为他们三人都没有给自己留退路（578）。但是，如果我们不知道黑格尔关于自由的意识之进步的历史哲学结构这一基本前提，我们就不能理解，为什么在经过了 16 个世纪的神学和后基督的哲学之后，黑格尔还必须回顾奥古斯丁关于"信仰的作用"（De utilitate credendi）的论文。

在离题讨论了昆根之后，让我们回到黑格尔的《宗教哲学》。其中，黑格尔认为基督是主体性达到了绝对普遍性的顶峰。在《哲学史讲演录》中，他在和新柏拉图主义哲学的联系中讨论了基督教，因为新柏拉图主义哲学同样也是这样一种精神,却并没有达到主体性的顶峰。只有在基督教中,绝对的本质才是公开的:"这就是一个人,却不是一般的人或自我意识。"[36]但由于实证的信仰只能在这一个人的直接性中认识上帝的精神的绝对本质,因此这一阶段还不属于哲学,而属于宗教。

> 这个生活在一定时间和一定地点的个别的人,对于世界精神来说,就是这个绝对精神,但却不是自我意识的概念;换句话说,自我意识还没有被认识。[37]

与新柏拉图主义不同,基督教有以下优点,它在直接的当下中,将绝对的上帝精神当作人加以直观;但它缺少和哲学概念的关系,因为神的本性和人的本性之间的同一还没有被它理解为它自己的普遍本质,而只是被理解为一个经验性的人格,也就是一个具体的人。除此之外,《新约》的全部历史都不过是没有精神-历史意义的单纯历史学内容的堆积,它所说的只是2000年前传到巴勒斯坦一隅,并且又从那里引发出许多历史学-批判的诠释,这些诠释编织出了一张复杂的网,这张大网可以有如此多种解释的方式,以至无论是正教还是异端都可以从自己的立场出发援引它。然而它所达到的不是"逐字逐句",而是"精神",它只是为精神而存在的。但黑格尔相信,这种精神是真理性的,也就是说,是他自己的那种思辨-辩证的精神。因此,黑格尔认为,道成肉身无非是主观精神和客观精神的另外一种表现形式,是可以用诸如普遍性、特殊性、个别性等逻辑范畴加以把握的,将自己二元化并走出自身、随后又从他在中重新返回自身的运动,是一种三位一体的圆圈

---

36 《黑格尔全集》第十五卷,第二版,1844年,S.6。
37 同上,S.7。(译文沿用《哲学史讲演录》第三卷,第152—153页。——译者注)

运动。

> 首先是理念在它的简单的普遍性中的自为存在，它还没有走向判断，没有走向他者的存在，因而是封闭的——这就是圣父。第二是特殊的东西，是理念处在它的表象之中——这就是圣子。只要第一步是正确的，那么他者存在就已经包含在其中了；理念就是永恒的生命和永恒的展开。第二步是处在外在性中的理念，因此它的外在表象是对第一步的颠倒，它被意识为上帝的理念，即神的东西和人的东西的同一。第三是对神就是精神的意识。这种精神作为存在着的和自身实现的东西，就是普遍物。[38]

按陶伊尼森的说法，否定之否定是对"复活的神学"的论证（282），并且它是黑格尔的整个宗教神学甚至是整个黑格尔哲学的基础。

最后一章的最后一句话说的是，黑格尔对基督教学的开端所做的破坏，其意图是恢复在公开的上帝中的基督（322，427f.），只不过基督是以绝对精神的学说的面目出现的。如果黑格尔想要承认上帝的"超越理性"的意志，那他要怎样才能同时要求自己撇开基督的真理去思考？如果像陶伊尼森想要指出的那样，理性的东西的现实性无非就是在基督中所揭示的上帝，是绝对精神，那么这种超理性的上帝的意志就不过是徒有其表（440）。就像陶伊尼森对罗森克朗茨的阐释那样，耶稣通过他的生和死接受了理性的东西的现实性，但这一点完全没有为人所洞见。但从某种意义上，我们又必须在黑格尔和陶伊尼森的对立中选择为黑格尔辩护，也就是说，我们要反对这样一种过分的要求：

---

[38]《绝对宗教》（*Die absolute Religion*），拉松编，1929年，S.198。

要求人们能够在关于绝对精神的哲学中，对进步-解放的倾向和反动的倾向加以区分（440f.）。在这里，陶伊尼森出于一种当今非哲学意识的立场和时代精神，做出了一种不必要的妥协，并且违背本意接受了马克思主义的、根本说来是黑格尔左派的解释模式，这种模式一直延续到卢卡奇和阿多诺那里。

但这种最新的黑格尔阐释中的历史学-哲学的精细缜密论述的问题在于，他们固然在深入黑格尔的思路方面颇有功绩，却是站在黑格尔的外部、辩证法的圆圈之外思考。他们不再能拥有黑格尔的体系，因为他们缺乏的恰恰是自己的哲学立场；但另一方面他们又不能放弃它，因为他们不能承认"上帝的逻辑本质"和在本体-神学中阐释这种本质，对黑格尔自己而言，这一点却恰恰具有本质性的意义。黑格尔左派，比如费尔巴哈、鲍威尔和马克思等人的优势在于，面对黑格尔对流传了2500年之久的哲学的完成，他们既能深入黑格尔的体系之中，又能从中跳出来思考。如果要说黑格尔现在依然具有现实性，那也是因为，他终结了后基督的形而上学的整个传统，因此在他之后我们就能够而且必须提出这样一个问题：在黑格尔之后，形而上学或哲学究竟如何可能？

讨论

珀格勒尔（Pöggeler）：我有一个问题。您引用了黑格尔从席勒那里拿来的一句话："世界历史就是世界法庭。"在这里，您是把重音放在哪个词呢，是"世界历史"还是"世界法庭"？我的想法是，有一种合理的解答思路是，世界法庭究竟在哪里，是怎么样的；然后对此的回答是，如果人们要追问合法性和世界法庭的问题的话，那么我们不该遁入彼岸，而是该在这个问题出现的地方，也就是在世界历史中回答它——所以，世界历史就是世界法庭。而席勒和黑格尔想说的意思绝不是反过来：世界历史本身就具有自己的正当性，并且它作为一种事实，就是世界法庭。

洛维特：显然，对黑格尔来说并不是所有发生在历史中的事情都是具有世界历史意义的事件，这里有着本质的和非本质的、偶然的和必然的之间的区分。但尽管如此，我们如果想要构造一种具有哲学意义的世界历史的话，也并不能简单地把所谓粗俗的、经验性的、偶然的历史抽掉；发生在历史中的偶然性和具有历史意义的本质的东西并不能真正分开，虽然世界法庭应当是指后者。比方说黑格尔关于拿破仑所说的话就是典型的例子；我真的问过自己——这是我的一种观察视角，而不是什么虚构或幻想——如果黑格尔看到了1933年的事，他会怎样以世界历史的方式对德国和欧洲的此在进行哲学的表达？我真的无法回答这个问题，但很有可能，他的看法会和当初对拿破仑的说法极其相似。值得注意的是，黑格尔在1816年，也就是拿破仑垮台后很多年，在给尼塔默的信中写道：现在反对拿破仑的统治的那种反动，我早就预料到了，但这些反动也绝不会改变以下事实，拿破仑所带来的是世界历史的剧烈震动，正义是站在他这一边的。（1816年7月5日）——对黑格尔来说世界历史就是最高法庭，因为他相信在各个国家之间根本就不存在一个更高的裁判者，能够判断谁是正当的；那些开创了一个时代的国家就是掌握正当性的。当然这里我也想问陶伊尼森先生，黑格尔称之为上帝的那种世界精神究竟是怎样的。世界精神这一术语很多时候都和绝对精神是同义词，但也不是一直都是这样；可是情况绝不可能是像陶伊尼森先生所固执地认为的那样，它们之间有

十七 黑格尔的现实性和非现实性

明确的区分,而且黑格尔所说的上帝是完全超越并对立于世界历史事件的。

伊尔廷格:洛维特先生,您的这种提问的方式,也就是追问黑格尔的现实性和非现实性,暗示了您是将黑格尔作为一个整体加以把握的。您的论述是基于黑格尔哲学的体系化和同一性特征的,并向我们提出了这样一个问题:今天是否还有人带着对这样一种哲学的功绩的尊敬而接受这种概念;您表示,已经没有这样的人了,这是非常正确的。但我想说,也许就黑格尔自己的思路和他的学生的看法而言,他的哲学的历史地位被高估了。甚至在他的批评者眼中,他都同样是世界历史的承载者,因此,事物就只能被限制在一个理性的标准之上。根据我的观察,黑格尔的现实性和意义在于,他独自一人将一些本质的开端带进了哲学——比如历史这一范畴,您同样也非常敬重这一点。我认为,现在还在黑格尔的绝对要求中讨论他的哲学是没什么意义的,虽然我们必须认知到,就单个问题而言,他确实为我们提出了许多有意义的问题——就好像康德、柏拉图一样——但是就其哲学的整体而言,我们今天不会再支持将他们的任何一种哲学当作我们自己的东西去加以复兴。

洛维特:确实,我们中但凡是学习过黑格尔的人,都不会怀疑他为我们提供了许多有意义的单个的问题,虽然我们确实会质疑黑格尔自己所非常依赖的哲学体系和辩证方法。一方面我确实承认体系-整体的视角的合法性;陶伊尼森先生的书的一大优点也在于,他是少数几个有勇气将体系-原则的基础从黑格尔关于精神以及绝对精神的哲学中抽出来——虽然在我看来他的做法并没有太大的说服力——并且对它加以神学和基督教的解释的人之一。另一方面，对我来说黑格尔的问题意识是非常有意义的，我认为我们必须反抗陶伊尼森的禁令，我们不可以选择一个合适的位置并把它从体系中摘取出来。但这是一个非常困难的问题，因为我们在黑格尔的文本中不断看到的那种对具体的现象学的洞察，按黑格尔自己的理解，本就是由整个体系所决定的。如果我们觉得整个体系的构造是一个无法满足的要求而不想再坚持它，却又想坚持那种已被证明可行的现象学分析，那么问题自然就产生了：接受其中一方而抛弃另一方是不是可行？黑格尔右派第一次做出这样的尝试：他们抛弃了黑格尔哲学的基础，而只想从中抽出一些创造性的结果，这样的做法从体系的角度看来是不可能的，却是一种卓有成效的方法。另一种情况是，如果我们不仅仅是对黑格尔进行某种哲学式意义上的模仿和评论，而是想从他出发开启某种新的东西的话，那么人们将体系中的一部分东西拉出来，剩下的部分也并不是多余的。比方说，我对海德格尔《林中路》里的文章《黑格尔的经验概念》的讨论就是这样，这也是我在《黑格尔是如何走向〈精神现象学〉的》中提到的：海德格尔的文章中从存在里所引申出来的那些东西和黑格尔究竟有多少关系，这一点真的很值得怀疑——但海德格尔确实从自己的旨趣出发对黑格尔进行了创造性的应用。这样的回答您满意吗？

伊尔廷格：不，很遗憾我并不满意。因为我的质疑是针对，您——或者是海德格尔，或者是黑格尔左派，或者是新马克思主义——你们对黑格尔的具有生产性的哲学解释似乎都建立在所谓的把人的思想归入某种模子里，然后就一成不变地固执于它。但您也强调了一个人必须坚持正确的观点。我不理解的是，您究竟是怎样看待黑格尔的总体原则与他的个别问题之间的关系的。

十七　黑格尔的现实性和非现实性

洛维特：我在报告中说得很清楚了，黑格尔本身是一个体系，也就是说，是一种对整体性的要求。但我也很正确地指出了批判的问题所在，也就是精神和自然、任性偶然和内在必然性之间的关系问题。但我认为黑格尔最为重要的现实性环节在于他的历史思想，也就是说，他把历史带进了哲学当中；因此，我对黑格尔虽然多有批评，但我另一方面也坚持，他在事实上完成了形而上学的整个历史，正因如此，他死后才会立刻出现流传至今的哲学究竟该何去何从这一问题。

奥丁-汉霍夫（Ording-Hanhoff）：我还想深入探讨这个问题：我们究竟在怎样的前提下才能将黑格尔作为一个整体进行判断？我和伊尔廷格先生一样，感到您十分强调黑格尔是个体系哲学家，因此我想提醒您，黑格尔自己恰恰是在《哲学史讲演录》和《历史哲学》中强调，他强烈地要求贯彻一种历史的视角。他在《哲学史讲演录》中说，没有谁像他在此书中这样坚持历史学的视角，在《历史哲学》中他则拒斥了那种先验构造的指责，并强调我们必须按历史事件本来的面目接受它们。因此我的问题就是，为了理解黑格尔，我们是否就不应该始终首先采取结构分析的方法对他的科学理论的立场进行研究；并且，我们究竟该将黑格尔的成就归结为他的某些具体的论点，还是该归功于他的历史学角度的研究而非现象学的洞见？因为前者同样是黑格尔经常采取的做法。并且，当我们进行系统分析时，我发现，黑格尔对历史哲学的论述经常都显得和他关于绝对哲学的思想并无根本性的关系，相反，他只是在以阐释学的方法进行他的论述，也就是说，他是按照那些事件在历史中呈现的样子接受它们的。

洛维特：当然，黑格尔刚开始进行研究的第一年是采取一种历史学视角的认识的，但之后当他开始思考历史哲学时，他就开始将单纯的历史学意义上的东西和本质性的历史区别开了；就这一点而言他和海德格尔将流俗的历史和存在的历史性加以区分并无二致。关于这一点我们可以参考伦特-芬克先生的出色的著作[39]，他极具说服力地论述了何以历史性这一概念和单纯的历史学的东西的区别可以追溯到黑格尔。但在这里我要打上一个问号，因为我认为我们不可能跳过历史中的偶然性讨论本质性的历史。我们必须搞清楚哲学的流传中的偶然性：我们能够得到一些前苏格拉底时期的著作完全是偶然的，这些作品经过了充满历史学-批判眼光的细心编辑并出版，正是由于这些经过了历史学重构的作品，我们才能对前苏格拉底时期进行哲学思考。对于世界历史的起源也是一样：每个时代都有自己的事件，同时代人对于这些事件即使没有什么解释，也自有其把握和价值判断，相反，您所思考的却只是法国大革命。我们该怎样从这些带有对或多或少被有意筛选过的材料的特定前判断中，得出某些属于本质的历史的东西呢？奥丁-汉霍夫先生，关于您的问题，我想说，对黑格尔自己来说，那些被他阐释为方法论-辩证法的东西显然是以体系为前提的；但尽管有这些前提，黑格尔还是有一种惊人的洞见，比如关于恺撒或拿破仑的上台究竟意味着什么的洞见——这种情况虽然很少出现，但确实是哲学史中的普遍表象。至于历史学中的那些徒有其表的历史事件，对于黑格尔来说则是毫不重要的——即使是在涉及对《新约》的解释学问题时，比方说从某种特定的角度看巴勒斯坦在某一特定的时期内属于哪个特殊的个人这一类问题，都是完全无关紧要的。如果没有了对体系的要

---

39 莱昂哈德·冯·伦特-芬克（Leonhard von Renthe-fink），《历史性——在黑格尔、海姆、狄尔泰和约克那里的术语和概念之起源》（*Geschichtlichkeit—Ihr terminologischer und begrifflicher Ursprung bei Hegel, Haym, Dilthey und Yorck*）（哥廷根，1964年）。

求,那么黑格尔根本就不可能构造起任何哲学-思辨的宗教哲学或历史哲学或其他任何他想要达到的东西。

君德(Gründer):洛维特先生指出,早已被人们抛弃却至今未曾消失的左派和右派概念的来源并不是政治的而是神学的,并且这一范畴在对后黑格尔主义的解释中才第一次进入政治。这可以引申出两个方面:(1)即使是对于从黑格尔思想中产生的左派观点,我们也应当追问它有没有一些或明显或隐蔽的神学暗示;(2)陶伊尼森先生明确地接过了黑格尔的神学问题,这一问题的合法性不容争辩。

此外,也许黑格尔的现实性就在于体系的东西和历史的东西的结合,但里德先生认为正是这一点让黑格尔成为一个绕不过去的现代世界的神学家。但我想问洛维特先生,您是否认为黑格尔哲学中不可接受的东西(即他的体系和方法)才是对于用哲学的方式把握现代来说更合适的形式?在分裂和融合并存的历史过程中,黑格尔的体系和方法不只是一种"思辨",而且更多的是对现代的现象学描述和对理论的把握,它想要把握黑格尔之前已经出现的所有关于现代的问题——只有类似于体系和方法论的东西才能达到这种把握。因此现代对黑格尔来说显然不是某种终点,而是会继续进行下去,之后它还会带来更多的革命,无论是政治的、技术的,还是别的什么革命。

洛维特:君德先生,关于您的第一点评论,我想说,对黑格尔的解释至今存在两个方面,即政治的方面和神学的方面。一方面,黑格尔为马克思所接受,另一方面他也为诸如昆根和陶伊尼森这样的哲学家和神学家所接受;陶伊尼森在他的书的题目中就点出了黑格尔关于绝对精神的哲学是一篇"神学论文"。我认为这种印象并不正确,因为它以另一种方式重复了斯宾诺莎的说法，却忽略了，对于黑格尔来说神学方面和政治方面的兴趣并不是两回事，因此我也并不赞同卢卡奇对黑格尔青年时代作品的批判：我们不能将黑格尔的神学的东西排除在外，而只将政治的东西当作唯一的内容。

我没有完全理解您关于现代的说法。我自己完全没有使用这个词；但如果我们用这个词指的并不是离我们非常近的当代，而是指整个新时代，那么我们当然可以把黑格尔归入从笛卡尔开始的线索中去——当然，我们并不需要像海德格尔那样将这条线索归入主体性的形而上学中。可是您提起现代性究竟是想说什么呢？我已经在针对陶伊尼森的争论中相当清楚地表达了，我一点都不认为用诸如"进步的"和"解放的"或者"反动的"这类的词去评价黑格尔是适当的。

君德：我也完全不是在以上意义上使用"现代"这个词的。关于您所说的神学和政治的关系问题，我觉得可以这样简洁地总结如下。黑格尔谈及现代的哲学是想在以下两个条件下发展他的论点和概念：首先是革命造成的分裂这一政治问题；其次是启蒙运动之后的基督教这一神学问题。分裂正在不断发展，而黑格尔想将这种分裂（无论是政治的分裂还是神学的分裂）弥合起来。

洛维特：我恐怕我的想法和您有本质的不同。黑格尔是带着对时代历史的深刻意识进行他的思考的——他青年时代经历了法国大革命，成年后又经历了拿破仑的巨大影响，然而作为一个哲学家，他与现代的关系完全不是这样的，相反，他思考的是哲学历史的整体。一个现代哲学家是不会用引用亚里士多德来结束自己的《哲学百科全书》和自己对哲学史的总结的，而黑格尔却知道自己对亚里士多德也负有某种义务。现代显然不是终点,但我想说,对黑格尔和歌德来说的现代,在现在已经完全不是那么回事了,黑格尔死后,19世纪剩下的日子里发生了真正的断裂。这对我来说是毫无疑问的事情,这也是我在20年代末马克思青年文稿发表时深受它影响的原因,也是我遇到海德格尔时产生那样的感受的原因;对我来说很清楚,一个时代结束了而某种断裂已经发生,而我们必须尝试从别的地方寻找哲学的新的可能性。对我自己来说这种新的可能性的局限在于历史的思想之中,我从原则上是否认这种历史性的思想的,尽管我承认,我也是从历史性的思想出发进行反思的。

贝克(Becker):洛维特先生,我们能不能说,您对黑格尔的理解前后并不一致?您认为历史性是黑格尔的核心论点并且在今天依然值得讨论,并且您从历史性中引出了对黑格尔在整个哲学传统中的地位的评价,因为您认为黑格尔以一种特殊的方式完成了这一传统。另一方面您又清楚地论证了,精神和历史的关系是可疑的,对此的一个简单的论证就是,事情也可以往别的方向发展。我的问题就是,为什么您对黑格尔哲学的理解没有继续运用这种批判。如果精神的历史性这一论点本身受到严重的怀疑,那么黑格尔的哲学本身就不是什么自明的东西了;因为,对欧洲形而上学精神的完成难道就能够逃脱怀疑吗?对我来说,这两个结果是正确的。比方说,之后对哲学的提问方式就截然不同,例如康德;这些新的提问方式不再是对某些确定的条件的历史学式的解释——即使考虑到黑格尔哲学走下坡路之后的反动也是如此——而是要从科学或哲学内部出发对某个问题进行重新解释。

洛维特:我觉得没有什么矛盾,因为我一方面按照它的本来面目认识黑格尔的体系思想的最后阶段,并且认为我们必须搞清它的后果

（事实上第一批试图认识它的后果的人是黑格尔自己的学生）；另一方面我又质疑了关于历史性的思想，这种思想是从黑格尔起才开始进入哲学的，并且从那以后就产生了巨大的影响，即使它隐藏在形而上学的抽象之下——历史性只能在与人们所愿望和推动的历史中的所有偶然事件的关系中才能被认识。我对历史和精神的关系的认识与海德格尔在《存在与时间》倒数第二段中的说法相反，海德格尔固然认为精神进入了历史中，因为它必须在历史中发展自己，但海德格尔还看到了一种关于时间和历史的想法，这种想法没有认识到此在的时间性的存在，因而局限于一种流俗的世界历史时间中。但我倾向于相反的观点，也就是说，如果有什么非时间的、非历史的东西，那么它就是思想本身；因此我必须从这样一个结论出发，即黑格尔所说的"哲学就是把握在思想中的它的时代"。这一观点在黑格尔那里不只具有时代历史的意义。

潘能贝格（Pannenberg）：我想再回到贝克先生的问题，因为我对洛维特先生的回答并不满意。——我也在您这里听到了一种跳跃，因为您一方面要求带着历史的意识对待黑格尔的思想，因为他完善了关于思想的历史；另一方面您又提出，在发生了那么多事情以后，我们今天已经不可能回到黑格尔了。您对历史性意义的批判通过黑格尔的精神概念得以具体化，但相反，您又认为这个世界在非隐喻的意义上是自然的世界——您非常强调这一说法。因此我觉得这里有一个断裂，我想问，是否只有完全接受历史，才能将它彻底扬弃并将它带回到自然的世界中？这就暗示了一个特殊的问题：您说，我们处在历史性意识的地基上，因此我们是不可能再回到黑格尔的，这就是说，今天已经没有谁是黑格尔主义者了，这在很大程度上是显而易见的事情。同样，

十七 黑格尔的现实性和非现实性

我们也不能走上一条历史的道路，至少不是在其最远的意义上将它当作一条通向真理的道路。并且，我们必然会面对这样一个问题：这样一条最遥远的历史道路是否是对黑格尔思想的把握，更进一步讲，这一思想的地位和反思水平是否足够进入我们的视野。我认为——关于这一点我同意陶伊尼森先生——如果我们将宗教哲学纳入考虑，那么就必须讨论黑格尔和基督教的关系问题。

在这里，我们会进一步观察到，对黑格尔的接受或者不接受都充满巨大的误解的森林，也深受关于他的宗教哲学地位的描绘的整个结构的影响。首先是他的宗教哲学被指责为一种泛神论，之后他又被指责没有给罪和恶保留位置，之后又更近一步（这种指责到现在都还存在），说黑格尔那里不存在人格的神，尽管他将主体性设定为他的思想的中心。我们要问的是，这里的人格性和主体性究竟是在什么意义上联系起来的？事实上它们之间存在着差异，并且这种差异远远超过了那些习以为常的客套话，正是这些客套话无论如何都在神学思想的历史中规定黑格尔哲学的图景。因为历史的道路本身并不就是真理的道路，对我来说，在一种批判的意义上回到由传统所建立的问题式中，这一点是非常有意义的。

您引用基督教中的那些因素，一方面是将它作为对黑格尔的基督性的反驳，另一方面则是为了说明基督教对当下来说是毫不相干的东西——类似于在海德堡针对德尔图良和某种意义上的反对者路德的争论。但这并不是基督教的历史；就好像对教父神学来说德尔图良的位置也不能被理解成希腊作为基督教的前一阶段而展现出某种真理。在这里我们必须在黑格尔哲学的各种元素中分辨出，究竟是什么构成了基督教教父神学的基本立场。还有就是，您在提到黑格尔青年时代关于耶稣的文章时说，这篇文章明显带有讽刺的特征，并且耶稣被黑格尔当作自己的观点的对立面，这一点我也无法苟同——但这是另一个问题了。您又一次引用了黑格尔那句被广泛引用的话，也即上帝和人的精神是同一的。但人们究竟是不是在这一意义上理解这句话是值得怀疑的。在这里应当引入一个阐释的任务，并且只有当我们提出这一任务时，才能开始进行关于相应的问题的讨论，但在这里我首先要打上一个大大的问号。

我想以您所提出的对精神概念的批判作为结束，虽然我们提出这一点时的旨趣并不相同。（关于您对偶然性问题的引申也是如此，您认为黑格尔是完全排斥偶然性的。）您的演讲给我留下了一个特别的印象，那就是，虽然我反对您从根本上质疑黑格尔的基督教特征的看法，但我很愿意接受您对黑格尔的精神概念的批判。这一概念同样是一个与神学相关的问题，但我们可以提出疑问：精神和意识的联系是否真如黑格尔所认为的那样紧密？如果我们这样质疑的话，我们就根本不是在完善黑格尔关于精神的问题，而恰恰是在避免将这两者解释为毫无差异的同一性。

洛维特：关于潘能贝格先生的第一个问题，我想这样回答，无论是在理论上还是思想上，我们当然都不可能扬弃或者干脆避开历史。但我认为，庸俗意义上的历史——世界历史、时代历史或类似的东西——对于哲学来说是不值得考虑的。我在关于瓦莱里的小书中展开了这一看法，尤其是在关于"历史批判和历史写作批判"（Kritik der Geschichte und der Geschichtesschreibung）的章节中讨论了这一点[40]；关

---

40 《保罗·瓦莱里——他的哲学思想之基本特征》（Paul Valéry—Grundzüge seines philosophischen Denkens），斯图加特，1971 年，S.89—113（现载于《全集》第九卷，《人和世界—G. B. 维科—保罗·瓦莱里》，斯图加特，1986 年，S.337—366）。

于瓦莱里对这一问题的说法,我进一步展开说明:为什么关于事件的历史(基督教也是一种关于事件的历史)并不能给思想提供内容。因为事实上我采取了一种和所有同时代人都不同的立场,尤其和那些自称持社会马克思主义的历史哲学观点的年轻人的立场,距离最为遥远。

关于反思的水平,我也已经说得很多了,我在报告中格外强调黑格尔的反思思想显然被人们低估了,不仅仅是黑格尔左派,而是所有人,甚至包括狄尔泰和他的后继者都低估了黑格尔的反思思想。我认为,当您想要得到一种具有"历史的"必然性的东西时——我在这里加了引号——这种对辩证思想的低估就格外严重。我们可能太低估或太高估这一点,但这不会扰乱我的观点——所谓的反思水平被低估了,对我来说这承认这一点是走出对理解的低估的唯一道路或出路。

因此,关于潘能贝格先生对宗教哲学和基督学的说法,我想说,我并不相信那些像布鲁诺·鲍威尔、大卫·弗里德里希·施特劳斯和年轻的费尔巴哈那样认真地学习过黑格尔的人,还会始终是个黑格尔主义者——我不相信,他们那群人竟会不如我们自己或者不如如今最好的黑格尔解释者那么聪明和仔细,以至不能理解黑格尔。事实上他们和正统的黑格尔主义者如加布勒尔和米歇莱特一样理解黑格尔,区别只在于他们不同意黑格尔的立场,因此他们想要寻找一条不同的出路而已。——如果您想讨论基督教神学的历史并且主张说,德尔图良设定了雅典和耶路撒冷之间的二元选择,但这只是一个例外,而整个教父哲学并不认同这一点,也完全不同意进行希腊式思考和思辨的奥利金的思想,那么我想回答说,整个教父神学都反对弗朗茨·奥弗贝克(Franz Overbeck)的极端裁决,也就是都反对神学的基督教特性本身。20世纪最重要的神学家——我指的只是布尔特曼(Bultmann)和巴特——从来没有考虑过这个问题,尽管他们都受到奥弗贝克的影响（就好像他们也很少真正关注克尔凯郭尔对基督教的批判）。更遥远的共同点还在于对黑格尔左派的批判，以及您对所谓"差异化"的要求——也就是有限和无限、人和上帝、时间性和永恒的同一性——这对我来说是无可辩驳的，而且，无可辩驳的并不仅限于我所引用的几段话，还包括其他的大量内容——而没有引用的话我们就没法对某个人的思想进行阐释了。这种同一性并不是什么习以为常的东西，而是事物中所隐藏的辩证同一。这一点对于黑格尔关于上帝道成肉身的宗教哲学来说具有巨大的意义，因此我们必须展开说一下，从根本上说，人自己的本质决定了每个人都是一个基督——就我所知，真正同意这一点的神学家就只有昆根。想要以黑格尔的辩证法的方式理解这一点，我们就不能忽略同一性这一主题，从中也就产生了施陶登迈尔、艾森梅耶和其他人的批判。

您在最后提到，精神和意识及知识的同一对黑格尔来说固然重要，但也没有我在对历史哲学的批判时所赋予它的如此重大的意义，对此我想说：只有当精神知道自身并且自为地存在时，它才是精神，这一点是黑格尔整个形而上学的基础。

西蒙（Simon）：与洛维特先生的看法不同，我很怀疑从青年黑格尔主义的立场出发进行阐释的道路是否就是无条件地具有现实性的做法。在黑格尔之后人们已经有过一次回到康德并重新把握他的哲学的运动了，因此我们在处理黑格尔哲学时，比起他当时理解自身时的情况来说，有了一个更好的出发点，也就是说，我们是在一个具体的哲学史的状况中对它进行阐释的。我指的是，我们从这种具体的哲学史状况出发，诸如精神、绝对精神、自然、必然性、偶然性等概念就有了一个完全具体和精确的意义；我们是在哲学史的语境下阅读黑格尔的，并且也有可能摆脱那些至少是在青年黑格尔派那里出现过的陌生的世界观。因此精神的概念本身首先应当在与康德哲学及其后继者的关系中被理解，而不该被理解为一种被哲学接受了的宗教教条。因为黑格尔批判地分析了康德那里理性和知性的关系，简单说来，与康德的主体性概念不同，黑格尔认为主体性应当被理解为一种一元论的判断力，它只有对自我意识来说才真正是自我意识——这一点是《精神现象学》关于精神概念的第一个规定（霍夫迈斯特版，140）。由此就证明了，康德知性概念中的精神范畴只是一个环节，它只是关于精神的一个降格了的概念。相应的，就有了关于从康德进展到黑格尔的尝试，从这种尝试中产生了这一概念的另一种感性联系，即某种自然的概念。然后似乎就能自然而然地得出，自然是精神的外化；康德的自然概念符合他的知性概念，并且如果这一概念意味着精神的自我有限化，那么自然也就成了精神的外化，而黑格尔没有强调在一种世界观的意义上对此进行解读。对于上帝的概念也是这样的；康德在可知的领域和思辨理性的领域之间划下了界限，而只有对自我意识来说才存在自我意识这一论点则彻底背离了康德的道路。由此黑格尔赢得了一个关于经验的概念，从这个概念出发他就有可能得出某种类似于形而上学的经验。

陶伊尼森：我认为，洛维特先生将我对于绝对精神学说中政治的、批判的以及批判-革命的潜能的兴趣理解成一种代价——我将这种潜能归结为时代精神——这一点是有所指的。我从根本上反对在关于绝对精神的那种与时代潮流无关的哲学中只单独抽出和强调它的批判-革命潜能。服从时代潮流的黑格尔左派则将与时代无关的哲学当成右派的东西。

也许我可以先插入一点：洛维特先生对我的书的批判是以这样一个暗示开始的：我在前言中引用阿多诺的话，并且认为黑格尔的绝对精神学说是反对流俗的对唯心主义的诽谤。但他没有提到，我反对阿多诺所引领的那种潮流，也就是说，我质疑将黑格尔的哲学在唯心主义传统中进行排序——尽管我非常赞同阿多诺对黑格尔的许多洞见；如果说我想要修复什么，那也绝不是唯心主义式的黑格尔。我相信，人们将黑格尔、费希特、谢林归在唯心主义名下，并将黑格尔的"绝对"这一特征当作唯心主义的最明显的表现这一做法是非常草率的。

有些基本的东西是联系在一起的：我想要将黑格尔的论点放在它与欧洲形而上学的关系中进行哲学式的阅读，也就是将它当作黑格尔自己十分重视的关于扬弃哲学的论点，黑格尔说，如果还存在哲学的话，那么人们必须称它为神学。这一论点意味着，马克思对哲学的扬弃从根本上说是对黑格尔将哲学彻底扬弃在神学中的做法的庸俗化——当然这里的神学是打引号的，由此可以得出，我们既不能以传统哲学的方式也不能以传统神学的方式研究黑格尔。在这一意义上我也对我以前的说法进行了自我批判和修正，我说了，我并不想将任何一种正统的神学当作阐释的标准。我相信，黑格尔所提出的许多问题都要在这一论点的前提下才能得到恰当的讨论，比方说，在考虑到当下的情况下，该如何对原初的哲学进行思考这一问题——众所周知，这个问题也是阿多诺的核心兴趣所在。阿多诺认为，黑格尔的哲学毕竟是传统意义上的原初的哲学；而我则认为它不再是原初意义的哲学了，因为哲学已经以非常明确的方式转变成了神学。

但我想，洛维特先生在处理我的论点时一直都主张，只要是作为一个哲学家，就没有人能把握基督的道成肉身。黑格尔固然做过这种尝试，但我们只能把这当作一个丑闻；当他带着所有的严肃认真和明显的激动说，这里所涉及的是一个"巨大的组成部分，它与表象和知性都是彻底相反的"时[41]，以及在对宗教表象进行概念把握这一进展中，我们不该忽略，事实上黑格尔看到了一个悖论，而如果不扬弃哲学，就无法思考这一悖论。而之后他为了贯彻对哲学的扬弃所做的一切，必须按在他那里占核心地位的现象学的方式进行讨论。我们应当把对死亡进行的讨论看作黑格尔思想的首要特征，因为一方面，死亡是有限性和事实性的顶点（在这里黑格尔所采纳的是基督教对死亡的阐释，它迥异于希腊式的阐释），另一方面，在黑格尔那里死亡和复活的关系不再是一种实践的现象，而是一个重要的基础——关于这一点我完全赞同马丁·普德（Martin Puder）[42]的看法，在这一基础上他才能建立起对他的整个哲学具有构成性的论点，即否定之否定的肯定这一特征。在这种关联中，黑格尔同样努力讨论了，与关于上帝的有神论和泛神论的错误的非此即彼选择相反，我们必须将上帝设想为绝对的东西，他作为永恒联系着的整体必须同时超越这个世界。由此黑格尔就直面了自基督教以来才第一次出现的那些悖论，这些悖论中最为关键的一个就是"绝对精神"和实际中生存着的个人的脆弱性之间的悖论。作为一种哲学，黑格尔的哲学考虑到了上述这些悖论，因此它不再是传统意义上的哲学了。

但我想再问一下西蒙先生，您提到康德，是不是意味着您想通过回到康德来走出自青年黑格尔派以来就产生的那种争执？因为在黑格尔青年时代的文章中，对康德的解释和对基督教的解释显然是直接联

---

41 《宗教哲学讲演录》，第二部分 /2：绝对宗教，拉松编，S.142。参见我的书（S.280）以及阿尔伯特·坎培尔《黑格尔和宗教》(*Hegel et la religion*) t. 1，巴黎，1964 年。

42 《黑格尔的上帝概念》(*Hegels Gottbegriffe*)，载于《新德意志手册》(*Neue Deutsche Hefte*) XVI/4 1969 年，S.17—26；也载于《黑格尔及其后继者》，卡尔腾布鲁纳（Kaltenbrunner）编，弗莱堡，1970 年，S.253—269。

系在一起的，因此这里的关键问题就是，他究竟是在康德的视野下解释基督教，还是在基督教的视野下解释康德。

西蒙：陶伊尼森先生，我非常同意您说的，黑格尔的哲学并不是传统意义上的哲学，但另一方面我也想争辩说，他的哲学正是您所怀疑的那种悖论意义上的哲学。在黑格尔看来，传统的哲学中本来就会出现悖论，尤其是在为哲学制订标准的康德哲学那里，特别是在考虑到逻辑学时更是如此。在康德那里有很多悖论，尽管我想着重指出，黑格尔并没有明确地继承那些悖论。比如康德在《自然科学的形而上学基础》（*Metaphysischen Anfangsgründen der Naturwissenschaft*）中对认识所做的演绎，他认为从超验的主体或者超验的反思中只能得出对象的概念，但这一点早已在物理学以及心理学中作为一个经验的概念被接受了——也就是作为物质的概念和作为思考着的本质的概念；康德在这里提出了对单只接受经验中的东西这种做法的批判，这其实和黑格尔后来在提到康德如何引入范畴时所做的批判是一样的。对康德来说，仅仅从单纯的知性形式中产生的认识概念的必然性，由于尚未接受任何经验概念的东西，因此是没有意义和内容的，故而它只是先验概念。在这里传统的知识概念中就出现了偶然性的环节，因此在康德那里普遍和个别的关系就出现了危机。黑格尔正是提出了这个问题（虽然在黑格尔那里，这个问题在体系中所处的位置和在康德那里并不一样），并且他承认了在知识的概念中存在偶然性的环节，因此在黑格尔那里，有限的知识必须被包括在真正的知识这一概念之中。

洛维特：我很难苟同陶伊尼森先生的回答，因为我认为他的书中的基本倾向是对黑格尔的存在-神-学的复辟，而这一点在我看来是非常神秘的。我当然同意，和费希特、谢林的唯心主义哲学比起来，黑格尔的哲学并不是绝对唯心主义的，也完全不是康德意义上的唯心主义哲学。但是我完全不能同意以下看法：就其倾向于对整个体系的完善而言，黑格尔的哲学旨在将哲学扬弃在神学中——您说这是打了引号的哲学，因此它就既不是传统意义上的哲学也不是传统意义上的神学了。如果说18、19世纪之交的大哲学家中还有谁是想要为传统论证并且身处传统之中的话（无论是哲学的传统还是神学的传统），那一定是黑格尔。我在黑格尔那里也完全找不到克尔凯郭尔那种悖论式神学的痕迹，同样也找不到什么对基督之死和复活或对类似的东西深感激动的迹象。陶伊尼森先生，您虽然不像昆根先生那样在神正论中走得那么远，但您主张死亡在黑格尔的整个哲学概念中占据了基本地位（科耶夫也是这样认为的，因为他受过海德格尔的影响），这种观点其实是在将黑格尔解释得非常类似于克尔凯郭尔，对于这种做法，我完全不能赞同；我同样不能赞同的还有，您在书中说，我们必须把黑格尔的宗教哲学把握为关于基督复活的神学。最后，即使是在最为形式化的意义上，我们也不能将否定之否定的特征，简单地转译为基督的死亡和复活。

我必须非常遗憾地说，在听了您对我的回应之后，我只能比以前更加坚定地反对您对黑格尔的见解了。

富尔达（Fulda）：陶伊尼森先生，我感到您对洛维特先生在报告中对您的批判的回答非常具有启发性。您和洛维特先生是如此的不能互相同意，以至我认为，你们的分歧在于这样一个前提：你们都十分坚持"完成"这一论点。您二位都认同这一论点，并且你们像黑格尔在解释自己的思想时所做的一样，想要一以贯之地论证黑格尔；但我很怀疑，我们在进行哲学思考时，是否务必要像黑格尔那样致力于"一以贯之地完成"某种看法。

吕柏（Lübbe）：我想要尝试针对洛维特的批判，保卫黑格尔的历史神学。我认为，只要将黑格尔的历史概念从他的历史神学的核心概念中拿出来，它其实是与洛维特在批判黑格尔时所提出的那种历史概念相同的东西。

黑格尔的历史哲学以阐释学的方式接受了神学的学说，并借助上帝在世界历史中的意志和计划强化自身。其结果就是，在历史的进程中，没有哪个社会的主体或个人的主体具有根本性的意义。没有哪个民族或世界历史的个人，他那出于自己的主体性的行动会刚好就是他在历史中所扮演的角色。我们在历史过程和事件中的行为只不过是我们自己意志的产物，而对历史本身的存在一无所知。我们也只能理解自己在具体的历史事件中的具体行为，而我们的行为究竟意味着什么则是超出所有对行为的力量的思考的。

黑格尔对历史中占统治地位的上帝的天启的那种非常神学化的说法也是一样的东西。那些在当下的国家和民族地位的争斗中胜利的人，也不得不相信天启。黑格尔对这一神学的说法进行了哲学的论证，他经常说，历史是一个"民族的屠宰场"，上面摆满了牺牲者。

而对于必须在当下进行行动的人来说，这就意味着，上帝的意志只有在解释过去的事情时才是公开的，但关于未来如何，谁也无法援引上帝的意志来为行为进行论证。在历史中行动意味着，没有人能从上帝的意志中学到未来应该怎样，也没有人能从历史中学到什么经验。对于世界历史的个人和民族来说也是一样的，黑格尔认为，他们只是出于自己的利益、为了满足一己私欲而行动。同样，历史中的"进步"

也不是出于理性的力量,而只是出于理性的狡计的机制。一个拥有历史的个人和民族,并不就是历史的主人。

我认为,黑格尔对历史的这种非常神学的理解暗含了他的历史概念,这一概念其实与洛维特先生所提出的非常相似,尤其暗合了洛维特先生对偶然性这一范畴的强调。这两种历史概念的精髓都在于:在理性那封闭的自我联系之外,历史是不可理解的。如果人们看到了这一点,就根本不会再问,我们究竟该像黑格尔之前的人或黑格尔本人那样相信一种神学的历史观,还是该像洛维特先生那样在费尔巴哈之后就不再相信神学的历史观了。因为两者的结果都是一样的。洛维特先生的历史概念其实和黑格尔的是一回事。他们的不同只不过是一个解释的问题。

附 录

说明和注释

这里所印的论文和讲稿都是卡尔·洛维特关于黑格尔的思想和黑格尔对于19世纪历史的影响的思考,因此这些文章无意间就和洛维特于1941年出版的影响深远的重要著作《从黑格尔到尼采——19世纪思维中的革命性决裂》的内容非常接近。在那本著作中,洛维特表示,他计划写一部19世纪的哲学史,而这一想法最早可以追溯到他的教师资格论文(1928年)。以下是他当时所列出的一些已经"部分地"完成了的论文:

– 《费尔巴哈与古典哲学的终结》(1928年)
– 《马克斯·韦伯与卡尔·马克思》(1932年)
– 《克尔凯郭尔与尼采》(1933年)
– 《19世纪对基督教的哲学批判》(1933年)
– 《黑格尔对古典哲学的终结及其在马克思和克尔凯郭尔那里的解体》(1934/1935年,1935/1936年)
– 《黑格尔之后哲学中的人性问题》(1936年)

之后,洛维特自己将其中三篇文章几乎原封不动地重印了一遍并表明了它们的独立性。它们分别是：本书第二部分开头关于费尔巴哈的论文，它最初脱胎于马堡时期的教师资格演讲；另两篇是《马克斯·韦伯与卡尔·马克思》以及《克尔凯郭尔与尼采》。我们根据《洛维特全集》各卷的主题，将最后一篇文章收入了第六卷，将《19 世纪对基督教的哲学批判》收入了第三卷。《黑格尔对古典哲学的终结及其在马克思和克尔凯郭尔那里的解体》发表于《哲学研究》(*Recherches philosophiques*，巴黎)，这篇文章在马堡时期就已经完成了，并且它奠定了之后的《从黑格尔到尼采》中的基本概念。此文的第一个德语版本不幸丢失了，我们现在所能找到的只有它的法文译本——此外 1935 年还有一个意大利文的译本——此文收录于《洛维特全集》第四卷。至于《黑格尔之后的人性问题》，我们放弃了对此文的重新印刷，因为它与《从黑格尔到尼采》第二章的第四部分重合了，并且其篇幅对本卷来说也太长了。

《马克斯·韦伯与卡尔·马克思》

第一次公开发表于《社会科学与社会政策文献》67(1932 年)，S.53—99，175—214。之后经过小的改动后收录于《卡尔·洛维特论文集》中的《对历史存在的批判》(*Zur Kritik der geschichtlichen Existenz*)，斯图加特(科尔哈默)，1960 年，S.1—67。此卷中所收录的与 1960 年的版本相同。

《马克斯·韦伯和他的后继者》

第一次公开发表于《标准和价值 3》(*Maß und Wert 3*) (1939/1940

年), S.166—176。经过简写后以《马克斯·韦伯和卡尔·施米特》(*Max Weber und Carl Schmitt*) 为题发表于《法兰克福汇报》Nr.146，1964 年 6 月 27 日。

《马克斯·韦伯的科学观》

第一次以《通过科学为世界祛魅——马克斯·韦伯 100 周年诞辰》(*Die Entzauberung der Welt durch Wissenschaft. Zur Max Webers 100. Geburtstaf*) 为题发表于《水星》18（1964 年），S.501—519。此后略加扩展后发表于《批判的启蒙之伏尔泰俱乐部 II》(*Club Voltaire Jahrbuch für kritische Aufklärung II.*)，慕尼黑，1965 年，S.135—155 和 379—382；之后又稍加改写后以《为世界祛魅》(*Die Entzauberung der Welt*) 为题发表，载于《宣道和神话 VI—3. 阐释学—技术—伦理》(*Kerygma und Mythos VI-3. Hermeneutik-Technik-Ethik*)。文本出自汉斯-韦纳巴尔特（Hans-Werner Barths）和汉堡-伯格施特（Hamburg-Bergstedt）[赫伯特·莱西-新教出版社（Herbert Reich-Evang. Verlag）] 1968 年，S.76—94。

本卷中收录的版本依照最后以《马克斯·韦伯的科学观》为题收录于《卡尔·洛维特的演讲与论文集——对流传至今的基督教的批判》中的版本，斯图加特（科尔哈默），1966 年，S.228—252（此版中增加了一个对卡尔·施米特的长篇评论，位于 S.434ff.）。

《L. 费尔巴哈与德国古典哲学的终结》

第一次公开发表于《逻各斯，文化哲学国际期刊》(*Logos. Internationale Zeitschrift für Philosophie der Kultur*) 第 17 期，S.323—

347。此文未加修改地收录于《路德维希·费尔巴哈》,埃里希·蒂斯（Erich Thies）出版,达姆施塔特（科学图书组织）,1976年,S.33—61。由于此文可追溯到洛维特1928年6月的教师资格演讲,并且属于他的出版物中知名度较大的,因此尽管它与《从黑格尔到尼采》中关于费尔巴哈的论述有所重叠,我们还是在此将它全文重印。

《黑格尔与黑格尔主义》

第一次公开发表于《德国教育杂志》(Zeitschrift für deutsche Bildung),美因河畔的法兰克福,第7期,第二册,S.553—565。此文是洛维特为纪念黑格尔去世100周年而写的。

《作为哲学问题的理论与实践》

第一次公开发表于《马堡大学联合会通告》(Mitteilungen des Universitätsbunds Marburg),1931年,第二册,S.17—28。此文经过修改后发表于《观念论及其当代》(Der Idealismus und seine Gegenwart),收录于《维纳·马克思65岁生日纪念文集》(Festschrift für Werner Marx zum 65. Geburtstag),由 U. 古佐尼（U. Guzzoni）、B. 朗（B. Rang）和 L. 西普（L. Siep）出版,汉堡［菲力克斯·迈纳（Felix Meiner）］,1976年,S.337—348。

《对赫伯特·马尔库塞的〈理性与革命〉的两篇评论》

第一篇评论连同马尔库塞的评论发表于《哲学与现象学研究》

(Philosophy and Phenomenological Research）第二卷（1941/1942 年），S.560—566。

第二篇评论中，洛维特和马尔库塞的观点差异变得更为尖锐了，此文发表于《社会研究》（Social Research，纽约），9（1942 年），S.240—242。

《马克思早期文本中的自我异化问题》

第一次公开发表于《社会研究》（纽约）21（1954 年），S.204—230。洛维特将它略加改动后收录于英文版文集《自然、历史和存在主义，以及哲学史中的其他文章》（Nature, History and Existentialism and Other Essays in the Philosophy of History）。此版加上了阿诺德·勒维森（Arnold Levison）的一个批判性的导言。伊万斯通（Evanston）[西北大学出版社（Northwestern University Press）]，1966 年。

《路德维希·费尔巴哈》

《洛维特全集》第一卷《路德维希·费尔巴哈》的导论。威廉·波林（Wilhelm Bolin）和弗里德里希·乔德（Friedrich Jodl），斯图加特[弗洛曼-霍尔茨伯格（Frommann-Holzboog）] 1960 年，S.VII—XXXV。这篇导论不久之后又出版了一次，作为《路德维希·费尔巴哈，一篇小文章》（Ludwig Feuerbach, Kleine Schriften），美因河畔的法兰克福[舒坎普（Suhrkamp）]，1966 年，S.237—225。

附 录

《黑格尔对基督教的扬弃》

第一次公开发表于《洞见——杰拉德·克鲁格 60 岁生日纪念》（*Einsichten. Gerhard Krüger zum 60. Geburtstag*），克劳斯·奥勒（Klaus Oehler）和理查德·沙夫勒（Richard Schaeffler）出版，美因河畔的法兰克福［维多里奥·克罗斯特曼（Vittorio Klostermann）］，1962 年，S.156—203。

这篇论文当时发表于《1962 海德堡黑格尔协会》资料汇编（Heidelberger Hegel-Tage 1962），由汉斯-格奥尔格·伽达默尔出版，《黑格尔研究》增刊 1. 波恩［波维（Bouvier）］，1964 年，S.193—236，并收入了《演讲与论文》文集。之后又在《对流传至今的基督教的批判》（*Zur Kritik der christlichen überlieferung*），斯图加特［科尔哈默（Kohlhammer）］，1966 年，S.54—96 中重新印刷（并加入了注释 7）。

此外，它还以《存在-神-逻辑学和世界的整体性问题》（*La onto-teo-logica e il problema della totalita del mondo*）为题于 1962 年流传到意大利，并且以《黑格尔与基督教》（*Hegel and the Christian Religion*）为题收入了美国版文集《自然、历史和存在主义，以及哲学史中的其他文章》（*Nature, History and Existentialism and Other Essays in the Philosophy of History*），伊万斯通（西北大学出版社），1966 年。

《黑格尔是如何走向〈精神现象学〉的》

第一次公开发表是作为《黑格尔是如何走向〈精神现象学〉的》的后记收入"岛屿藏书"（Insel-Bücherei）（第 300 号），美因河畔的法兰克福，1964 年。

此卷中的版本就是上一版中以《关于黑格尔〈精神现象学〉导论的后记》(Nachwort zu Hegels Einleitung in die Phänomenologie des Geistes) 为题收入《演讲与论文》文集 1930—1970 年斯图加特（科尔哈默）S.204—210 中。

《卢梭、黑格尔和马克思论人权和公民权》

第一次公开发表于《人对人是人——约瑟夫·E. 德雷克斯勒 70 岁生日纪念文集》(homo homini homo. Festschrift für Joseph E. Drexel zum 70. Geburtstag)，慕尼黑 [C.H. 贝克（C. H. Beck）]，1966 年，S.13—23。

此文的意大利语版早在 1965 年就以《卢梭、黑格尔和马克思那里的人权和公民权》(Diritti dell'uomo e diritti del cittadino in Rousseau, Hegel e Marx) 为题发表于《文化》(La Cultura)（罗马）第 3 期（1965 年）S.113—128, 英语版以《卢梭、黑格尔和马克思论人权》(Human Rights in Rousseau, Hegel and Marx) 为题作为会议论文发表〔载于《人权的基础——阿奎拉会议记录》(Le fondement des droits de l'homme. Actes des Entretiens de l'Aquila)，1964 年 9 月 14—19 日，哲学国际学院（de l'Institut International de Philosophie），佛罗伦萨 [意大利拉诺瓦（La Nuova Italia）]，1966 年，S.58—68〕。

《黑格尔、马克思和费尔巴哈的中介与直接性》

第一次发表于《演讲与论文——对流传至今的基督教的批判》文集中，斯图加特（科尔哈默），1966 年，S.198—277, 之后就被收入此卷。在《哲学国际期刊》(Revue internationale de philosophie) 第二十六卷

（1972年），S.308—335，以及《路德维希·费尔巴哈》中收录了此文，但不包括最后的三个附录。之后又由达姆施塔特（科学图书组织）重印（1976年，S.135—164）。此文还被翻译成了英语和日语。

在第186页洛维特提到了他的《从黑格尔到尼采——19世纪思维中的革命性决裂》[汉堡（菲力克斯·迈纳），1981年]一书的《黑格尔的世界历史和精神历史之完成的终极史意义》一章中（位于此书的S.44ff.）对此思路有进一步的解释。尽管如此，对这篇文章的重印似乎还是很有必要的，因为它是洛维特专为《演讲与论文》文集的任务而写的。

《黑格尔的教育概念》

第一次公开出版是作为《黑格尔研究成果》（*G. W. F. Hegel, Studienausgabe*）的导言，此书由卡尔·洛维特和曼弗雷德·里德尔（Manfred Riedel）挑选、编辑和评论，美因河畔的法兰克福[S.费舍尔（S.Fischer），1968年，S.9—25]。之后又以《黑格尔的教育概念》为题收入《1930—1970年演讲和论文》文集并重印[斯图加特（科尔哈默），1971年，S.211—228]。此文的意大利语版收录于《黑格尔和基督教》（*Hegel e il cristianesimo*）文集中，恩佐·托塔（Enzo Tota）编，[巴里（Laterza），1976年]。

《黑格尔的复兴？》

第一次公开出版是在《法兰克福汇报》Nr.157，1970年7月11日。

《哲学的世界历史？》

第一次发表于"1970 年斯图加特黑格尔大会"的会议文献。《国际黑格尔纪念大会的演讲和讨论班》(*Vorträge und Kolloquien des Internationalen Hegel-Jubiläumskongresses*)，由伽达默尔出版，波恩（波维），1974 年，S.3—27。之后经过轻微改动后收录于《演讲与论文，1930—1970 年》，1971 年出版，之后就收录于本卷。意大利语版收录于《黑格尔和基督教》。

《黑格尔的现实性和非现实性》

第一次公开发表于《黑格尔-回顾》(*Hegel-Blianz*)。《黑格尔哲学中的现实性与非现实性》(*Zur Aktualität und Inaktualität der Philosophie Hegels*) 由莱因哈特·赫德（Reinhard Heede）和约阿希姆·里特（Joachim Ritter）出版，美因河畔的法兰克福［维多里奥·卡洛斯特曼（Vittorio Klostermann），1973 年，S.1—24，《讨论》位于 S.25—40］。洛维特在 1971 年 7 月 17—19 日于法兰克福召开的泰森基金会会议上发表了这一演讲。此文的第一段是对《哲学的世界历史？》的主要思路的一个简写（收录于本卷 S.249ff.），而第二段对陶伊尼森的讨论则是以《黑格尔的绝对精神学说作为一种神学-政治学文本》(*Hegels Lehre vom absoluten Geist als theologisch-politischer Traktat*，柏林，1970 年）为基础的。

译后记

这本《韦伯与马克思》由两部分组成：关于黑格尔的论文集，以及关于韦伯的论文集。洛维特首先为中文世界的读者所熟知的作品，也许是《从黑格尔到尼采》。这是一部严格意义上的思想史著作，以鲜明的问题意识贯穿起对自黑格尔以降的现代西方世界的讨论。洛维特一直思考的问题是，现代意义的市民社会是怎样从基督教的背景中派生或挣脱出来，如何建立起自己的秩序和合法性，在这一过程中有哪些内部的分歧，并且最终是如何走向崩溃的？而这本《韦伯与马克思》中关于黑格尔的部分，则是对《从黑格尔到尼采》中所讨论的问题的专题式展开和进一步深化。在洛维特看来，黑格尔是"19世纪思维中的革命性决裂"的标志，也是为决裂之后的世界进行思想上的奠基的集大成者，因此无论我们是想追溯现代性的根源，理解它的本质，还是对它进行展望或批判，都需要回到黑格尔，看看现代世界的诸种重要论题在黑格尔那里是怎样的。《韦伯与马克思》中所收录的文章，就是洛维特在这方面的思考的成果。其中涉及的主题有：关于市民社会中"市民"的内涵问题，关于劳动和实践在哲学中和在现实世界中的构成性意义的问题，关于教育和现代精神之普及的问题，关于黑格尔对基督教的扬弃的问题，关于德国古典哲学的终结和黑格尔派的分裂及其后果的问题，以及最重要的，关于哲学史和世界历史的问题。或许这本书能够帮助我们更进一步了解，现代性在何种意义上奠基于黑格尔，我们又该如何看待黑格尔死后的思想世界所分裂出的种种道路。

本书中关于马克斯·韦伯的部分，尤其是《韦伯与马克思》这篇长文，则主要讨论黑格尔之后思想上的两条道路：韦伯的道路和马克思的道路。这两位思想家最大的共同点在于，他们的思想所关注的，都是现实的社会。洛维特说："就像我们的现实社会一样，关于这一社会的科学也不是只有一种，而是有两种：市民社会的社会学和马克思主义的社会学。这两种研究倾向的最具意义的代表人物分别是马克斯·韦伯和卡尔·马克思。但他们两人的研究领域是同一个：现代经济和社会的'资本主义'形式。"也就是说，他们都致力于对现代资本主义社会进行实证研究，并对这一社会中的问题做出"诊断"。而他们之间最大的不同，在洛维特看来则在于，马克思致力于对他所发现的问题进行"治疗"，而韦伯则只进行诊断，并对抗任何提出"疗法"的行为。对马克思而言，资本主义最大的问题在于，它的生产方式统治和扭曲了人与人之间的交往方式，那么解决这一问题的方法就是，让人们重新支配他们互相交往的形式。而这种"重新支配"必须以改变现有的资本主义生产方式为前提。对韦伯而言，现代社会的关键词更多的是"理性化过程"中的"科学的中立性"。在他看来，科学本身是中立的、排除了价值判断的东西，它只被知识上的好奇所驱动。科学既不必然意味着正面的、道德的价值，也不必然意味着负面的、不道德的价值。我们时代的虚无主义与其说该归咎于科学的"非道德"，不如说是该归功于科学的"理性"。正是这种通向虚无主义的理性，让现代人从根本上免除了对任何东西的迷信，它是个人的自由和自我负责的前提条件。然而，韦伯也看到，理性化的过程几乎必然走向"不合理"。比方说，马克思指出，当追求生产力的发展是为了别的生活目标服务时，这种发展是合理的；但当它被彻底合理化，变成了目标本身时，就自然会扭曲和统治人与人的交往形式，于是就成了不合理的。这是资本主义的悖论，也是"理性化"本身的悖论。但也恰恰是出于对理性化所带来的理性和自由的赞赏，或者说是由于已经吃下了"理性"这一"知识的苹果"，韦伯从根本上反对任何"解决""不合理"的"疗法"。经过理性启蒙的人，已经知道社会是一种经验性的、持续发生的事实，因此不可能存在任何一劳永逸的解决方法。从洛维特对马克思和韦伯的论述和比较中，我们能看到的不只是学理上的研究，也许还会看到思想上的根本性焦虑，和行动中的矛盾抉择。

在我们当下的思想生活中，人们对洛维特乃至于对整个"西方世界"都充满了惊诧、好奇和求知的欲望。而好奇既不同于简单的模仿，也不同于简单的反对，它首先追求的是理解。我作为译者，对洛维特就抱有这样的好奇，我更愿意将洛维特理解为他的文化和他的时代的"同路人"，因此于我而言，他是一个"先行者"。他是如何理解他所生活的现代世界的源起的？作为局内人，他又是如何理解这个世界中的分裂、末路和出路的？

关于翻译中的技术问题，也有一些要说明的。洛维特文中有时会引用其他作者的文字（黑格尔、马克思、韦伯的最多），对于这些引文，凡是已有中译本的，我都尽量找到水准得到认可的译本，沿用译文并标明出处，以方便读者查找。这些译本大都准确、流畅，实在值得我学习。但偶尔也会遇到不尽如人意的翻译。我认为，它们（尤其是重要术语）译得是否准确，是否需要重译，属于学术讨论和思想阐释的范围，在翻译工作中则应当以译文（尤其是重要术语）的一贯性为优先。因此我决定尽量沿用已有的译本。这一做法是否妥当，可待读者批评、讨论。

本书的译事得到了许多人的帮助：钱永祥先生指点我查找张旺山先生所翻译的《韦伯方法论文集》一书，使我找到了《韦伯与马克思》一文中大量来自韦伯的引文的出处。田奥编辑认真校对了全部译文，发现了许多错漏之处，我非常感谢他的工作。张祝馨、李姗两位编辑也经常督促译文进度并解决了许多疑难。

这一译本有两大遗憾之处：首先，此书在翻译过程中并没有在页边标出原文页码，这一定会使读者查找原文时感到不便，实在不够严谨。我将会在以后的翻译工作中改进。第二，由于洛维特的原文句子结构十分复杂，为了尽可能忠实地再现原文的意思和风格——但主要还是由于本人水平有限——只能在很大程度上牺牲中文译文的可读性。如此选择实属无奈。我在参考《韦伯方法论文集》时发现，张先生的译文中大量使用"〔 〕"这个中文标点符号，将一个完整的词语单位框起来，以避免原文中由从句太多造成的指代不明确所引起的误解。我深感这种方法对译文的精确性和清晰性大有好处，它或许能够帮助平衡学术翻译中的"信"和"达"。可惜我知道这一方法时，本书的大部分译稿已经完成，要全部重新修改并加上这一辅助符号，工作量实在太大，因此只能放弃。甚为遗憾，也许可待在以后的翻译工作中再采用这一方法。

译文中难免有错漏之处，望读者批评指正。

刘心舟
2017年3月29日，上海